점수를 확 올려주는

서경원 JPT

실전 3000 제

독해편

서경원 저

시사일본어사

1985년부터 시행되고 있는 JPT(Japanese Proficiency Test)는 현재 대학 입시는 물론이고 기업체의 채용, 승진 등에도 중요한 자료로 활용되고 있는 시험입니다.

JPT는 청해와 독해 각각 100문제로 급수제인 일본어능력시험(JLPT)과는 달리 990점 만점 인 점수 체계를 가지고 있습니다. 특히 독해 파트는 50분이라는 제한된 시간 내에 100문항을 풀어야 하므로 학습 부담이 큰 파트라고 할 수 있습니다. 본 교재는 학습자들이 느끼는 이러 한 JPT 독해 파트의 학습 부담을 덜어주고 나아가 고득점이 가능하도록 최적화된 교재라고 할 수 있습니다. 본 교재의 특징은 아래와 같이 크게 세 가지 정도로 정리할 수 있습니다.

우선 JPT는 매번 새로운 유형의 문제가 출제되는 게 아니라 문제은행 방식으로 출제되고 있습니다. 따라서 기출 문제를 얼마나 많이 알고 있는지가 점수와 직결된다고 볼 수 있습니다. 본 교재에 수록된 모든 문제는 실제 기출 문제 및 기출 문제를 응용한 문제들이므로 본 교재의 문제만 착실히 풀어도 실제 시험에 대한 대비가 충분히 가능합니다.

다음으로 JPT는 앞서 언급했던 것처럼 문제은행 방식으로 출제가 되므로 되도록 많은 문제 를 풀어 보는 게 절대적으로 유리한 시험입니다. 하지만 시중에 출판된 교재는 600~800문제 정도의 문제가 수록되어 있어 실제 시험 연습용으로는 다소 부족한 느낌이 드는 게 사실입니 다. 본 교재에는 기존에 출판된 교재의 5배 정도에 해당하는 3000문제가 수록되어 있으므로 시험을 대비한 충분한 연습이 가능합니다.

마지막으로 JPT는 200문항 안에 일정한 레벨 분포로 초급에서 고급까지 문제가 다양하게 포함되어 있습니다. 당연한 얘기지만 쉬운 문제만 풀어서는 고득점이 불가능하고 또 어려운 문 제만 푼다고 해서 점수가 올라가는 것도 아닙니다. JPT는 모든 난이도의 문제를 골고루 풀고 자신의 부족한 부분을 찾아내 보완해야만 점수를 올릴 수 있는 시험입니다. 본 교재의 각 모 의고사에는 쉬운 문제부터 어려운 문제까지 다양한 난이도의 문제가 수록되어 있습니다. 따 라서 각 모의고사 문제를 풀면서 본인의 취약한 부분을 확인하고 보완한다면 실제 시험에서도 충분히 고득점이 가능하리라 봅니다.

끝으로 본 교재가 나오기까지 물심양면으로 도와주신 시사일본어사 관계자분들께 감사하다 는 말씀을 드리고 아무쪼록 본 교재를 잘 활용하셔서 실제 JPT에서도 좋은 성과가 있기를 진 심으로 기원합니다.

2019년 5월
저자 서경원

차 례

1 국내 최초 다량의 문제 수록

이 책에 나오는 문제는 모의고사 독해파트 30회분 3000문제입니다. 20여년간의 기출 문제를 분석하여 실전에 완벽하게 대응하고, 어떤 문제이든 다 커버할 수 있도록 하였습니다. 본 교재의 문제만 착실히 풀어도 실제 시험에 대한 대비가 충분히 가능합니다.

2 초급자부터 중·상급자가 모두 만족할 수 있는 문제

실제 시험은 난이도가 낮은 문제부터 높은 문제까지 일정한 비율로 출제되고 있습니다. 이 교재는 그러한 실제 시험의 기준에 맞춰 난이도 조정에 힘을 기울였을 뿐만 아니라 초급자부터 중·상급자가 모두 만족할 수 있는 문제로 구성되어 있습니다.

3 충분한 반복 연습으로 유형 파악을 확실하게!

본 교재는 모의고사의 순서대로 자주 출제되는 유형을 반복시켜 놓았습니다. 때문에 초급자는 모의고사 1회부터 순서대로 보면 충분한 반복연습으로 확실하게 유형을 파악할 수 있습니다. 반면 중·상급자는 모의고사를 무작위로 골라서 풀어 보길 바랍니다.

4 모의고사의 부족한 부분은 '어휘력 UP!!'으로 보충

모의고사가 끝나는 부분에는 자주 출제되는 어휘나 표현을 전부 정리해 놓았습니다. 어떠한 문제도 벗어날 수 없을 만큼 충분한 대비가 가능하므로 따로 어휘집을 볼 필요가 없습니다.

5 해석은 QR코드로 간편하게! 궁금한 것은 저자와 1:1 질의 응답!

평소 궁금한 것이 있어도 마땅히 물어볼 곳을 찾지 못했던 학습자들을 위해, 시사일본어사 공식 카페에 문의하면 학습자가 납득할 때까지 저자가 직접 답변해 드립니다.

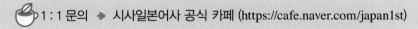

1:1 문의 ➜ 시사일본어사 공식 카페 (https://cafe.naver.com/japan1st)

※ sisabooks.com에 들어가시면 해설을 다운로드 받으실 수 있습니다.

| sisabooks.com 접속 | → | 시사일본어사 클릭 후 로그인 | → | 상단의 자료실 | → | 검색창에 「서경원 JPT 실전 3000제」 입력 |

JPT 독해 각 파트별 문제 풀기 요령

PART 5

정답 찾기(101~120번) 20문항

한자의 올바른 음독이나 훈독 찾기, 비슷한 의미의 표현이나 동일한 의미 및 용법으로 쓰인 선택지를 고르는 형식이다. 출제 유형은 발음(7문항) 및 한자 찾기(3문항), 대체 표현 찾기(6문항), 의미 및 용법 구분(4문항)으로 나눌 수 있는데 5분 이내에 문제를 풀고 다음 파트로 넘어가는 게 좋다. 발음 및 한자 찾기의 경우, 밑줄 부분만 보고 정답을 빨리 찾도록 하고, 대체 표현 찾기는 정답을 잘 모를 경우 선택지 내용을 밑줄 부분에 하나씩 대입해 보고 가장 자연스러운 표현을 고르면 정답인 경우가 많다. 마지막으로 의미 및 용법 구분은 보통 형태가 동일한 선택지를 고르면 대부분 정답일 경우가 많으므로 문제 문장을 해석하려고 하지 말고 일단은 형태가 동일한 선택지가 있는지를 찾아보도록 하자.

PART 6

오문 정정(121~140번) 20문항

네 개의 선택지 중에서 틀린 곳이나 문장 흐름상 어색한 부분을 고르는 형식으로, 독해 파트 중 응시자들이 가장 어려워하는 파트라고 할 수 있다. 출제 유형은 크게 문법 오용과 어휘 오용으로 나눌 수 있는데, 20문항 중 15문항 이상이 문법 관련 문제이므로 무엇보다도 문법에 대한 정리가 필요한 파트라고 할 수 있다. 특히 문법 표현 오용 문제는 JLPT N1이나 N2에 출제되는 문법 표현의 접속이나 용법 등을 완벽하게 숙지하고 있어야 정답을 찾을 수 있으므로, 단기간에 고득점이 필요한 응시자라면 일단 문법 표현부터 암기해 두도록 하자.

PART 7

공란 메우기(141~170번) [30문항]

공란에 들어갈 적절한 어휘나 표현을 찾는 형식으로 표현력과 문법, 그리고 작문 능력 등을 간접적으로 평가하는 파트이다. 문법 관련 문제로는 품사별 활용형이나 접속 형태, 문법 표현 찾기 등이 출제되고 어휘 관련 문제로는 동사, 형용사, 명사, 부사 찾기 등이 있다. 그 외 접속사나 의태어, 관용 표현 등도 두루 출제되고 있으므로 평소에 각종 문법의 기본적인 지식은 물론이고 품사별 어휘를 충분히 숙지해 두어야 한다. 그리고 공란 메우기는 공란 바로 뒷부분에 정답과 관련된 내용이 많이 오므로, 이 파트에서 시간을 줄이기 위해서는 문제 문장을 전부 읽지 말고 공란 뒷부분만 보고 정답을 찾는 연습을 해 두어야 한다.

PART 8

독해(171~200번) [30문항]

장문의 글을 읽고 3문항 또는 4문항에 답하는 형식으로 실제 시험에서는 4문항짜리 지문이 6개, 3문항짜리 지문이 2개로 총 8개의 지문이 출제되고 있다. 실제 시험에서는 난이도보다 시간 배분 실패로 다 풀지 못하는 경우가 많으므로 앞선 파트의 시간 배분에 신경을 써야 제시간에 풀 수 있다. 주요 출제 유형으로는 밑줄 문제, 공란 문제, 내용 일치 문제의 세 가지 유형을 들 수 있다. 출제 내용으로는 인물 소개, 및 일상 생활, 설명문, 기사 및 이슈 관련 내용이 출제되는데 최근 시험에서는 일본에서 이슈가 되고 있는 내용들이 자주 출제되므로 평소에 일본 관련 뉴스나 기사 등을 꾸준히 접하는 것이 중요하다고 할 수 있다.

JPT 점수를 확 올려주는

실전

3000제

Japanese Proficiency Test for 990

JPT 실전 모의고사 1회~30회

Ⅴ. 下の線の言葉の正しい表現、または同じ意味のはたらきをしている言葉を (A) から (D) の中で 一つ選びなさい。

(1) それでは、お先に失礼します。

(A) さき
(B) まえ
(C) よこ
(D) うしろ

(2) すぐ行きますから、駅で待っていてください。

(A) やって
(B) あって
(C) もって
(D) まって

(3) 人は自分と性格が似ている人に惹かれる傾向がある。

(A) けいこう
(B) けいしょう
(C) けいごう
(D) けいじょう

(4) 輸入を促進するため、税金を大幅に下げた。

(A) ゆにゅう
(B) ゆうにゅう
(C) しゅにゅう
(D) しゅうにゅう

(5) ふがいない結果に終わってしまい、悔しい限りです。

(A) おしい
(B) いやしい
(C) くやしい
(D) あやしい

(6) 彼は青少年の逸脱行動について研究している。

(A) いだつ
(B) えつだつ
(C) いつだつ
(D) いちだつ

(7) コンピューターを立ち上げると、彼からの労いのメールが届いていた。

(A) いきおい
(B) とまどい
(C) ねぎらい
(D) やしない

(8) 現代の若者のほとんどが持っているのがけいたい電話である。

(A) 連帯
(B) 携帯
(C) 形態
(D) 形体

(9) 必ず来ると言ったのに、ついに彼女は来なかった。

(A) 結に
(B) 遂に
(C) 正に
(D) 後に

(10) 今度の手術で、彼は記憶が全てよみがえってきたそうだ。

(A) 蘇って
(B) 戻って
(C) 敬って
(D) 賄って

(11) 朝刊を読みます。それから、朝ご飯を食べます。

  (A) 朝刊を読まずに朝ご飯を食べます。
  (B) 朝刊を読む前に朝ご飯を食べます。
  (C) 朝刊を読んでから朝ご飯を食べます。
  (D) 朝刊を読みながら朝ご飯を食べます。

(12) 朝寝坊をしたので、学校に遅れてしまいました。

  (A) して
  (B) しなくて
  (C) した後
  (D) しないで

(13) この店はいつも焼き立てのパンを売っている。

  (A) 焦げた
  (B) 焼きすぎた
  (C) 焼かないまま
  (D) 焼いたばかり

(14) 先生に頼まれたことなので、忙しくてもしないわけにはいかないだろう。

  (A) しなくてもいい
  (B) するわけがない
  (C) してもかまわない
  (D) しなければならない

(15) 今度の発表で、実力の足りなさを痛切に感じた。

  (A) すらすら
  (B) ひしひし
  (C) ごつごつ
  (D) ごちゃごちゃ

(16) 部長は彼の提案を一笑に付した。

  (A) 提案に同意した
  (B) 提案に意気込んでいた
  (C) 提案を聞こうともしなかった
  (D) 提案を真剣に取り上げなかった

(17) 彼は全部知っていながら、何も教えてくれません。

  (A) 学生でありながら、素晴らしい論文を書きましたね。
  (B) うちの息子はいつも音楽を聞きながら勉強します。
  (C) あそこには昔ながらの家々がまだたくさん残っています。
  (D) あの喫茶店でコーヒーでも飲みながらゆっくり話しましょう。

(18) この電子辞書は思ったより便利でない。

  (A) 箱の中には何もない。
  (B) この小説は全然面白くない。
  (C) 今度の旅行に彼は参加しないと思う。
  (D) この問題は優秀な彼もわからないだろう。

(19) 先生はいつ頃、お帰りになりますか。

  (A) 山田さんはお酒に弱いです。
  (B) 社長のお考えはいかがでしょうか。
  (C) これからもどうぞよろしくお願いいたします。
  (D) 私は日本の食べ物の中で、おにぎりが一番好きです。

(20) すぐ治ると思ったのに、一週間経っても傷がふさがらない。

  (A) 両手がふさがらないように、手ぶらで来てください。
  (B) 上演開始5分前なのに、席が一向にふさがらない。
  (C) あまりにも馬鹿げた話に呆れて開いた口がふさがらない。
  (D) 通路がふさがらないように、ソファやいすなどを全部片付けた。

Ⅵ. 下の＿＿＿＿線の A, B, C, D の中で正しくない言葉を一つ選びなさい。

(21) 最近毎晩遅くまで遊んでいたせいで、結局風邪を取りました。
　　　　　　　　　　(A)　　　　　　　(B)　　(C)　　　　　(D)

(22) 今度のようなことは二度とあってはならないと彼に厳しい注意しました。
　　　(A)　　　　　　(B)　　　　　　　(C)　　　　　(D)

(23) そこまで行くには何時間頃かかるか教えてください。
　　　(A)　　　(B)　　(C)　　　(D)

(24) 週末には 近い公園に友達とよく散歩に行ったりします。
　　(A)　(B)　　　　　　(C)　　　　(D)

(25) 大学を卒業してから会社に入るか、それで大学院に進学するかで迷っている。
　　　(A)　　　　　　　(B)　　　　(C)　　　　　　　(D)

(26) さっき先生に差し上げた果物は田舎の母に特別に送ってくれたものです。
　　　(A)　　　　　　(B)　　　　　　　(C)　　　　(D)

(27) 山田さんの父は以前は建設関係の仕事をしていたが、今は銀行に勤めている。
　　　　　　(A)　　　　　　　(B)　　　　　(C)　　　　　(D)

(28) 週末のうちはずっと家で本を読んだりテレビを見たりしました。
　　　(A)　(B)　　　　　(C)　　　　(D)

(29) テーブルの上に並べおいた物の中で、気に入った物がありますか。
　　　　　(A)　　(B)　　(C)　　　(D)

(30) ここまで来て諦めるくらいだと、いっそ行かなかった方がましだったと思うよ。
　　　(A)　　　　　(B)　　(C)　　　　　　(D)

12

(31) 歴史小説というのはある程度、歴史的な事実で基づいて書かなければならない。
　　　 (A)　　　　　　 (B)　　　　　　 歴史的な事実 (C)　　　　　　　 (D)

(32) およそ文化というのは、人間の自分中心性を補完するために生まれてきた面がある。
　　　 (A)　　　　　　　　　　　　 (B)　 (C)　　　　　 (D)

(33) 過剰に菌から隔離しようとすると、免疫力の向上が妨げられ、もっぱら病気になりやすい体質にな
　　　　　　　 (A)　　　　　　　　　　　　 (B)　　　　　　 (C)　　　 (D)
る可能性がある。

(34) ニュースでは景気も徐々に回復しつつするというから、そんなに気を落とさないで元気を出してく
　　　　　　 (A)　　　 (B)　　　 (C)　　　　　　　　　　　 (D)
ださい。

(35) ゴルフは色々な条件が複雑に重なり合っているため、人生にまねる 奥深いスポーツである。
　　　　　　　　 (A)　　　　 (B)　　　　　　　　 (C)　 (D)

(36) 最近、子供同士の問題を放っておくどころか、何でも前読みして干渉する親が増えているという。
　　　　　　　 (A)　　　　　　　 (B)　　　　 (C)　　 (D)

(37) 私にとって、もうこれが最後のチャンスだから、一分たりでも 無駄にはできない。
　　　 (A)　　　　　　 (B)　　　　　　　　　　 (C)　 (D)

(38) 誇りに思っていた若き息子を交通事故で亡くした彼女の悲しみは、察するにかたい。
　　　 (A)　　　　 (B)　　　　　　 (C)　　　　　　　　　　　 (D)

(39) 世代交代を控えた指導部は、強腰批判をかわすため、外交・軍事の両面で日本に対し強く
　　　　　　 (A)　　　　　　 (B)　 (C)
出ざるを得ないだろう。
(D)

(40) 右肩上げの高度経済成長時と比べ、今は将来に希望を持ちにくいことは確かである。
　　　 (A)　　　　　　 (B)　　　　　　 (C)　　 (D)

VII. 下の＿＿＿＿線に入る適当な言葉を (A) から (D) の中で一つ選びなさい。

(41) 箱の中には何＿＿＿＿ありませんでした。

  (A) が
  (B) も
  (C) に
  (D) を

(42) 生きる力はまず自分を肯定するところ＿＿＿＿生まれてくる。

  (A) で
  (B) に
  (C) へ
  (D) から

(43) 中村さんはどこ＿＿＿＿働いていますか。

  (A) に
  (B) を
  (C) で
  (D) から

(44)「渡辺さん、昼ご飯食べましたか。」「いいえ、まだ＿＿＿＿。」

  (A) 食べたことがありません
  (B) 食べません
  (C) 食べていません
  (D) 食べるかもしれません

(45) クリスマスの発表会を目指して、毎日ピアノを＿＿＿＿いる。

  (A) うって
  (B) さして
  (C) ひいて
  (D) たたいて

(46) 昨日、レストランで食べた料理は、あまり＿＿＿＿です。

  (A) まずい
  (B) まずかった
  (C) おいしかった
  (D) おいしくなかった

(47) 暑くなったので、短いスカートを＿＿＿＿＿いる女性が増えている。

    (A) きて

    (B) かぶって

    (C) しめて

    (D) はいて

(48) 日本の夏は湿気が＿＿＿＿＿上に、熱帯並みの高温が続く。

    (A) 低い

    (B) 大きい

    (C) 高い

    (D) 多い

(49) 10時に駅前で待ち合わせしたから、＿＿＿＿＿出かけましょうか。

    (A) そろそろ

    (B) ときに

    (C) たまに

    (D) てっきり

(50) 大臣の横領事件に関する政府の公式的な＿＿＿＿＿はまだ出ておりません。

    (A) スピーチ

    (B) スキャンダル

    (C) コメディー

    (D) コメント

(51) ホテルより旅館の方が＿＿＿＿＿できるので、いいと思います。

    (A) リラックス

    (B) コンプレックス

    (C) ニーズ

    (D) トラブル

(52) 事件の詳しい状況が＿＿＿＿＿次第、直ちにお伝えいたします。

    (A) わかる

    (B) わかり

    (C) わかって

    (D) わかろう

(53) 昨日、ライバル高校に敗れてしまった。＿＿＿＿＿、監督は私たちを励ましてくれた。

    (A) さて

    (B) ないし

    (C) でも

    (D) それから

(54) もう遅いから、息子に＿＿＿＿＿。

    (A) 送らせましょう

    (B) 送っていただきます

    (C) 送られてさしあげます

    (D) 送られていただきます

(55) ニュース速報によると、津波の心配は＿＿＿＿＿。

    (A) ない

    (B) ないそうだ

    (C) ないかもしれない

    (D) ないに決まっている

(56) 彼とは固く約束した仲だから、＿＿＿＿＿裏切るようなことはしないだろう。

    (A) まさか

    (B) さも

    (C) かりに

    (D) およそ

(57) 努力＿＿＿＿＿すれば、きっとあなたも合格できると思う。

    (A) さえ

    (B) こそ

    (C) のみ

    (D) だに

(58) 二日間試験勉強のため徹夜したので、今朝は＿＿＿＿＿疲れが来た。

    (A) どっと

    (B) ぞっと

    (C) ぴりっと

    (D) むすっと

(59) この大学は外国人留学生を積極的に＿＿＿＿＿＿いる。

    (A) 受け入れて

    (B) 生み出して

    (C) 打ち破って

    (D) 煽り立てて

(60) それが事実かどうかは今となっては調べる＿＿＿＿＿＿がない。

    (A) かて

    (B) こつ

    (C) わざ

    (D) すべ

(61) 私はいつも「なせばなる」という言葉を＿＿＿＿＿＿に銘じて頑張っています。

    (A) 胸

    (B) 腹

    (C) 肝

    (D) 膝

(62) 日曜日は一日中渋谷を＿＿＿＿＿＿しました。

    (A) きらきら

    (B) いらいら

    (C) がらがら

    (D) ぶらぶら

(63) 彼女が帰ってくるのをどんなに待っていた＿＿＿＿＿＿。

    (A) ものか

    (B) ことか

    (C) はずか

    (D) ところか

(64) 携帯は便利な物だけれど、いつも場所を＿＿＿＿＿＿使わないといけない。

    (A) わきまえて

    (B) とらえて

    (C) こしらえて

    (D) わりきって

(65) 攻撃があまりにも急で不意を＿＿＿＿＿＿ものだったため、防護システムを作動させる暇もなかった。

    (A) 突く

    (B) 巻く

    (C) 買う

    (D) 叩く

(66) 弁護士は検察の主張は全て＿＿＿＿＿＿だと反論してきた。

    (A) 切札

    (B) でっち上げ

    (C) もってこい

    (D) 潮時

(67) 犯行があったあの日、あなたがその部屋にいたという＿＿＿＿＿＿した証拠があります。

    (A) れっきと

    (B) あぜんと

    (C) だんぜんと

    (D) ぼうぜんと

(68) 急用でもあるのか、彼は店を＿＿＿＿＿＿して出かけた。

    (A) 往生際

    (B) 早仕舞い

    (C) 閑話休題

    (D) 死に物狂い

(69) みんな頑張ったが、相手チームが強すぎて、＿＿＿＿＿＿。

    (A) 露にした

    (B) 顔をしかめた

    (C) 舌を出してしまった

    (D) 手も足も出なかった

(70) 武装勢力は何の罪もない子供たちを＿＿＿＿＿＿として利用した。

    (A) 捨て駒

    (B) 相棒

    (C) 大黒柱

    (D) 八つ当たり

VIII . 下の文を読んで、後の問いにもっとも適当な答えを (A) から (D) の中で一つ選びなさい。

(71 ～ 74)

> 　私は、いつも朝5時半に起きます。起きてからすぐ家の近くの公園を散歩します。6時頃、家に戻ってシャワーを浴びてから朝ご飯を食べます。食事の後、お茶を飲みながら朝刊をちょっと読みます。7時になると、会社に行く支度をします。会社には駅まで自転車で行って電車に乗って行きますが、雨の日は歩いて駅まで行きます。
> 　私の会社は午前9時から午後6時までで、昼休みは午後1時から2時までです。普通、昼ご飯は社員食堂で食べますが、天気がいい日や友達と約束があった日などは会社の外で食べる時もあります。仕事が終わって家に帰ると7時頃になります。お風呂に入ってから晩ご飯の支度をします。晩ご飯を食べた後は、テレビを見たりパソコンをしたりします。寝る前には必ずその日の日記を付けてから寝ます。

(71) この人が朝起きて最初にすることは何ですか。

　　(A) お茶を飲むこと
　　(B) 朝ご飯を食べること
　　(C) 公園を散歩すること
　　(D) シャワーを浴びること

(72) この人は、雨が降る日はどうやって駅まで行きますか。

　　(A) バスで
　　(B) 徒歩で
　　(C) 自転車で
　　(D) タクシーで

(73) この人が昼ご飯を外で食べる日はどんな日ですか。

　　(A) 晴れた日
　　(B) 雨が降る日
　　(C) 一人で食べたくなる日
　　(D) 社員食堂の料理が美味しくないと感じた日

(74) この人が寝る前に最後にすることは何ですか。

　　(A) テレビを見ること
　　(B) お風呂に入ること
　　(C) パソコンをすること
　　(D) その日の日記を付けること

(75 〜 77)

　　得意なことと、苦手なことを理解しておくことはとても大事です。苦手なことを頑張るより、得意なことを頑張った方が高い成果が得られると思います。私は常に得意なことと苦手なことを即答できるようにしています。何事も備えておくことで、慌てないで対処できるようになります。こういうのは、別に誰に報告するわけでもないので、(1)＿＿＿＿＿＿＿。私は一々書き出したりはしていませんが、すぐに出てくるか不安な人は、手帳などに書いておくと良いでしょう。

　　自分自身だけではなく、プロジェクトなどでも効率化を求めるならば、得意なことをなるべくやるようにして、苦手なことはなるべくやらないことが大事です。私の場合は文章です。文章が苦手だという認識を持っているため、仕事上での書類は必ず他の人に読んでもらっています。こういうふうに得意なものと苦手なものを明確に認識しておけば、自分にはどういう人の助けが必要で、どういう人を助けられるのかがすぐわかります。

(75) この人は自分の得意なことと苦手なことをどんなふうにしていますか。

　　(A) すぐに答えられるようにしている。
　　(B) いつもきちんと手帳などに書いておいている。
　　(C) 明確で具体的なことだけ覚えておいている。
　　(D) 苦手なことに力を入れて頑張るようにしている。

(76) 本文の内容から見て、(1)＿＿＿＿＿＿＿に入る最も適当な文章はどれですか。

　　(A) 具体的な方が良いでしょう
　　(B) 絶対に書いてはいけません
　　(C) 抽象的だったりしてもかまいません
　　(D) 順番を考えてから書いておきましょう

(77) この人は仕事上の書類をどんなふうにしていますか。

　　(A) いつも自分一人で処理している。
　　(B) 必ず他の人に読んでもらっている。
　　(C) たまに他の人に助けを求めている。
　　(D) 苦手なことなので、決して自分で処理しない。

(78 〜 80)

　　春の夜は短く、また気候もよいので、つい寝過ごしてしまうというが、最近、息子はよく眠る。そんな息子が先日、友達の家にお泊まりに行った。きっと友達と二人でベッドに入っても遅くまで寝なかったに違いない。しかも、翌日は朝早くから友達のお母さんに起こされて(1)＿＿＿＿そうだ。

　　その日の午後、(2)散髪に行った息子がいつまで経ってもちっとも帰って来ない。1時間もあれば帰ってくると言ったのに、もう2時間近くなる。そろそろ心配だなあと思っていたところ、散髪屋さんから「お宅の息子さんが散髪の途中眠っちゃって30分ぐらいそのまま待ってたんですけど、まだ眠っているので、迎えに来てもらえませんか」という電話があった。日が暮れて家内と共に帰ってきた息子は夕食をそそくさと済ませてまた眠ってしまった。寝る子は育つというが、「少年老いやすく学なりがたし」というから、もう少し勉強もしてほしいものだ。

(78) 本文の内容から見て、(1)＿＿＿＿に入る最も適当な表現はどれですか。

(A) 目が肥えた
(B) 目が覚めた
(C) 目が届いた
(D) 目がなかった

(79) (2)散髪に行った息子がいつまで経ってもちっとも帰って来ない理由は何でしたか。

(A) 散髪の途中眠ってしまったから
(B) 友達の家にお泊まりに行ったから
(C) 友達の家で夜遅くまで寝なかったから
(D) 散髪するのに思ったより時間がかかったから

(80) 本文の内容と合っているものはどれですか。

(A) この人の息子は友達の家にお泊まりに行った。
(B) この人の息子は散髪屋で眠くても寝ないでずっと我慢していた。
(C) この人の息子は友達の家で早く寝たから、朝早く起きることができた。
(D) この人の息子は散髪屋から帰ってきてから色々話しながらゆっくり夕食を食べた。

(81 ～ 84)

　　最近、血液型と性格は根拠なく結び付けられているという話をよく耳にする。そもそも、海外では自分の血液型に別に関心がなく、知らないという人が多く、性格との関係もほとんど気にしない。日本人が何かと血液型の話を持ち出すのに違和感、不快感を示している人もいるという。ただ、「根拠がない」と言われている(1)＿＿＿＿＿、「当たっている」と思ってしまうのはなぜか。これを心理学の領域では、「(2)バーナム効果」というが、誰にでも当てはまりそうな内容を指摘された時、「自分のことかもしれない」と思い込んでしまう心理のことである。しかし、ここまで「関連性はない」とされながらも、話題に上ってしまうのはなぜだろうか。考えられる理由は、人間は「○○系」と分類することが好きであるということと、話し下手な人が話のきっかけを掴むテクニックになること、最後に「傾向」という「可能性」をどこかで信じているためであろう。いずれにしても、血液型と性格に関する議論は今後も続いていきそうである。

(81) 血液型に対する海外での状況と合っていないものはどれですか。

　　(A) 自分の血液型に別に関心がない。
　　(B) 自分の血液型を知らない人も多い。
　　(C) 性格との関係はいつも気にしている。
　　(D) 血液型の話を持ち出すのに不快感を示している人もいる。

(82) 本文の内容から見て、(1)＿＿＿＿＿に入る最も適当な表現はどれですか。

　　(A) に応じて
　　(B) において
　　(C) にもまして
　　(D) にもかかわらず

(83) 本文に出ている (2)バーナム効果の定義として正しいものはどれですか。

　　(A) 何の効果もないのに自分だけ効果があると信じること
　　(B) 今までの自分の経験にもとづいて全てを判断してしまうこと
　　(C) 特別な努力なしに周りから期待された通りの成果を出すこと
　　(D) 誰にでも当てはまるものを、自分だけに当てはまるものだと捉えてしまうこと

(84) 関連性はないとされながらも、血液型と性格が話題に上ってしまう理由として正しくないものはどれですか。

　　(A) 人間は分類することが好きであるから
　　(B) 実際に当てはまる場合が多すぎるから
　　(C) 「傾向」という可能性をどこかで信じているから
　　(D) 話し下手な人が話のきっかけを掴むテクニックになるから

(85 ～ 88)

　　居酒屋に行くと、生ビールを一気飲みする光景をよく見かける。ところで、これを水に替えたら、果たして飲み干せるだろうか。残念ながら、途中でダウンする人が続出するに違いない。これはアルコールと水の体の受け入れ方が違うためである。どちらも食道から胃に入ってそこで一時溜められる。しかし、水は少しずつしか十二指腸に送られず、小腸から大腸を通る間に腸壁からだけ吸収される。ところが、アルコールは腸壁だけではなく、胃壁からも吸収される。その時、水も一緒に吸収されるのである。またアルコールの中に含まれている炭酸ガスや砂糖はアルコールの吸収を促進させる性質を持っている。その上、アルコールには利尿作用もあるから、たくさん飲むことができるというわけである。

(85) 本文の内容から見て、水は主にどこから吸収されますか。

(A) 腸壁
(B) 胃壁
(C) 食道
(D) 十二指腸

(86) 生ビールはたくさん飲めても、水はたくさん飲めない理由は何ですか。

(A) 体の受け入れ方が異なるから
(B) 水より生ビールの方は味が濃いから
(C) 生ビールが水に比べて飲みやすいから
(D) 生ビールより水の方が体に早く吸収されるから

(87) アルコールの吸収が早まるのはどうしてですか。

(A) 水に比べて一気に飲める量が多いから
(B) 水に比べて一時溜められる時間が短いから
(C) アルコールの中に含まれている水の量が少ないから
(D) アルコールの中に炭酸ガスや砂糖が含まれているから

(88) 本文の内容と合っていないものはどれですか。

(A) 水とアルコールは胃の中に一時溜められる。
(B) 水は胃壁だけではなく、腸壁からも吸収される。
(C) アルコールには利尿作用があるため、たくさん飲める。
(D) 水とアルコールは体の受け入れ方が異なるため、飲める量にも差がある。

バーコードの黒と白の線には、一体何がどうやって書き込まれているのだろうか。バーコードの黒い線と白い線は、太さやその組み合わせ方で「0」から「9」までの数字を表しており、数字は二進法によって書き込まれている。黒くても白くても太い方が「1」、細い方が「0」である。この数字によって国名、メーカー、商品名、価格などの情報が書き込まれている。標準的なバーコードは13けたの数字で、最初の2けたが国名である。次の5けたが企業名、それに続く5けたが商品名と価格、残りの1けたが読み誤りを防ぐコードである。これらの情報をレーザー光線を使った装置で読み取るのであるが、バーコードの最初と最後には開始と終了のコードがつけられているため、(1)＿＿＿＿＿仕組みになっている。読み取った値段はディスプレイに表示されて加算される。レジスターの中に通常価格、割引価格などが登録されていて、設定を変えれば、瞬時に値上げも値下げもできるようになっている。また、管理コンピューターに直結しているので、在庫量や売れ行きも一目瞭然である。商品が少なくなったら、自動的に問屋のコンピューターに発注することも可能である。

(89) バーコードに書き込まれていないものはどれですか。

(A) 国名
(B) メーカー
(C) 商品名
(D) 製造日時

(90) バーコードの7番目の数字は何を表していますか。

(A) 国名
(B) 価格
(C) 企業名
(D) 商品名

(91) 本文の内容から見て、(1)＿＿＿＿＿に入る最も適当な文章はどれですか。

(A) 方向を間違えると全く読み取れない
(B) 方向を間違えると表示内容が変わる
(C) 商品をどちらの方向に向けても読み取れる
(D) 必ず開始の方から終了の方に読み取る必要がある

(92) 本文の内容と合っていないものはどれですか。

(A) バーコードは色によって表す数字が異なる。
(B) 標準的なバーコードは、0から9までの13けたの数字である。
(C) バーコードは管理コンピューターに直結しているため、在庫量の変動もわかる。
(D) バーコードの白黒の線は、太さやその組み合わせ方で0から9までの数字を表している。

(93 ～ 96)

やはり純粋無垢な赤ん坊の笑顔には、(1)_____作用があるのか。ある実験によると、赤ん坊の写真が入った財布は、何も写真が入っていない財布に比べ、拾い主が届け出てくれる可能性が遥かに高くなるらしい。アメリカのある大学の心理学研究チームが路上に240個の財布を落とし、その(2)_____によって戻ってくる確率が異なるのかどうかを検証する(3)実験を行った。実験の結果、赤ん坊の写真が入った財布の返却率は、なんと88%であった。反対に、何も写真が入っていない財布の返却率はわずか15%となった。その他の返却率は、子犬の写真(53%)、家族写真(48%)、老夫婦(28%)、寄付証明書(20%)の順であった。実験を指揮した教授はこの結果を受け、「赤ん坊が人間の労る気持ちを刺激するためである。」とコメントしている。実験で使用された財布には現金やクレジットカードが入っていなかったため、現実でも同じような結果になるのかは不明だが、いずれにせよ88%の返却率はすごいと言える。また、世間は独り者に対してそれほど情けをかけないということも改めて証明された。

(93) 本文の内容から見て、(1)_____に入る最も適当な文章はどれですか。

(A) 人と人の距離を縮める
(B) 人間の物欲を刺激する
(C) 人間の良心を呼び覚ます
(D) 過剰な警戒心を解かせる

(94) 本文の内容から見て、(2)_____に入る最も適当な言葉はどれですか。

(A) 太さ
(B) 中身
(C) 外見
(D) 大きさ

(95) (3)実験についての説明の中で、正しくないものはどれですか。

(A) 現実でも同じような結果が予想される。
(B) 何も写真が入っていない財布の返却率が最も低かった。
(C) 世間は独り者にはあまり情けをかけないことが証明された。
(D) 財布の中身によって戻ってくる確率を検証する実験である。

(96) 実験を指揮した教授は、赤ん坊の写真が入った財布の返却率の高さをどう説明していますか。

(A) 年を取った人を敬う気持ちの変化が表れた結果である。
(B) 出生率の増加で、赤ん坊が増えたことの肯定的な面である。
(C) 独り者に対してそれほど情けをかける人がだんだん減っているためである。
(D) 赤ん坊が人間の気を配って大切に世話をする気持ちを刺激するためである。

　蜂蜜が「唯一腐らない食べ物」だということをご存じだろうか?市販されている蜂蜜の瓶を見ると、賞味期限が記載されているが、それはあくまでも風味を美味しく味わえる期間である。では、どうして蜂蜜は他の食べ物のように腐らないのだろうか。まず、蜂蜜は高糖度なので、バクテリアが繁殖しにくい。蜂蜜の中に細菌が入っても、糖分が細菌内の水分を吸い出す働きをするため、細菌は繁殖できずにすぐ死滅してしまう。ちゃんと密封しておけば、瓶の中にバクテリアは存在できない。また、天然の蜂蜜に含まれる水分は約14~18%と非常に少なく、カビが繁殖しにくい環境にある。最後に、蜂蜜は、しばらくすると白くなって固まってしまうことがある。これは「結晶化」と呼ばれる自然なプロセスで、カビのように見えることもあるが、(1)＿＿＿＿＿＿＿。結晶化した場合は、容器ごとお湯でかき混ぜながら温めると良い。蜂蜜は長く置いておくと甘味や風味がやや薄れるが、健康面では全く問題ない。ちゃんと蓋を閉めて、室温で直接日光が当たらない場所に保管しておけば、長い間品質を保っておける。夏場でも冷蔵庫に入れる必要はない。

(97) 蜂蜜の中に細菌が入った場合、どうなりますか。

    (A) 水分不足ですぐ死滅してしまう。

    (B) あっという間に個体数が増えてしまう。

    (C) 保存期間によって個体数が変化する。

    (D) 糖分を栄養分にして徐々に増え続ける。

(98) 蜂蜜が腐らない理由として、本文に出ていないものはどれですか。

    (A) 結晶化

    (B) 高い糖濃度

    (C) 水分の少なさ

    (D) 蜂蜜内の空気の少なさ

(99) 本文の内容から見て、(1)＿＿＿＿＿＿＿に入る最も適当な文章はどれですか。

    (A) 蜂蜜は悪くなるばかりだ

    (B) 蜂蜜の味が落ちる原因となる

    (C) 決して蜂蜜が悪くなったわけではない

    (D) そうなった場合は、直ちに捨てた方がいい

(100) 本文の内容と合っているものはどれですか。

    (A) 蜂蜜は、夏は室温より冷蔵庫に入れて保管した方がいい。

    (B) 蜂蜜をいくらきちんと密封しても、微量のバクテリアは必ず存在する。

    (C) 蜂蜜に含まれている糖分は、細菌内の水分を吸い出す作用をする。

    (D) 保管する瓶に書いてある賞味期限は、蜂蜜が変質してしまうまでの期間である。

□ 雪^{ゆき} 눈	□ 病^{やまい} 병	□ 雨^{あめ} 비	□ 横^{よこ} 옆
□ 綿^{めん} 면	□ 草^{くさ} 풀	□ 耳^{みみ} 귀	□ 兄^{あに} 형
□ 火^ひ 불	□ 綿^{わた} 솜	□ 家^{いえ} 집	□ 血^ち 피
□ 島^{しま} 섬	□ 針^{はり} 침	□ 札^{ふだ} 표찰	□ 道^{みち} 길
□ 肝^{きも} 간	□ 卵^{たまご} 알	□ 汁^{しる} 즙	□ 衣^{きぬ} 옷
□ 息^{いき} 숨	□ 炭^{すみ} 숯	□ 粉^{こな} 가루	□ 夏^{なつ} 여름
□ 箱^{はこ} 상자	□ 親^{おや} 부모	□ 下^{した} 아래	□ 歌^{うた} 노래
□ 穴^{あな} 구멍	□ 姉^{あね} 누나	□ 趣^{おもむき} 정취	□ 絵^え 그림
□ 皿^{さら} 접시	□ 顔^{かお} 얼굴	□ 東^{ひがし} 동쪽	□ 北^{きた} 북쪽
□ 先^{さき} 먼저	□ 腕^{うで} 솜씨	□ 隅^{すみ} 구석	□ 女^{おんな} 여자
□ 闇^{やみ} 어둠	□ 露^{つゆ} 이슬	□ 額^{ひたい} 이마	□ 噂^{うわさ} 소문
□ 命^{いのち} 생명	□ 脂^{あぶら} 지방	□ 形^{かたち} 형태	□ 球^{たま} 구슬
□ 油^{あぶら} 기름	□ 丘^{おか} 언덕	□ 海^{うみ} 바다	□ 類^{たぐい} 유례
□ 空^{そら} 하늘	□ 砂^{すな} 모래	□ 鏡^{かがみ} 거울	□ 絹^{きぬ} 비단
□ 軒^{のき} 처마	□ 翼^{つばさ} 날개	□ 肩^{かた} 어깨	□ 姿^{すがた} 모습
□ 波^{なみ} 파도	□ 骨^{こつ} 유골	□ 泡^{あわ} 거품	□ 炎^{ほのお} 불길
□ 幹^{みき} 줄기	□ 岩^{いわ} 바위	□ 墓^{はか} 무덤	□ 店^{みせ} 가게
□ 嫁^{よめ} 신부	□ 港^{みなと} 항구	□ 滝^{たき} 폭포	□ 証^{あかし} 증거
□ 池^{いけ} 연못	□ 公^{おおやけ} 공공	□ 筋^{すじ} 힘줄	□ 溝^{みぞ} 도랑
□ 糧^{かて} 양식	□ 源^{みなもと} 원천	□ 倉^{くら} 창고	□ 影^{かげ} 그림자
□ 鬼^{おに} 귀신	□ 災^{わざわ}い 재앙	□ 幸^{しあわ}せ 행복	□ 魚^{さかな} 물고기
□ 兆^{きざ}し 징조	□ 自^{みずか}ら 스스로	□ 幸^{さいわ}い 다행	□ 値^{あたい} 값어치

Ⅴ. 下の線の言葉の正しい表現、または同じ意味のはたらきをしている言葉を (A) から (D) の中で 一つ選びなさい。

(1) <u>家内</u>は専業主婦で、いつも家事や育児で忙しい。

    (A) かない
    (B) かうち
    (C) いえうち
    (D) うちない

(2) 風邪なのか、<u>咳</u>が出るし熱もひどい。

    (A) いき
    (B) せき
    (C) そと
    (D) のど

(3) これ以外の費用は全部私が<u>負担</u>します。

    (A) ふたん
    (B) ぶたん
    (C) ふうたん
    (D) ぶうたん

(4) これは日本全国の<u>地図</u>を住所で検索できるプログラムである。

    (A) じと
    (B) じず
    (C) ちと
    (D) ちず

(5) 彼が一体何を<u>企んで</u>いるのか、さっぱりわからない。

    (A) はばんで
    (B) たくらんで
    (C) こばんで
    (D) くんで

(6) 他人の発言を途中で<u>遮って</u>はいけない。

    (A) にぎって
    (B) はかどって
    (C) けずって
    (D) さえぎって

(7) 猛獣の爪は、<u>獲物</u>を捕まえるためには必ず必要な部分である。

    (A) えもの
    (B) えぶつ
    (C) かくぶつ
    (D) かくもつ

(8) 机の上に<u>あつい</u>本が 3 冊置いてあります。

    (A) 熱い
    (B) 厚い
    (C) 暑い
    (D) 篤い

(9) 現場に行ってみると、作業は<u>すでに</u>終わっていた。

    (A) 仮に
    (B) 誠に
    (C) 直に
    (D) 既に

(10) この曲は音楽評論家である彼の死を<u>いたんで</u>作曲された作品である。

    (A) 痛んで
    (B) 傷んで
    (C) 悼んで
    (D) 及んで

(11) <u>貯金しておいた</u>お金で、来年は日本へ旅行
するつもりです。

  (A) お金を借りて、来年は日本へ旅行したい
です。

  (B) 貯金しないで、来年は日本へ旅行したい
です。

  (C) 貯めたお金で、来年は日本へ旅行しよう
と思っています。

  (D) 借りたお金で、来年は日本へ旅行しよう
と思っています。

(12) <u>去年の夏は今年ほど暑くなかった。</u>

  (A) 去年の夏が一番寒かった。

  (B) 去年の夏は全く暑くなかった。

  (C) 去年と今年の夏は同じ暑さだった。

  (D) 去年より今年の夏の方が暑かった。

(13) 朝の電車はいつも込みますが、昼はとても
<u>空いています。</u>

  (A) ごろごろです

  (B) がらがらです

  (C) まちまちです

  (D) くらくらです

(14) 公園はここから<u>目と鼻の先</u>にある。

  (A) とても遠いところにある

  (B) とても近いところにある

  (C) とても広いところである

  (D) とても狭いところである

(15) 彼が彼女と離婚したことは<u>想像にかたくない。</u>

  (A) 想像したくない

  (B) 想像したことがない

  (C) 容易に想像できる

  (D) 想像するのは難しい

(16) 実際の社会生活で、そういった例も<u>なきに
しもあらず</u>だろう。

  (A) あり得る

  (B) ありやしない

  (C) あるわけではない

  (D) あるとは限らない

(17) 雨<u>で</u>今日の試合は延期になりそうだ。

  (A) 今日は病気<u>で</u>学校を休んだ。

  (B) ここ<u>で</u>たばこを吸ってはいけない。

  (C) 中西君は毎日電車<u>で</u>通勤している。

  (D) 私の家は学校から車<u>で</u>1時間ぐらいかか
る。

(18) 明日試合ができるかどうかは天気<u>次第</u>だ。

  (A) 資料が手に入り<u>次第</u>、連絡します。

  (B) 駅に着き<u>次第</u>、迎えに行きます。

  (C) これからどうなるかはあなた<u>次第</u>です。

  (D) 見つかり<u>次第</u>、電話するから心配しない
でください。

(19) 国<u>によって</u>言葉や習慣は様々である。

  (A) アメリカ大陸はコロンブス<u>によって</u>発見
された。

  (B) 大きな津波<u>によって</u>多くの建物が壊され
てしまった。

  (C) 疲れた時は、音楽を聞くこと<u>によって</u>気
分転換している。

  (D) 人はそれまで受けてきた教育<u>によって</u>人
格が形成される。

(20) 彼は神様は存在すると信じ<u>こん</u>でいる。

  (A) 彼女は黙り<u>こん</u>だまま、何も言わなかっ
た。

  (B) 道が<u>こん</u>でいるから、2時間はかかりそ
うだ。

  (C) 最近、個人消費がかつてなく冷え<u>こん</u>で
いる。

  (D) 駆け<u>こん</u>乗車は危ないですから、お止め
ください。

Ⅵ. 下の＿＿＿＿線のA, B, C, Dの中で正しくない言葉を一つ選びなさい。

(21) 駅の<u>近く</u>に大きな<u>デパート</u>ができた<u>ので</u>、とても<u>便利く</u>なりました。
　　　　　(A)　　　　　　　(B)　　　　　　　(C)　　　　　　　(D)

(22) 今日は<u>公休日</u>なのですが、仕事が<u>たまっている</u><u>ので</u>、会社<u>を</u>行きます。
　　　　(A)　　　　　　　　　　　　　(B)　　　　(C)　　　(D)

(23) 魚は<u>好きで</u><u>よく</u><u>食べます</u>が、肉はあまり<u>食べます</u>。
　　　(A)　(B)　　(C)　　　　　　　　　(D)

(24) <u>難しすぎた</u>のか、<u>今度</u>の試験に<u>受かった</u>人は、<u>彼一人だけ</u>いません。
　　　(A)　　　　　(B)　　　　　(C)　　　　　　(D)

(25) <u>どんな</u>原因で失敗した<u>のか</u>どうか、<u>まだ</u>よく<u>わかりません</u>。
　　　(A)　(B)　　　　　　(C)　　　　　　　(D)

(26) 机<u>の</u>上には鉛筆が<u>5枚</u>、消しゴムが<u>1個</u><u>置いて</u>あります。
　　　(A)　　　　　　　　(B)　　　　　　(C)　　　(D)

(27) 最近、体の<u>調子</u>が悪くて昨日病院に行ったが、患者が<u>多くて</u><u>2時間</u>も<u>待たせた</u>。
　　　　　　(A)　　　　　　　　　　　　　　　(B)　　　(C)　　　(D)

(28) 私は日本留学の<u>せいで</u>、生まれて<u>初めて</u><u>海外</u><u>へ</u>行くことになりました。
　　　　　　　　(A)　　　　　　(B)　　(C)　(D)

(29) 一人で<u>孤独</u>な戦いを<u>続いた</u>が、結局試合は<u>負けで</u><u>終わって</u>しまった。
　　　　　(A)　　　　(B)　　　　　　(C)　　(D)

(30) <u>どんな</u>事情があった<u>にして</u>、すぐ結果を<u>知らせる</u>のがあなたの<u>任務</u>である。
　　　(A)　　　　　　(B)　　　　　　(C)　　　　　　(D)

(31) 子供が<u>ガスレンジ</u>の上のやかんの<u>水</u>をこぼして、火傷を<u>する</u> <u>事故</u>があった。
        (A)   (B)   (C) (D)

(32) 彼とは<u>長い</u>間<u>会った</u>ので、今は<u>漠然</u>とした印象しか<u>残って</u>いません。
      (A)   (B)   (C)   (D)

(33) 今の時代を<u>恨みたい</u>と思う人も<u>いるだろう</u>が、まずは思い切り汗を<u>かいて</u>働いてみる<u>ものだ</u>。
           (A)   (B)   (C)   (D)

(34) お客様に<u>ご案内申し上げます</u>。座席に<u>着かれました</u>ら、シートベルトを<u>お締めてください</u>。
        (A)   (B)   (C)   (D)

(35) 女性に話を<u>持ちかけて</u>ばっさり<u>切り返された</u>ら、話を続ける<u>どころで</u>、二度と話す<u>気</u>になれないだ
           (A)   (B)   (C)   (D)
ろう。

(36) 彼と<u>きたら</u>、先月この会社に<u>入った</u>ばかりなのに、<u>まるで</u>20年以上も勤めていたかのように<u>広い</u>
      (A)   (B)   (C)   (D)
顔をしている。

(37) 情報通信技術の<u>発達</u> <u>にともない</u>、世代間の<u>切断</u>もますます<u>深刻</u>になっている。
          (A) (B)   (C)   (D)

(38) 彼と<u>きたら</u>昔から<u>天の邪鬼</u>で、<u>わざと</u>人の言うことに逆らって<u>片端</u>を張ることが多い。
        (A)   (B)   (C)   (D)

(39) 来週<u>いよいよ</u>この地域で冬季オリンピックが<u>開催される</u>が、人々は<u>最後</u>の準備に<u>余裕</u>がない。
        (A)   (B)   (C)   (D)

(40) <u>幼い</u>頃から辛酸を<u>補った</u>彼は、<u>よほど</u>のことでない限り、<u>動じなく</u>なった。
   (A)   (B)   (C)   (D)

Ⅶ. 下の_____線に入る適当な言葉を (A) から (D) の中で一つ選びなさい。

(41) 明日、小会議室_____会議があります。

    (A) に

    (B) へ

    (C) で

    (D) から

(42) 中国は日本_____人口が多い国の一つです。

    (A) だけ

    (B) しか

    (C) より

    (D) ばかり

(43) 中村君はさしみ_____食べたがっている。

    (A) が

    (B) を

    (C) に

    (D) で

(44) 9月になってから、日がだんだん_____なります。

    (A) ながく

    (B) ほそく

    (C) みじかく

    (D) おおきく

(45) 最近、掃除を全くしなかったので、部屋がとても_____です。

    (A) きれい

    (B) きたない

    (C) しんせつ

    (D) にがて

(46) 鈴木さんは外国へ_____ことがありますか。

    (A) 行く

    (B) 行き

    (C) 行って

    (D) 行った

(47) キムさんはとても日本語が上手で、まるで日本人_____。

    (A) ようだ

    (B) そうだ

    (C) みたいだ

    (D) らしい

(48) 明日はせっかくの休日なので、映画を見_____行くつもりです。

    (A) に

    (B) へ

    (C) ごろ

    (D) ぐらい

(49) 死んだ_____でやれば、できないことでもありませんよ。

    (A) わけ

    (B) こと

    (C) ところ

    (D) つもり

(50) 一週間_____わたった期末テストが今日ようやく終わりました。

    (A) を

    (B) に

    (C) の

    (D) と

(51) 約束した_____、何があっても最後まで守るべきだと思う。

    (A) ものの

    (B) ところで

    (C) からには

    (D) あげく

(52) あのテーブルの前のお年を_____いらっしゃる方が高橋先生の奥様です。

    (A) もうして

    (B) なさって

    (C) いただいて

    (D) めして

(53) 昨日、好天に＿＿＿＿＿＿＿ことは本当に幸いでした。

  (A) 恵む

  (B) 恵める

  (C) 恵まれる

  (D) 恵まれた

(54) この体育館は会員＿＿＿＿＿＿＿その家族に限り、使用することができます。

  (A) そこで

  (B) そのうえ

  (C) ところが

  (D) あるいは

(55) 鈴木先生、今日はお客様を＿＿＿＿＿＿＿。

  (A) お連れしました

  (B) お連れになりました

  (C) お連れしてくださいました

  (D) お連れしていただきました

(56) 未来を作る子供たちが＿＿＿＿＿＿＿育つ町を作りましょう。

  (A) きよらかに

  (B) すこやかに

  (C) げんみつに

  (D) うららかに

(57) 加藤さんの自慢話にはもう＿＿＿＿＿＿＿だ。

  (A) うっとり

  (B) うんざり

  (C) ゆったり

  (D) すんなり

(58) 苦難に満ちた彼女の一生は、涙なくしては＿＿＿＿＿＿＿。

  (A) 語る

  (B) 語れる

  (C) 語らない

  (D) 語れない

(59) アメリカに移住してからもう10年になったが、別に_____にはならなかった。

    (A) マニュアル

    (B) ピリオド

    (C) ホームシック

    (D) パニック

(60) 嫌なことは最初から_____と断った方がいい。

    (A) きっぱり

    (B) ぐったり

    (C) そもや

    (D) どっしり

(61) 仕事もろくにせず、いつも_____文句ばかり言っていては私も困るよ。

    (A) ぶつぶつ

    (B) げらげら

    (C) げろげろ

    (D) ひょろひょろ

(62) _____なあの人がそんなミスを犯すはずがないよ。

    (A) 陽気

    (B) 内気

    (C) 几帳面

    (D) 生意気

(63) 日本に旅行_____、秋頃がちょうどいいです。

    (A) すると

    (B) したら

    (C) すれば

    (D) するなら

(64) 何の問題もない川を_____ダムを作るなんて、もってのほかだ。

    (A) 追い払って

    (B) 覆い隠して

    (C) せき止めて

    (D) 隔てて

(65) 人間は誰もが不安定なつり橋の上では恐怖を＿＿＿＿＿＿しまうものだ。

 （A）おぼえて

 （B）さからって

 （C）つくろって

 （D）おちいって

(66) 震度6弱の強い地震で、家屋が＿＿＿＿＿＿揺れました。

 （A）ぐらぐら

 （B）まちまち

 （C）せかせか

 （D）ばりばり

(67) 部下の過失とはいえ、上司である部長も＿＿＿＿＿＿辞職せざるを得ないだろう。

 （A）引責

 （B）問責

 （C）呵責

 （D）叱責

(68) 彼は多額の借金を抱えていて、＿＿＿＿＿＿が回らない状態だそうだ。

 （A）頭

 （B）腰

 （C）足

 （D）首

(69) あまり勉強できなかったので、この試験で70点取れれば＿＿＿＿＿＿だ。

 （A）安売り

 （B）御の字

 （C）虎の子

 （D）波止場

(70) 初対面でも自分の失敗談を＿＿＿＿＿＿話すと、相手の心を開かせるのに大きな効果がある。

 （A）ほどなく

 （B）のっぺり

 （C）容赦なく

 （D）あけっぴろげに

Ⅷ. 下の文を読んで、後の問いにもっとも適当な答えを (A) から (D) の中で一つ選びなさい。

(71 ～ 74)

> 小学生の頃、私は同級生と一緒によく学校で遊びました。田舎の古い小さな学校でしたが、教室ではカードゲーム、運動場では鬼ごっこや隠れん坊などをよくしました。当時、私が一番好きだった場所は、学校の4階のパソコン教室でした。昔は子供にとってパソコンゲームで遊ぶことは楽しいことの一つでしたから、パソコンはみんなを強く引き付けていました。そこにはきれいで優しい先生がいて、その先生はいつも私たちの世話をしてくれたりパソコンの使い方もよく教えてくれるなど、生徒たちととても親しい先生でした。私がよく思い出すのは休み時間にその教室に行ってパソコンゲームをしたことです。今、そこはたぶん音楽教室、または美術教室になったかもしれません。もしくは、何も変わっていないかもしれません。いつかそこに行ってみようと思っています。

(71) 小学生の頃、この人が一番好きだった場所はどこでしたか。

(A) 教室
(B) 運動場
(C) 音楽教室
(D) パソコン教室

(72) パソコン教室の先生についての説明の中で、正しくないものはどれですか。

(A) きれいで優しい先生だった。
(B) 生徒たちの世話をしてくれた。
(C) 生徒たちとはあまり親しくなかった。
(D) パソコンの使い方をよく教えてくれた。

(73) この人は何をよく思い出しますか。

(A) 同級生と一緒によく学校で遊んだこと
(B) 運動場で鬼ごっこや隠れん坊などをよくしたこと
(C) パソコンゲームのやりすぎで、先生に叱られたこと
(D) 休み時間にパソコン教室に行ってパソコンゲームをしたこと

(74) 昔のパソコン教室は今どうなっていますか。

(A) 何も変わっていない。
(B) 音楽教室に変わった。
(C) 美術教室に変わった。
(D) どう変わったかわからない。

(75 ～ 78)

　　　毎週火曜日と金曜日は燃えるごみを出す日で、水曜日は燃えないごみを出す日です。私が住んでいる町では、ごみの分別をきちんとしています。特に燃えるごみとペットボトルや缶を出す日は分けてあります。ごみを入れる袋も指定されていて、必ずその袋に入れなければなりません。

　　　ペットボトルの場合は、必ずふたを取り、ラベルを剥がし、きれいに洗ってから出すようにしています。生ごみも燃えるごみですが、(1)_____水分を切ってから出します。アルミ缶のふたは取って別に集めておきます。集めたふたはリサイクルされ、そのお金で福祉施設に車いすを贈っているそうです。

(75) 本文に出ているペットボトルの捨て方として正しくないものはどれですか。

　　(A) ふたを取ってから捨てる。
　　(B) 水分を切ってから捨てる。
　　(C) きれいに洗ってから捨てる。
　　(D) ラベルを剥がしてから捨てる。

(76) 本文に出ているリサイクルされるものはどれですか。

　　(A) 缶
　　(B) 生ごみ
　　(C) ペットボトル
　　(D) アルミ缶のふた

(77) 本文の内容から見て、(1)_____に入る最も適当な言葉はどれですか。

　　(A) まさか
　　(B) なるべく
　　(C) いきなり
　　(D) おもむろに

(78) 本文の内容と合っていないものはどれですか。

　　(A) 生ごみは燃えるごみに含まれる。
　　(B) 水曜日は燃えないごみを出す日である。
　　(C) ごみを入れる袋は未だに決まっていない。
　　(D) リサイクルして稼いだお金で福祉施設に車いすを贈っている。

(79 〜 81)

　　受験生にとって、夏はまだ試験までは余裕があるとはいうものの、(1)＿＿＿＿＿のはずである。夏を制する者は受験を制すると言われる。暑い日々が続いているが、怠けないで努力を重ねてほしいものである。
　　実は私も予備校で1年間浪人生活を送った。その夏のある日、同じ教室で勉強していたある先輩が「ここに3年もいることになるとは思わなかったよな。」とぼそっと言った。それを聞いて私はぞっとした。これは一生懸命にやらなければ大変なことになると思った。幸いなことに、次の年の春、その先輩も私も浪人生活にピリオドを打つことができた。懸命に頑張っている君、きっと勝利の女神は君に微笑む。

(79) 本文の内容から見て、(1)＿＿＿＿＿に入る最も適当な言葉はどれですか。

　(A) 正念場
　(B) 土壇場
　(C) 駄目押し
　(D) 二束三文

(80) この人が同じ教室で勉強していた先輩の話を聞いてぞっとした理由は何ですか。

　(A) 予備校での生活がそんなに大変だとは思わなかったから
　(B) まさか自分が浪人生活を送ることになるとは思わなかったから
　(C) その先輩が自分が思っていたより一生懸命に勉強していたから
　(D) 一生懸命に勉強しないと、自分も何年間も予備校にいることになりかねないと思ったから

(81) 本文でこの人が一番言いたいことは何だと思いますか。

　(A) 受験生にとって夏はまだ試験までは余裕がある。
　(B) 夏は暑い日々が続くが、弛まず努力を重ねてほしい。
　(C) 1年間浪人生活を送ったことが結局受験に役に立った。
　(D) 同じ教室で勉強していたある先輩の話は聞く価値がなかった。

(82 ～ 85)

小学4年生の息子は、少し前まで本に夢中の時期があった。だが、その中身を見ると、(1)あまり喜んでばかりはいられないものであった。要するに、漫画の延長のような、一口で言えば少年探偵団風のもので、内容が短い会話で進められていく。これは確かに読みやすいだろう。しかし、こればかりでは(2)＿＿＿＿＿。振り返ってみると、自分も似たような時期があった。SF小説を読むことがクラスで流行り、色々な本を読みあさった記憶がある。しかし、そればかりではなかったはずだ。どの本もSF的な部分もあるが、それなりに何か考えさせられるものがあった。

息子にいわゆる教養が身に付く本を一冊渡して読み終わるまで今までの本は禁止ということにした。少しずつ読んでいるようであるが、以前の少年探偵団風の物語を読んでいる時のような、暇なら本を読むという習慣はなくなってしまった。むしろ昔の方がよかったのではないかと正直なところ、ちょっと迷うところだ。

(82) (1)あまり喜んでばかりはいられない理由として、正しいものはどれですか。

(A) 読みかけの本が多かったから
(B) この人の好みにぴったり合う本だったから
(C) 息子の水準を遥かに超える内容だったから
(D) 内容が短い会話で進められていく本だったから

(83) 本文の内容から見て、(2)＿＿＿＿＿に入る最も適当な文章はどれですか。

(A) 高くて買ってあげられない
(B) かなりいい勉強になるに違いない
(C) 面白いから、読んでもいいだろう
(D) ちっとも頭にも心にも栄養になるまい

(84) この人が迷っている理由は何ですか。

(A) 偏った読書習慣が息子に身に付いてしまったから
(B) 息子が勉強はそっちのけで、本ばかり読んでいたから
(C) 息子の暇ができれば本を読むという習慣がなくなってしまったから
(D) 以前にもまして息子が少年探偵団風の本に夢中になってしまったから

(85) 本文の内容と合っていないものはどれですか。

(A) この人も息子のように本に夢中になる時期があった。
(B) 少年探偵団風の本は、この人の息子にとって読みやすい本である。
(C) この人が息子に教養が身に付く本を与えた結果、本が好きになって毎日読むようになった。
(D) 以前、この人の息子が読んでいた本の内容は、あまり喜んでばかりいられないものであった。

鳩は平和の象徴と言われるが、人の生活とはあまり近くない方が良いらしい。引っ越したマンションははじめは人の生活臭が薄いせいか、鳩は寄ってこなかったが、徐々に人口が増え、生ごみがベランダなどに出されるようになると、朝からクックー、クッ、ポッポーと鳴き声がするようになった。

鳩が寄り付くようになると、ふんのため(1)＿＿＿＿し、ベランダも汚れる。ふんが乾燥すると、その中に含まれているかびが病気の元になることもある。何とか鳩が寄らないようにする方法がないものかとインターネットで検索してみると、ある大学のホームページにその方法が載っていた。ベランダの手すりの上に釣り糸を張るというものだ。鳩の胸に当たるぐらいの高さが効果的とのことである。(2)早速やってみたが、ベランダのコーナーにうまく張るのに少しこつが要る。効果はありそうだが、釣り糸は伸びる傾向があり、たらんとしているのがちょっと気にかかる。

(86) 本文の内容から見て、(1)＿＿＿＿に入る最も適当な文章はどれですか。

(A) 洗濯物がよく干せる
(B) 洗濯物が邪魔になる
(C) 洗濯物が干せなくなる
(D) 洗濯物がきれいになる

(87) (2)早速やってみたが指しているものは何ですか。

(A) 生ごみを出さないようにすること
(B) 鳩の生態を正確に分析すること
(C) ベランダの手すりの上に釣り糸を張ること
(D) 鳩が寄らないようにする方法をインターネットで調べること

(88) 本文の内容と合っているものはどれですか。

(A) 鳩は人の生活となるべく近い方が良い。
(B) 釣り糸を張る時、鳩の胸に当たるぐらいの高さはあまり効果がない。
(C) この人はある大学に鳩が寄らないようにする方法を電話で聞いてみた。
(D) 鳩のふんが乾燥すると、その中に含まれているかびが病気の元になる場合もある。

(89 ～ 92)

　　国際社会の進展に伴い、世界的共用語としての英語の役割は一層大きくなっている。また、パソコンが世界的に普及する(1)_____インターネットで用いられる言語としての英語の必要性も従来より増加しつつある。そのためか、最近、幼い時からの英語教育を重視する声も出るようになった。(2)_____、それと同時に、英語以外の外国語に対する関心が次第に高まっているのも事実であり、今まではあまり人気のなかった外国語を学ぶ人も増えている。文部科学省の資料によると、日本の大学では約60強の言語を教えているという。また、民間にも50カ国語の講座を開いている国際語学アカデミーなどがあり、外国語に対する関心に素早く対応している。この語学学校では、ヨーロッパの言語よりアジアの言語の受講者の数の方が多くなり、特にタイ語、中国語、韓国語などに人気があるという。これにはビジネスのためという実用的理由、アジアの言語そのものへの興味、海外旅行などでアジア諸国に対する関心が大きくなったこととも深く関係がある。

(89) 本文の内容から見て、(1)_____に入る最も適当な表現はどれですか。

    (A) に限って
    (B) につれて
    (C) ことをよそに
    (D) ことをきっかけに

(90) 現在、日本での外国語の現状についての説明の中で、正しくないものはどれですか。

    (A) 英語以外の外国語に対する関心は薄まりつつある。
    (B) 現在、日本の大学では約60強の言語を教えている。
    (C) 世界的共用語としての英語の役割は一層大きくなっている。
    (D) 幼い時からの英語教育が必要だという声も出るようになった。

(91) 本文の内容から見て、(2)_____に入る最も適当な言葉はどれですか。

    (A) しかし
    (B) それで
    (C) その上
    (D) 要するに

(92) 語学学校におけるアジアの言語の受講者の数の方が多くなった理由として正しくないものはどれですか。

    (A) ビジネスに役に立つから
    (B) アジアの言語自体に興味があるから
    (C) 様々な日本の大衆文化への関心が拡大したから
    (D) 海外旅行などでアジア諸国に対する関心が大きくなったから

(93 ～ 96)

　　世界でも(1)＿＿＿＿＿自動販売機大国である日本。愛媛県内子町には、(2)独特な自販機が存在する。それは丁寧に折られた折り紙を売る自販機で、テレビ番組で紹介されてから多くの観光客が訪れる町の新名所になった。折り紙を折るのは店主の岡野千鶴さんで、値段は10円、30円、50円の3種類である。ちなみに、30円の商品は2カ月に1回、季節に合わせたものと入れ替える。自販機で折り紙を売ることになったきっかけは、2008年に成人識別カード「タスポ」の読み取りが必須となったことであった。自前だった自販機を買い替えるには採算が合わないと考え、タバコと同じ大きさの透明な容器に折り紙を入れ、売り始めた。年間売り上げは平均1000円ほどで非常に少ないが、「気付いて笑ってくれる人がいるから」と10年近く続けているという。それでも最近は、テレビや新聞などで取り上げられることが増え、「紹介されてから一週間ぐらいは大変でしたよ。今年はお正月の1月だけで7000円分も売れちゃってびっくりしました」と岡野さんは話す。

(93) 本文の内容から見て、(1)＿＿＿＿＿に入る最も適当な表現はどれですか。

(A) きりがない
(B) 類を見ない
(C) 反りが合わない
(D) 辻褄が合わない

(94) (2)独特な自販機についての説明の中で、正しくないものはどれですか。

(A) 値段は10円、30円、50円の3種類である。
(B) 丁寧に折られた折り紙を売る自販機である。
(C) 現在、多くの観光客が訪れる町の新名所になった。
(D) 全ての商品は2カ月に1回季節に合わせたものと入れ替える。

(95) 岡野千鶴さんが自販機で折り紙を売るようになった理由は何ですか。

(A) 元々折り紙が得意だったから
(B) タバコの自販機よりは採算が合うと考えたから
(C) 自販機を新しいものに替えても元が取れないと考えたから
(D) 折り紙の自販機を設置すれば、地域の新名所になると考えたから

(96) 岡野千鶴さんが折り紙の自販機を続けている理由は何ですか。

(A) いずれ大きな収入源になると考えたから
(B) 時々大きな利益を上げる場合もあるから
(C) 買った折り紙で喜んでくれる人が多いから
(D) 折り紙の自販機に気付き、笑ってくれる人がいるから

(97 ～ 100)

　2002年から2007年までの景気拡大の時期を、俗に「いざなみ景気」と呼ぶ。名称については、いざなみ景気の他に「かげろう景気」「リストラ景気」「無実感景気」などが提案されており、どれも(1)_____なのが特徴である。2001年以降のゼロ金利政策をはじめとする金融緩和政策に伴う円安、また新興国などの需要の増大などにより、この時期には輸出関連企業の売り上げが過去最高水準となった。これらが景気回復の主要因とされている。

　この好景気では、名目GDPは21兆円増えているのに、全体の所得が4兆円減っているという(2)奇妙なことが起こっていた。これは政府による公共事業の減少、企業の借金による設備投資が減ったこと、日本銀行の金融緩和策が不十分だったことなどが原因に挙げられている。実質経済成長率は年平均2％に達せず低水準、更に名目経済成長率は実質成長率より低く、デフレから抜け出すことはできなかった。

(97) 本文の内容から見て、(1)_____に入る最も適当な表現はどれですか。

    (A) 愉快な名称
    (B) ネガティブな名称
    (C) ポジティブな名称
    (D) ぴんと来ない名称

(98) 2002年から2007年までの景気が回復した理由は何だと言われますか。

    (A) 金融緊縮政策で円高が進んだから
    (B) 収入の増加で消費心理が回復したから
    (C) 先進国でのシェアが大幅に増大したから
    (D) 輸出関連企業の売上が過去最高水準となったから

(99) (2)奇妙なことが起こっていた理由として正しくないものはどれですか。

    (A) 政府による公共事業の減少
    (B) 企業の借金による設備投資が減ったこと
    (C) 以前にもまして経済成長が激しかったこと
    (D) 日本銀行の金融緩和策が不十分だったこと

(100)「いざなみ景気」と呼ばれる時期についての説明の中で、正しいものはどれですか。

    (A) 好景気のわりには豊かさを感じられなかった。
    (B) 実質経済成長率はずっと高水準を維持していた。
    (C) 以後のデフレ脱却の礎となる時期であったと言える。
    (D) 日本政府の金融緩和政策は円安には繋がらなかった。

□ て 手 손	□ やま 山 산	□ はい 灰 재	□ くだ 管 관, 속이 둥근 막대
□ かみ 神 신	□ いし 石 돌	□ さけ 酒 술	□ つき 月 달
□ かわ 川 강	□ まえ 前 앞	□ かね 鐘 종	□ うち 內 안
□ ちから 力 힘	□ いと 糸 실	□ め 目 눈	□ いずみ 泉 샘
□ つみ 罪 죄	□ つば 唾 침	□ つち 土 흙	□ は 歯 이
□ こめ 米 쌀	□ ひつぎ 棺 관, 시체를 넣는 궤	□ むし 虫 벌레	□ つめ 爪 손톱
□ つま 妻 아내	□ まち 街 거리	□ こい 恋 사랑, 연애	□ ふし 節 마디
□ えだ 枝 가지	□ まど 窓 창문	□ あたま 頭 머리	□ なか 仲 사이
□ きし 岸 물가	□ はた 旗 깃발	□ けもの 獣 짐승	□ しも 霜 서리
□ かみ 紙 종이	□ はし 橋 다리	□ けむり 煙 연기	□ あし 足 다리
□ かげ 陰 그늘	□ はね 羽 날개	□ くき 茎 줄기	□ おく 奥 안쪽
□ くつ 靴 구두	□ かぜ 風 바람	□ みなみ 南 남쪽	□ よわい 齢 연령
□ かぶ 株 주식	□ こし 腰 허리	□ かず 数 숫자	□ すべ 術 방법, 수단
□ いろ 色 색깔	□ あさ 朝 아침	□ おと 音 소리	□ しお 潮 해수
□ つくえ 机 책상	□ あい 愛 사랑	□ みやこ 都 수도	□ いもうと 妹 여동생
□ き 木 나무	□ たけ 丈 신장, 길이	□ まぼろし 幻 환상	□ たけ 岳 높은 산
□ ふゆ 冬 겨울	□ こころ 心 마음	□ たくみ 匠 장인	□ おい 甥 남자조카
□ ね 根 뿌리	□ うし 後ろ 뒤	□ みぎ 右 오른쪽	□ めい 姪 여자조카
□ ゆび 指 손가락	□ かお 香り 향기	□ む 群れ 무리	□ かみ 髪 머리카락
□ かわ 皮 (천연) 껍질	□ ふち 縁 테두리	□ わき 脇 옆구리, 겨드랑이	□ うず 渦 소용돌이
□ かわ 革 (인공) 가죽	□ おとうと 弟 남동생	□ こえ 声 목소리	□ ゆ 湯 뜨거운 물

Ⅴ. 下の線の言葉の正しい表現、または同じ意味のはたらきをしている言葉を (A) から (D) の中で
一つ選びなさい。

(1) 会社まで<u>近くて</u>毎日歩いて行きます。

    (A) とおくて
    (B) ちかくて
    (C) ひろくて
    (D) やすくて

(2) 彼女はまだ自分の心を<u>率直</u>に言う勇気がない。

    (A) そつなお
    (B) すなお
    (C) そっちく
    (D) そっちょく

(3) 彼は日本語は上手ですが、英語は<u>苦手</u>です。

    (A) くて
    (B) くしゅ
    (C) にがて
    (D) くるして

(4) それぞれの部屋で<u>暖房</u>する場合、大変なのは温度調節である。

    (A) なんぼう
    (B) だんぼう
    (C) かんぼう
    (D) まんぼう

(5) 鶴は公害のせいでその数が減り、今は<u>天然</u>記念物になっている。

    (A) てんぜん
    (B) てんねん
    (C) でんぜん
    (D) でんねん

(6) 孤独で弱い存在だからこそ、人は親密な<u>絆</u>を求める。

    (A) おそれ
    (B) さかい
    (C) きずな
    (D) おもむき

(7) 心強い<u>助っ人</u>に助けられながらここまで頑張ってきた。

    (A) すけっと
    (B) すけっびと
    (C) たすけっと
    (D) たすけっびと

(8) 新聞に大学生の進路相談が増えているという記事が<u>のって</u>いた。

    (A) 載って
    (B) 乗って
    (C) 記って
    (D) 述って

(9) 人の第一<u>いんしょう</u>はなかなか変わらないものだ。

    (A) 顔色
    (B) 印象
    (C) 印鑑
    (D) 満面

(10) おかげ様で、もう風邪も<u>だいぶ</u>よくなりました。

    (A) 大部
    (B) 多部
    (C) 多分
    (D) 大分

(11) 彼はたばこを吸いながら歩いています。

    (A) 彼はたばこを吸って歩いています。

    (B) 彼はたばこを吸う間に歩いています。

    (C) 彼はたばこを吸う前に歩いています。

    (D) 彼はたばこを全部吸った後歩いています。

(12) 2時間前に出発したので、もう新宿まで行ったはずだ。

    (A) 新宿に着いただろう

    (B) 新宿には行きたくない

    (C) まだ新宿には着いていない

    (D) 新宿までは時間がかかるだろう

(13) やってはいけないと思いつつも、ついやってしまった。

    (A) 思ったから

    (B) 思いながらも

    (C) 思うと

    (D) 思う前に

(14) 先生だからといって、全部知っているとは限らないだろう。

    (A) 絶対知らないと思う

    (B) 知っているはずがない

    (C) 知っているに違いない

    (D) 知らないこともあるだろう

(15) 何だか部長は朝からご機嫌斜めである。

    (A) 無口である

    (B) 楽しそうだ

    (C) 不機嫌である

    (D) 気分にむらがある

(16) どちらの試合も負けず劣らずの名勝負だった。

    (A) 互角の

    (B) 真剣勝負の

    (C) 底が知れない

    (D) 追いつ追われつの

(17) 日本は6月から7月にかけてよく雨が降る。

    (A) 病院に行って医者から薬をもらった。

    (B) チーズやバターは牛乳から作られる。

    (C) 家から学校までは遠くて本当に不便だ。

    (D) 自分のことだから、遠い先のことも考えられる。

(18) 火を消すのに砂もけっこう役に立つ。

    (A) 公園なのにあまりベンチがない。

    (B) 彼は歌が上手なのに全く歌おうとしない。

    (C) 自動車を買うのに必要な書類を提出した。

    (D) こんなに大雨が降っているのに出かけるなんてとんでもない。

(19) 渡辺先生は教え方がまずくてよく理解できない。

    (A) 私はまずい顔の女性には関心がない。

    (B) 彼が書いた作文はいつもまずい文章だらけだ。

    (C) 嘘を吐いたのがばれたって？まずいことになったなあ。

    (D) 彼は好き嫌いが激しくて、まずい物は食べようともしない。

(20) 試合を目前にひかえている今になって怪我人が出るとは。

    (A) 医者に塩辛いものはひかえるようにと言われた。

    (B) この手帳には会議の要点だけひかえておくことにしている。

    (C) 彼は新しい店の開店をひかえてとても忙しいそうだ。

    (D) 初公演のせいなのか、彼は緊張した表情で楽屋でひかえていた。

Ⅵ. 下の＿＿＿＿線の A, B, C, D の中で正しくない言葉を一つ選びなさい。

(21) 大きな テブルの上に美味しそうなケーキが置いてあります。
　　　(A)　　(B)　　　　　　　　(C)　　　　　　　(D)

(22) 昨日のパーティーは、みんな自分の国の歌をしながら踊る楽しいパーティーでした。
　　　　　　　　　　　　　　　　　(A)　　　　(B)　　　(C)　　　　(D)

(23) 朝から からりと晴れて本当にいい天気から、今日はピクニックでも行きましょうか。
　　　(A)　　(B)　　　　　　　　　(C)　　　　　　　　　　(D)

(24) 私の部屋の中には色々な物がありますから、とても細かく 感じられます。
　　　　　　　　(A)　　　　　　　(B)　　　　(C)　　(D)

(25) 来年の春、あの大手企業をはじめ、ほとんどの企業が新規採用を大幅に増えるそうだ。
　　　　　　　　(A)　　(B)　　　　　　　　(C)　　　　(D)

(26) 強いて趣味を言うなら、きれいな景色の写真を撮るのですね。
　　　(A)　　(B)　　　　　　(C)　　　(D)

(27) もうすぐ担当者が参りますので、こちらにおかけになってお待ちしてください。
　　　(A)　　　　　(B)　　　　　　　(C)　　　　(D)

(28) 事故の知らせを聞いて慌てて出たあまり、靴下をかれこれにはいて来てしまった。
　　　　　　　　　　(A)　　　(B)　　　　(C)　　(D)

(29) 逮捕された犯人は証拠を突き付けられると、全ての犯行を明白した。
　　　(A)　　　　　　　(B)　　　　(C)　　(D)

(30) 彼は人生のどん底まで落ちた経験に基にして、この小説を書き上げた。
　　　　(A)　　(B)　(C)　　　　　　　(D)

(31) 夜、帰宅したら、空き地に入られて部屋がめちゃくちゃになっていた。
　　　(A)　　　　　　　(B)　　(C)　　　　　(D)

(32) 大口の取引先からメールが届いたが、文字破れして全く読めない。
　　(A)　　　　　　　　　　　(B)　　　(C)　　　　(D)

(33) 心が空虚な人ほどブランド品などに横着し、買いあさるそうだ。
　　　(A)　　(B)　　　　　　(C)　　　　(D)

(34) 丈夫な鞄であれ、デパートもいいのですが、あの店で買った方がお買い得ですよ。
　　　　　(A)　　　　　　　　(B)　　　　　　(C)　　(D)

(35) 趣味に没頭する人は、その趣味で何物にも替えやすい大きな喜びを得るという。
　　　　　(A)　　　　　　　(B)　　　(C)　　　　(D)

(36) まさか幼馴染みである彼が私を裏切ることはあった得ないと思っていたのに、完全に裏切られてし
　　(A)　　　　　　　　　　　　(B)　　(C)　　　　　　　　　　　(D)
まった。

(37) 疲れがちなのか、彼は最近会議中にうとうとしていることが多いようだ。
　　　(A)　　　　　　(B)　　　(C)　　　　　(D)

(38) 彼女は一身上の用事により、来週をもってこの会社を退職するという。
　　　　(A)　(B)　　　　(C)　　　　(D)

(39) 今度の大惨事は業者の不実工事に加え、政府の監督が行き届かなかったのが原因だと言われている。
　　　　　　　　(A)　　(B)　　　　　　(C)　　　(D)

(40) 食べたい物も全部我慢しながら涙もろい努力をして10キロ痩せたのに、油断してまた逆戻りして
　　　　　　　(A)　　　(B)　　　　　　　　　　　　(C)　　　(D)
しまった。

Ⅶ. 下の_____線に入る適当な言葉を (A) から (D) の中で一つ選びなさい。

(41) 今回のテストを通過した生徒は一人_____です。

    (A) だけ

    (B) ほど

    (C) から

    (D) まで

(42) 今年、この学科の志願者は全部_____50 人です。

    (A) に

    (B) で

    (C) と

    (D) へ

(43) 教室の窓側には椅子がいくつか置いて_____。

    (A) いました

    (B) ありました

    (C) まいりました

    (D) いらっしゃいました

(44) 私は一日 3 回きちんと歯を_____いるので、虫歯の心配はありません。

    (A) あらって

    (B) そって

    (C) みがいて

    (D) ととのえて

(45) 難しいとは思うが、自分で_____ことにした。

    (A) 作って

    (B) 作ってみよう

    (C) 作ったり

    (D) 作ってみる

(46) 椅子に座って眼鏡を_____いる方が鈴木さんです。

    (A) かぶって

    (B) かけて

    (C) はいて

    (D) しめて

(47) この報告書は_____書かなければなりません。

    (A) だいじに

    (B) ていねいに

    (C) むやみに

    (D) とくいに

(48) 明日テストがあるので、昨日は夜 12 時_____まで勉強しました。

    (A) おき

    (B) 抜き

    (C) 過ぎ

    (D) かけ

(49) 新宿駅から_____5 分の便利なところへ引っ越ししました。

    (A) 歩道

    (B) 徒歩

    (C) 同行

    (D) 遂行

(50) 時間があまりありませんので、_____話していただきたいのですが。

    (A) にわかに

    (B) おおげさに

    (C) おごそかに

    (D) おおまかに

(51) いくら私の上司だといえども、プライベートなことまで_____するのは止めてほしい。

    (A) 干渉

    (B) 役割

    (C) 交渉

    (D) 会見

(52) ここに「立入禁止」と書いてあります。_____、もう中に入っている人がいます。

    (A) さて

    (B) けれども

    (C) それで

    (D) だから

(53) _____彼女は来ないだろうと思いながらも、どこかで期待している自分が情けない。

    (A) たぶん

    (B) まして

    (C) たとえ

    (D) やや

(54) 彼ときたら、お酒を飲むと、_____のわからないことばかり言う。

    (A) 心

    (B) 元

    (C) 訳

    (D) 手

(55) 最近、中国経済の発展は_____、世界各国の企業が進出している。

    (A) むなしく

    (B) はかなく

    (C) いちじるしく

    (D) たどたどしく

(56) 通勤時間が_____ので、会社の近くに住んだ方がよいのかと思っている。

    (A) もったいない

    (B) なにげない

    (C) めざましい

    (D) あぶなっかしい

(57) 彼は交通事故が_____で、車いすに頼らなければならなくなってしまった。

    (A) わざ

    (B) すべ

    (C) もと

    (D) こつ

(58) 当店の営業は、8時_____もって終了させていただきます。

    (A) を

    (B) に

    (C) と

    (D) から

(59) 私がこのコンクールで優勝するなんて、感激の_____。

    (A) 始末です

    (B) 至りです

    (C) 次第です

    (D) あまりです

(60) ここでは_____子供向けのおもちゃを生産している。

    (A) 突如

    (B) 主に

    (C) 一概に

    (D) ふと

(61) 鈴木さんは仕事の_____、独学で英語の勉強をしているので、すごいと思う。

    (A) かたわら

    (B) かたがた

    (C) 代わりに

    (D) ついでに

(62) 最近、物価が_____上がっているので、家計が苦しい。

    (A) のこのこ

    (B) どぶどぶ

    (C) じりじり

    (D) こそこそ

(63) みんなが_____を絞って出した結論なんだから、従わないわけにはいかない。

    (A) 穴

    (B) 汁

    (C) 頭

    (D) 的

(64) 今年の冬は例年_____、寒さが厳しかった。

    (A) にもまして

    (B) をおいて

    (C) について

    (D) にそくして

(65) 彼ときたら、気が＿＿＿＿＿なかなか自分の意思を曲げようとしない。

   (A) 短くて

   (B) 長くて

   (C) 強くて

   (D) 重くて

(66) 株式相場が＿＿＿＿＿を打って回復基調にある。

   (A) 外

   (B) 底

   (C) 裏

   (D) 横

(67) 今更＿＿＿＿＿言い訳をするのは男らしくない。

   (A) むずむず

   (B) ぐりぐり

   (C) くどくど

   (D) もじもじ

(68) 店の隣に大手スーパーが＿＿＿＿＿、売り上げが落ち込んでしまった。

   (A) できてからというもの

   (B) できたところだが

   (C) できたが最後

   (D) できようとできまいと

(69) 彼は持ち前の明るさと才能で、プロ野球界＿＿＿＿＿人気選手だった。

   (A) いっての

   (B) きっての

   (C) もっての

   (D) はっての

(70) 悲劇のヒロインを＿＿＿＿＿のは、もう止めてくれよ。本当にみっともないんだから。

   (A) 着飾る

   (B) 気取る

   (C) 際立つ

   (D) 背負う

VIII . 下の文を読んで、後の問いにもっとも適当な答えを (A) から (D) の中で一つ選びなさい。

(71 ～ 74)

　　私が住んでいる町には体育館が二つあります。駅からちょっと離れている体育館は10年前に建てられたもので、ちょっと古くて狭いです。そして、駅からさほど離れていない所にある体育館は、最近新しくできた大きい体育館で、いつも多くの人が朝から来て運動をしています。でも、私の家からはちょっと遠いです。古い体育館は朝7時から夜8時までですが、土曜日と日曜日は休みです。でも、新しい体育館は年中無休で朝5時から利用できるし、夜も古い体育館より2時間長いです。それで、私は毎朝高校生の息子と一緒にこの新しい体育館に行って運動をしています。新しい体育館の利用料金は一月に大人は1万円、高校生は大人の半額、中学生までは無料で利用できます。この体育館ではバドミントン、バスケットボール、バレーボール、水泳などの運動ができますが、学生は水泳に限られています。

---

(71) 新しい体育館はどこにありますか。

　　(A) 駅から近い所
　　(B) 商店が多い所
　　(C) この人の家から近い所
　　(D) 駅からちょっと離れた所

(72) 新しい体育館は何時から何時まで開いていますか。

　　(A) 朝 5 時から夜 8 時まで
　　(B) 朝 5 時から夜 10 時まで
　　(C) 朝 7 時から夜 8 時まで
　　(D) 朝 7 時から夜 10 時まで

(73) 新しい体育館は高校生の場合、一月いくらですか。

　　(A) 無料
　　(B) 2 千円
　　(C) 5 千円
　　(D) 1 万円

(74) この人の息子が新しい体育館で利用可能なものは何ですか。

　　(A) 水泳
　　(B) バドミントン
　　(C) バレーボール
　　(D) バスケットボール

(75 〜 77)

檻の中の動物は全て逃げ出したいのかと思っていたが、(1)そうではないらしい。うちには「ケケ」というハムスターがいる。ちょっと変な名前であるが、息子が付けた。ある日、息子がハムスターをかごから出して部屋の中を自由に動き回れるようにしてやった。かごのふたは開けて部屋のドアは閉めておいたそうだ。それから息子はハムスターのことをすっかり忘れてしまい、1時間ほどして部屋のドアを開けると、なんと(2)＿＿＿＿＿。

ハムスターに関する本によると、自分でかごに入ることはよくあるという。しかし、戻れなくなって水も摂取できず、脱水状態で発見されたとか家の外まで出たとかという話を聞いたことがある。

(75) 本文の内容から見て、(1)そうではないらしいの理由として正しいものはどれですか。

    (A) ハムスターは動き回るのがとても好きだから

    (B) 檻から逃げ出したいという本能を持っていない動物も多いから

    (C) ハムスターをかごから出しておいても自らかごに戻っていたから

    (D) ハムスターをかごから出しておいたら、かごに戻らなかったから

(76) 本文の内容から見て、(2)＿＿＿＿＿に入る最も適当な文章はどれですか。

    (A) ハムスターは餌を食べながら休んでいたそうだ

    (B) ハムスターはずっと眠っていて全く動かなかったそうだ

    (C) ハムスターは自分で外に出ていかなくなってしまったそうだ

    (D) ハムスターは自分でかごに戻り、からからと回し車で遊んでいたそうだ

(77) 本文の内容と合っているものはどれですか。

    (A) この人の息子はハムスターの名前を変だと思っている。

    (B) この人はハムスターに関する本を読んだことがあるようだ。

    (C) 全てのハムスターは入っていたかごに帰りたがらない本能を持っている。

    (D) この人は息子がハムスターを飼っているのはいいことだと思っている。

(78 〜 80)

　　子供の頃、日記の宿題があった。小学生の日記というのは大人の日記のように、今日はどこへ行って、誰と会って、帰宅すると何だか妻の機嫌が悪くて、という出来事の羅列ではなく、タイトルを付けたその日の出来事についての作文であるとされる。書くことがあるといいが、何となく一日を過ごしてしまった日の日記は私自身も苦労したものである。困った時は、自分の飼っているペットや習い事のこと、田舎の祖父が作ったみかんのことなど、逃げ道はいくつか持っていたが、(1)無い袖は振れぬという時もあった。

　　私の息子も夏休みには日記を書こうとしたのであるが、書くことがない時は、本当に投げやりに食事のメニューなどを書いて「美味しかった」で終わっている。私はそれを見てあまりの味気なさに「やり直し」とNGを出すこともあるが、本心は「そんな日もある」と思う。ちなみに、味気ない文章が喜ばしいのは病棟の当直日誌で、「格別に変化なし」がベストである。

(78) 本文の内容から見て、(1)無い袖は振れぬという時とはどんな時ですか。

　　(A) 一日中とても忙しかった時
　　(B) 何だか妻の機嫌が悪い時
　　(C) 何も書くことがなくて日記が書けない時
　　(D) 日記に書くことが多すぎて何を書いていいかわからない時

(79) この人が息子の日記に「やり直し」とNGを出す理由は何ですか。

　　(A) 非常に味気ない文章で日記を書いたから
　　(B) 子供の日記に相応しくない内容だったから
　　(C) 毎日ではなく、いつもまとめて日記を書くから
　　(D) 文章が長すぎて内容がわかりづらかったから

(80) 本文の内容と合っているものはどれですか。

　　(A) この人は今病院に勤めているようだ。
　　(B) この人の息子は几帳面な性格のようだ。
　　(C) この人の息子は滅多に日記を書かない。
　　(D) この人は日記に書くことがない時もあり得ると思っている。

(81 〜 84)

> 　恋愛は相手に期待をするものである。相手に自分を愛し、尊重してくれることを期待することは、(1)＿＿＿＿＿＿悪いことではない。でも、期待通りにいかなかった時、自分が尊重されていないような気がして怒って相手を責めてしまった経験はないだろうか。恋人関係ならそれでいいかもしれないが、夫婦関係でこれを続けてしまうと、関係は必ず悪化する。
> 　誰しも人に尊重され、大事にされたいと思っている。(2)それを勝手に期待しがちなのが恋愛である。好きな人にこうしてもらいたいと思う気持ちは十分理解できる。でも、夫婦に期待はない方がいい。期待をしていると、相手がしてくれたことが「当たり前」に感じられてしまうからである。期待をしていなければ、素直に「ありがとう」が言える。これからも夫婦を続けていこうと思うのなら、相手を自分の思うようにコントロールしようとしないこと、相手に過度な期待をしないこと、小さなコミュニケーションを怠らないことを是非忘れないでパートナーとしっかり向き合ってほしいと思う。

(81) 本文の内容から見て、(1)＿＿＿＿＿＿に入る最も適当な言葉はどれですか。

　　(A) 決して
　　(B) 頻りに
　　(C) いきなり
　　(D) 辛うじて

(82) この人はどんな時に夫婦関係が必ず悪化すると言っていますか。

　　(A) どうしても性格が合わない時
　　(B) 相手の弱点を何度も指摘する時
　　(C) 自分の意見を最後まで押し通そうとする時
　　(D) 期待通りにいかなくて怒って相手を責めてしまった時

(83) (2)それが指しているものは何ですか。

　　(A) 相手も自分と同じ考え方を持っていること
　　(B) 相手が自分の気持ちをわかってくれること
　　(C) 他人に尊重されたり大事にされたいと思うこと
　　(D) どんな状況にあっても最後まで自分を信じてくれること

(84) 夫婦関係を続けるためにこの人が提案していることではないものはどれですか。

　　(A) 相手に過度な期待をしないこと
　　(B) 各自の違いをそのまま受け入れること
　　(C) 小さなコミュニケーションを怠らないこと
　　(D) 相手を自分の思うようにコントロールしようとしないこと

(85 ～ 88)

　　その日、私は行き付けの喫茶店ウッドストックに出かけることにしていた。しかし、その予定が狂ったのは、私の勤めている本屋のオーナー、成田さんのお使いが原因だった。上野にあるタバコ屋さんに行けば、いくらでも手に入るパイプのクリーニング用品の買い出しを、タバコを吸わない私に頼むのだから、(1)＿＿＿＿＿＿。仕入れたタバコの搬入で忙しい小さな店で250円の品物を買い込むことができたのは、午前11時になった頃だった。それまでに、3軒のタバコ屋さんをはしごしたのは言うまでもないことだ。

　　(2)くたびれ果てた状態で、ウッドストックに到着して2階に上がる階段を重い足で上り詰めると、そこは愛煙家たちの楽園と化していた。健康増進法の制定で、分煙が義務付けられたのが全ての始まりだ。この店のマスターをやっている人が天の邪鬼根性を最大限に発揮し、全ての席を喫煙席にしてしまったのだ。更に、この辺では唯一タバコを堂々と吸える喫茶店になったここは、(3)愛煙家たちの最後のとりでにもなっている。

(85) 本文の内容から見て、(1)＿＿＿＿＿＿に入る最も適当な文章はどれですか。

(A) 呆れてしまう
(B) 嬉しくてならない
(C) 快く引き受けられる
(D) 諦めるわけにはいかない

(86) この人が (2) くたびれ果てた状態になった理由は何ですか。

(A) 3軒のタバコ屋さんをはしごしたから
(B) 朝から予定になかった仕事が立て込んだから
(C) パイプのクリーニング用品の搬入で忙しかったから
(D) 行き付けの喫茶店であるウッドストックまで遠すぎたから

(87) 喫茶店ウッドストックが (3) 愛煙家たちの最後のとりでにもなっている理由は何ですか。

(A) マスターが愛煙家だから
(B) マスターが天の邪鬼根性を持っているから
(C) ウッドストックの全席は喫煙席になっているから
(D) ウッドストックはタバコを吸う人はほとんど来ない喫茶店だったから

(88) 本文の内容と合っていないものはどれですか。

(A) この人はタバコを吸わない人である。
(B) ウッドストックには禁煙席が一つもない。
(C) 愛煙家たちはウッドストックではタバコを堂々と吸える。
(D) ウッドストックのマスターは健康増進法に違反している。

(89 〜 92)

　　精神面と肉体面のバランスが偏っていると、不眠の原因になるようだ。軽い運動をして眠ることは、精神的な疲労の多い現代人にとっては、大変効果的な方法となることであろう。ストレスのバランスを取ったら、更にもう一つ香りのアプローチでストレスを緩和しよう。例えば、ストレスを抑えたい時はヒノキ、緊張の緩和にはパインレモングラスなどを参考にして自分の落ち着く香りを探してみたらどうだろう。ただし、どんなに良い香りでも、度を越すと(1)_____こともあるので注意しよう。今回注目の鎮静効果と言えば、やはりラベンダー。ラベンダーには鎮静作用があり、ストレスで強張った心身をリラックスさせ、不安や緊張、いらいらなどを和らげてくれる。緊張から来る偏頭痛や高血圧にも効果があると言われる。また、ラベンダーには抗菌・殺菌作用があり、防虫にも効果があると言われている。中世ローマでは、ラベンダーの花を部屋の中に吊るして、蚊やはえが寄り付かないよう虫除けにしていたという。この季節は新しい環境などでいらいらや緊張が募り、寝付けない日もあるだろう。香りで安らかな気分を手に入れてみてはどうだろうか。

(89) 本文の内容から見て、(1)_____に入る最も適当な文章はどれですか。

　　(A) かなり効果がある
　　(B) 悪臭に感じてしまう
　　(C) 緊張の緩和になる
　　(D) 効果があるかどうかわからない

(90) ラベンダーの香りについての説明の中で、正しくないものはどれですか。

　　(A) 防虫に効果がある。
　　(B) 眠りを誘う効果がある。
　　(C) 緊張から来る偏頭痛や高血圧に効果がある
　　(D) 強張った心身をリラックスさせて不安や緊張などを和らげてくれる。

(91) 本文の内容と合っていないものはどれですか。

　　(A) 緊張の緩和にはヒノキの香りが効果的である。
　　(B) 香りでストレスをある程度緩和することができる。
　　(C) 軽い運動をすることは不眠に大変効果的な方法となる。
　　(D) 精神面と肉体面のバランスが偏っていると、不眠の原因になり得る。

(92) 本文のタイトルとして最も適当なものはどれですか。

　　(A) 鎮静効果のある香りの種類
　　(B) 精神的な疲労の多い現代人
　　(C) 現代人のストレスの増加とその原因
　　(D) ぐっすり眠るためのストレスの緩和方法

(93 〜 96)

下水道には様々な役割があるが、主な役割としては以下の四つが挙げられる。

まず、生活あるいは生産活動に伴って発生する汚水が排除されず、住宅周辺に停滞していると、蚊やはえの発生源となったり悪臭により周辺の環境を悪化させることになる。下水道を整備することにより、(1)_____。次に、汚水が整理されないまま河川などの公共水域に排出されると、水質汚濁が進む。下水道はこのような汚水を運搬、処理することから、公共水域の水質汚濁を防止し、(2)_____。また、下水道が整備されることにより、トイレの水洗化が可能となり、個々の住宅で衛生的で快適な生活を送ることができるようになる。最後に、下水道は河川、道路側の溝などと同様に、雨水の排除のための機能を有しており、区域内に降った雨水を集めて河川、海域などへ排除する役割を受け持っている。

(93) 本文の内容から見て、(1)_____に入る最も適当な文章はどれですか。

(A) 水質保全が図れる
(B) 汚水を速やかに排除し、周辺環境の改善が図れる
(C) 汚水を排除するのが難しくなり、環境を悪化させる恐れがある
(D) 周辺環境は少しよくなるかもしれないが、環境改善までは難しい

(94) 本文の内容から見て、(2)_____に入る最も適当な文章はどれですか。

(A) 多くの水中生物の糧となれる
(B) 周辺地域のダムの建設を促している
(C) 豊かな自然環境の保全に大きく役立っている
(D) 新たな水の活用方法として注目を浴びている

(95) 本文に出ている下水道の役割ではないものはどれですか。

(A) 環境改善
(B) 水質保全
(C) トイレの水洗化
(D) 安定的な水源の確保

(96) 本文の内容と合っていないものはどれですか。

(A) 下水道は雨水の排除のための機能を持っている。
(B) 下水道の整備は私有財産を守るのにも役立っている。
(C) 汚水が速やかに排除されないと、蚊やはえの発生源となる。
(D) 下水道が整備されることにより、トイレの水洗化が可能となる。

新興住宅街の路上で子供を遊ばせ、騒ぐ声などで近隣住民とのトラブルになるケースが各地で問題化している。こうした親子は、一部で「道路族」などと呼ばれ、住民同士の裁判や刑事事件になることもあるという。専門家は、地域のモラルが希薄化している危険性を指摘する。京都市内の住宅街に住むある女性は、去年の春頃から、自宅前の道などで遊ぶ子供の大声に悩まされている。長男が中学受験を控え、母親たちに注意すると、脅迫めいた手紙を送り付けられたり暴言を浴びせられたりするようになったという。

(1)＿＿＿＿＿＿、路上で遊ばせる親たちは、子供を近くで見守ることができる自宅前の道路の方が安心だという意識が強いと見られる。また、ボール遊びや自転車を禁止する公園もあり、思いきり遊べないとの意見もある。ただ、車による死亡事故も起きており、危険な面は否めない。京都大学の鈴木教授は「同世代のみで構成されがちな新興住宅街では、その世代間の価値観に偏ったルールが形成されているため」と指摘している。

(97) 本文に出ている「道路族」とはどんな意味ですか。

    (A) 道路で大騒ぎして遊ぶ子供とその親

    (B) 車道を平然と歩いている子供とその親

    (C) 子供に迷惑になるような行為をする大人

    (D) 歩行者専用の道路を自転車に乗って通る人

(98) 本文の内容から見て、(1)＿＿＿＿＿＿に入る最も適当な言葉はどれですか。

    (A) 一方

    (B) ところが

    (C) 要するに

    (D) しかしながら

(99) 路上で子供を遊ばせる親たちの主張として正しいものはどれですか。

    (A) 近くに公園などの遊べる所が少なすぎる。

    (B) 決して近所に迷惑になるとは思っていない。

    (C) 子供を近くで見守れる自宅前の道路は安心できる。

    (D) 子供は家で遊ぶのにすぐ飽きてしまうから、仕方がない。

(100) 鈴木教授は「道路族」の問題について何と言っていますか。

    (A) 一部にしか通用しない価値観が形成されている。

    (B) 全ての世代に通用できる価値観は必要ではない。

    (C) もうすぐなくなる社会問題なので、気にしなくてもいい。

    (D) きちんとしたルールを作っても守らなければ意味がない。

□ 岬 갑	□ 骨 뼈	□ 帯 띠	□ 寺 절
□ 業 일, 행위, 짓	□ 鼓 북	□ 娘 딸	□ 餅 떡
□ 城 성	□ 懐 품	□ 弓 활	□ 剣 검
□ 首 목	□ 花 꽃	□ 口 입	□ 鼻 코
□ 毛 털	□ 型 형, 틀	□ 森 숲	□ 夜 밤
□ 昼 낮	□ 暇 짬, 틈	□ 鉛 납	□ 飯 밥
□ 涙 눈물	□ 雲 구름	□ 桜 벚꽃	□ 西 서쪽
□ 竿 장대	□ 壺 단지, 항아리	□ 印 표시	□ 器 그릇
□ 宮 궁전	□ 浦 포구	□ 虞 우려	□ 左 왼쪽
□ 裏 뒷면	□ 旨 취지, 뜻	□ 足 다리	□ 境 경계
□ 村 마을	□ 枕 베개	□ 盾 방패	□ 潟 개펄
□ 人 사람	□ 童 아동	□ 恥 수치, 창피	□ 里 마을
□ 杯 술잔	□ 傷 상처	□ 間 사이	□ 底 바닥
□ 雷 천둥	□ 縦 세로	□ 夫 남편	□ 祭り 축제
□ 柱 기둥	□ 暁 새벽	□ 品 물건	□ 滴 물방울
□ 胸 가슴	□ 湖 호수	□ 林 수풀	□ 宵 초저녁
□ 昔 옛날	□ 跡 흔적	□ 膝 무릎	□ 肘 팔꿈치
□ 塚 무덤	□ 谷 계곡	□ 父 아버지	□ 尻 엉덩이
□ 技 기술	□ 癖 버릇	□ 母 어머니	□ 鎖 쇠사슬
□ 裸 알몸	□ 賭 내기	□ 角 모퉁이	□ 嵐 폭풍우
□ 扉 문짝	□ 塊 덩어리	□ 棟 용마루	□ 峯 산봉우리
□ 縞 줄무늬	□ 凸 튀어나옴	□ 俵 가마니	□ 斜め 비스듬함

Ⅴ. 下の線の言葉の正しい表現、または同じ意味のはたらきをしている言葉を (A) から (D) の中で
一つ選びなさい。

(1) <u>外</u>が暗いから、よく見えません。

    (A) うち

    (B) そと

    (C) そば

    (D) ひだり

(2) 来年のお正月は家族と<u>一緒</u>に過ごしたい。

    (A) いっしょ

    (B) いつしょ

    (C) いつしょう

    (D) いっしょう

(3) 今度の<u>連休</u>には子供を連れて遊園地に行く
つもりだ。

    (A) れんしゅう

    (B) らんしゅう

    (C) れんきゅ

    (D) れんきゅう

(4) 大雨で救助<u>作業</u>は難航している。

    (A) さごう

    (B) さくごう

    (C) さぎょう

    (D) さくぎょう

(5) もうすっかり<u>鮮</u>やかな緑の季節になった。

    (A) あざやかな

    (B) おだやかな

    (C) しとやかな

    (D) しなやかな

(6) 幸いなことに、みんなその悪夢のような火
災を<u>免れた</u>。

    (A) のがれた

    (B) まぬかれた

    (C) さけられた

    (D) たのまれた

(7) 質問をする時は<u>相応しい</u>場所と手段を考え
てみましょう。

    (A) けわしい

    (B) ふさわしい

    (C) たくましい

    (D) まぎらわしい

(8) 老化を<u>ふせぐ</u>ことは誰にもできない。

    (A) 防ぐ

    (B) 稼ぐ

    (C) 寛ぐ

    (D) 急ぐ

(9) 夜 12 時にピアノを弾くなんて、<u>きんじょ</u>に
迷惑だよ。

    (A) 近所

    (B) 近隣

    (C) 郊外

    (D) 近海

(10) 失敗が却って彼を<u>ふんぱつ</u>させることにな
った。

    (A) 奮発

    (B) 興奮

    (C) 奮起

    (D) 鬱憤

(11) 明日の午後は暇です。

    (A) 忙しいです

    (B) 休みます

    (C) 時間があります

    (D) 遊びます

(12) 私は姉に素敵な服を買ってもらいました。

    (A) 姉は私に素敵な服を買ってくれました。

    (B) 私と姉は素敵な服を買いに行きました。

    (C) 私は姉に素敵な服を買ってあげました。

    (D) 私は姉と素敵な服を買ったことがあります。

(13) あの方が本社からいらっしゃった鈴木課長
です。

    (A) 参った

    (B) 伺った

    (C) お越しになった

    (D) お目にかかった

(14) このレポートは成績と関係があるから、や
らざるを得ない。

    (A) やるほかない

    (B) やるはずだった

    (C) やることになっている

    (D) やるわけにはいかない

(15) 私にとって、子供に勝る宝物はない。

    (A) 子供が一番大切である

    (B) 子供より宝物の方がいい

    (C) 子供はあまり好きではない

    (D) 子供と宝物は全部大切である

(16) 彼は作文だけではなく、絵画にも長けている。

    (A) 不器用だ

    (B) 興味がある

    (C) 秀でている

    (D) 期待される

(17) 春になると、色々な種類の花が咲く。

    (A) 3に2をかけると、6になる。

    (B) 何があっても、もうあなたとは行かない。

    (C) 彼が言おうと言うまいと、私には関係ない。

    (D) テーブルの上に鉛筆とノートが置いてある。

(18) 果たして両者の間に和解の道はないのだろ
うか。

    (A) その道をまっすぐ歩いて行けばいい。

    (B) 彼がしたことは、人の道に背く行為だった。

    (C) 成績を上げていく以外にここで成功する
道はない。

    (D) これはこの道の権威者に学ぶのが近道だ
と思う。

(19) テーブルの上のお菓子を全部食べてしまった。

    (A) そのレポートなら、もう書いてしまったよ。

    (B) 一人でワインを3本も飲んでしまったの。

    (C) 怒るつもりはなかったのに、つい怒って
しまった。

    (D) 1万円札が入っていたズボンを洗濯して
しまった。

(20) 3日間何も飲まずに、よく我慢できたことだ。

    (A) 他人の陰口は言わないことだ。

    (B) 彼女はまだ本当に若くて羨ましいことだ。

    (C) 大人ならいつまでもくよくよ悩まないこ
とだ。

    (D) がんになりたくなかったら、たばこは止
めることだ。

VI . 下の_____線の A, B, C, D の中で正しくない言葉を一つ選びなさい。

(21) 学生の時、よく遊んだ公園の近くで駅があります。
　　　　(A)　　(B)　　　　　　　　(C)　　　　　　　(D)

(22) 昨日のテストは思ったより あまり易しくないでした。
　　　　　(A)　　　　　　　(B)　(C)　　　　(D)

(23) 一度聞いただけでその単語を覚えるのは激しいと思います。
　　　(A)　　　　(B)　　　　　　(C)　　　　(D)

(24) 体操のように試合を見る後で、すぐには結果がわからず、採点を待つ種目はあまり好きじゃない。
　　　　(A)　　　　(B)　　　　　　　　　　　(C)　　　　　　　　　　　(D)

(25) 幼い時、できるものなら、鳥になって空が飛びたいとよく思ったものだ。
　　　(A)　　　　　(B)　　　　　(C)　　　　　(D)

(26) 彼は明日の試験のために、眠たいにもかかわらず、寝る前に 1 時半間勉強をしました。
　　　　　　　　(A)　　　　(B)　　　　(C)　　(D)

(27) この図書館には、政治だけではなく、経済について本もたくさんあるそうだ。
　　　　　　　(A)　　　(B)　　　(C)　　　　　　(D)

(28) 朝寝坊して慌てて準備をしてバス停に行ったところ、ちょうどバスが来て遅刻しずに済んだ。
　　　　(A)　　　　　　　　　　(B)　　　(C)　　　　　(D)

(29) 還暦のお見舞いに父に素敵な腕時計をプレゼントしようと思っています。
　　　(A)　　　(B)　　　(C)　　　　(D)

(30) すみませんが、今読んでいる その本、読み終わって私にも貸してくださいませんか。
　　　　　　　(A)　　(B)　　　(C)　　　　　　(D)

(31) 今日は彼女<u>と</u>一緒に映画を<u>見</u>に行く予定だったが、<u>急用</u>ができてしまい、<u>行かなくなった</u>。
                (A)   (B)   (C)   (D)

(32) すべてが気になる人を<u>見つけよう</u>としていては、<u>永遠に</u>結婚できないかもしれない。
          (A)   (B)   (C)   (D)

(33) いくら<u>模擬</u>試験を<u>受けても</u>、同じ問題が<u>出る</u>ためしはないという話を聞いて<u>がっかり</u>した。
         (A)   (B)   (C)   (D)

(34) 彼は本の著者として<u>多忙な</u>生活を送る<u>そばから</u>、日本の大学<u>での</u>勉強にも真剣に<u>取り組んで</u>います。
                    (A)   (B)   (C)   (D)

(35) 商品<u>到着</u>後の破損などにつきまして、<u>弊社</u>では対応<u>いたしかねません</u>ので、ご<u>了承</u>ください。
      (A)   (B)   (C)   (D)

(36) 戦争<u>で</u>家族を<u>失った</u>というその子供の<u>話</u>を聞いて、同情を<u>禁じざるを得なかった</u>。
      (A)   (B)   (B)   (D)

(37) 人はちょっと<u>となった</u>日常作業の<u>ような</u>ことを続けることで、ストレスに<u>集中しがちな自分</u>の意識を
                (A)   (B)   (C)
<u>そらす</u>ことができる。
  (D)

(38) 朝から<u>からり</u>と晴れて絶好の洗濯<u>天気</u>だと思って洗濯をしたのに、にわか<u>雨</u>で洗濯物が<u>びしょ濡れ</u>
          (A)   (B)   (C)   (D)
になってしまった。

(39) 野鳥を撮る<u>ごとく</u>やぶの中にカメラを設置して<u>待った</u>ものの、野鳥の姿は<u>おろか</u>影<u>さえ</u>映ってい
          (A)   (B)   (C)   (D)
なかった。

(40) ご注文は<u>お近くの</u>書店へお願い<u>申し上げます</u>。もし、書店店頭にない場合には、書店へ<u>お申し</u>
        (A)   (B)   (C)
込みになれば<u>取り入れて</u>くれます。
        (D)

Ⅶ. 下の_____線に入る適当な言葉を (A) から (D) の中で一つ選びなさい。

(41) 学校の授業は大体 9 時_____始まります。

    (A) と

    (B) が

    (C) から

    (D) ほど

(42) 昨日は、誰_____会いましたか。

    (A) の

    (B) と

    (C) は

    (D) も

(43) あそこで雑誌を読んでいる人は_____ですか。

    (A) 何

    (B) どれ

    (C) どなた

    (D) どちら

(44) 「もう少し_____ですか。」「いいえ、もうけっこうです。」

    (A) そう

    (B) どう

    (C) いつ

    (D) いくら

(45) 宿題は午後 4 時_____提出しなければならない。

    (A) まで

    (B) までに

    (C) までを

    (D) までの

(46) 夜、クーラーを_____まま寝たので、風邪を引いてしまった。

    (A) つけ

    (B) つける

    (C) つけた

    (D) つけよう

(47) 不況＿＿＿＿＿勝つ企業になるためには改革が必要だ。

(A) に

(B) を

(C) は

(D) から

(48) 昨日は私の誕生日でした。＿＿＿＿＿友達からプレゼントをもらいました。

(A) それに

(B) それで

(C) そして

(D) しかし

(49) 山村商社は主に学生を＿＿＿＿＿にした商品を扱っている。

(A) レシート

(B) マーケット

(C) ターゲット

(D) パンフレット

(50) 今度の日曜日は本を読んだり映画を見たり＿＿＿＿＿ゆっくりしたいです。

(A) きて

(B) して

(C) なって

(D) あって

(51) 新聞によると、昨日東北地方で大きな地震が＿＿＿＿＿そうです。

(A) あり

(B) ある

(C) あった

(D) あって

(52) お肌の＿＿＿＿＿な赤ちゃんに紫外線は本当によくないそうだ。

(A) トラウマ

(B) デリケート

(C) ナンセンス

(D) ロマンチック

(53) もし東京までいらっしゃったら、＿＿＿＿＿＿＿遊びに来てください。

    (A) ぜひ

    (B) かなり

    (C) なるべく

    (D) ことごとく

(54) 明け方からずっと雨だったが、午後になってやっと＿＿＿＿＿＿＿。

    (A) やんだ

    (B) やめた

    (C) とめた

    (D) あげた

(55) 彼の小説には、読めば＿＿＿＿＿＿＿ほど面白くなる力があります。

    (A) 読み

    (B) 読む

    (C) 読める

    (D) 読めた

(56) ＿＿＿＿＿＿＿お越しいただき、誠にありがとうございます。

    (A) わざと

    (B) わざわざ

    (C) わざあり

    (D) わざとらしく

(57) このドラマの主人公の役は、＿＿＿＿＿＿＿君にやってほしいんだけど。

    (A) どうでも

    (B) どうやって

    (C) どうしても

    (D) どうなっても

(58) この停留所は 10 分＿＿＿＿＿＿＿バスが来るので、もうすぐ来るはずです。

    (A) 以来

    (B) ぶりに

    (C) たびに

    (D) おきに

(59) あのレストランは値段_____、味があまりよくない。

(A) として

(B) のせいで

(C) からして

(D) のわりに

(60) 海外旅行をするためには、_____手続きが必要である。

(A) まぶしい

(B) ややこしい

(C) このましい

(D) うさんくさい

(61) インドのカレーは_____がかかりますが、本当に美味しいです。

(A) 手間

(B) 手当

(C) 手頃

(D) 手合

(62) その赤ちゃんは私が抱き上げたら、今にも_____んばかりの顔をしていた。

(A) 泣き出し

(B) 泣き出す

(C) 泣き出さ

(D) 泣き出そう

(63) 色々と考えた_____、会社を辞めて日本に留学することにした。

(A) 際

(B) 次第

(C) といえども

(D) 末

(64) 休まないで5時間も歩いたので、もう_____だ。

(A) へとへと

(B) しとしと

(C) にやにや

(D) ぱちぱち

(65) あの人の言うことに、私はいつも＿＿＿＿を傾げてしまう。

(A) 首

(B) 頭

(C) 体

(D) 口

(66) 好きなことに＿＿＿＿だけで、新しい世界が開ける。

(A) 入り込む

(B) 打ち込む

(C) 割り込む

(D) 押さえ込む

(67) 衛星アンテナの交換が、今春から＿＿＿＿ピッチで進んでいる。

(A) 猛

(B) 張

(C) 急

(D) 御

(68) 調べもせず、やたらと人に聞くなんて＿＿＿＿な奴だ。

(A) 横着

(B) 強引

(C) 無謀

(D) 間取り

(69) きれいでいつも自信に溢れている彼女が向こうから＿＿＿＿歩いてくる。

(A) うずうず

(B) さっそうと

(C) こっくりこっくり

(D) うっそうと

(70) 仲がよかった二人はささやかな喧嘩で＿＿＿＿が深まり、結局別れてしまった。

(A) 溝

(B) 谷

(C) 川

(D) 岸

VIII . 下の文を読んで、後の問いにもっとも適当な答えを (A) から (D) の中で一つ選びなさい。

(71 〜 74)

> 　私の祖父は田舎でパン屋をやっています。このパン屋は30年前にできたもので、もともとは祖母と一緒にやっていましたが、去年祖母が亡くなって以来、今は祖父一人で運営しています。祖父のパン屋は、町の繁華街から離れた所にあって値段も他の店よりはちょっと高めですが、とても美味しいのでいつも多くの客で込んでいます。
> 　祖父のパン屋の営業時間は朝7時から夜10時までですが、祖父はいつも朝5時に起きてパンを作る準備をします。私は5時に起きて仕事をするのは無理だと思いますから、30年もパン屋の仕事をしている祖父は本当にすごいと思います。今年、80歳になった祖父のことが心配になって私は毎週末に祖父の仕事を手伝いに行っています。

(71) この人の祖父が今、一人でパン屋をやっている理由は何ですか。

　　(A) もともと一人でやっていたから

　　(B) 去年、祖母が亡くなったから

　　(C) 一人でやるのが効率がいいと思ったから

　　(D) 祖母がパン屋の仕事を手伝ってくれなかったから

(72) この人の祖父がやっているパン屋はどんな店ですか。

　　(A) 安い値段なのにお客が少ない。

　　(B) 繁華街近くにあってお客が多い。

　　(C) 去年できたばかりの新しい店である。

　　(D) 値段はちょっと高いが、とても美味しい。

(73) この人は祖父のパン屋をどう思っていますか。

　　(A) 店を自分に任せてほしいと思っている。

　　(B) 長い間運営するのはすごいと思っている。

　　(C) 自分も努力すればパン屋をやっていけると思っている。

　　(D) 売り上げが落ち込んでいるから、辞めてほしいと思っている。

(74) この人が祖父のパン屋の仕事を手伝う理由は何ですか。

　　(A) 祖父の健康が心配になったから

　　(B) パン屋の仕事に興味があったから

　　(C) 祖父に手伝ってほしいと頼まれたから

　　(D) 将来パン屋をやりたいと思っているから

(75 〜 77)

> 　私は地下鉄に乗る機会がなかなかありません。なぜなら、会社までいつも私の車で行くからです。家から会社までは1時間ぐらいかかりますが、いつもラジオの音楽を聞きながら車を運転して行きます。ですが、昨日は久しぶりに地下鉄に乗って会社に出勤しました。夫が会社の急用で私の車で出勤したからです。久しぶりに乗る地下鉄の中は多くの乗客で込んでいて本当に大変でした。それに、乗客に押されて降りる駅を間違えて降りてしまいました。初めて降りた駅だったのですごく慌てましたが、幸いなことに、駅員が親切に乗り換える方法を教えてくれて無事に会社まで行くことができました。

(75) この人がなかなか地下鉄に乗らない理由は何ですか。

　　(A) 自分の車で出勤しているから
　　(B) 地下鉄に乗るのが好きではないから
　　(C) いつも夫の車で会社まで送ってもらっているから
　　(D) 地下鉄の方が車より会社まで行く時間がもっとかかるから

(76) 昨日、この人が地下鉄に乗って出勤した理由は何ですか。

　　(A) 車が故障してしまったから
　　(B) 駅の近くで約束があったから
　　(C) この人の車を夫が使ったから
　　(D) 久しぶりに地下鉄に乗りたくなったから

(77) 昨日、この人は間違えた駅に降りてどうしましたか。

　　(A) 駅員に乗り換える方法を教えてもらった。
　　(B) 近くにいた乗客に乗り換える方法を聞いてみた。
　　(C) 慌てないで自分で乗り換える方法を調べてみた。
　　(D) すぐ夫に電話をかけて迎えに来てほしいと頼んだ。

(78 ～ 80)

　　今週の土曜日、私が住んでいるマンションでパーティーがあります。このパーティーは私の隣の家の山田さんが住民たちがお互いに友達になってほしいと提案したパーティーです。正直なところ、私は今までエレベーターなどで住民に会っても会釈するだけで、話したことは一度もありませんでした。それで、私の家族は全員参加することにしました。
　　パーティーは午後1時から3時までの2時間ですが、参加費は家族の人数に関係なく500円です。また、飲み物は大人用はもちろんのこと、子供用の飲み物まで用意されていますが、食べ物は自分で準備して行かなければなりません。このパーティーに参加したい人は今週の金曜日まで住民代表に参加するかしないかを電話で伝えることになっています。

(78) 山田さんがマンションのパーティーを提案した理由は何ですか。

(A) 一人で住んでいる人が多くなったから
(B) 新しく引っ越してきた人が多くなったから
(C) もともとパーティーをするのが好きだったから
(D) 住民たちがお互いに友達になってほしいと思ったから

(79) パーティーについての説明の中で、正しいものはどれですか。

(A) 午後 1 時から 3 時間行われる。
(B) 食べ物は別に準備しなくてもいい。
(C) 子供用の飲み物も用意されている。
(D) 参加費は一人当たり 500 円である。

(80) パーティーに参加したい人はどうすればいいですか。

(A) 自分の家族が飲む飲み物を用意する。
(B) 家族の人数に関係なく 500 円を用意する。
(C) 山田さんの家に直接行って参加すると話す。
(D) 住民代表の家に直接行って参加すると話す。

(81 〜 84)

録音された自分の声を再生して聞いた時、何となく(1)＿＿＿＿＿＿を感じたことはないだろうか?あなたが喋ったり歌ったりする時、あなたの喉の中にある二つの声帯がぱたぱたと動く。この声帯の動きがバイブレーションを引き起こし、声道を通り、喉を通って出ていく。発せられる音の違いは、声道の長さや形、舌の位置、唇の形などの要素によって左右される。あなたに聞こえる自分の声は、頭にある細胞組織や骨を通った後に耳へと届いたものである。つまり、あなたは自分の声を聞いているのではなく、「(2)＿＿＿＿＿＿」と言った方が良いだろう。

録音した声が喋る時と違う理由もこれで説明できる。普段自分が喋っている声は外から聞こえているのではなく、頭蓋骨を通り、内耳に直接響いているためである。これを骨導音というが、骨導音は低い音を伝えやすい性質があるために、普段自分が喋っている時に聞こえる声は低く、つまり、録音した声は普段より高く聞こえるのである。ちなみに、これは誰もが感じることなので、自分の声はおかしいかもしれないと悩む必要はない。

(81) 本文の内容から見て、(1)＿＿＿＿＿＿に入る最も適当な言葉はどれですか。

 (A) 違和感
 (B) 不安感
 (C) 親近感
 (D) 優越感

(82) 発せられる音の違いに影響を与えるものとして、本文に出ていないものはどれですか。

 (A) 唇の形
 (B) 舌の位置
 (C) 声帯の太さ
 (D) 声道の長さや形

(83) 本文の内容から見て、(2)＿＿＿＿＿＿に入る最も適当な言葉はどれですか。

 (A) 感じている
 (B) 覚えている
 (C) 削っている
 (D) 忘れている

(84) 本文の内容から見て、録音した声が喋る時と違う理由は何ですか。

 (A) 録音した声は内耳に直接響くから
 (B) 喋る時の方が音の波長が長いから
 (C) 喋る時の声は細胞組織や骨を通れないから
 (D) 録音した声のキーが普段より高く聞こえるから

(85 ～ 88)

コーヒーの原産地はアフリカのエチオピア地方と言われ、14世紀頃までは豆を砕いて油で揚げて食べたり、発酵させてお酒にしたりして用いたと言われる。現在のように(1)＿＿＿＿、15世紀以降のことで、この頃からコーヒーはアラビアの回教徒が宗教儀式にも用いて独占的に飲み始めた。コーヒーの成分は、一般的にはたんぱく質、脂肪、炭水化物に富み、特殊成分であるカフェイン、タンニンなどが多く含まれている。この特殊成分の効用である軽い興奮と刺激が眠気を防ぐのはよく知られているが、回教徒はこれを薬として愛飲したという。回教では、僧たちは常に苦行を積み重ねて肉体をいじめることが日々の修行であった。そして心身共に疲労し切った彼らに襲いかかる睡魔を払い除けてくれたのがコーヒーであったのだ。要するに苦いコーヒーは憩いの一時の飲み物ではなく、(2)＿＿＿＿。

やがて17世紀頃から、キリスト教の文化圏にも広まり始めたのだが、ここでも最初は「回教徒の麻薬」として遠ざけられ、飲み物として定着するまでに1世紀近い時間を要したと言われる。

(85) 本文の内容から見て、(1)＿＿＿＿に入る最も適当な文章はどれですか。

(A) 飲用するようになったのは
(B) 揚げて食べるようになったのは
(C) お酒にして飲むようになったのは
(D) 薬として愛飲するようになったのは

(86) 本文の内容から見て、(2)＿＿＿＿に入る最も適当な文章はどれですか。

(A) 修行の邪魔になったわけである
(B) 修行を助けてくれる薬物であったわけである
(C) 修行とは全く関係のない飲み物であったわけである
(D) 修行にはあまり役立たない飲み物であったわけである

(87) 本文の内容と合っているものはどれですか。

(A) 回教の僧たちはコーヒーを薬としてよく飲んだ。
(B) 回教徒はコーヒーを休憩する時の飲み物として用いた。
(C) コーヒーは最初から飲み物として多くの人に用いられた。
(D) キリスト教の文化圏でコーヒーは飲み物としてすぐ定着した。

(88) 本文のタイトルとして最も適当なものはどれですか。

(A) コーヒーの主な効用
(B) コーヒーの成分と色々な飲み方
(C) 回教徒に麻薬として遠ざけられたコーヒー
(D) コーヒーが飲み物として定着するまでの変化過程

(89 ～ 92)

> 　停電は日本ではなく北米を襲った。地下鉄は止まり、道路は仕事を早々に切り上げた帰宅を急ぐ市民でごった返していた。テロではないかという疑念もあったが、これを否定する当局の対応が速かったこともあり、多くの市民は冷静に行動している。(1)＿＿＿＿＿突然、しかも広範囲の大停電に大都市のもろさへの不安が広がっている。ニューヨーク中心部では午後4時過ぎ、ビル内の電灯や道路の信号機、観光名所であるタイムズスクエアの電光掲示板などが一斉に消えた。
>
> 　停電から数10分後、市長が「テロではなく、自然な原因に思われる」との緊急声明を出した。その後の記者会見で市長は、「今回の停電はテロではなく、現在のところ、負傷者もいない。また、火事や犯罪も起きていなく、地下鉄などに閉じ込められた人々の避難は順調に進んでいる」と平静を呼び掛けた。更に、「水道の水は安全だから、十分に水を飲むように」という細かい指示まで出した。こうした地に足がついた対応は、9.11後に見直しや整備が進んだ危機管理策が(2)＿＿＿＿＿ようだ。

(89) 本文の内容から見て、(1)＿＿＿＿＿に入る最も適当な言葉はどれですか。

　　(A) だが
　　(B) それに
　　(C) それで
　　(D) すなわち

(90) 停電に対する市長の記者会見の内容として正しくないものはどれですか。

　　(A) 火事や犯罪も起きていない。
　　(B) 現在のところ、負傷者はいない。
　　(C) テロではなく、自然な原因である。
　　(D) 閉じ込められた人々の避難は手間取っている。

(91) 本文の内容から見て、(2)＿＿＿＿＿に入る最も適当な表現はどれですか。

　　(A) 功を奏した
　　(B) 底を突いた
　　(C) けりが付いた
　　(D) ピリオドを打った

(92) 本文の内容と合っているものはどれですか。

　　(A) 大停電で市内は極度の混乱に陥っていた。
　　(B) 今回、北米を襲った停電はテロの疑いが強いようだ。
　　(C) 広範囲の大停電で大都市のもろさがあらわになった。
　　(D) 市長が適切な指示を出さなくて市民の間で不安が広がっている。

(93 ～ 96)

悲しい時や嬉しい時、(1)＿＿＿＿＿涙が流れてくるが、この涙にはどのような役割があるのだろうか。まず、涙は酸素や栄養分を目に伝える役割を持つ。実は、角膜には血管が通っておらず、自分で栄養を得ることはできない。それをカバーするのが、涙の役割なのである。次に、目から老廃物やごみなどを洗い流したり、外界からの雑菌の進入を防ぐ役割を果たす。そして最後に、涙は目への水分補給を行う役割も果たす。「ドライアイ」という言葉を、最近耳にする機会が多いが、そういった目の乾燥を守ってくれるのが涙である。

では、目の乾燥を防ぐにはどうすればいいのか。ドライアイを防ぐためには、涙の量の低下を防いだり、目に水分を与えてあげることがとても有効になってくる。特に空気が乾燥する時期は、部屋に加湿器を置いたり、防腐剤の入っていない目薬をこまめに差すようにしよう。また、頻繁にまぶたを温めることも効果的である。なお、すでにドライアイの方は、なるべくタバコの煙を避けよう。タバコを吸わない方は煙を避けるように、タバコを吸う方も煙が他の方に向かないよう、注意しよう。

(93) 本文の内容から見て、(1)＿＿＿＿＿に入る最も適当な言葉はどれですか。

(A) 滅多に
(B) かつてなく
(C) よりによって
(D) 知らず知らずのうちに

(94) 涙の役割として本文に出ていないものはどれですか。

(A) 目への水分補給を行う。
(B) 酸素や栄養分を目に伝える。
(C) 悪くなった視力を上げてくれる。
(D) 外界からの雑菌の進入を防ぐ。

(95) 目の乾燥を防ぐ方法として本文に出ていないものはどれですか。

(A) 頻繁にまぶたを温める。
(B) 朝夕の洗顔をこまめにする。
(C) 部屋に加湿器を置いておく。
(D) なるべくタバコの煙を避ける。

(96) 本文のタイトルとして最も適当なものはどれですか。

(A) 目の健康に欠かせない涙
(B) あまり知られていない涙の神秘
(C) 涙の役割と目の乾燥を防ぐ方法
(D) 涙が出ている理由とそれを防ぐ方法

(97 ～ 100)

　　国土地理院が全国に配置しているGPS観測点の地殻変動のデータを分析したところ、中部
地方にある日本アルプスが最大で年間5ミリメートル程度沈降していることがわかった。こ
の地域は隆起していると見ていた(1)地理学の常識を覆すものだ。地理院の研究グループが
1996年までに全国に配置された約600カ所のGPS観測点で、2000年までの5年間のデータを
分析、その結果、日本アルプスの沈降を突き止めた。

　　日本列島は、地下のプレートの動きなどから東西方向の圧縮力を受けており、日本アルプ
スは隆起すると考えられてきた。しかし、今回見つかった沈降は、(2)＿＿＿＿＿。仮説とし
て「長期的には隆起しているが、観測時期は短期的に沈降していた」「山頂は隆起し、山の
ふもとが沈んでいる」などが考えられる。地殻変動を観測するGPSはカーナビなどで使われ
るものに比べてけた違いに精度が高い。今回の分析では、垂直方向の精度を更に高める新た
な手法を使った。ちなみに、日本アルプス以外の地域の隆起および沈降では予想と大きな食
い違いはなかった。

(97) (1) 地理学の常識が指しているものは何ですか。

　　(A) 日本アルプスは隆起しているということ
　　(B) 日本アルプスは沈降しているということ
　　(C) 日本アルプスの地殻変動はほとんどないということ
　　(D) 日本アルプスが東西方向の圧縮力を受けているということ

(98) 本文の内容から見て、(2)＿＿＿＿＿に入る最も適当な文章はどれですか。

　　(A) 特にこれといった発見ではなかった
　　(B) 従来の考え方では説明がつかない
　　(C) 従来の考え方と一致するものであった
　　(D) 予想外だったが、原因ははっきりしていた

(99) 本文に出ている GPS 観測点についての説明の中で、正しくないものはどれですか。

　　(A) カーナビなどで使われているものよりずっと精度が高い。
　　(B) 今回の分析では、垂直方向の精度を更に高める新たな手法を使った。
　　(C) データの分析だけでは、日本アルプスの沈降を突き止めることはできない。
　　(D) 日本アルプス以外の地域の隆起および沈降は、大方予想と一致していた。

(100) 本文の内容と合っていないものはどれですか。

　　(A) 今回見つかった沈降は今までの考え方では説明が難しい。
　　(B) 今のところ、日本アルプスの隆起および沈降ははっきりしていない。
　　(C) 国土地理院が設置した GPS 観測点は、全国の約 600 カ所に配置されている。
　　(D) 今回の調査で、日本アルプスの山頂は隆起し、山のふもとは沈んでいることが明らかになった。

☐ <ruby>柿<rt>かき</rt></ruby> 감	☐ <ruby>星<rt>ほし</rt></ruby> 별	☐ <ruby>体<rt>からだ</rt></ruby> 몸	☐ <ruby>運<rt>うん</rt></ruby> 운
☐ <ruby>牛<rt>うし</rt></ruby> 소	☐ <ruby>味<rt>あじ</rt></ruby> 맛	☐ <ruby>筆<rt>ふで</rt></ruby> 붓	☐ <ruby>角<rt>つの</rt></ruby> 뿔
☐ <ruby>本<rt>ほん</rt></ruby> 책	☐ <ruby>船<rt>ふね</rt></ruby> 배	☐ <ruby>紐<rt>ひも</rt></ruby> 끈	☐ <ruby>馬<rt>うま</rt></ruby> 말
☐ <ruby>門<rt>もん</rt></ruby> 문	☐ <ruby>服<rt>ふく</rt></ruby> 옷	☐ <ruby>量<rt>りょう</rt></ruby> 양, 부피	☐ <ruby>鋸<rt>のこぎり</rt></ruby> 톱
☐ <ruby>車<rt>くるま</rt></ruby> 차	☐ <ruby>垢<rt>あか</rt></ruby> 때	☐ <ruby>桶<rt>おけ</rt></ruby> 통	☐ <ruby>壁<rt>かべ</rt></ruby> 벽
☐ <ruby>薬<rt>くすり</rt></ruby> 약	☐ <ruby>魂<rt>たましい</rt></ruby> 혼	☐ <ruby>罰<rt>ばつ</rt></ruby> 벌	☐ <ruby>沼<rt>ぬま</rt></ruby> 늪
☐ <ruby>熱<rt>ねつ</rt></ruby> 열	☐ <ruby>夢<rt>ゆめ</rt></ruby> 꿈	☐ <ruby>葉<rt>は</rt></ruby> 잎	☐ <ruby>畑<rt>はたけ</rt></ruby> 밭
☐ <ruby>幅<rt>はば</rt></ruby> 폭	☐ <ruby>罠<rt>わな</rt></ruby> 덫, 함정	☐ <ruby>端<rt>はし</rt></ruby> 끝, 가장자리	☐ <ruby>枠<rt>わく</rt></ruby> 틀
☐ <ruby>腸<rt>はらわた</rt></ruby> 창자	☐ <ruby>旅<rt>たび</rt></ruby> 여행	☐ <ruby>房<rt>ふさ</rt></ruby> 송이	☐ <ruby>矢<rt>や</rt></ruby> 화살
☐ <ruby>虜<rt>とりこ</rt></ruby> 포로	☐ <ruby>国<rt>くに</rt></ruby> 나라	☐ <ruby>刃<rt>は</rt></ruby> 칼날	☐ <ruby>肉<rt>にく</rt></ruby> 고기
☐ <ruby>束<rt>たば</rt></ruby> 다발	☐ <ruby>粒<rt>つぶ</rt></ruby> 알, 낱알	☐ <ruby>旱<rt>ひでり</rt></ruby> 가뭄	☐ <ruby>峠<rt>とうげ</rt></ruby> 고개, 고비
☐ <ruby>塩<rt>しお</rt></ruby> 소금	☐ <ruby>棚<rt>たな</rt></ruby> 선반	☐ <ruby>雄<rt>おす</rt></ruby> 수컷	☐ <ruby>民<rt>たみ</rt></ruby> 국민
☐ <ruby>拳<rt>こぶし</rt></ruby> 주먹	☐ <ruby>暦<rt>こよみ</rt></ruby> 달력	☐ <ruby>網<rt>あみ</rt></ruby> 그물	☐ <ruby>餌<rt>えさ</rt></ruby> 먹이
☐ <ruby>礎<rt>いしずえ</rt></ruby> 초석, 주춧돌	☐ <ruby>殻<rt>から</rt></ruby> 껍질	☐ <ruby>砦<rt>とりで</rt></ruby> 요새	☐ <ruby>宿<rt>やど</rt></ruby> 숙소
☐ <ruby>情け<rt>なさ</rt></ruby> 정	☐ <ruby>檻<rt>おり</rt></ruby> 우리	☐ <ruby>縄<rt>なわ</rt></ruby> 새끼	☐ <ruby>沖<rt>おき</rt></ruby> 앞바다
☐ <ruby>傘<rt>かさ</rt></ruby> 우산	☐ <ruby>崖<rt>がけ</rt></ruby> 벼랑	☐ <ruby>実<rt>み</rt></ruby> 열매	☐ <ruby>浜<rt>はま</rt></ruby> 해변가
☐ <ruby>霧<rt>きり</rt></ruby> 안개	☐ <ruby>板<rt>いた</rt></ruby> 판자	☐ <ruby>掟<rt>おきて</rt></ruby> 법도, 규정	☐ <ruby>麓<rt>ふもと</rt></ruby> 산기슭
☐ <ruby>旭<rt>あさひ</rt></ruby> 아침 해	☐ <ruby>雌<rt>めす</rt></ruby> 암컷	☐ <ruby>杖<rt>つえ</rt></ruby> 지팡이	☐ <ruby>謎<rt>なぞ</rt></ruby> 수수께끼
☐ <ruby>袋<rt>ふくろ</rt></ruby> 주머니	☐ <ruby>席<rt>せき</rt></ruby> 좌석	☐ <ruby>戸<rt>と</rt></ruby> 문, 문짝	☐ <ruby>梅<rt>うめ</rt></ruby> 매화나무, 매실
☐ <ruby>竹<rt>たけ</rt></ruby> 대나무	☐ <ruby>棒<rt>ぼう</rt></ruby> 막대기	☐ <ruby>古<rt>いにしえ</rt></ruby> 옛날, 과거	☐ <ruby>訳<rt>わけ</rt></ruby> 의미, 까닭
☐ <ruby>垣<rt>かき</rt></ruby> 울타리	☐ <ruby>雅<rt>みやび</rt></ruby> 우아함	☐ <ruby>質<rt>しち</rt></ruby> 담보, 전당물	☐ <ruby>的<rt>まと</rt></ruby> 과녁, 표적
☐ <ruby>種<rt>たね</rt></ruby> 씨, 씨앗	☐ <ruby>寮<rt>りょう</rt></ruby> 기숙사	☐ <ruby>祟り<rt>たた</rt></ruby> 재앙, 뒤탈	☐ <ruby>主<rt>ぬし</rt></ruby> 주인, 남편

Ⅴ. 下の線の言葉の正しい表現、または同じ意味のはたらきをしている言葉を (A) から (D) の中で一つ選びなさい。

(1) 困ったことがあったら、いつでも連絡してください。

    (A) こまった
    (B) のこった
    (C) かわった
    (D) ふった

(2) みなさんに今回の新製品についてご紹介いたします。

    (A) しょうがい
    (B) しょうかい
    (C) そうがい
    (D) そうかい

(3) 朝から何も食べなくてお腹が空いた。

    (A) まいた
    (B) あいた
    (C) かいた
    (D) すいた

(4) 環境のために、ごみの分別をちゃんとやりましょう。

    (A) ふんけつ
    (B) ぶんべつ
    (C) ふんばつ
    (D) ぶんばつ

(5) あなたは私に指図できる立場ではないと思う。

    (A) しと
    (B) さしと
    (C) しず
    (D) さしず

(6) 嫌だと言っている子供に勉強を強いても成績は上がらないだろう。

    (A) しいても
    (B) ふいても
    (C) あいても
    (D) まいても

(7) 両社の話し合いはうまくいかず、結局交渉は滞ってしまった。

    (A) たまって
    (B) とどこおって
    (C) いきどおって
    (D) ねぎらって

(8) 彼の歴史研究にいを唱える歴史家は何人もいる。

    (A) 意
    (B) 胃
    (C) 異
    (D) 居

(9) 彼女の結婚式は、なごやかな雰囲気の中で行われた。

    (A) 穏やかな
    (B) 和やかな
    (C) 緩やかな
    (D) 細やかな

(10) 遅くても10月なかばに帰国するつもりです。

    (A) 仲ば
    (B) 半ば
    (C) 中ば
    (D) 間ば

(11) 傘も持っていないのに、突然雨が降り始めた。

    (A) 降り続けた

    (B) 降ってすぐ止んだ

    (C) 降ったり止んだりした

    (D) 降り出した

(12) それでは、準備が出来次第出発します。

    (A) 出来る前に

    (B) 出来るものなら

    (C) 出来たらすぐに

    (D) 出来るそばから

(13) 今のような不景気に海外旅行をするどころ
ではない。

    (A) 海外旅行をした方がいい

    (B) 海外旅行はしなくてもいいだろう

    (C) 海外旅行をする余裕がない

    (D) 海外旅行をしなくてはならない

(14) 問題行動を起こしてしまい、仕事を辞めさ
せられた。

    (A) 首になった

    (B) 自ら仕事を辞めた

    (C) 仕事を続けられた

    (D) 仕事をしたくなくなった

(15) 今度の計画が失敗すると、今までの努力が
台無しになる恐れがある。

    (A) 台無しになりかねない

    (B) 台無しとは限らない

    (C) 台無しにほかならない

    (D) 台無しになるわけにはいかない

(16) 子供はテーブルの上のケーキを見るが早い
か、さっと食べてしまった。

    (A) 見るように

    (B) 見るたびに

    (C) 見るうちに

    (D) 見るや否や

(17) 許可なしにここを通ってはいけない。

    (A) 鈴木君は毎日本を読んでいるそうだ。

    (B) 道を歩いている人々の表情は全部違う。

    (C) 父は兄と一緒に２階に机を運んでいた。

    (D) スピーチ大会の参加者募集に友達を推薦
した。

(18) 家に帰ると、玄関のドアが開いていた。

    (A) 家の前にトラックが２台止まっている。

    (B) 私は毎朝起きてすぐお茶を飲んでいる。

    (C) 彼は今田舎で一人暮らししているお母さ
んに手紙を書いている。

    (D) 放課後なので、運動場で遊んでいる子供
は一人もいなかった。

(19) 小さい頃はよくこの川で遊んだものだ。

    (A) 二度とあんな人に負けるものか。

    (B) 人の心はなかなかわからないものだ。

    (C) 私は一度旅立つと、１カ月ぐらいは家に
帰らなかったものだ。

    (D) 外部から監視されていなければ、どうし
ても自己チェックは甘くなるものだ。

(20) あの人は本当に野球がうまい。

    (A) 頑張ったおかげで、仕事がうまく運んだ。

    (B) 口のうまい人にはいつも気を付けた方が
いい。

    (C) 今度大阪に行ったら、うまいものでも食
べに行こう。

    (D) できそうに見えてやってみたが、なかな
かうまくいかない。

Ⅵ. 下の＿＿＿＿線の A, B, C, D の中で正しくない言葉を一つ選びなさい。

(21) 窓<u>で</u>子供たちが裏庭<u>で</u> <u>楽しく</u>遊んでいる<u>の</u>が見えた。
　　　　(A)　　　　　　　(B)　(C)　　　　　　(D)

(22) まだ時間は<u>十分</u>あります<u>ので</u>、そんなに<u>焦らなくて</u>、もう少し<u>落ち着いて</u>ください。
　　　　　　　　(A)　　　　　(B)　　　　　　　(C)　　　　　　　　(D)

(23) この服、私にはちょっと<u>きびしい</u>ですね。<u>すみません</u>が、<u>もう少し</u>大きい<u>の</u>はありませんか。
　　　　　　　　　　　　(A)　　　　　　(B)　　　　　　　(C)　　(D)

(24) 最近、農林水産物<u>や</u> <u>伝統的な</u>技術を<u>活かした</u>産業がとても<u>活発します</u>。
　　　　　　　　　　　　(A)　(B)　　　　　(C)　　　　　　　　(D)

(25) <u>たとえ</u>私の健康の<u>おかげで</u>あれ、<u>唯一の</u>楽しみである酒を<u>禁止する</u>とは。
　　　　(A)　　　　　　　(B)　　　　　　(C)　　　　　　　　(D)

(26) <u>何とも</u>言った<u>一言</u>が彼女をひどく<u>傷付けた</u> <u>らしい</u>。
　　　　(A)　　　　(B)　　　　　　　(C)　　(D)

(27) 若い時からそんなに<u>飲みすぎる</u>と、体を<u>壊れて</u>後で<u>後悔</u>しますよ。
　　　　　　　　　　(A)　　　　　　(B)　　　　(C)　　(D)

(28) 彼の<u>みたいな</u>人がそんなうそを<u>つく</u> <u>はずがない</u>と思っていたのに、私の判断<u>ミス</u>だった。
　　　　　(A)　　　　　　　　　　(B)　(C)　　　　　　　　　　　(D)

(29) 何か先生に<u>ご用</u>が<u>おある</u>のでしたら、事務室<u>まで</u> <u>ご連絡</u>ください。
　　　　　　　　(A)　　(B)　　　　　　　　(C)　　(D)

(30) 最近、彼は休みも<u>取れない</u>し、帰りも<u>遅い</u>し、<u>働き</u>すぎてたいへん<u>疲れて</u>ようだ。
　　　　　　　　　　(A)　　　　　　(B)　　(C)　　　　　　(D)

(31) 事件の発端になった出来事をよく調べてからでないと、真相を究明させるのは至難の業だろう。
　　　　　　(A)　　　　　　　　　　　　(B)　　　　　　　　(C)　　　　(D)

(32) 彼はこの町では 知らない人が一人もいないほど 足が広い人である。
　　　　　　(A)　(B)　　　　　　　　　　(C) (D)

(33) 保たれていた輸出と輸入の均等が今度の危機をきっかけに破れてしまった。
　　　(A)　　　　　　　　　(B)　　　(C)　　　　　　(D)

(34) 諸君のこれからの社会での飛躍を、祈念してたえません。
　　(A)　　　　　　　　　(B)　　(C)　　　(D)

(35) みんなの反対にもかわって、彼は自分の意志を貫き通して見事に成功した。
　　　　　　　(A)　　　　　　　(B)　　(C)　　　　(D)

(36) 全ての困難を乗り換え、事業に成功した彼の成功話は多くの人の胸を打った。
　　　　　　(A)　　(B)　　　　　　　　(C)　　　　(D)

(37) 幼い頃、母にご飯は一粒にたりともこぼしてはいけないといつも注意されたものだ。
　　　(A)　　　　　(B)　　　(C)　　　　　　　　　　(D)

(38) 兵士たちは敵の攻撃にふまえて城を守らんがために死に物狂いで訓練した。
　　　　　　　　(A)　　(B)　　　(C)　　(D)

(39) 圧倒的な強さを見渡しながら 勝ち進んだそのチームは、結局、大差で優勝を手にした。
　　(A)　　　　　(B)　　　(C)　　　　　　　　　　　　　(D)

(40) 世界中で健康への関心は高まりつつあるが、韓国ではそれをどこ吹く嵐と、たばこやお酒の販売率
　　　　(A)　　　　　　(B)　　　　　　　　　(C)
は上がる一方だそうだ。
　　(D)

Ⅶ. 下の_____線に入る適当な言葉を (A) から (D) の中で一つ選びなさい。

(41) 彼の大学は授業が 4 時に終わりますが、私の大学_____5 時に終わります。

  (A) が

  (B) は

  (C) も

  (D) で

(42) 毎日一生懸命勉強したので、いい大学_____受かった。

  (A) に

  (B) を

  (C) で

  (D) と

(43) 友人からペットの名前を_____ほしいと頼まれた。

  (A) つけて

  (B) つける

  (C) つけた

  (D) つけなくて

(44) 今日は朝から寒かったので、手袋を_____出かけました。

  (A) して

  (B) きて

  (C) ぬいで

  (D) かぶって

(45) ここからバスが走っている_____が見えます。

  (A) の

  (B) もの

  (C) こと

  (D) ところ

(46) いつもご馳走になっていますので、今日は私に_____ください。

  (A) 払って

  (B) 払わせて

  (C) 払われて

  (D) 払わされて

(47) 今度の旅行は予算をかなり＿＿＿＿＿＿してしまった。

    （A）タスク

    （B）コスト

    （C）アイデア

    （D）オーバー

(48) 飲み物はコーヒーにしますか。＿＿＿＿＿＿紅茶でいいですか。

    （A）そして

    （B）さて

    （C）しかし

    （D）それとも

(49) せっかくの休日だったが、昨日は一日＿＿＿＿＿＿掃除や洗濯などの家事をして過ごした。

    （A）中

    （B）の間

    （C）の間に

    （D）のところ

(50) これ、ほんの＿＿＿＿＿＿ものですが、どうぞ。

    （A）あやしい

    （B）じれったい

    （C）つまらない

    （D）せせこましい

(51) その資料は私が先生に＿＿＿＿＿＿。

    （A）お見せします

    （B）ご覧になります

    （C）拝見いたします

    （D）見せられます

(52) 我が社の先決課題は、優秀な＿＿＿＿＿＿を確保することである。

    （A）人件

    （B）人材

    （C）人格

    （D）人体

(53) 日本人なら誰でも簡単に書ける漢字でも、外国人である私＿＿＿＿＿＿＿難しいといったらない。

    (A) にとっては

    (B) によっては

    (C) にそっては

    (D) につれては

(54) 引き出しの中にある＿＿＿＿＿＿＿と光っている物は何ですか。

    (A) きらきら

    (B) まごまご

    (C) はらはら

    (D) どきどき

(55) いくら忙しくても、家事を＿＿＿＿＿＿＿にしてはいけない。

    (A) しとやか

    (B) あでやか

    (C) つややか

    (D) おろそか

(56) よく彼が＿＿＿＿＿＿＿歌は、昔の彼女との思い出の歌だそうだ。

    (A) 踏み切る

    (B) 持ち直す

    (C) 口ずさむ

    (D) 思い止まる

(57) テレビでは＿＿＿＿＿＿＿印象だったが、実際に会ってみると、そうは見えなかった。

    (A) わかわかしい

    (B) なだらかな

    (C) 思いがけない

    (D) ほそやかな

(58) 人間は過去の歴史から何も学んでいない＿＿＿＿＿＿＿存在だと思う。

    (A) 愚かな

    (B) 惨めな

    (C) 厳格な

    (D) 偉大な

(59) ちょっと薄いかもしれませんから、塩を入れて味を_____してください。

 (A) 合図

 (B) 加減

 (C) 目安

 (D) 具合

(60) みんな休日も_____しながら頑張ったおかげで、やっと完成の目処が立った。

 (A) 返却

 (B) 返済

 (C) 返品

 (D) 返上

(61) 前田君が出した案は_____拒否された。

 (A) くっきり

 (B) ことごとく

 (C) ひとりでに

 (D) みじんも

(62) 事態がこうなってしまった以上、僕も_____いるわけにはいかない。

 (A) さずけて

 (B) だまって

 (C) ふまえて

 (D) かまえて

(63) 彼女の財産を目当てに結婚するなんて、本当に_____男だ。

 (A) 勇ましい

 (B) 頼もしい

 (C) 味気ない

 (D) 浅ましい

(64) 椅子から_____とたん、腰に激しい痛みが走った。

 (A) 立ち上がる

 (B) 立ち上がった

 (C) 立ち上がって

 (D) 立ち上がったり

(65) 彼の発言は問題の核心を_____突いたと言える。

    （A）ずばり

    （B）にやり

    （C）たっぷり

    （D）すんなり

(66) _____おくが、本当に実行するなら十分に考えた上で実行してほしい。

    （A）止めを刺して

    （B）軌道に乗って

    （C）念を押して

    （D）青筋を立てて

(67) 彼は言動からして社長の_____ではない。

    （A）棚

    （B）枠

    （C）箱

    （D）器

(68) 彼女の美しい姿に_____、シャッターを押すのも忘れていた。

    （A）見とれ

    （B）見下し

    （C）見落とし

    （D）見始め

(69) 突然のリストラで首になった人の話を聞いて、同情を_____。

    （A）禁じ得なかった

    （B）するに決まっていた

    （C）するとは限らなかった

    （D）するにほかならなかった

(70) 質のいい材料を_____使ったおかげで、風味が増したようだ。

    （A）ゆったり

    （B）やにわに

    （C）ちゃっかり

    （D）ふんだんに

Ⅷ. 下の文を読んで、後の問いにもっとも適当な答えを (A) から (D) の中で一つ選びなさい。

(71 〜 73)

　　私の家の近くにユニークなコーヒーショップができてよく行っています。ここはコーヒー1杯1000円で値段はちょっと高いですが、本当に美味しいし何杯も自由に飲めるのが特徴です。それで、コーヒーショップの中はいつも多くのお客で込み合っています。

　　そして、このコーヒーショップはレジの後ろの壁に大きな画面が付いているのも特徴です。この画面からは朝から晩まで色々な会社の広告がずっと流れています。私もそうですが、お客たちは注文したコーヒーが出るまでの短い間に広告を集中して見てしまいます。それで、多くの企業がこのコーヒーショップに注目しているそうです。

(71) この人がよく行っているコーヒーショップの特徴は何ですか。

(A) コーヒーの値段が安い。

(B) コーヒーが何杯も飲める。

(C) 店内の雰囲気がとてもいい。

(D) お客が少なくてゆっくりできる。

(72) コーヒーを注文した後、この人は何をしますか。

(A) 別に何もしない。

(B) 店のメニューを見る。

(C) レジの後ろの壁にある画面の広告を見る。

(D) 携帯電話を見ながらコーヒーが出るのを待つ。

(73) 多くの企業がこのコーヒーショップに注目している理由は何ですか。

(A) 地域の名所になったから

(B) メニューの種類が多いから

(C) テレビで紹介された店だから

(D) お客が広告を集中して見るから

(74 ～ 77)

私の父の趣味は料理を作ることです。美味しい店やレストランに行ったら、必ずその料理に入った材料や使ったソースなどをノートにメモしておきます。そのノートがもうすぐ2冊目になりますが、今まで作ってくれた料理の数も50を超えています。

父が作ってくれる料理は、家でいつも食べている母の料理とは味が違うから、私は嬉しいです。もちろん、父の料理があまり美味しくない時もありますが、正直に言うと父が悲しむから、私はいつも「美味しい」と言って食べます。でも、母は父が料理をするのをあまり喜んでいません。なぜなら、父は料理を作った後、全然片付けないからです。

(74) この人の父がレストランに行っていつもすることは何ですか。

(A) レストランの位置や値段をノートにメモしておくこと
(B) もう一度行きたい店なのかどうかをノートにメモしておくこと
(C) 他のお客が注文した料理が何なのかをノートにメモしておくこと
(D) 料理に入っている材料や使ったソースなどをノートにメモしておくこと

(75) この人は父の料理についてどう思っていますか。

(A) 美味しくないから食べたくない。
(B) 母が作ってくれる料理と違って嬉しい。
(C) 母の料理と全く同じ味だから、とても好きだ。
(D) 美味しいが、作るのに時間がかかりすぎる。

(76) この人は父の料理があまり美味しくない時、どうしますか。

(A) 何も言わないで食べる。
(B) 父に美味しいと言って食べる。
(C) 父に正直に美味しくないと言う。
(D) 父にもう一度作ってほしいと言う。

(77) この人の母はどうして父が料理をするのをあまり喜んでいませんか。

(A) 料理の後、全く片付けないから
(B) あまり美味しくない料理が多いから
(C) 料理の材料にお金がかかりすぎるから
(D) 自分の料理と比較されるのが嫌だから

(78 ～ 80)

　　いつの間にか家の中にハンガーがいっぱいになっていて困ったことはありませんか。クリーニングに出したり衣類を買うたびに、いつもハンガーが付いてきてどんどんたまってしまいます。「勿体ないけど、要らないから捨てちゃおう」と思う人たちも多いのではないでしょうか。このように大量のごみになってしまうハンガーの処分に今までなかった新たな方法で取り組んでいる会社があります。

　　衣類の販売会社であるマーク社は、去年から自社のハンガーはもちろんのこと、他社のハンガーまで全てただで回収しています。ところで、一言にハンガーと言っても色々な種類があります。クリーニングから戻ってくる時は、針金でできているハンガー、プラスチックでできているハンガーや木製のハンガーなどもあります。マーク社はこの回収したハンガーを各素材別に分けてもう一度使っています。この新しい取り組みがこの間テレビに紹介されて以来、主婦の間で話題になって今マーク社に問い合わせが殺到しているそうです。

(78) ハンガーが大量のごみになってしまう理由は何ですか。

　　(A) 衣類を買うと、いつも付いてくるから
　　(B) 値段が安いし、売っている所も多いから
　　(C) 買い物に行くと、ついたくさん買ってしまうから
　　(D) いつか役に立つだろうと思って集めてしまうから

(79) マーク社はどんなふうにハンガーの処分問題を解決していますか。

　　(A) 衣類を買う時、ハンガーをあげない。
　　(B) 自社のハンガーを高価で買い取っている。
　　(C) 他社のハンガーを自社のものに交換してあげている。
　　(D) 自社と他社を問わず、ハンガーを無料で回収している。

(80) マーク社は回収したハンガーをどんなふうに再利用していますか。

　　(A) 各素材別に分けてもう一度使っている。
　　(B) 自社のハンガーだけもう一度使っている。
　　(C) ハンガーを利用した新しい製品を作っている。
　　(D) プラスチックでできたハンガーだけもう一度使っている。

(81 ～ 84)

　　私が恭子と洋介、二人と初めて知り合ったのは、あるチャットサイトのオフ会だった。チャットで色々な話をしながら(1)＿＿＿＿＿と思った私は、実際に会って話がしたいと二人に提案し、二人は「わかった。場所と時間が決まったら、話してほしい」と答えてくれた。三人とも初対面だったが、チャットサイトの常連だったので、話題に困るようなことは全然なかった。だが、ある日を境に、洋介と恭子がチャットで顔を見せることが徐々に少なくなり、三人一緒の時も二人が直接話をすることが少なくなっていたのだ。それで私は(2)＿＿＿＿＿来た。二人はチャットだけでなく、実際に会っているから、チャットではあまり話さないのだと思った。私はキューピッドだったのだ。それで、チャットで恭子と二人だけの時思い切って聞いてみた。すると恭子は嬉しそうに「付き合っている。来年の春、結婚しようと思っている」と言ってくれた。その話を聞いて一瞬びっくりしたが、私は恭子に「本当におめでとう」と言ってあげた。「幸せいっぱい」という感じでウェディングドレスを着た恭子の笑顔が目に浮かんだ。

(81) 本文の内容から見て、(1)＿＿＿＿＿に入る最も適当な表現はどれですか。

　　(A) 気が合う
　　(B) 気にかかる
　　(C) 気を付ける
　　(D) 気に入らない

(82) 本文の内容から見て、(2)＿＿＿＿＿に入る最も適当な言葉はどれですか。

　　(A) どっと
　　(B) しんと
　　(C) ぐんと
　　(D) ぴんと

(83) この人はどうして自分がキューピッドだったと思っていますか。

　　(A) 恭子に洋介のことを色々話してあげたから
　　(B) 恭子と洋介の関係に焼き餅を焼いていたから
　　(C) 恭子と洋介が付き合っていることに驚いたから
　　(D) 恭子と洋介に直接会ってみたいと提案したから

(84) この人についての説明の中で、正しいものはどれですか。

　　(A) 恭子と洋介の結婚を本当に喜んでいる。
　　(B) 恭子と洋介とのチャットで、話題に困ることが多かった。
　　(C) 恭子がウェディングドレスを着ているのを見たことがある。
　　(D) 恭子と洋介との初対面の時、あまり親しくなれなくて困っていた。

(85 〜 88)

　　私は銀行定期より気軽に出し入れできる商品の方が向いていると思い、投資信託を考えました。出し入れできる投資信託と言えば、マネーマネジメントファンドです。中でも年換算利回りの高い外資マネーマネジメントファンドに惹かれました。利回りだけで言えば、ユーロの方がよほど高いのですが、やはりある程度情勢のわかる米ドルが一番だと考えました。もう少し円高になるまで待つかどうかで悩みましたが、(1)_____1月末に購入を決心しました。その時の為替は135円80銭、利回りは約1.385％でした。申し込み手数料はかかりませんでしたが、買い付け適用為替レートは市場の為替レートプラス50銭でした。

　　投資金額は取り敢えず10万円。為替の状況を見て、円高が130円ぐらいまで進んだら、また追加しようかなと考えています。夫は「なんでまた外資マネーマネジメントファンドなんだ」とは言ったものの、基本的に(2)財布の紐に無頓着なので、全面的に私に任せてくれました。

(85) 本文の内容から見て、(1)_____に入る最も適当な表現はどれですか。

　　(A) 破竹の勢いで
　　(B) 間が悪いので
　　(C) きりがないので
　　(D) 恐れ入ったので

(86) (2)財布の紐に無頓着とはどういう意味ですか。

　　(A) お金に興味がない。
　　(B) お金に執着しすぎる。
　　(C) 紐のない財布を使っている。
　　(D) 普段、財布を持っていない。

(87) 本文の内容から見て、この人は誰だと思われますか。

　　(A) 主婦
　　(B) 投資専門家
　　(C) サラリーマン
　　(D) 経済専攻の学生

(88) 本文の内容と合っているものはどれですか。

　　(A) 米ドルよりユーロの方が利回りが高い。
　　(B) 銀行定期は24時間いつでもお金が下ろせる。
　　(C) この人は10万円以上を投資するつもりは全くない。
　　(D) 買い付け適用為替レートは市場の為替レートより50銭安い。

医療検査は誰でも痛くない方がいいに決まっている。腹部超音波検査で胃のことがわかればいいのにと思うのは患者さんだけではなく私もそう思う。しかし、特別に大きな病気でもない限り、腹部超音波検査では胃のことはわからない。バリウムではかなりのところまでわかるのだが、胃の粘膜を採取して病理検査に出すという生検ができるのは内視鏡ならではのメリットである。一方、カプセル内視鏡が実用化されようとしている。遂にここまで来たかという感じで、宣伝のパンフレットを見たが、(1)_____。胃や腸の中での行動はあまり自由でなさそうだし、画像受信のためには患者さんのいる場所が長時間制限されそうである。

大腸内視鏡は患者さんにとって億劫な検査の代表ではないだろうか。病院によって鎮痛剤を使ったり、あるいは麻酔で完全に寝てしまった状態で検査をしたり様々である。当院ではもっともポピュラーな胃腸の運動を抑える注射は使うが、原則として鎮痛剤は使わないし麻酔も行わない。(2)_____、腸の癒着がある場合にそこが引っ張られることと、内視鏡が入ることによる腸の伸びが主なものである。腸の癒着があると、場合によっては検査が困難なこともある。

(89) 文の内容から見て、(1)_____に入る最も適当な文章はどれですか。

(A) 短所がなかった
(B) まだもどかしさが残る
(C) 効果は全くなさそうだ
(D) やはり素晴らしいものだった

(90) 本文の内容から見て、(2)_____に入る最も適当な文章はどれですか。

(A) 鎮痛剤を使う理由は
(B) 大腸内視鏡の長所は
(C) 大腸内視鏡で痛む原因は
(D) カプセル内視鏡が実用化された理由は

(91) 本文の内容から見て、この人の職業は何だと思われますか。

(A) 医者　　　　　　　　　　　(B) 会社員
(C) バイヤー　　　　　　　　　(D) 医療機器販売者

(92) 本文の内容と合っているものはどれですか。

(A) 内視鏡の短所は生検ができないところにある。
(B) 胃の癒着があっても、検査には何の差し支えもない。
(C) カプセル内視鏡は胃や腸の中での行動が自由である。
(D) 腹部超音波検査だけでは胃のことははっきりわからない。

(93 〜 96)

銃刀法違反の疑いで逮捕された容疑者が、神奈川県のある警察署の取調室で証拠品の拳銃で自殺したという事件が発生した。ところがその後、事件について「取り調べの担当者が容疑者とロシアンルーレットをしていた」という噂が出た。自殺した男性の家族は、取り調べを行った巡査部長を告訴したが、横浜地検はこれを却下、遺族は真相究明を民事裁判に訴えることになった。ここまで遺族が男性の自殺に対して疑問を持つのは、当時の警察の捜査がずさんであり、真実が語られていないという印象を持ったためであろう。

この事件を最初に知った私の印象は、「証拠品の拳銃で自殺することは(1)＿＿＿＿＿」というものだった。というのも、証拠品は実弾を装填しておくのもおかしい、それを容疑者に渡すなどにわかに信じられるわけがない。これは私だけではなく、世間の常識だと思う。しかし、警察はこの一般の人が疑問に思うことに関して何ら答えを用意していない。検察も一緒になって事件を闇に葬ろうとしたのではないかという印象さえ感じるのだ。

(93) 遺族が男性の自殺に対して疑問を持つ理由は何だと思われますか。

　　(A) 告訴が却下された理由が未だに明確に出ていないから
　　(B) 普段の行動から見て絶対自殺する人ではないと思ったから
　　(C) 容疑者が警察の強圧的な捜査があったと主張し続けたから
　　(D) 当時の警察の捜査がいい加減で、真実が語られていない印象を持ったから

(94) 本文の内容から見て、(1)＿＿＿＿＿に入る最も適当な表現はどれですか。

　　(A) あり得る
　　(B) あり得ない
　　(C) あるに決まっている
　　(D) あっても仕方がない

(95) この人は本文に出ている事件についてどう思っていますか。

　　(A) どちらも間違っていると思っている。
　　(B) この事件の裏には何かがあると思っている。
　　(C) 明快な捜査が行われてよかったと思っている。
　　(D) 警察の対処に少し問題はあったが、大したことではないと思っている。

(96) 今回に事件についての説明の中で、正しいものはどれですか。

　　(A) 警察は真相究明に全力を尽くしている。
　　(B) 容疑者が自殺で死んだとは言い切れない。
　　(C) 世間の常識でも十分納得できる事件である。
　　(D) ロシアンルーレットは実際には行われなかったとはっきり言える。

(97 〜 100)

> 　　1950年6月25日、10万人の北朝鮮軍が38度線を超えて韓国を侵攻する朝鮮戦争が起こる。韓国は戦争の準備が全くできていなかった。韓国軍は退却を繰り返し、三日後の6月28日にはソウルが陥落する。北朝鮮が侵略を開始した6月25日は日曜日の早朝であった。翌日である26日の株式市場は185万株の大商いであった。この時代の平均出来高は約100万株である。この日の終わり値は0.81円高の92.75円で、あまり値動きはなかった。ソウルが占領され、韓国側の圧倒的な不利が伝えられると、株価は下がり出した。日本のとなりに共産国家が誕生する可能性が出てきたからである。1950年7月6日、株価は82.25円となり、最安値を更新する。7月中旬、国連軍の武力制裁が決議されると、株価は(1)＿＿＿＿。7月17日の出来高は空前の944万株、株価は109.34円で5.52円高であった。アメリカが参戦する以上、簡単に負けるわけがない。日本の繊維産業、鉄鋼産業に戦争特需がもたらされる。デフレで山積みされた在庫が、戦争景気で換金できるようになる。

(97) 本文の内容から見て、(1)＿＿＿＿に入る最も適当な文章はどれですか。

　　(A) 低迷状態であった
　　(B) 下落と上昇を繰り返した
　　(C) 出来高を増やし、暴騰し出す
　　(D) なんと売りの注文が急激に増えたのである

(98) 朝鮮戦争は日本経済にどんな影響を及ぼしましたか。

　　(A) 想像を超える悪影響を与えてしまった。
　　(B) どんな影響を与えたか未だにはっきりしていない。
　　(C) デフレで苦しんでいた日本経済に大変いい影響を与えた。
　　(D) 戦争の状況によっていい影響を与えたり悪影響を与えたりした。

(99) 本文の内容と合っていないものはどれですか。

　　(A) 1950年6月26日の株価は0.81円下落した。
　　(B) 朝鮮戦争は1950年6月25日の早朝に起きた。
　　(C) アメリカの朝鮮戦争への参戦は日本の株価に影響を与えた。
　　(D) 1950年7月17日の出来高944万株は、史上最高の数値であった。

(100) 本文のタイトルとしてもっとも相応しいものはどれですか。

　　(A) 朝鮮戦争が招いた悲劇
　　(B) 朝鮮戦争と韓国経済の変化
　　(C) 朝鮮戦争と日本の株価の動き
　　(D) 朝鮮戦争と当時周辺国の情勢

☐ 主に 주로	☐ ふと 문득	☐ 直に 직접
☐ まず 우선	☐ もし 만약	☐ まるで 마치
☐ 殊に 특히	☐ ただ 단지	☐ まさか 설마
☐ 一応 일단	☐ 度々 자주	☐ 敢えて 굳이
☐ 全然 전혀	☐ 決して 결코	☐ 直ちに 당장
☐ さっぱり 전혀	☐ 到底 도저히	☐ 一向に 전혀
☐ 遂に 드디어	☐ 急に 갑자기	☐ 強いて 굳이
☐ 強ち 반드시	☐ 専ら 오로지	☐ むしろ 오히려
☐ 満更 그다지, 전혀	☐ 更に 더욱더	☐ 常に 늘, 항상
☐ あまり 그다지, 너무	☐ うっかり 무심코	☐ 確かに 확실히
☐ 果たして 과연	☐ 滅多に 좀처럼	☐ 徐々に 서서히
☐ いっそ 차라리, 도리어	☐ 却って 도리어, 오히려	☐ ずっと 쭉, 계속, 훨씬
☐ 一斉に 일제히	☐ ぽっかり 두둥실	☐ それほど 그다지
☐ そもそも 애초에	☐ すっかり 완전히	☐ 是非 제발, 부디
☐ さぞ 아마, 필시	☐ ひたすら 오로지	☐ 未だに 아직까지
☐ 今更 이제 와서	☐ 早速 당장, 즉시	☐ 少なくとも 적어도
☐ ぎっしり 가득, 잔뜩	☐ 仮に 가령, 만일	☐ かなり 꽤, 상당히
☐ ぐっすり 푹, 편하게	☐ やや 약간, 다소	☐ 至って 매우, 몹시
☐ ようやく 겨우, 간신히	☐ たとえ 설사, 설령	☐ 求めて 일부러, 자진해서
☐ 殆んど 거의, 대부분	☐ 大分 꽤, 상당히	☐ たぶん 아마, 필시
☐ あくまでも 어디까지나	☐ 生憎 공교롭게도	☐ 所詮 결국, 어차피
☐ ちっとも 조금도, 전혀	☐ 尽く 전부, 모조리	☐ きっと 꼭, 틀림없이

Ⅴ. 下の線の言葉の正しい表現、または同じ意味のはたらきをしている言葉を (A) から (D) の中で 一つ選びなさい。

(1) これは非常に簡単な機能を持ったロボット です。
　(A) かんたん
　(B) かんだん
　(C) がんたん
　(D) がんだん

(2) ご飯とキムチは韓国人のパワーの源である。
　(A) げん
　(B) さかい
　(C) みなもと
　(D) いしずえ

(3) ここでは最新情報を毎日更新しているが、 実際の運行状況と情報が異なる場合がある。
　(A) そうこう
　(B) ぞうごう
　(C) しょうきょう
　(D) じょうきょう

(4) 鈴木さんには小さなことを誇張して話す悪 い癖がある。
　(A) こちょう
　(B) こうちょう
　(C) ごちょう
　(D) ごうちょう

(5) 今年は作柄が殊によくないので、とても心 配だ。
　(A) さらに
　(B) とくに
　(C) ことに
　(D) まさに

(6) 次の本文を読んで、要点のみを抜粋しなさい。
　(A) はっさい
　(B) ばっさい
　(C) はっすい
　(D) ばっすい

(7) 今の世の中は、思わぬことが日常茶飯事の ように起こる。
　(A) さはんじ
　(B) ちゃばんじ
　(C) さはんごと
　(D) ちゃばんごと

(8) 英語は苦手ですが、数学にかけてはじしん があります。
　(A) 地震
　(B) 自身
　(C) 自信
　(D) 自分

(9) 和美さんは昨日交通事故にあって入院したそ うだ。
　(A) 会って
　(B) 遭って
　(C) 在って
　(D) 逢って

(10) 彼はいつもするどい質問をする。
　(A) 深い
　(B) 濃い
　(C) 鋭い
　(D) 渋い

(11) 私の部屋はあまり<u>広くない</u>です。

    (A) とおい

    (B) ちかい

    (C) あさい

    (D) せまい

(12) 今朝、ストーブの<u>電源を入れたまま</u>出かけてしまった。

    (A) 電源を消さずに

    (B) 電源を入れてから

    (C) 電源を入れるのを忘れて

    (D) 電源を入れたか確認せずに

(13) <u>杉原さんは英語ばかりかフランス語も話せる。</u>

    (A) 杉原さんは英語もフランス語も話せない。

    (B) 杉原さんは英語は話せないが、フランス語は話せる。

    (C) 杉原さんは英語は話せるが、フランス語は話せない。

    (D) 杉原さんは英語だけではなく、フランス語も話せる。

(14) 手を抜いた工事は、後で<u>大惨事を招きかねない</u>。

    (A) 大惨事になりにくい

    (B) 大惨事を招くわけがない

    (C) 大惨事を招くかもしれない

    (D) 大惨事には至らないだろう

(15) うちの妹ときたら、小遣いをもらう時期が来ると、母親に対する態度を<u>翻す</u>きらいがある。

    (A) 固める

    (B) 変える

    (C) 確認する

    (D) 認める

(16) 彼女は仕事をするかたわら、週末には家のない子供たちの<u>世話を焼いている</u>。

    (A) 粘っている

    (B) 慎んでいる

    (C) 面倒を見ている

    (D) 呆気に取られている

(17) 友達の山田君は本当に気が置けない人である。

    (A) 私<u>の</u>好きな音楽はクラシックです。

    (B) 人<u>の</u>好意を無視してはいけませんよ。

    (C) すみませんが、机の上の本、あなた<u>の</u>ですか。

    (D) 昨日、私は弟<u>の</u>和夫と図書館に行って勉強した。

(18) お見舞いに<u>来られた</u>方はこちらで少々お待ちください。

    (A) 鈴木先生はいつも朝早く起き<u>られる</u>。

    (B) 一人でこんなにたくさん食べ<u>られ</u>ないよ。

    (C) いくら友達でも連絡もなしに<u>来られて</u>は困る。

    (D) この間の試験の成績がよくなかったので、母に叱<u>られ</u>た。

(19) 母の<u>顔</u>を立てるため、しぶしぶお見合いをした。

    (A) 話を聞いていた社長は<u>顔</u>をしかめた。

    (B) どうにか私の<u>顔</u>に免じて許してください。

    (C) 加藤さんはこの業界で<u>顔</u>が広いそうだ。

    (D) <u>顔</u>に覚えはあるけど、名前が思い出せない。

(20) 強い台風の影響で、<u>足</u>を奪われてしまいました。

    (A) 魚は<u>足</u>が早いから、すぐ食べてください。

    (B) 今日は一日中歩き続けて<u>足</u>が棒になりました。

    (C) 同業者に<u>足</u>を引っ張られるとは、思いも寄りませんでした。

    (D) 今日はストライキのため、多くの人の帰宅の<u>足</u>がなくなりました。

Ⅵ. 下の＿＿＿＿線の A, B, C, D の中で正しくない言葉を一つ選びなさい。

(21) 私は週末に<u>なる</u>と公園<u>に</u>行って子供<u>や</u>風景の写真を<u>します</u>。
            (A)   (B)   (C)   (D)

(22) <u>昨日</u>、玄関<u>の</u>ドアを<u>開ける</u>まま出かけて空き巣に<u>入られて</u>しまった。
   (A)   (B)   (C)   (D)

(23) 買ったばかりのカメラを弟<u>に</u>貸して<u>やった</u>けど、<u>壊させて</u>しまった。
            (A)   (B)   (C)   (D)

(24) 間に<u>合わない</u>と思っていた<u>のに</u>、みんなが助けて<u>あげた</u>おかげで無事<u>終える</u>ことができました。
       (A)   (B)   (C)   (D)

(25) 色々な状況から考えてみると、<u>空き巣</u>は開いて<u>あった</u>ドアから<u>入った</u>に<u>違いない</u>。
          (A)   (B)   (C)   (D)

(26) 医者にたばこは<u>止めろ</u>ように<u>と言われた</u>が、吸っている人のそばにいると、<u>つい</u>たばこに手が
              (A)   (B)   (C)

<u>伸びて</u>しまう。
 (D)

(27) うちの息子の<u>好物</u>ですから、日本に<u>行くと</u> <u>是非</u>せんべいを<u>買ってきて</u>ください。
            (A)   (B) (C)   (D)

(28) 天気予報では一日中<u>晴れる</u>と言ったけど、空を<u>見上げる</u>と、<u>どうも</u>一雨<u>来るそうだ</u>。
              (A)   (B)   (C)   (D)

(29) 何回か書き直した<u>からといって</u>、<u>わかるやすい</u>文章はそんなに簡単に <u>書けっこない</u>よ。
           (A)   (B)   (C) (D)

(30) 二人は学生時代大喧嘩をして今まで仲が<u>悪かった</u>が、今度の同窓会を<u>きっかけに</u>話を<u>する</u>こと<u>に</u>
        (A)   (B)   (C)   (D)
なった。

(31) 杉原さん<u>ときたら</u>、これからの会社の<u>方針</u>について何も知らない<u>くせに</u>、いつ<u>も手を出す</u>。
               (A)   (B)   (C)   (D)

(32) 家族<u>のみに</u>、親戚<u>まで</u>期待を<u>寄せて</u>いるから、ここで諦めてしまう<u>わけにはいかない</u>よ。
        (A)   (B)   (C)   (D)

(33) 今の時代は絶対に<u>あり得る</u>と思っていた事件が、いつ起きても<u>おかしくない</u>時代だから、<u>日頃</u>から
                       (A)   (B)   (C)
<u>用心</u>している。
 (D)

(34) 彼は<u>長い間</u>外国で生活した<u>ついでに</u>、国内の<u>事情</u>にはまだ<u>疎い</u>と思う。
        (A)   (B)   (C)   (D)

(35) <u>内気</u>な彼女が<u>芸能人</u>になった<u>限り</u>、それほど驚くには<u>当たらない</u>。
 (A)   (B)   (C)   (D)

(36) 遭難して十日ぶりに<u>救出</u>された彼は体中が<u>傷ずくめ</u>になっていたが、命に<u>別状</u>はないそうだ。
       (A)   (B)   (C)   (D)

(37) 火事<u>で</u>家族を<u>皆失った</u>というその子供の話を聞いて、<u>知らず知らずで</u>涙が<u>溢れて</u>きた。
    (A)   (B)   (C)   (D)

(38) <u>根も葉もある</u>彼の<u>主張</u>が多くの人に<u>受け入れられる</u>とは到底<u>思えない</u>よ。
    (A)   (B)   (C)   (D)

(39) 業績<u>不振</u>で我が社は<u>ここ</u>のところ<u>なさぬすべ</u>もなく、万事<u>休す</u>だ。
       (A)   (B)   (C)   (D)

(40) <u>噂</u>だけを<u>頼りに</u>彼に下駄を<u>あげた</u>のが今度の失敗の<u>発端</u>であった。
 (A)   (B)   (C)   (D)

VII. 下の_____線に入る適当な言葉を (A) から (D) の中で一つ選びなさい。

(41) 日本人は食事をする時、箸_____ものを食べる。

    (A) に
    (B) と
    (C) の
    (D) で

(42) 先生が生徒_____本を読ませる。

    (A) へ
    (B) に
    (C) も
    (D) から

(43) すみませんが、瓶ビールを 10_____ください。

    (A) 台
    (B) 枚
    (C) 本
    (D) 杯

(44) 旅行は何度もしたことがありますが、外国は今度が_____です。

    (A) はじめ
    (B) はじめて
    (C) さいご
    (D) さいちゅう

(45) 東京の千代田区で_____ながらたばこを吸うのを禁止する条例が作られたそうだ。

    (A) 歩き
    (B) 歩く
    (C) 歩いた
    (D) 歩こう

(46) 寝ていた赤ちゃんが急に泣き_____。

    (A) だした
    (B) こんだ
    (C) はてた
    (D) ついた

(47) まだはっきり決まっていませんが、遅くても8月_____9月頃には詳しい日程が出ると思います。

    (A) ところで

    (B) そして

    (C) いわゆる

    (D) ないし

(48) 今その商品を調達するのは難しいので、当分の間は_____で我慢してください。

    (A) たんぴん

    (B) とうひん

    (C) だいようひん

    (D) けいひん

(49) 最近、玩具店や雑貨屋に行くと、ディズニーの_____が大人気です。

    (A) グッズ

    (B) ブーム

    (C) ローン

    (D) プライド

(50) _____雨が降ったら、旅行は延期になりますので、ご了承ください。

    (A) もし

    (B) じかに

    (C) もっぱら

    (D) すくなくとも

(51) 今私には_____死んでも、やらなければならない仕事がある。

    (A) たとえ

    (B) 少しも

    (C) さすが

    (D) いっそ

(52) つらい仕事_____、彼女は毎日笑顔で家に帰る。

    (A) にとって

    (B) にひきかえ

    (C) に即して

    (D) にもかかわらず

(53) 最近、スマートフォンが若者の間で脚光を_____いるらしい。

    (A) さして

    (B) あびて

    (C) かぶって

    (D) あつめて

(54) 全然知らない人に_____をかけられて、びっくりしてしまった。

    (A) 声

    (B) 口

    (C) 頭

    (D) 耳

(55) 田舎の野原で耳を澄ますと、_____鳥の鳴き声が聞こえてくる。

    (A) かすかに

    (B) すべらかに

    (C) やすらかに

    (D) のびらかに

(56) 彼の大胆さには度肝を_____。

    (A) 抜いた

    (B) 抜かれた

    (C) 取った

    (D) 取られた

(57) テロはあくまでも_____べからざる犯罪行為だと思う。

    (A) 許す

    (B) 許し

    (C) 許さない

    (D) 許せない

(58) 何度も頼まれて一応_____ものの、うまくできるかどうかとても心配だ。

    (A) 承諾した

    (B) 承諾する

    (C) 承諾して

    (D) 承諾しよう

(59) _____な彼のことだから、いくら説得しても応じないと思うよ。

    (A) 迅速

    (B) 頑固

    (C) 大胆

    (D) 健全

(60) 笑っていた彼は彼女の話を聞いて_____表情が変わった。

    (A) 一段と

    (B) にわかに

    (C) 予め

    (D) 一向に

(61) 朝から雲一つない晴天で、今日は正に運動会_____だ。

    (A) 親日

    (B) 日向

    (C) 日光

    (D) 日和

(62) 彼女は気立てはいいけど、女性としての魅力に_____。

    (A) 乏しい

    (B) 空しい

    (C) 激しい

    (D) 悔しい

(63) 今日は_____春らしい暖かい日ですね。

    (A) 絶えず

    (B) いかにも

    (C) 所詮

    (D) おおかた

(64) その国では、未だに女性は男性に_____という偏見が根強い。

    (A) 劣っている

    (B) 図っている

    (C) 練っている

    (D) 募っている

(65) このカメラで写真をうまく撮るには、ちょっとした_____が要る。

    （A）しぐさ

    （B）ゆとり

    （C）こつ

    （D）しかけ

(66) 何日も徹夜しながら作った作品なのに、みんなに_____しまった。

    （A）さえられて

    （B）みいだされて

    （C）けなされて

    （D）うるおされて

(67) 当時は、地震が怖くて夜も_____寝られなかった。

    （A）ひしひし

    （B）こそこそ

    （C）おちおち

    （D）すぱすぱ

(68) メンバー全員が_____試合に臨んだが、惜しくも負けてしまった。

    （A）断ち切って

    （B）張り切って

    （C）言い切って

    （D）振り切って

(69) 父は会社を辞めてからというもの、毎日暇を_____。

    （A）開け放っている

    （B）泣きわめいている

    （C）撫で下ろしている

    （D）持て余している

(70) 彼の理論は今までの定説を_____画期的な理論であった。

    （A）ふせる

    （B）かえす

    （C）つかさどる

    （D）くつがえす

Ⅷ. 下の文を読んで、後の問いにもっとも適当な答えを (A) から (D) の中で一つ選びなさい。

(71 ～ 74)

私は東京の貿易会社に勤めている。仕事自体はそんなに大変ではないが、いつも残業が多くて困っている。それに、週末や休日にも急に社長に呼び出される場合があるから、なかなかゆっくり過ごすことができない。うちの会社には大学時代の同級生である中村も一緒に仕事をしている。中村とは、大学時代には口を利く機会もなく、あまり親しくなかったが、同じ会社に入社してからは仕事が終わって晩ご飯を食べたり、お酒を飲んだりしてずいぶん親しくなった。ところが、その中村が来月大阪に単身赴任することになり、寂しくなりそうだ。それで、来週みんなで中村の送別会をする予定だが、私は中村が好きな音楽のCDを買ってあげようと思っている。

(71) この人の会社についての説明の中で、正しいものはどれですか。

    (A) 仕事がとても大変だ。
    (B) 残業は滅多にしない。
    (C) 週末はいつもゆっくりできる。
    (D) 休日にも出勤する場合がある。

(72) 中村さんについての説明の中で、正しいものはどれですか。

    (A) 今この人と違う会社で働いている。
    (B) 学生時代にはこの人ととても親しかった。
    (C) この人とは高校時代からの友達である。
    (D) 学生時代に比べて今はかなり親しくなった。

(73) この人はどうして寂しくなりそうだと言っていますか。

    (A) 来月、自分が会社を辞めるから
    (B) 来月、中村さんが会社を辞めるそうだから
    (C) 来月、自分が大阪に転勤することになったから
    (D) 来月、中村さんが大阪に転勤することになったから

(74) この人は中村さんにどんなプレゼントをするつもりですか。

    (A) ネクタイ
    (B) アルバム
    (C) 音楽の CD
    (D) 大きな手帳

(75 ～ 77)

世界遺産について知ってもらおうと、日本ユネスコ協会連盟が、小学校高学年向けの教材を
1000部作った。学校や教育団体から希望を募り、無料で配布する。これは小学校の「総合
的な学習の時間」で世界遺産について取り組みたいと同連盟に助言や資料を求める例が増え
たために製作したという。教材は「隊員パック」と名付けられ、世界遺産を紹介したビデオ
や地図、児童が意見などを書き込むノートがセットになっている。児童は隊員として世界の
歴史や自然、文化の多様性などについて学ぶ。

　教材は無料だが、送料は実費を(1)_____。応募や問い合わせは電話で、締め切りは9月
16日である。応募者多数の場合は、使い方などを審査した上で配布先を決めるという。

(75) 日本ユネスコ協会連盟が世界遺産の教材を作った理由は何ですか。

(A) 政府が文化教育の重要性に気付いたから
(B) 世界遺産に関する助言や資料を求める例が増えたから
(C) 今まで世界遺産についてまとめておいた資料が全くなかったから
(D) 学生だけではなく、大人の中でも世界遺産をよく知らない人が多すぎるから

(76) 本文の内容から見て、(1)_____に入る最も適当な文章はどれですか。

(A) 負担してもかまわない
(B) 負担するわけではない
(C) 負担しないに決まっている
(D) 負担してもらうことになっている

(77) 本文の内容と合っているものはどれですか。

(A) 教材、送料ともに無料である。
(B) 小学校高学年向けの教材は有料である。
(C) 応募者多数の場合は抽選で配布先を決める。
(D) 教材を受け取るためには9月16日までに応募しなければならない。

(78 〜 80)

　　最近、日本では児童虐待事件が後を絶たないそうだ。児童虐待には「身体的虐待」「性的虐待」「心理的虐待」「ネグレクト」という種類がある。実際の虐待のケースでは、このいずれかの一つだけではなく、四つのタイプの虐待が組み合わさって起こることが多いという。ところで、四つのタイプの虐待の中で最近急増しているのが「ネグレクト」という虐待である。「ネグレクト」とは、親が児童の養育を完全に放棄するという形の児童虐待を指すが、警察の調査によると、景気の悪化が主要因だという。虐待された児童には心に大きな傷が残り、その後、自分に自信が持てなかったり対人関係が苦手になったり人格障害ができたりするという。だから、児童虐待は社会全体で早急に取り組むべき重要な課題だと言えるだろう。

(78) 本文に出ている児童虐待の種類ではないものはどれですか。

(A) ネグレクト
(B) 性的虐待
(C) 身体的虐待
(D) 物理的虐待

(79) 最近、「ネグレクト」という虐待が急増している主な理由は何ですか。

(A) 親のストレス
(B) 親の歪んだ愛情
(C) 生活様式の変化
(D) 低迷し続けている景気

(80) 虐待された児童に現れる現象として本文に出ていないものはどれですか。

(A) 急に暴力的になる。
(B) 人格障害ができる。
(C) 対人関係が苦手になる。
(D) 自分に自信が持てなくなる。

(81 ～ 84)

　「天職」というものがある。それは人間一人一人に備わった才能を活かす仕事である。友人の鈴木君は、自分の天職を「探偵」だと思っていた。彼は法学部4年生で、成績も優秀である。(1)＿＿＿＿＿、性格は最悪で、下手に彼に口論を吹っ掛けようとすると、相手を自殺寸前まで追い込むほどの男である。そんな性格のため、周囲の人たちは彼は犯罪者を追い詰める検事になる者だと思っていた。私が見ても彼の天職は検事である。しかし、鈴木君はひたすら探偵であった。

　ある日、指導教授の山田先生が「それだけの才能を埋もれさせる気かね？」と鈴木君に聞いた。卒業後は探偵になるという噂を聞いたからである。彼は山田先生に「先生、埋もれさせないために探偵になるんです」と答えた。メタルフレームの眼鏡の奥の鋭い目が教授を見据えた。彼の話を聞いた教授は「そうか…。その、相手を射すくめる目。(2)＿＿＿＿＿なあ」と残念がっていた。

(81) 本文の内容から見て、(1)＿＿＿＿＿に入る最も適当な言葉はどれですか。

(A) しかし
(B) そこで
(C) それに
(D) どうりで

(82) 本文の内容から見て、(2)＿＿＿＿＿に入る最も適当な表現はどれですか。

(A) 頭に来る
(B) 勿体無い
(C) はしたない
(D) 気に入らない

(83) 鈴木君についての説明の中で、正しくないものはどれですか。

(A) 鋭い眼差しの持ち主である。
(B) 大学で法学を専攻している。
(C) 自分は探偵に向いていると思っている。
(D) 性格が最悪なのでみんなに嫌われている。

(84) 山田教授は鈴木君が探偵になることについてどう思っていますか。

(A) 才能が惜しいと思っている。
(B) 才能を活かせるのでいいと思っている。
(C) 彼のことなんかどうでもいいと思っている。
(D) 強制してでも彼を止めるべきだと思っている。

(85 〜 88)

参議院通常選挙を前に実施した全国世論調査で、現在の内閣の支持率は過去最高を記録した前回の調査から16ポイント低下し、69%となった。不支持率は同5ポイント上昇し、12%であった。参議院選挙で投票する際に重視する政策課題では、景気の悪化を反映して「景気対策」が56%でトップ。選挙戦の焦点となっている「構造改革」は30%と第3位で、景気対策のほぼ半分であった。前回調査から大きく下がった(1)＿＿＿＿＿＿、内閣支持率は7割近い数字を維持しており、絶対水準では高支持率であると言える。要するに、内閣発足から約3カ月が経過し、一時「異常」とも言われた今の総理の人気が(2)＿＿＿＿＿＿ようである。

支持政党別では自民党支持者の内閣支持率は89%と前回調査より5ポイント低下。公明党支持者では10ポイント低下の77%であった。政党別の支持率では、与党である自民党が56%で1位であった。野党支持者の間では野党各党が参議院選挙に向けて今の内閣と対決姿勢を鮮明にした結果、与党支持者を上回る幅で各野党の支持率が低下した。

(85) 本文の内容から見て、(1)＿＿＿＿＿＿に入る最も適当な表現はどれですか。

(A) ものの
(B) に反して
(C) にもまして
(D) にかかわらず

(86) 本文の内容から見て、(2)＿＿＿＿＿＿に入る最も適当な文章はどれですか。

(A) 更に上がった
(B) 落ち着いてきた
(C) 過去最高を記録した
(D) 横這いの状態であった

(87) 今の内閣の支持率が下がった原因は何だと思われますか。

(A) 内閣が構造改革を怠っていたから
(B) 与党の支持率が大幅に下がったから
(C) 本文の内容だけでははっきりわからない。
(D) 国民たちが景気対策に不満を持ち始めたから

(88) 本文の内容と合っていないものはどれですか。

(A) 今の内閣の支持率は更に下がる恐れがある。
(B) 今の内閣はまだ高い支持率を維持していると言える。
(C) 今のところ、日本の景気はそれほどよくないようである。
(D) 対決姿勢を明らかにした野党の態度は支持率に悪影響を与えている。

(89 ～ 92)

　　ある川がきれいかどうかは、水が見た目できれいかどうか、あるいは大腸菌が含まれているかどうかではなく、水中に酸素が十分含まれているかどうかによって決められる。水中に多少の大腸菌や赤痢菌が含まれていたとしても、酸素が十分あれば微生物が繁殖するので、それらに食われてしまう。水中に酸素を供給する主役は藻のたぐいであるが、緑虫やクロレラのような単細胞の微生物も、水中の二酸化炭素を吸収して体内にでんぷんを作ると同時に、水中に酸素を吐き出している。つまり、これらの植物や微生物は、炭酸同化作用をすることによって、他の微生物や動物に酸素と餌の両方を供給しているのである。

　　しかし、酸素が欠乏した状態でも、生きられる細菌がある。嫌気性細菌というのがそれで、この細菌は、水中の有機物を分解する際、多量のメタンガスを発生させる。「死の川」と言われる川では、よく水面から気持ちの悪い泡がぶくぶく出ているが、その正体は、このメタンガスである。このように水中に嫌気性細菌が増え始めると、徐々に川から悪臭が立ち昇るようになるのである。

(89) 川がきれいかどうかはどう決められますか。

　　(A) 水の流れや色によって決められる。

　　(B) 水が見た目できれいかどうかで判断する。

　　(C) 川の中の大腸菌の有無によって決められる。

　　(D) 川に含まれている酸素の量によって決められる。

(90) 炭酸同化作用とは何ですか。

　　(A) 微生物が急速に増殖する作用

　　(B) 微生物が水中に二酸化炭素を吐き出す作用

　　(C) 微生物の量が増えて水中の酸素が減少する作用

　　(D) 微生物が二酸化炭素を吸収して水中に酸素を吐き出す作用

(91) 本文の内容から見て、川の悪臭の原因は何だと思われますか。

　　(A) 川の中に酸素が多すぎるから

　　(B) 単細胞の微生物の種類が増えるから

　　(C) 嫌気性細菌がメタンガスを吐き出すから

　　(D) 嫌気性細菌から多量の酸素が出るから

(92) 本文のタイトルとして最も適当なものはどれですか。

　　(A) 川の悪臭はどう改善する？

　　(B) 川の汚染はどうして起こる？

　　(C) 川と酸素はどんな関係がある？

　　(D) 川の中に生きている細菌はどんな役割をする？

(93 〜 96)

「睡眠貯金」とは金融業界で使う用語で、最終の取引日を過ぎて払い出しができる状態なのにもかかわらず、一定期間移動のない貯金を意味する。つまり、普通貯金の残高が1円単位の場合、そのままたんすの引き出しにしまい込んでいる通帳があるが、それを指しているわけである。このような貯金は一般的には10年間そのまま移動のない時は、その金融機関が自分の収入金としていた。ところが、これが1984年に国会で問題にされた。個人名義のそれぞれの額は大したものでなくとも、(1)_____で、集計すると無視できない貯金額になったからである。国会では、国民の個人財産を一方的に金融機関が収益に算入するのはよろしくないとの論議が高まったりもしたが、結局、取り扱いの統一基準を作ることになった。それによれば、10年を経過した1万円以上の睡眠貯金に関しては、まず貯金者に通知することが義務付けられた。それでも、なお返事のない場合には、収益金として処理してよいことになった。しかし、その処理がなされた後でも、貯金者がもし名乗り出た場合には、払い戻しをしなければならない。

(93)「睡眠貯金」とは何ですか。

(A) 長い間、出し入れのない預金
(B) 普通預金より金利が高い預金
(C) 手形や小切手の支払いに使われる預金
(D) いつでも預け入れや引き出しができる預金

(94) 睡眠貯金が1984年に国会で問題になった理由は何ですか。

(A) 銀行の口座を開く人が激減してしまったから
(B) 集めて計算すると莫大な貯金額になったから
(C) 睡眠貯金に付く利子で銀行の収益が悪化したから
(D) 睡眠貯金の正確な数値をなかなか把握できなかったから

(95) 本文の内容から見て、(1)_____に入る最も適当な表現はどれですか。

(A) 焼け石に水
(B) 安物買いの銭失い
(C) 噂をすれば影がさす
(D) ちりも積もれば山となる

(96) 10年を経過した1万円以上の睡眠貯金についての説明の中で、正しいものはどれですか。

(A) わざわざ貯金者に通知しなくてもいい。
(B) 貯金者が名乗り出た場合、払い戻す必要がある。
(C) 10年を経過した時点で、金融機関の収益金となる。
(D) 通知して貯金者の返事がなくても収益金として処理してはいけない。

　　どこぞやの国の科学者が遺伝子治療の可能性を見つけ出してしまった。勿論、文字通り、重い遺伝病の人だけを救うのなら何の問題もない。しかし、(1)これは科学者自身の力の誇示に過ぎず、人の生きる意味さえ崩しかねないと私は心配になってくる。もし本当に人に対して考えて研究をするのなら、人間の存在意義を脅かすようなことはしないはずである。彼らは自分のやっていることに果たして責任が取れるのだろうか。

　　人は遺伝子によって決められてしまう存在で、人の努力は報われないのか。とはいえ、動物の求愛の時に雄が雌を取り合い、勝った方が雌を取ることができることを考えると、強い存在しか残れないということをしみじみ感じる。それが遺伝子によって強い存在しか残れないのか、努力して強くなった存在も残れるのかによって人間社会は大きく変わる。もし(2)＿＿＿＿＿＿、できない存在はやる気をなくしてしまうに違いない。私としては後者であることを祈るばかりだ。

(97) (1)これが指しているものはどれですか。

　　(A) 責任感のない科学者の態度
　　(B) 重い遺伝病の人だけを救うこと
　　(C) 科学者自身の力を誇示すること
　　(D) 遺伝子治療の可能性を見つけ出したこと

(98) 本文の内容から見て、(2)＿＿＿＿＿＿に入る最も適当な文章はどれですか。

　　(A) 前者を肯定するなら
　　(B) 後者を肯定するなら
　　(C) 両者を肯定するなら
　　(D) 両者を否定するなら

(99) 遺伝子治療の可能性を見つけ出したことに対するこの人の態度として正しいものはどれですか。

　　(A) 肯定的
　　(B) 批判的
　　(C) 消極的
　　(D) 積極的

(100) 本文の内容と合っているものはどれですか。

　　(A) この人は人間の努力は結局、報われないものだと思っている。
　　(B) この人は動物や人間の世界で強い存在しか残れないと思っている。
　　(C) この人は遺伝子治療の可能性を見つけ出したことが必ず悪いとは言っていない。
　　(D) この人は遺伝子治療の可能性を、重い遺伝病の人を救うのに使うのはいいと思っている。

□ 実_{じつ}に 실로	□ 結局_{けっきょく} 결국	□ さすが 과연
□ 別_{べつ}に 특별히, 별로	□ 正_{まさ}に 정말로	□ 次第_{し だい}に 점차
□ なまじ 섣불리	□ さほど 그다지	□ 毛頭_{もうとう} 조금도, 털끝만큼도
□ 時折_{ときおり} 때때로	□ 果_はたして 과연	□ しばしば 자주
□ 大体_{だいたい} 대체로	□ まして 하물며	□ わりと 비교적
□ とにかく 어쨌든	□ つゆほども 조금도	□ 大_{たい}して 그다지, 별로
□ 一層_{いっそう} 한층 더	□ 恐_{おそ}らく 아마, 필시	□ 直_{じか}に 직접
□ 一気_{いっき}に 단숨에	□ かれこれ 그럭저럭	□ いきなり 갑자기
□ はっきり 확실히	□ 改_{あらた}めて 재차, 다시	□ てっきり 틀림없이
□ 折_おり入_いって 긴히, 특별히	□ やたらに 무턱대고, 함부로	□ よろこんで 기꺼이
□ いずれ 머지않아	□ もっとも 가장, 제일	□ せめて 하다 못해
□ いざ 막상, 정작	□ いくぶん 어느 정도	□ とっくに 훨씬 전에
□ 相変_{あい か}わらず 여전히	□ 何_{なん}と 참으로, 얼마나	□ くれぐれも 아무쪼록
□ 今_{いま}にも 당장이라도	□ 徐_{おもむろ}に 서서히, 천천히	□ むしょうに 무턱대고
□ たっぷり 듬뿍, 가득	□ 努_{つと}めて 애써, 되도록	□ 一概_{いちがい}に 일괄적으로
□ やっと 겨우, 간신히	□ 案外_{あんがい} 뜻밖에, 의외로	□ ひとまず 우선, 일단
□ 極_{きわ}めて 극히, 대단히	□ さっさと 재빠르게, 냉큼	□ 非常_{ひ じょう}に 대단히, 아주
□ 案_{あん}の定_{じょう} 생각한 대로	□ ちゃんと 제대로, 확실히	□ いささか 약간, 조금도
□ ろくに 제대로, 변변히	□ いよいよ 마침내, 드디어	□ わざと 고의로, 일부러
□ なにせ 어쨌든, 여하튼	□ 正_{ただ}しく 틀림없이, 확실히	□ いつの間_まにか 어느샌가
□ さも 자못, 아주, 정말로	□ やけに 몹시, 무척, 마구	□ やたらと 무턱대고, 마구
□ 勢_{いきお}い 자연히, 필연적으로	□ やや 얼마간, 다소, 조금	□ 独_{ひと}りでに 자연히, 저절로

Ⅴ. 下の線の言葉の正しい表現、または同じ意味のはたらきをしている言葉を (A) から (D) の中で
一つ選びなさい。

(1) その選手は足に<u>保険</u>をかけたそうです。
    (A) ほけん
    (B) ぼけん
    (C) ほうけん
    (D) ぼうけん

(2) 報道というのは人々に<u>真実</u>を知らせるため
に存在する。
    (A) しんじつ
    (B) じんしつ
    (C) じんじつ
    (D) しんしつ

(3) この報告書には工事の<u>進捗</u>状況が詳しく書
いてある。
    (A) しんぽ
    (B) しんぽ
    (C) しんちょく
    (D) じんちょく

(4) 健康のためには、足りない栄養を<u>補う</u>こと
が大切だ。
    (A) すくう
    (B) やしなう
    (C) あつかう
    (D) おぎなう

(5) みんな頑張ったのに、<u>紙一重</u>の差で敗れて
しまった。
    (A) かみひとえ
    (B) しひとじゅう
    (C) かみひとじゅう
    (D) かみいちじゅう

(6) あなたも留学して実力を<u>培って</u>ほしいです。
    (A) おこなって
    (B) みなぎって
    (C) まかなって
    (D) つちかって

(7) その政治家は総選挙のため、全国各地を<u>遊
説</u>している。
    (A) ゆぜい
    (B) ゆうぜい
    (C) ゆせつ
    (D) ゆうせつ

(8) もう遅いから、仕事を<u>やめて</u>そろそろ帰り
ましょう。
    (A) 辞めて
    (B) 止めて
    (C) 防めて
    (D) 捨めて

(9) 朝から喉が痛くて、午後医者に<u>みて</u>もらった。
    (A) 見て
    (B) 察て
    (C) 看て
    (D) 診て

(10) 自分の職業にこだわりすぎたあまり、他の職
業に<u>うつる</u>のを嫌がる人が多い。
    (A) 映る
    (B) 写る
    (C) 移る
    (D) 越る

(11) 駅から家まで<u>ちょっと</u>時間がかかります。

    (A) もう

    (B) あまり

    (C) すこし

    (D) たくさん

(12) 母に「もう年だから、早く<u>働け</u>」と言われた。

    (A) 働きたくない

    (B) 働くしかない

    (C) 働きなさい

    (D) 働いてはいけない

(13) 商品は<u>明日お届け</u>いたします。

    (A) 明日配達いたします

    (B) 明日取りに行きます

    (C) 明日持ってきます

    (D) 明日お送りいたします

(14) この美術館には鑑賞に<u>たえる</u>絵が多い。

    (A) 見たくない

    (B) 見てもいい

    (C) 見応えがある

    (D) 見てもしょうがない

(15) 技術が進歩する<u>に連れて</u>、我々の生活も便利になった。

    (A) において

    (B) について

    (C) に沿って

    (D) に従って

(16) 長時間の行軍でみんな<u>疲労困憊</u>してしまった。

    (A) しょんぼり

    (B) がっくり

    (C) すんなり

    (D) ぐったり

(17) 稀に書類紛失などの事故の<u>ため</u>、手続きが遅延することもある。

    (A) 私は健康の<u>ため</u>毎日運動をしている。

    (B) 大学に合格する<u>ため</u>一生懸命勉強する。

    (C) 人間は生きていく<u>ため</u>には食べねばならぬ。

    (D) 雨の<u>ため</u>保育園の遠足はキャンセルになった。

(18) 天気予報によると、明日から雨が降る<u>そうだ</u>。

    (A) 彼女は絵を描くのが好きだ<u>そうだ</u>。

    (B) あっ<u>そうだ</u>。今日、重要な会議があったんだ。

    (C) 新型ウイルスの感染者は今後も増え<u>そうだ</u>。

    (D) この果物は変なにおいがするから、食べない方がよさ<u>そうだ</u>。

(19) 彼の活動的で<u>明るい</u>人柄は周りにいる人をいつも楽しい気分にさせてくれた。

    (A) 照明が<u>明るくて</u>目も開けられないぐらいだ。

    (B) 鈴木さんは法律に<u>明るくて</u>色々助かっている。

    (C) あのレストランは活気が溢れる<u>明るい</u>店で、私もよく行っている。

    (D) 自分の老後に<u>明るい</u>見通しを持っている国民は２割を下回っている。

(20) 成功というのは、まず自分に<u>かけて</u>いるものが何であるかを知ることから始まる。

    (A) やはり時間を<u>かけた</u>だけのことはありますね。

    (B) とんでもない間違いでみんなに迷惑を<u>かけて</u>しまった。

    (C) 彼は思いやりが<u>かけて</u>いるから、結婚相手としてはちょっと…。

    (D) 日本は７月から８月に<u>かけて</u>大雨が降って、被害も大きいです。

VI. 下の_____線の A, B, C, D の中で正しくない言葉を一つ選びなさい。

(21) 駅から会社<u>まで</u>には、バスを<u>降りて</u> <u>10分</u>ぐらい<u>かかります</u>。
　　　　　　　(A)　　　　　　　　(B)　　　　(C)　　　　　　(D)

(22) 私は駅の<u>近く</u>に住んでいます<u>が</u>、山崎さんの家は駅<u>で</u>大分離れた<u>ところ</u>にあります。
　　　　　　　(A)　　　　　　　　　(B)　　　　　　　　　　　(C)　　　　　　(D)

(23) 今度の夏休みに弟と一緒に日本へ旅行する計画を<u>立った</u>が、実現できるかどうかは<u>疑問</u>だ。
　　　　　　　　　　(A)　　　　(B)　　　　　(C)　　　　　　　　　　　　　(D)

(24) <u>この</u>部屋は窓を開ける<u>と</u>、遠く<u>から</u>海が見えてとても<u>眺め</u>がいいわ。
　　　(A)　　　　　　　　(B)　　(C)　　　　　　　　　(D)

(25) <u>そこ</u>までは1時間で<u>行かせる</u>と思っていたのに、道に<u>迷って</u>3時間<u>も</u>かかってしまった。
　　　(A)　　　　　　　　(B)　　　　　　　　　　　(C)　　　　　(D)

(26) 中学校3年生の夏は<u>とても</u>暑かったが、夏休みには登山を<u>登ったり</u>川で<u>泳いだり</u>して<u>楽しかった</u>。
　　　　　　　　(A)　　　　　　　　　　　(B)　　　　(C)　　　　　(D)

(27) 感情の起伏が<u>広い</u>彼女のこと<u>だから</u>、今の話を<u>聞くと</u>、<u>きっと</u>泣くだろう。
　　　　　　　　(A)　　　　　　(B)　　　　　(C)　　　(D)

(28) 将来、年を<u>取って</u>の時、私には理解できない若い<u>人たち</u>の<u>新しい</u>言葉ができる<u>かもしれない</u>。
　　　　　　　(A)　　　　　　　　　　　　(B)　　(C)　　　　　　(D)

(29) <u>これから</u>自分が感動を<u>もらった</u>映画<u>について</u>話して<u>みましょう</u>。
　　　(A)　　　　　　　(B)　　　　　(C)　　　(D)

(30) 「落書き禁止」と書かれて<u>ある</u> <u>にもかかわらず</u>、もう壁は落書き<u>で</u>いっぱいに<u>なっていた</u>。
　　　　　　　　　　　　(A)　　　(B)　　　　　　　　　　　(C)　　　　(D)

(31) 嫌なことがたくさん<u>あっても</u>、いつも<u>ぎざぎざ</u>していれば、いつか<u>きっと</u>いい<u>こと</u>があると思う。
　　　　　　　　　　　 (A)　　　　　　　 (B)　　　　　　　　　　　　　(C)　　　　(D)

(32) 日頃、失敗は自分の努力不足の<u>せい</u>だと考える<u>傾向</u>が強い<u>からだけ</u>、努力する人間に<u>なれる</u>。
　　　　　　　　　　　　　　　　　 (A)　　　　　 (B)　　　　 (C)　　　　　　　　　 (D)

(33) 核兵器の<u>断絶</u>を<u>呼び掛ける</u>動きは世界中に<u>広がっている</u>が、まだこれといった解決策は
　　　　　 (A)　　 (B)　　　　　　　　　　　　 (C)

<u>なさそうだ</u>。
　 (D)

(34) <u>自画自賛</u>かもしれないが、<u>短期間</u>で作った物に<u>とっては</u>良い<u>出来栄え</u>だと思う。
　　 (A)　　　　　　　　　　　　 (B)　　　　　　 (C)　　　　 (D)

(35) その番組を見ていた息子は、面白さが<u>わからない</u>らしく、<u>何となく</u> <u>がくん</u>と<u>見て</u>いた。
　　　　　　　　　　　　　　　　　　　 (A)　　　　　　　 (B)　　　　 (C)　 (D)

(36) <u>現状</u>では不十分との<u>指摘</u>を受け、担当者は「新たな<u>対策</u>の検討も<u>やぶさかである</u>」と話している。
　　 (A)　　　　　　 (B)　　　　　　　　　　　　 (C)　　　　　 (D)

(37) 経済成長が<u>一段落させた</u>今、少し<u>ゆとり</u>のある生活をするためにもできるだけ<u>元日</u>ぐらいは休む
　　　　　　　 (A)　　　　　　　 (B)　　　　　　　　　　　　　　　　　　　 (C)

<u>ようにしよう</u>。
　 (D)

(38) <u>身を粉にする</u>思いで別れた<u>彼女のこと</u>が、10年<u>経った</u>今になっても<u>恋しくてならない</u>。
　　 (A)　　　　　　　　　　 (B)　　　　　 (C)　　　　　　　 (D)

(39) 社内いじめを上司は<u>見よう見まね</u>振りで一貫しており、どんな<u>人事上</u>の<u>嫌がらせ</u>をされるかわからず、
　　　　　　　　　　　 (A)　　　　　　　　　　　　　　　　 (B)　　 (C)

<u>抗議</u>もできない。
　 (D)

(40) 図書館<u>での</u>電子書籍<u>流通</u>に対し、出版経営者らは「出版自体が衰退したら<u>元も子もない</u>」と釘を
　　　　 (A)　　　　　　 (B)　　　　　　　　　　　　　　　　　　　　 (C)

<u>叩いた</u>。
　 (D)

Ⅶ. 下の_____線に入る適当な言葉を (A) から (D) の中で一つ選びなさい。

(41) 昨日は_____へ出かけましたか。

    (A) なにか

    (B) どこか

    (C) いつか

    (D) だれか

(42) 私はこのホテル_____泊まったことがあります。

    (A) で

    (B) に

    (C) を

    (D) へ

(43)「もしもし、_____は韓国のキムと申しますが、鈴木部長いらっしゃいますか。」
　　「申し訳ありませんが、鈴木はただ今席を外しております。」

    (A) ここ

    (B) あちら

    (C) こちら

    (D) そちら

(44) 鈴木先生の_____は午後 1 時からです。

    (A) 机

    (B) 本

    (C) 宿題

    (D) 講義

(45) _____、お風呂に入れます。

    (A) 痛ければ

    (B) 痛くなければ

    (C) 痛かったので

    (D) 痛かったにかかわらず

(46) お忙しい_____、わざわざ来ていただきまして、誠にありがとうございます。

    (A) ところを

    (B) ところが

    (C) ところで

    (D) ところも

(47) 法律と現実の間には、まだ_____があると思う。

    (A) キャリア

    (B) ギャップ

    (C) マスコミ

    (D) レベルアップ

(48) たいへん申し訳ありませんが、この度のご招待は急用のため、_____します。

    (A) 断り

    (B) 断る

    (C) お断り

    (D) 断ろう

(49) 中村さんと結婚したのは、彼の_____性格が気に入ったからです。

    (A) みぢかな

    (B) はんぱな

    (C) おおはばな

    (D) ほがらかな

(50) それは_____理論上の話にすぎないことで、実現の可能性は低い。

    (A) 却って

    (B) 果たして

    (C) あくまでも

    (D) 辛うじて

(51) 彼女は_____していて、どんな服を着てもよく似合う。

    (A) ほっそり

    (B) うっとり

    (C) ぬっくり

    (D) つるり

(52) 試合前の彼は、少し緊張_____だった。

    (A) 気味

    (B) 次第

    (C) ばかり

    (D) ぐるみ

(53) すみませんが、この消しゴム、ちょっと_____してもよろしいでしょうか。

    (A) ご覧

    (B) 拝借

    (C) お見え

    (D) お越し

(54) ほしくて_____パソコンがあるが、高くて買いたくても買えない。

    (A) やまない

    (B) いられない

    (C) たまらない

    (D) あたらない

(55) あのレストラン_____、料理はすごくおいしいけど、従業員の接客態度があまりよくない。

    (A) としたら

    (B) ときたら

    (C) ともなると

    (D) だとしたら

(56) 突然降り出したにわか雨で、_____になってしまった。

    (A) くすくす

    (B) ぴったり

    (C) ねばねば

    (D) びしょびしょ

(57) 今年は恋人もできたし、いい会社にも入ったし、本当にいいこと_____だった。

    (A) だらけ

    (B) まみれ

    (C) ずくめ

    (D) みどろ

(58) うちの会社は_____が良いのみならず、福祉厚生も申し分ない。

    (A) 待遇

    (B) 習慣

    (C) 隠居

    (D) 合理

(59) 見物客も含め、1千人以上が集まり、通りを_____。

    (A) ばら蒔いた

    (B) 切り替えた

    (C) 立て籠った

    (D) 埋め尽くした

(60) 彼の語学力には誰も_____が立たない。

    (A) 口

    (B) 歯

    (C) 耳

    (D) 顔

(61) てっきり未婚であると思ったが、驚いた_____彼はバツイチだった。

    (A) ものに

    (B) ことに

    (C) だけに

    (D) ばかりに

(62) 信者のプライバシーを他人に漏らすなんて、聖職者としてある_____ことだ。

    (A) まじき

    (B) かぎりの

    (C) べからず

    (D) いたりの

(63) 視聴者はみんな_____を呑みながら決勝戦を見守っていた。

    (A) 息吹

    (B) 固唾

    (C) 口笛

    (D) 名残

(64) 植物を_____心は、人への愛情も育んでくれるのではないだろうか。

    (A) つくろう

    (B) たたずむ

    (C) さいなむ

    (D) いつくしむ

(65) 消費の沈滞で、とうとうあの店も 50 年の歴史に幕を_____ことになった。

    (A) 閉じる

    (B) 下がる

    (C) 開ける

    (D) 巻く

(66) 彼の記者会見は、ただ原稿を_____するだけで、確信を持って返答することもできなかった。

    (A) 気障り

    (B) 口出し

    (C) 丸ごと

    (D) 棒読み

(67) 今度の政府の対策を聞いて実現可能性について_____の念を抱かずにはいられなかった。

    (A) 危惧

    (B) 危機

    (C) 危篤

    (D) 危険

(68) _____の土曜日なのに、なぜか店のシャッターは閉じていた。

    (A) 踊り場

    (B) 逆上

    (C) 書き入れ時

    (D) 長丁場

(69) せっかくの先生の忠告を_____にしてはいけない。

    (A) 蔑ろ

    (B) あら探し

    (C) 書き初め

    (D) 示談

(70) あの小説は、_____の合わないストーリ展開で、評論家から酷評された。

    (A) 鱗

    (B) 癪

    (C) 裏腹

    (D) 辻褄

Ⅷ. 下の文を読んで、後の問いにもっとも適当な答えを (A) から (D) の中で一つ選びなさい。

(71 〜 74)

誰でも一度ぐらいはボランティア活動をやってみたいと考えたことがあると思いますが、実際にやろうとすると、(1)_____。そんな人たちのためにできたのが「ボランティアカフェ」です。ボランティアカフェは5年前から東京や大阪を中心にでき始め、今はほとんどの地方都市でも運営されています。このカフェにはいつもボランティアの専門家がいるため、その人といつでもボランティアの相談ができます。また、このカフェの営業時間は年中無休で午前10時から夜10時までですが、営業が終わった後でも電話で問い合わせすることもできます。最後に、(2)_____、自分が住んでいる地域以外のボランティア活動もわかります。もし何かボランティア活動を始めたいと思っている方は、近くのボランティアカフェを是非訪問してみてください。

(71) 本文の内容から見て、(1)_____に入る最も適当な文章はどれですか。

(A) 急にやりたくなります
(B) やるしかないと思ってしまいます
(C) やっても意味がないと思ってしまいます
(D) どんなふうに始めたらいいのか迷ってしまいます

(72) 本文に出ているボランティアカフェの特徴は何ですか。

(A) 24 時間営業をしている。
(B) 飲み物が全部無料である。
(C) 客が少なくていつ行ってもゆっくりできる。
(D) カフェでボランティアの専門家と相談ができる。

(73) 本文の内容から見て、(2)_____に入る最も適当な文章はどれですか。

(A) その地域の憩いの場になっているから
(B) カフェの中に色々な本が置いてあるから
(C) 大きいテレビの画面にいつも会社の広告が出ているから
(D) 全国のボランティアカフェからの情報をまとめて知らせてもらえるから

(74) ボランティアカフェについての説明の中で、正しいものはどれですか。

(A) 午前中しか営業していない。
(B) 5 年前地方都市を中心にでき始めた。
(C) 営業時間以外の問い合わせはできない。
(D) 自分が住んでいる地域以外のボランティア活動もわかる。

(75 〜 77)

この度はストロベリーネットでお買い求めいただき、誠にありがとうございます。商品にはご満足いただけましたでしょうか。お客様に100％ご満足いただきますことが私どもの願いでございます。商品のお届けには万全の注意を払っておりますが、万が一破損などございましたら、E・メールにてお問い合わせくださいますようお願い申し上げます。弊社ウェブサイトでは、世界の有名ブランドのメイクアップ、スキンケア、フレグランスを取り揃え、お客様のお越しを心よりお待ち申し上げております。弊社のウェブサイトに加入し、続けてご注文いただきますことで、下記のような「ロイヤリティープログラム」の特典をお楽しみいただけます。

3回目のご注文 - 特別2％割引 / 4回目のご注文 - 特別3％割引

5回目のご注文 - 特別4％割引 / 6回目から9回目のご注文 - 特別5％割引

10回目から19回目のご注文 - 特別7.5％割引 / 20回目以降のご注文 - いつも10％割引

(1)_____ お得なストロベリーネットを今後も是非ご利用くださいませ。

(75) 本文の内容から見て、(1)_____ に入る最も適当な文章はどれですか。

(A) 商品をたくさん買わなくても

(B) ご注文いただけばいただくほど

(C) わざわざサイトでご注文なさらなくても

(D) サイトの加入などの煩わしい手続きなしに

(76) ストロベリーネットの割引率として正しくないものはどれですか。

(A) 25回目は10％割引してもらえる。

(B) 8回目の注文は特別5％割引してもらえる。

(C) 6回目までの注文は割引率が1％ずつ増えていく。

(D) 9回目の注文と15回目の注文の割引率の差は5％である。

(77) 本文の内容と合っていないものはどれですか。

(A) ストロベリーネットには特別な割引制度がある。

(B) 商品に破損があった場合は、すぐ電話をすれば解決できる。

(C) ストロベリーネットはインターネットを通して商品を売る会社である。

(D) ストロベリーネットのウェブサイトには世界の有名ブランドの商品が取り揃えてある。

(78 〜 81)

厚生労働省は今月18日東京都、千葉県と合同で国内で新型肺炎に感染した人が発症した場合に備えた訓練を25日に実施すると発表した。合同訓練を参考に、厚生労働省は全国の自治体に対して流行が心配される冬までに各自で訓練するよう求める。訓練は今年5月に新型肺炎に感染した台湾人医師が関西や四国を旅行した際、厚生労働省と自治体との連携がうまくいかなかったことを教訓に、主な情報交換の方法を点検する。今回の訓練には成田空港検疫所や国立感染症研究所、病院、ホテルなども参加する。

新型肺炎の流行地から戻ってきた医療機器メーカーの社員2人が帰国後に発症したとの想定で、患者の搬送や病院の受け入れの他、宿泊先ホテルの消毒、患者が接触した人たちに対する健康状態の調査などを行う。調査などに当たる担当者には訓練の詳しい内容は全然知らせず、感染症対策の専門家たちが(1)_____結果を評価する。

(78) 今回の訓練を実施する理由は何ですか。

(A) 年に 4 回定期的に実施する訓練だから
(B) 実際に新型肺炎の感染者が関西や四国から出たから
(C) 厚生労働省への不満が国民たちの間から募っていたから
(D) 新型肺炎の感染者が発生した時に厚生労働省と自治体との連携がうまくいかなかったから

(79) 本文の内容から見て、(1)_____に入る最も適当な言葉はどれですか。

(A) 立ち会って
(B) 押し入って
(C) 引き抜いて
(D) 差し控えて

(80) 今回の訓練についての説明の中で、正しいものはどれですか。

(A) 今月 18 日と 25 日に実施される。
(B) 今後の他の地域の訓練に参考になる。
(C) 新型肺炎予防に重点を置いて行われる。
(D) 実際に新型肺炎に感染した患者 2 人を対象にして行われる。

(81) 本文の内容と合っているものはどれですか。

(A) 新型肺炎は台湾から日本に入ってきた。
(B) 新型肺炎は今年関西や四国を中心に流行った。
(C) 新型肺炎に感染した人と接触すると、その人も感染する。
(D) 今回の訓練は新型肺炎の感染者が発症した場合の対処方法をチェックするのが目的である。

(82 ～ 84)

　　仕事ができる人は、いつも服装に気を遣っている。なぜなら、形を整えることで、仕事に臨む気持ちが変わってくるからだ。では、果たして何を、どんなふうに着ればいいのか。まず、スーツだが、スーツは春夏用、秋冬用と、季節ごとに2着ずつは最低用意したいところだ。ただし、お金に余裕があれば是非既製品よりオーダーメイドにしたい。色やデザインは、1着はグレイのシンプルなスーツ、もう1着は、紺のスーツで、今流行りの縦にラインが入ったデザインのものがお勧めである。日頃からしっかりとアイロンをかけて、シワ、特にズボンの折り目をしっかりとつけよう。折り目がなくなってくると、だらしない感じになってしまうから要注意だ。

　　次に、シャツなのだが、シャツは季節にかかわらず、長袖にした方がいい。半袖は腕が見えてしまい、少しだらしない。営業に出ている人は、なるべく無地のホワイトシャツにしよう。デザインシャツは、格好はいいが、おじさん世代はデザインシャツを嫌う傾向があるので、注意が必要である。営業に出る時は、大人し目のシャツにしよう。また、シャツの汚れは洗濯では落ち切らないので、定期的にクリーニングに出した方がいい。

(82) この人はどうして仕事の服装が大切だと言っていますか。

　　(A) 営業の成績がぐっと上がるから
　　(B) 対人関係を円滑にしてくれるから
　　(C) 仕事上では、人目が重要だから
　　(D) 仕事に臨む気持ちが変わってくるから

(83) この人が言っているスーツについての説明の中で、正しくないものはどれですか。

　　(A) スーツの色はグレイと紺がいい。
　　(B) 敢えてオーダーメイドのスーツを買う必要はない。
　　(C) 日頃からズボンの折り目はしっかりとつけておいた方がいい。
　　(D) 季節ごとに春夏用、秋冬用を２着ずつは最低用意してほしい。

(84) この人が言っているシャツについての説明の中で、正しいものはどれですか。

　　(A) 袖の長さは半袖より長袖の方がいい。
　　(B) 定期的にクリーニングに出す必要はない。
　　(C) 汚れが取れなくなったら、着ないで捨てた方がいい。
　　(D) 営業に出ている人は、なるべくデザインのシャツにした方がいい。

(85 〜 88)

私の時計はデジタルである。電話番号を200件以上記憶でき、電波を自動的に受信して自分で時刻修正までしてしまう。したがって、1年間ノンメンテナンスでも1秒も狂うことはない。強いて弱点を言うなら、水に弱いことだろうか。この時計、(1)_____天下のA社の時計である。A社と言えばデジタル時計というイメージがある。

一方、周りの人の時計を見てみると、何とほとんどの人がアナログの時計をはめている。デジタルの方がこんなに正確で安価なのに、なんでみんなわざわざ故障のリスクがあり、正確な時刻が読みづらいアナログ時計をはめているのだろうか。周りにいる何人かの人に聞いてみると、時針と分針が円グラフのようになり「経過時間」や「残り時間」を直感的に確認できるからと答えた人もいれば、デジタル時計よりおしゃれでデザインが豊富であると答えた人もいた。言われてみれば、アナログ時計ならではの長所もあると思うが、やはり私は(2)_____。

(85) 本文の内容から見て、(1)_____に入る最も適当な表現はどれですか。

(A) 色とりどりの
(B) 寄せ集めの
(C) 待ちに待った
(D) 言わずと知れた

(86) 本文に出ているアナログ時計の長所は何ですか。

(A) 自ら時刻を修正する。
(B) 時間が感覚的にわかる。
(C) 正確な時間が表示できる。
(D) デジタル時計より低価格である。

(87) 本文の内容から見て、(2)_____に入る最も適当な文章はどれですか。

(A) 早速アナログ時計に替えようと思っている
(B) これからアナログ時計をはめるかもしれない
(C) もう安っぽく見えるデジタル時計ははめたくない
(D) 精度の高いデジタル時計の長所が捨てがたい

(88) 本文の内容と合っていないものはどれですか。

(A) この人の時計は高い精度を誇っている。
(B) A社は主にアナログ時計を製造している。
(C) デジタル時計はアナログ時計より安くて精度が高い。
(D) この人の周りの人はアナログ時計をはめている場合が多い。

　　日本ではコンビニが至る所にあり、避けて通ろうとする方が難しい。日本人の生活の一部になっているからこそ、日々サービス面での進化も著しい。その中でも、外国ではあまり見られない便利なサービスをいくつかご紹介しよう。まず、夜中、無性にラーメンや弁当が食べたくなったら、近くのコンビニに駆け込めば良い。イートインスペースを設けているコンビニもあり、自由に使うことができる。また、ほとんどのコンビニでは無料Wi-Fiも完備しているので、軽食を食べながら、ゆっくり休憩できる。(1)＿＿＿＿、無料Wi-Fiを使うには、メールアドレスなどの事前登録が必要である。各コンビニの公式サイトに英語の登録ガイドページがあるので、それに沿って進めよう。ついたくさん買い物をしてしまい、運ぶのに一苦労なんて思いをしたことはないだろうか。そんな時は、是非コンビニの宅配サービスを活用してほしい。メジャーなコンビニなら、海外の自宅に送ることこそできないが、滞在中のホテルや空港まで荷物を送ることができる。最後に、多くのコンビニでは、無料でトイレを貸してもらえる。町中の公衆トイレに比べ、コンビニは(2)＿＿＿＿。

(89) 本文の内容から見て、(1)＿＿＿＿に入る最も適当な言葉はどれですか。

(A) ただし
(B) それでも
(C) それから
(D) すなわち

(90) コンビニで Wi-Fi を利用したい時、どうすればいいですか。

(A) 有料なので、使用時間に合わせてお金を払う。
(B) 別の登録なしにその場で直ちに無料で利用する。
(C) コンビニの公式サイトに入り、登録してから無料で利用する。
(D) 地方のコンビニでは利用できず、大都市にあるコンビニに行って利用する。

(91) 本文の内容から見て、(2)＿＿＿＿に入る最も適当な文章はどれですか。

(A) 狭いし、長い行列ができる場合が多い
(B) 利用率がなかなか上がらないのがちょっと問題である
(C) ちょっと汚いが、無料で利用できるから我慢するしかない
(D) 従業員が掃除しているということもあり、とてもきれいで使っていて気持ちが良い

(92) 日本のコンビニのサービスとして、本文に出ていないものはどれですか。

(A) 無料 Wi-Fi を利用できる。
(B) 無料でトイレを貸してもらえる。
(C) イートインスペースが設けてある。
(D) 海外の自宅への宅配サービスが利用できる。

歯科治療に伴う痛みは、歯科医が嫌われる大きな要因の一つである。また、いかに素晴らしい治療であっても、痛みが伴えば患者からの信頼は得られないため、歯科医にとっても治療中の痛みは(1)＿＿＿＿なのである。ところで、麻酔をしているにもかかわらず、時に痛みを感じるのはなぜなのか。大きな虫歯や親知らずの腫れなど、その部位に強い炎症がある場合は麻酔が効きづらくなる。また、麻酔はしっかり効いているはずなのに、それでも痛みを感じるのは心理的な要因も少なくない。そこで大切なのは、歯科医との信頼関係である。安心できる歯科医の下で治療を受けることが、無痛治療の第一歩と言える。多くの歯科医は治療中の痛みを軽減するよう、様々な工夫を行っている。しかし痛みの感じ方には個人差があり、同じ治療でも痛みを感じる方とそうでない方がいる。そのため「(2)＿＿＿＿」という方は、その旨を事前に歯科医に伝えることをお勧めする。そうすることで、歯科医も痛みに対するより細かい配慮を意識しやすくなるだろう。

(93) 本文の内容から見て、(1)＿＿＿＿に入る最も適当な表現はどれですか。

(A) 虎の子
(B) 悩みの種
(C) もってこい
(D) 真剣勝負

(94) 麻酔をしても歯の痛みを感じる理由として本文に出ているものはどれですか。

(A) 歯の磨耗
(B) 歯磨きの悪さ
(C) 甘い物の食べすぎ
(D) 大きな虫歯の強い炎症

(95) 本文の内容から見て、(2)＿＿＿＿に入る最も適当な文章はどれですか。

(A) 医者が信頼できない
(B) ちょっとした痛みも苦手だ
(C) 歯の痛みなら我慢できる
(D) 無痛治療なんかあり得ない

(96) 本文の内容と合っているものはどれですか。

(A) 歯の炎症と麻酔とは相関関係が全くない。
(B) 同じ治療であれば、痛みの感じ方に個人差は存在しない。
(C) 歯科医が治療中の痛みを軽減することはほぼ不可能である。
(D) 麻酔はしっかり効いていても心理的な要因で歯が痛む場合もあり得る。

　　人間という動物は感情を持っている。暴力に対して暴力で対抗せず、暴力を犯した相手のことを考え、お互いが(1)＿＿＿＿＿納得できる妥協点を見いだそうとすることは理論的には正しいと言える。しかし、そんなことができたらとっくに人間は神になっているに違いない。また、そんな意見を言う人は何に対しても腹を立てないのだろうか。自分がいきなり殴られても、相手に対して思うようにしゃべれない口で、「なんでそんなことをするんだい。お互い話し合おう」と言うのだろうか。そして、警察も呼ばないのだろうか。このように身近な例えを引用すれば、「話し合いで解決しよう」などという考えが甘いことを実感してもらえるのではないだろうか。

　　暴力に暴力で対抗するのが最善の選択肢ではないことは十分私も承知している。しかし、国家としての対応の場合、報復措置は正しいものであると思う。現在、アメリカがテロの報復措置でアフガニスタンを攻撃したのが問題になっているが、どんなにアメリカの論理が理不尽でもやはり先に手を出した方が悪いのである。とても(2)シンプルなロジックである。私はこのシンプルなロジックが人間として自然であると感じる。

(97) 本文の内容から見て、(1)＿＿＿＿＿に入る最も適当な表現はどれですか。

(A) 張り合って　　　　　　　　　　　(B) 巡り合って
(C) 歩み寄って　　　　　　　　　　　(D) けんかを売って

(98) この人は何かを話し合いで解決しようとすることについてどう思っていますか。

(A) もってこいの方法であると思っている。
(B) 誰もが納得できる方法であると思っている。
(C) 現実的に難しい方法であると思っている。
(D) いい方法ではないが、そうするしかないと思っている。

(99) 本文に出ている (2)シンプルなロジックと合っている行動パターンはどれですか。

(A) 常に冷静に考えてから行動に移す。
(B) どんなことに対しても話し合いで解決する。
(C) 不当に攻撃されたら、暴力を使ってでも対抗する。
(D) いきなり知らない人に殴られても相手を尊重して我慢する。

(100) この人はアメリカがアフガニスタンを攻撃したことについてどう思っていますか。

(A) 冷静に対応するべきであると思っている。
(B) とんでもないことをしでかしたと思っている。
(C) 報復攻撃したのは当たり前のことであると思っている。
(D) 最善の選択ではなかったため、他の対策を考えた方がいいと思っている。

□ そもや 도대체	□ ちょきり 싹둑	□ かつて 일찍이
□ よしも 설령, 만일	□ べっとり 흠뻑	□ にわかに 갑자기
□ 今に 곧, 머지않아	□ びっしょり 흠뻑	□ 繁く 빈번히, 자주
□ 何なりと 무엇이든지	□ ぺたん 꾹, 착, 탈싹	□ ぱたっと 탁, 쾅, 뚝
□ 総じて 대체로, 대개	□ 同じく 마찬가지로	□ 何故 왜, 어째서
□ 尚更 더욱더, 더한층	□ 予て 미리, 전부터	□ ふらり 훌쩍, 홀연히
□ 取り分け 특히, 유난히	□ するり 쑥, 슬쩍, 살짝	□ むかっと 벌컥, 울컥
□ 然も 자못, 아주, 정말	□ 果ては 결국은, 끝내는	□ とほん 멍하니, 멍청히
□ いかが 어떻게	□ べったり 찰싹, 착, 털썩	□ 昔ながら 옛날 그대로
□ 絶えず 끊임없이, 언제나	□ しょっちゅう 늘, 끊임없이	□ 何せ 어쨌든, 여하튼
□ しかく 그와 같이, 그렇게	□ 自ら 저절로, 자연히	□ 一挙に 일거에, 단숨에
□ 総別 무릇, 모두, 대체로	□ 立ち所に 당장, 즉시, 곧	□ 切に 간절히, 진심으로
□ 殊の外 예상외로, 의외로	□ ますます 더욱더, 점점 더	□ ぐっと 꿀꺽, 훨씬, 한층
□ 締めて 도합, 모두 합해서	□ ばったり 픽, 털썩, 딱, 뚝	□ でんと 어엿이, 의젓하게
□ 別けて 특히, 그중에서도, 유달리	□ ぴったり 꼭, 꽉, 딱, 바짝	□ くるり 빙글, 빙그르르, 휙
□ 通じて 전체적으로, 대체로	□ 忽然 홀연, 문득, 갑자기	□ 何だか 어쩐지, 웬일인지
□ 天から 처음부터, 덮어놓고	□ しっぽり 촉촉이, 함초롬히	□ 時しも 때마침, 마침 그때
□ 往々 이따금, 때때로	□ すっくり 우뚝, 모두, 완전히	□ 一散に 곧바로, 쏜살같이
□ 辛くも 겨우, 간신히, 근근이	□ 現に 실제로, 현재, 눈앞에	□ 一心に 오직 한 마음으로
□ 遅くとも 늦어도, 늦는다 해도	□ 四六時中 하루 종일, 항상	□ 好んで 좋아서, 곧잘, 기꺼이
□ 重ねて 거듭, 재차, 한 번 더	□ 突如 갑자기, 별안간, 돌연	□ 図らずも 뜻밖에도, 우연히도
□ 頭から 덮어놓고, 대뜸, 아예	□ 何とも 아무렇지도, 뭐라고도	□ じいんと 찡, 짜릿하게, 뻐근히

Ⅴ. 下の線の言葉の正しい表現、または同じ意味のはたらきをしている言葉を (A) から (D) の中で一つ選びなさい。

(1) 私の会社は毎週土曜日と日曜日が定休日です。

    (A) とよび

    (B) とようび

    (C) どようび

    (D) とようび

(2) 彼の演奏にはすごいものがある。

    (A) えんそう

    (B) えんぞう

    (C) えんしょう

    (D) えんじょう

(3) 絶対裏切らないと信じていた友人に騙された。

    (A) おかされた

    (B) だまされた

    (C) みたされた

    (D) ごまかされた

(4) この病院は精神的な病や薬物依存症の患者を治療する病院である。

    (A) やまい

    (B) いたみ

    (C) かたまり

    (D) さかずき

(5) 結婚して以来、ずっと続いている貧困な生活に嫌気がさした。

    (A) びんぼう

    (B) びんこん

    (C) ひんこん

    (D) ひんきゅう

(6) 彼女は炊事をいつも面倒くさがっていた。

    (A) しゅじ

    (B) すいじ

    (C) だきじ

    (D) たきじ

(7) その村には、昔からの悪しきしきたりがまだ残っている。

    (A) おしき

    (B) あしき

    (C) あくしき

    (D) わるしき

(8) 彼、借金が多すぎてくびが回らないそうよ。

    (A) 首

    (B) 喉

    (C) 肘

    (D) 額

(9) 放置自転車や店頭の立て看板は、通行をさまたげる原因の一つである。

    (A) 防げる

    (B) 坊げる

    (C) 放げる

    (D) 妨げる

(10) 中村投手は審判ぶじょく行為で今シーズン出場停止になった。

    (A) 侮辱

    (B) 海辱

    (C) 毎辱

    (D) 悔辱

(11) 私の<u>いとこ</u>は今建設関係の仕事をしている。

    (A) 父の姉

    (B) 母の妹

    (C) 兄の息子

    (D) おばの娘

(12) 彼の行動は<u>ようちだ</u>としか言いようがない。

    (A) あぶない

    (B) きびしい

    (C) おさない

    (D) ぎこちない

(13) 今度の旅行を<u>契機に</u>、彼と仲良くなった。

    (A) をはじめ

    (B) をきっかけに

    (C) はさておいて

    (D) をかわきりに

(14) 自分で発音し、自分の耳に入れた言葉は、<u>身に付きやすい。</u>

    (A) すぐ忘れてしまう

    (B) 一生忘れられない

    (C) 簡単に覚えられる

    (D) あまり役に立たない

(15) 産業の発展に<u>ともなって</u>、環境汚染もだんだん深刻になってきた。

    (A) において

    (B) ときたら

    (C) を中心に

    (D) と共に

(16) 深刻なデフレ不況が続いて、企業は生き残りに<u>しのぎを削っている</u>。

    (A) 挑戦している

    (B) 激しく競争している

    (C) 社員を首にしている

    (D) 費用を削減している

(17) 今度の出張は鈴木君<u>か</u>山田君が行くだろう。

    (A) 今度の試験がそんなに難しかったんです<u>か</u>。

    (B) 彼が来るかどう<u>か</u>は、今のところ、わからない。

    (C) 二階から誰<u>か</u>叫んでいるようだね。

    (D) 机の上にある箱の中には何が入っていますか。

(18) 詳しいことは事務室に<u>きいて</u>みてください。

    (A) 最近、<u>きく</u>耳を持たない人が多いわね。

    (B) 休日にはいつも音楽を<u>きき</u>ながら本を読みます。

    (C) 飲んだ薬が<u>きいた</u>のか、大分よくなった。

    (D) 鈴木君に前後の事情を<u>きいて</u>みたけど、何も言ってくれなかった。

(19) 色々な方々にご協力いただき、100万円<u>あまり</u>のお金を募金することができました。

    (A) 今朝の集まりは13人<u>あまり</u>出席しました。

    (B) 結果物からすると、<u>あまり</u>いい出来ではないね。

    (C) <u>あまり</u>にも静かだったので、却って眠れなかった。

    (D) 予想以上に参加者が多く、役割分担も<u>あまり</u>が出るぐらいだった。

(20) あの時、彼女は人目を<u>ひく</u>ような服を着ていた。

    (A) その門は押しても<u>ひいて</u>もびくともしなかった。

    (B) 電話帳を<u>ひいて</u>彼の電話番号を調べてみた。

    (C) 中村君は今度の公演を最後に舞台から<u>ひく</u>そうだ。

    (D) あのバーはマスターの人柄に<u>ひかれた</u>常連で深夜まで賑わう。

VI. 下の＿＿＿＿線の A, B, C, D の中で正しくない言葉を一つ選びなさい。

(21) 遠いとは聞いていましたが、家から会社まではいくつぐらい かかるのですか。
　　　　　(A)　　　　　　　　　　　(B)　　　　　　　(C)　　　(D)

(22) 外は台風の影響で 強い風が吹いていますから、窓は開けなくてください。
　　　　　　　(A)　(B)　　　　　　(C)　　　　　(D)

(23) 部屋の掃除は週に３回ずつしていますで、あまり きれいではありません。
　　　　　　　　(A)　　　　　　　(B)　(C)　　　(D)

(24) 例の報告書、今日までにはできると言っていたのに、まだできていないの？また部長に叱るよ。
　　　(A)　　　　　　(B)　　　　　　　　　　　　　　(C)　　　　　　　　(D)

(25) 鳥のような空が飛べるものなら、遠くへ飛んで行ってみたい。
　　　　(A)　　　　(B)　(C)　　　　(D)

(26) 家の近くに博物館がありますが、もしご覧になりたかったらご案内いただきますので、お出で
　　　(A)　　　　　　　　　　　(B)　　　　　　　(C)　　　　　　(D)
くださいませ。

(27) みんなが参加できることに、集まる場所は会議室にしました。
　　　　　(A)　　　　(B)　(C)　　　(D)

(28) この地域は毎年１月から２月にそって大雪が降るから、被害に遭わないように万全を期して
　　　　　　　　　　　(A)　　　(B)　　　(C)　　　　　(D)
ください。

(29) 留学のことは考えに考えたので、行かないことにした。
　　　　(A)　(B)　(C)　　　(D)

(30) 彼は平静を守っていたが、微かに唇が震えているのを見て、怒っているのはそれとなくわかった。
　　　　　(A)　　　　(B)　(C)　　　　　　　　　　　　(D)

(31) 休暇中だったのに、仕事の<u>こと</u>が心配になって夜も<u>たとえ</u> <u>眠れません</u>でした。
　　　(A)　　　　　　　　　　(B)　　　　　　　　　　(C)　　　(D)

(32) <u>はっきりとした</u>目標を決め、そしてそれ<u>を</u>向かって努力を<u>惜しまない</u>彼の姿に<u>惚れました</u>。
　　　(A)　　　　　　　　　　　　　　　　(B)　　　　　　　　(C)　　　　　　(D)

(33) <u>おっしゃった</u> <u>ご意見</u>は<u>おもっとも</u>だとは存じますが、今の立場では<u>賛成いたしかねます</u>。
　　　(A)　　(B)　　(C)　　　　　　　　　　　　　　　　　　　(D)

(34) 休日も<u>休まずに</u>一人で練習を<u>重ねて</u>きた彼のことだから、<u>てっきり</u> 優勝するに違いない。
　　　　　(A)　　　　　　　　(B)　　　　　　　(C)　　　　(D)

(35) 秘密を<u>漏れた</u>のが鈴木さんだと<u>判明した</u> <u>以上</u>、ただでは<u>済まない</u>だろう。
　　　　　(A)　　　　　　　　　　(B)　　(C)　　　　　(D)

(36) <u>仕返し</u>せずには<u>すまない</u>彼の性格では、肩透かしを<u>打たれて</u>黙っている<u>わけがない</u>よ。
　　　(A)　　　　　(B)　　　　　　　　　　　(C)　　　　　　(D)

(37) <u>良識な</u>人<u>だからといって</u>、いつも考える<u>能力</u>が劣っているとは<u>限らない</u>。
　　　(A)　　　(B)　　　　　　　　　　(C)　　　　　　　(D)

(38) そこへ<u>行き度</u>に、幼い頃の<u>思い出</u>や今は会えない<u>別れた</u>彼女のことを<u>思い出す</u>。
　　　　　(A)　　　　　　(B)　　　　　　　　(C)　　　　　　(D)

(39) 彼の<u>生まれながら</u>の才能は日々の努力<u>を</u>相まって、<u>見事に</u>花を<u>咲かせた</u>。
　　　　(A)　　　　　　　　　　　　　(B)　　　(C)　　　(D)

(40) 今回の台風の<u>遭難者</u>を捜している<u>さなか</u>に、<u>救援隊</u>の一人が消息を<u>切った</u>。
　　　　　　　(A)　　　　　　(B)　　(C)　　　　　　　(D)

Ⅶ. 下の＿＿＿＿線に入る適当な言葉を (A) から (D) の中で一つ選びなさい。

(41) ＿＿＿＿本は昔からある赤ちゃんの絵本です。

    (A) この

    (B) これ

    (C) それ

    (D) こそ

(42) 今日の昼ご飯はハンバーガー＿＿＿＿しましょう。

    (A) で

    (B) と

    (C) を

    (D) に

(43) 彼の話を聞いておかしくて＿＿＿＿が止まらなかった。

    (A) 笑い

    (B) 笑う

    (C) 笑って

    (D) 笑おう

(44)「渡辺さんを知っていますか。」「はい、＿＿＿＿。」

    (A) 知ります

    (B) 知っています

    (C) 知りません

    (D) 知るかもしれません

(45) 何も悪いことをやっていない＿＿＿＿、人間が勝手に動物を殺してもいいのだろうか。

    (A) から

    (B) ので

    (C) のに

    (D) し

(46) 壁に色々なポスターが貼られて＿＿＿＿。

    (A) いる

    (B) ある

    (C) する

    (D) なる

(47) 来週両親が日本に来るので、_____にしています。

    (A) たのしい

    (B) たのしむ

    (C) たのしさ

    (D) たのしみ

(48) 体調が悪くて医者に_____もらいました。

    (A) みて

    (B) みせて

    (C) みさせて

    (D) みられて

(49) 鈴木さんの好きな音楽の_____は何ですか。

    (A) タレント

    (B) ソース

    (C) ジャンル

    (D) コンクール

(50) さっきの様子_____、きっと合格したに違いない。

    (A) からといって

    (B) からすると

    (C) からして

    (D) からには

(51) 気に入らなかったら、_____断るべきだったのに、そうできなくてひどい目に遭ってしまった。

    (A) 単に

    (B) 現に

    (C) 専ら

    (D) 思い切って

(52) 子供なら_____知らず、大人がそんな行動をするとは、みっともないね。

    (A) どこ

    (B) なに

    (C) そば

    (D) いざ

(53) 彼の話を聞けば、きっと反対派の人たちも＿＿＿＿＿＿＿だろう。

    （A）納得したことがある

    （B）納得するといったらない

    （C）納得するには当たらない

    （D）納得せざるを得ない

(54) 3年生の合唱はどの学級も優劣が付けられないほどの＿＿＿＿＿＿＿出来栄えだった。

    （A）可憐な

    （B）見事な

    （C）一挙両得な

    （D）中途半端な

(55) 彼女は世話好きな性格が＿＿＿＿＿＿＿、厄介な問題に巻き込まれる場合が多い。

    （A）かし

    （B）きし

    （C）かくし

    （D）わざわいし

(56) 待ち＿＿＿＿＿＿＿待ったピクニックだったのに、風邪で行けなかった。

    （A）に

    （B）で

    （C）と

    （D）から

(57) 私が結婚しようが＿＿＿＿＿＿＿が、もうあなたとは関係がない。

    （A）される

    （B）させる

    （C）しない

    （D）しまい

(58) 憧れていた鈴木さんに＿＿＿＿＿＿＿なんて、感激の至りです。

    （A）お目にかかれる

    （B）ご覧になれる

    （C）拝見いただける

    （D）お召しになれる

(59) 鮮魚は調理の手間が消費者から＿＿＿＿＿され、売り上げは減少傾向にある。

   (A) 蔓延

   (B) 躊躇

   (C) 敬遠

   (D) 恐慌

(60) 彼は平凡そうに見えるが、情熱と行動力は＿＿＿＿＿いた。

   (A) 蔓延って

   (B) 並外れて

   (C) 流行って

   (D) 横たわって

(61) 部長の提案に同意するのは、彼にとっては＿＿＿＿＿の決断だった。

   (A) 心得

   (B) 難問

   (C) 不審

   (D) 苦渋

(62) その会社は部品不足が徐々に解消し、年末とされてきた生産の正常化が＿＿＿＿＿できる見通しだ。

   (A) 正念場

   (B) 前倒し

   (C) 上の空

   (D) 関の山

(63) 今度の事件は、日本社会の宗教に対する＿＿＿＿＿の態度が原因だと思われる。

   (A) 及び腰

   (B) 瀬戸際

   (C) 千秋楽

   (D) 根負け

(64) 彼女は彼の顔を見るなり、抱き付いて声を上げて＿＿＿＿＿と泣き出した。

   (A) しくしく

   (B) むくむく

   (C) おいおい

   (D) のろのろ

(65) シャツを着た時に首の後ろのタグが_____して気になった。

    (A) ぽかぽか

    (B) ざくざく

    (C) ふらふら

    (D) ちくちく

(66) 彼は温厚な人柄だが、_____で誰に対してもいい顔を見せようとする。

    (A) 金科玉条

    (B) 八方美人

    (C) 順風満帆

    (D) 悪戦苦闘

(67) その選手は_____のゴールを外し、ファンから非難の的となった。

    (A) 空回り

    (B) 顔負け

    (C) がら空き

    (D) 迷宮入り

(68) 彼は決して自己主張をしない、_____のような人だ。

    (A) 濡れ衣

    (B) 始末屋

    (C) 二束三文

    (D) 張り子の虎

(69) 先週買ってあげたばかりなのに、息子はまたおもちゃがほしいと_____。

    (A) 肩を持っている

    (B) 大事を取っている

    (C) 舌鼓を打っている

    (D) 駄々をこねている

(70) 政党内でも首相の国政運用能力に対する不満が高まり、_____のうんざり感が募っている。

    (A) 品切れ

    (B) 地団駄

    (C) またぞろ

    (D) 瓜二つ

Ⅷ. 下の文を読んで、後の問いにもっとも適当な答えを (A) から (D) の中で一つ選びなさい。

(71 〜 74)

　私の母は料理がとても上手です。カレーライス、オムライス、ハンバーグなど、母が作ってくれる料理は何でも好きですが、私はポテトフライが一番好きです。母のポテトフライは本当に美味しくて毎日食べても嫌になりません。ポテトフライを自分では作れませんが、母がポテトフライを作る時、ポテトを切って手伝ってあげます。

　また、私は甘いデザートが大好きです。母はデザートを作るのも上手です。時々母はチョコレートケーキを作ってくれます。母のチョコレートケーキは温かくて、アイスクリームと一緒に食べるともっと美味しいです。(1)＿＿＿＿＿＿、食べすぎたら太りますので、チョコレートケーキを食べた後は、近くの公園に行って運動をしています。

---

(71) この人が一番好きな食べ物は何ですか。

　　(A) オムライス
　　(B) ポテトフライ
　　(C) カレーライス
　　(D) ハンバーグ

(72) この人の母がポテトフライを作る時、この人は何をしますか。

　　(A) 自分の部屋で遊ぶ。
　　(B) 料理の写真を撮っておく。
　　(C) 母が料理をしているのをただ見る。
　　(D) ポテトを切って母を手伝ってあげる。

(73) 本文の内容から見て、(1)＿＿＿＿＿＿に入る最も適当な言葉はどれですか。

　　(A) でも
　　(B) しかも
　　(C) それで
　　(D) それから

(74) この人はチョコレートケーキを食べた後、何をしますか。

　　(A) 何もしないでゆっくり休む。
　　(B) 母と一緒に皿洗いをする。
　　(C) 近くの公園に行って運動をする。
　　(D) 食べた感想をノートに書いておく。

(75 〜 77)

今日、家の近くの海岸は大騒ぎでした。台風が通り過ぎたばかりで、波も荒かったですが、海水浴客が溺れて沖に流されたのです。ヘリコプターや巡視船などがたくさん出て遭難した人を捜していました。夏のシーズン、海の事故は毎年のようにありますが、今日の事故は例年にない捜索でした。私が住んでいる島には危険なビーチがいくつもあります。島の人は絶対泳がないところでサーフィンをやっている人が多いですが、本当に危ないと思います。

海は恐いところです。私が小さい時、夏の夕方になると、父に海に連れて行ってもらいました。父は私を突然海の中に放り投げたりしました。海は、(1)_____恐いところでもあることを教えたかったのかもしれません。穏やかな海も時には恐ろしいものになります。自然というものは優しくもあり、厳しくもあるものなのです。

(75) 今日、どんなことがありましたか。

(A) 海水浴客が海に流された。
(B) 危険なビーチの補修作業が行われた。
(C) ヘリコプターと巡視船の衝突事故があった。
(D) この人が住んでいる島に大きな台風が上陸した。

(76) 本文の内容から見て、(1)_____に入る最も適当な文章はどれですか。

(A) 寂しいところでもあるし
(B) 危ないところでもあるし
(C) 楽しいところでもあるし
(D) 入ってはいけないところでもあるし

(77) 本文の内容と合っているものはどれですか。

(A) この人は海が恐いところでもあると思っている。
(B) この人が住んでいる島に今日、台風が上陸した。
(C) この人が住んでいる島には危険なビーチが少ない。
(D) この人は海は何の危険性もない安全な場所だと思っている。

(78 ～ 80)

　　新聞が毎朝届く。パソコンの電源を入れて立ち上がるまでの間、新聞の一面を眺めながら
パンを食べる。パソコンが立ち上がったら、ネットニュースを覗く。その他、珍ニュースリ
ンク集などにも目を(1)_____。そしてパソコンを終了させる。これが私の毎朝の日課で
ある。
　　このパターンをよく分析してみると、新聞は一面の見出し程度しか読んでいない。仕事か
ら帰ってきてよほど暇な時以外は、いきなり裏の番組面を見て、その時面白い番組がなけれ
ば社会面を読むこともある。しかし、インターネットが入ってからはこの習慣もどこかに行
ってしまった。「習慣」というものは、(2)_____。さて私の場合、果たして新聞を取っ
ている価値があるのだろうか。正直なところ、ないと結論付けてもいいと思う。

(78) 本文の内容から見て、(1)_____に入る最も適当な言葉はどれですか。

(A) 通す
(B) 回す
(C) つぶる
(D) 肥やす

(79) 本文の内容から見て、(2)_____に入る最も適当な文章はどれですか。

(A) 絶対変わらないものである
(B) 身に付けるのが大変なものである
(C) 変えるわけにはいかないものである
(D) 意外と簡単に変わってしまうものである

(80) この人についての説明の中で、正しいものはどれですか。

(A) 今、新聞社で働いている。
(B) 几帳面な性格の持ち主である。
(C) 今、自分にとって新聞は欠かせないものだと思っている。
(D) インターネットの普及で新聞をきちんと読む習慣がなくなっている。

(81 〜 84)

今日、息子が通っている幼稚園の園長先生から今、日本の子供の体がどのようになっているのかを聞いて驚きました。みなさんは今、(1)_____。子供は汗かきで体が温かいものらしいですが、今の子供は体温が36度以下になっているそうです。その影響が、将来色々な面で大きな問題になることは間違いないでしょう。すぐきれる子供やアトピーの子供など、全て(2)_____によるものだということが最近ようやくわかってきたそうです。日本人として生きてきた先人の知恵が戦後から欧米化し、日本人の体質に合わない食生活を送ってきたことが、今のたくさんの問題を生んだ原因ではないでしょうか。ご飯と味噌汁、これを基本とした食生活を送ることでずいぶんと体質は変わり、また食生活を安全なものとすることで、様々な病気も治ると思います。今日園長先生の話を聞いて、晩ご飯は玄米を炊きました。今、みなさんは便利さばかりに気を取られ、生きるための食生活を疎かにしてはいませんか。

(81) 本文の内容から見て、(1)_____に入る最も適当な文章はどれですか。

(A) 子供たちの栄養が足りないのを知っていましたか
(B) 子供たちの食欲が下がっているのを知っていましたか
(C) 子供たちの食生活が変わっているのを知っていましたか
(D) 子供たちの体の温度が下がっているのを知っていましたか

(82) 本文の内容から見て、(2)_____に入る最も適当な言葉はどれですか。

(A) 運動不足
(B) 勉強のしすぎ
(C) 食生活の乱れ
(D) 食生活の均衡

(83) 今の日本人の食生活について、この人はどう思っていますか。

(A) いいか悪いかはっきりわからないと思っている。
(B) 悪いところが多いため、変えるべきであると思っている。
(C) いいところが多いため、持続すべきであると思っている。
(D) 多少悪いところもあるが、今のまま持続すべきであると思っている。

(84) 本文の内容と合っているものはどれですか。

(A) 最近、食べ物をよく嚙まない子供が増えている。
(B) 最近、食生活を気にしすぎる子供が増えている。
(C) 今の子供は、昔に比べてかなり高い体温を維持している。
(D) 戦後、日本人は自分の体質に合わない食生活を送ってきた。

(85 ～ 88)

　　桜の花は3月から5月(1)＿＿＿＿＿鹿児島から北海道へと順々に咲いていきます。それぞれの地方で、日中の気温が摂氏18度以上になる日が数日続いて桜の開花に最も都合の良い条件となるからです。暑い夏が過ぎ、気温がだんだん低くなっていくと、日中の気温が春先と同じように摂氏18度ちょっとになる頃が秋にもやってきます。でも、この時には桜は咲きません。桜が花を開くには、開花ホルモンが作られ、それが花芽に達することが必要です。開花ホルモンは桜の木がまず摂氏10度以下の気温を体験し、一旦、体が十分冷えてからだんだん暖かくなっていくと、やっと製造されます。そして気温が20度近くになると花芽に届けられるのです。ですから、同じ気温であっても春に咲くだけで、秋には咲くことができません。(2)＿＿＿＿＿、秋の10月半ば頃、急に冬が来たように冷え込み、気温が一時的に摂氏10度ぐらいに低下したとします。その後、また秋晴れが続いて気温が摂氏18度以上に昇ると、その気温の変化は春先と似ており、桜の開花の条件となります。そのような場合、稀に10月末頃、桜が咲くことがあります。これを桜の「狂い咲き」と言いますが、狂っているのは不順な気候の方だと言えるでしょう。

(85) 本文の内容から見て、(1)＿＿＿＿＿に入る最も適当な表現はどれですか。

(A) によって
(B) にかけて
(C) につれて
(D) にかぎって

(86) 本文の内容から見て、(2)＿＿＿＿＿に入る最も適当な言葉はどれですか。

(A) しかし　　　　　　　　　　(B) だから
(C) そして　　　　　　　　　　(D) それで

(87) 本文に出ている秋の桜の開花条件は何ですか。

(A) 開花ホルモンの製造
(B) 春先のような気温の変化
(C) 毎日のように秋晴れが続くこと
(D) 毎日のように気温が摂氏18度以上になること

(88) 本文のタイトルとして最も適当なものはどれですか。

(A) 桜の開花の条件
(B) 桜の狂い咲きの原因
(C) 開花ホルモンの製造過程
(D) 気温の変化による桜の色の違い

　　夏の時期は野外で食事をする機会が増える。そんな野外の食事で心配なのが食中毒である。野外は室内よりも気温が高いため、より食中毒が発生しやすいと言われる。また野外では冷蔵庫がないこともあり、人の手で温度管理をする必要があるクーラーボックスを使用することが多い。更に調理スペースが狭いこともあり、加熱前の食品と加熱後の食品が混ざってしまいがちになる。そのため、食中毒の予防にはより注意が必要になってくるのである。

　　では、食中毒を予防するためにはどうすればいいのだろうか。専門家たちは、細菌やウイルスを「つけない」「増やさない」「やっつける」ことが食中毒予防にとって最も重要であると言う。人の手には「ブドウ球菌」という食中毒の原因菌が付着している。そのため、食中毒の予防のポイントは、野外であってもきちんと手洗いをするということになる。食中毒の原因となる細菌やウイルスは種類にもよるが、おおむね10度以上で増加する。従って、(1)＿＿＿＿＿＿ことが肝心である。最後に、食中毒の原因となる細菌やウイルスのほとんどは熱を加えることで死滅するため、野外で食べる際には生物は避け、しっかりと加熱されたものを選ぶようにしよう。この三つを意識して野外での食事をより安心して楽しもう。

(89) 野外の食事で食中毒の危険性が高くなる理由として本文に出ていないものはどれですか。

　　(A) 室内よりも気温が高い。
　　(B) 加熱前後の食品が混ざってしまう。
　　(C) 室内で食べる時より使う材料の数が多くなる。
　　(D) 人の手で温度管理をするクーラーボックスを使用することが多い。

(90) 食中毒を予防する方法として本文に出ていないものはどれですか。

　　(A) どこに行っても手洗いをしっかりとする。
　　(B) 食中毒の原因となる物質を増やさない。
　　(C) 食べ物はしっかりと加熱されたものを食べる。
　　(D) 残った食品はきれいな器具や皿を使って保存する。

(91) 本文の内容から見て、(1)＿＿＿＿＿＿に入る最も適当な文章はどれですか。

　　(A) 材料を温かく保存しておく
　　(B) 調理器具をきちんと整えていく
　　(C) 購入したものは早く食べ切るようにする
　　(D) 熱い食べ物はなるべく食べないようにする

(92) 本文のタイトルとして最も適当なものはどれですか。

　　(A) 食中毒の種類とその予防方法
　　(B) 室内食事と野外食事の危険性の比較
　　(C) 食中毒が発生しやすい食べ物とその調理方法
　　(D) 野外食事での食中毒増加の原因とその予防方法

　つい最近まで諸検査の結果「癌」と診断された場合には、家族には告知し、本人には告知しないのが普通であった。その理由として癌の治癒率が低くて、告知による本人のショックが大きいと考えられていたからである。しかし、最近では患者本人へ告知をすることが当然であるという考え方が優勢になってきたような気がする。告知が増えてきている背景には、医療技術の進歩によって治癒率が上がってきていること、痛みを和らげる技術が進んでいること、告知して患者本人が内容をよく理解していないと十分な治療が行なえないことなどが要因として考えられる。癌を治すには、医者と患者間の信頼関係が最も重要である。ところが、真意を隠し続けて後で患者が知ったら、今までのこと全てが(1)＿＿＿＿＿＿＿となりかねない。しかし、真実を話さなければならないと言っても、時と場合によってはあまりにもあから様に告知することで、都合の悪いことが往々にして生じる可能性がある。一般的には、医者が本人に告知をする理由としては「患者に真実を告げなければならない」「後の揉め事を回避したい」「なんでつらい治療を受けるのかを明確にしたい」などがあるが、癌の告知に伴うショックを和らげて告知するように心がけなければならない。

(93) 今まで医者が癌を本人にあまり告知しなかった理由は何でしたか。

　(A) 告知しても何も変わることがないから

　(B) 患者が治療を諦めてしまう恐れがあるから

　(C) 本人が受けるショックが大きいと思ったから

　(D) 一旦、家族に告知すれば自然に本人に伝わると思ったから

(94) 最近、癌の本人への告知が増えてきた理由として正しくないものはどれですか。

　(A) 痛みを和らげる技術が進んだから

　(B) 医療技術の進歩によって治癒率が上がってきたから

　(C) 本人に知らせてほしいという家族からの要望が多かったから

　(D) 患者本人が内容をよく理解していないと十分な治療が行なえないから

(95) 本文の内容から見て、(1)＿＿＿＿＿＿＿に入る最も適当な言葉はどれですか。

　(A) 疑心暗鬼

　(B) 優柔不断

　(C) 言語道断

　(D) 金科玉条

(96) 医者が癌患者に告知をする理由として正しくないものはどれですか。

　(A) 後の争い事を避けたいから

　(B) つらい治療を受ける理由を明確にしたいから

　(C) 医者は患者に真実を告げなければならないから

　(D) 治療の可能性が低いことを納得してもらいたいから

総務省が発表した労働力調査によると、6月の完全失業率は5.3％と先月に比べ0.1ポイント改善したという。具体的には、女性の完全失業率が4.8％と先月に比べ0.3ポイント改善したが、女性の比率が高い医療、福祉、サービス分野で新規求人が増えたことが背景にあるようだ。(1)_____、男性の完全失業率は5.7％と先月に比べ0.1ポイント悪化したが、その中でも15歳～24歳の若年層の男性の完全失業率の上昇が大きかった。

次に、様々な都合で離職した人は117万人と引き続き高水準であった。具体的には離職理由のランキングトップ3には人間関係に対する不満が二つもランクインしており、2位には「長時間勤務(14％)」、4位には「給与が低い(12％)」などの労働時間・環境に対する不満が挙がった。要するに、労働条件よりも人間関係の不満で仕事を辞める人が多く、特に上司や経営者など、自分より地位の高い人との人間関係がネックのようである。最後に、産業別の雇用者数では医療、福祉や情報通信業が増える一方、建設業や製造業は減った。5月に前年同月比で11万人減少した運輸業は、6月は前年同月と変わらず、5月から流行った新型肺炎の産業への影響はさほど大きくなかったようである。

(97) 6月、女性の完全失業率が改善した理由は何ですか。

(A) 建設業や製造業の景気が回復したから
(B) リストラなどで多くの人たちが離職したから
(C) 政府の積極的な支援策が実を結んだから
(D) 女性の役割が重視される業界の求人が増えたから

(98) 本文の内容から見て、(1)_____ に入る最も適当な言葉はどれですか。

(A) 一方
(B) それで
(C) 要するに
(D) それはさておいて

(99) 離職に関する調査結果からどんなことがわかりましたか。

(A) 労働者の労働条件が更に悪化している。
(B) 労働時間・環境に対する不満はほとんどない。
(C) キャリアアップへの願望が徐々に増加している。
(D) 労働条件より人間関係の不満で仕事を辞める人が多い。

(100) 本文の内容と合っているものはどれですか。

(A) 最近、日本の景気は悪化するばかりだ。
(B) 新型肺炎は運輸業に大きな打撃を与えた。
(C) 20歳前後の若い男性の就職難はまだ続いている。
(D) 最近、日本の景気にようやく明るい兆しが見えてきた。

□ ノック 노크	□ ビール 맥주	□ ボート 보트
□ リズム 리듬	□ カーブ 커브	□ コピー 복사
□ セット 세트	□ カバー 커버	□ テスト 테스트
□ アウト 아웃	□ トンネル 터널	□ カメラ 카메라
□ サイン 사인	□ ロッカー 로커(보관함)	□ ポスト 우체통
□ メール 메일	□ ハンドル 핸들	□ ビニール 비닐
□ コース 코스	□ プラス 플러스	□ グループ 그룹
□ コック 요리사	□ アルバム 앨범	□ スタート 스타트
□ ストップ 스톱	□ インテリ 지식인	□ スピード 스피드
□ イコール 같음	□ シャッター 셔터	□ サイレン 사이렌
□ メニュー 메뉴	□ キャプテン 캡틴	□ パスポート 여권
□ ペンキ 페인트	□ プリント 프린트	□ ペット 애완동물
□ シーズン 시즌	□ キャンセル 취소	□ セクハラ 성희롱
□ ユーモア 유머	□ アイロン 다리미	□ マラソン 마라톤
□ サンプル 샘플	□ チェンジ 체인지	□ ポスター 포스터
□ ルーズ 느슨함	□ ベテラン 베타랑	□ エプロン 앞치마
□ カロリー 칼로리	□ パトカー 경찰차	□ ボーナス 보너스
□ サービス 서비스	□ アンテナ 안테나	□ エレガント 우아함
□ エチケット 에티켓	□ トラウマ 트라우마	□ ストレス 스트레스
□ ナンセンス 넌센스	□ レストラン 레스토랑	□ ニュアンス 뉘앙스
□ スムーズ 순조로움	□ リスク 리스크, 위험	□ ウイルス 바이러스
□ レジャー 레저, 여가	□ アルバイト 아르바이트	□ オリンピック 올림픽
□ パターン 패턴, 유형	□ アクセサリー 액세서리	□ メディア 미디어, 매체
□ ターゲット 타깃, 표적	□ ジャーナリスト 저널리스트	□ ダイヤ 철도의 운행 시각표
□ カテゴリー 카테고리, 범주	□ クリーニング 드라이클리닝	□ アプローチ 어프로치, 접근

Ⅴ. 下の線の言葉の正しい表現、または同じ意味のはたらきをしている言葉を (A) から (D) の中で
一つ選びなさい。

(1) その荷物、私が持ちましょうか。

(A) かち
(B) まち
(C) うち
(D) もち

(2) 彼はあまり約束を守らない人です。

(A) もどらない
(B) かえらない
(C) まもらない
(D) しまらない

(3) 私たちの住居環境は常に変化している。

(A) つねに
(B) ときに
(C) かりに
(D) まさに

(4) 人間は理性があるからこそ、本能によって
起こる欲求を抑えることができる。

(A) ようく
(B) よっく
(C) よっきゅう
(D) ようきゅう

(5) 正直に言って、私は経済問題に疎いです。

(A) さとい
(B) うとい
(C) にぶい
(D) のろい

(6) 逆転できる絶好のチャンスだったのに、間
一髪のタイミングでアウトになってしまっ
た。

(A) まひとかみ
(B) かんひとかみ
(C) かんいっぱつ
(D) あいだいっぱつ

(7) アルコール中毒による発作で死ぬ人が年々
増えているそうだ。

(A) ほっさ
(B) はっさ
(C) はっさく
(D) ほっそく

(8) 最近、えんとつのある家は珍しい。

(A) 雨戸
(B) 玄関
(C) 煙突
(D) 屋根

(9) 彼女は彼の無罪を涙ながらにうったえた。

(A) 言えた
(B) 訴えた
(C) 語えた
(D) 述えた

(10) 唯一の目撃者である彼女は犯人のとくちょう
をよく覚えていた。

(A) 持微
(B) 持徴
(C) 特微
(D) 特徴

(11) <u>私の家は駅から近いです。そして、静かな</u>
<u>ところです。</u>

  (A) 私の家は駅から近くて静かなところです。

  (B) 私の家は駅から近いですが、静かではあ
りません。

  (C) 私の家は駅から遠くても静かなところで
はありません。

  (D) 私の家は駅から近いですが、静かなのか
どうかよくわかりません。

(12) この部屋、<u>あつい</u>ですね。クーラーでも付
けましょうか。

  (A) よくない

  (B) つめたくない

  (C) さむくない

  (D) すずしくない

(13) 山田先生は今部屋に<u>いらっしゃいません</u>か。

  (A) しませんか

  (B) 行きませんか

  (C) 来ませんか

  (D) いませんか

(14) <u>今回のごとき事件</u>は、二度と起きてはなら
ない。

  (A) 今回だけの事件

  (B) 今回のような事件

  (C) 今回以外の事件

  (D) 今回とは違う事件

(15) みなさん、大変<u>ご無沙汰しております</u>。

  (A) お久しぶりです

  (B) 申し訳ありません

  (C) ご無事で何よりです

  (D) ありがとうございました

(16) 1年で、外国語をマスターするのは<u>至難の業</u>だ。

  (A) 本当に難しい

  (B) 非常に簡単だ

  (C) あまり難しくない

  (D) 難しいとは限らない

(17) あそこに立っている人は先生<u>らしい</u>。

  (A) どうやら明日は雨<u>らしい</u>。

  (B) 学生は学生<u>らしい</u>行動をするべきだ。

  (C) 彼女は実に女<u>らしく</u>て男の人に人気がある。

  (D) 4月に入って春<u>らしい</u>暖かい日が続いて
いる。

(18) 中村さん、商売が繁盛で大変<u>けっこう</u>ですね。

  (A) お元気そうで<u>けっこう</u>ですね。

  (B) 昨日は友達と<u>けっこう</u>お酒を飲みました。

  (C) この仕事は<u>けっこう</u>いい収入になると思
います。

  (D) 初めてやってみましたが、<u>けっこう</u>面白
いゲームですね。

(19) 急用が<u>できて</u>旅行に行けなくなってしまった。

  (A) あの二人は<u>できた</u>らしい。

  (B) 一日中雨が降って試合が<u>できない</u>。

  (C) この地域にも新しい家がたくさん<u>できた</u>。

  (D) 5時間以上かかってやっと宿題が<u>できた</u>。

(20) 動物を飼うのがこんなに手間の<u>かかる</u>仕事
だとは思わなかった。

  (A) この製品は修理するのに1万円以上は<u>か</u>
<u>かり</u>そうだ。

  (B) アメリカで、大手タバコ会社が肺がんに
<u>かかった</u>人に告訴された。

  (C) 彼は川で溺れ<u>かかって</u>いる子供を救助し
て、警察署から感謝状をもらった。

  (D) 我が国を代表する企業の一つであるあの
会社が、<u>かかる</u>事態に至ったことは極め
て遺憾である。

Ⅵ. 下の＿＿＿＿線のA, B, C, Dの中で正しくない言葉を一つ選びなさい。

(21) 難しいと思っていた<u>のに</u>、実際に<u>受けて</u>みると、<u>こんなに</u>難しく<u>ありません</u>でした。
　　　　　　　　　　(A)　　　　　　　(B)　　　　　　　(C)　　　　　　　(D)

(22) 市役所に行く<u>には</u>、二つ目の角<u>で</u><u>左</u>を曲がって10分<u>ほど</u>歩いてください。
　　　　　　　　(A)　　　　　　　　　　(B)　(C)　　　　　　(D)

(23) その本、<u>読む</u>終わりましたか。じゃ、<u>明日までには</u> <u>返す</u>から、<u>貸していただけません</u>か。
　　　　　　　(A)　　　　　　　　　　　　　(B)　　(C)　　　　　　(D)

(24) 前回ここ<u>で</u>引っ越した時に8万円<u>も</u> <u>かかった</u>ので、今回もたぶん<u>その</u>くらいはかかると思う。
　　　　　　　(A)　　　　　　　　　(B)　(C)　　　　　　(D)

(25) <u>多い</u>人が<u>予想した</u>通り、Aチームは<u>容易く</u>Bチーム<u>に</u>勝ちました。
　　　(A)　　　　　(B)　　　　　　　　(C)　　　　　(D)

(26) あの学生は<u>頭脳明晰</u>で背も<u>高い</u>。<u>しかも</u>、女の子に人気があるのも<u>当たり前</u>だ。
　　　　　　　　(A)　　　　　(B)　　(C)　　　　　　　　　(D)

(27) 私はこの随筆を読んで毎日を<u>前向きに</u> <u>うれしく</u><u>生きる</u>ことの大切さを<u>学んだ</u>。
　　　　　　　　　　　　　(A)　　　(B)　　(C)　　　　　　(D)

(28) この間、両親が日本を<u>旅行した</u>時、<u>案内してあげた</u>ガイドさんは本当に日本語が<u>上手だった</u><u>らしい</u>。
　　　　　　　　　(A)　　　　　　(B)　　　　　　　　　(C)　　(D)

(29) 日曜日には普通部屋で音楽を<u>聴いたり</u>、<u>昼寝</u>を<u>寝たり</u>しながら<u>過ごします</u>。
　　　　　　　　　(A)　　　　　(B)　　(C)　　　　　(D)

(30) 私はどんなに忙しくても新聞の<u>見晴らし</u>の<u>拾い読み</u>は毎日<u>している</u>。
　　　(A)　　　　　　　　　　　　(B)　　　(C)　　　(D)

(31) サービスタイムをご利用の方は、5時までにご精算してください。
　　　(A)　　　　　　　(B)　　　　　　　　　　　(C)　　　　(D)

(32) 人間は色々な言葉を知ることにおいて、感情や思考自体が複雑で緻密なものになっていく。
　　　　　　　　　　　　(A)　　　(B)　　　　　　　　　　　　　　　(C)　　　　　　　(D)

(33) つらくても諦めないで練習すれば、やがてだんだん腰も上達しますよ。
　　　(A)　　　　　　　　　　　　　　　(B)　　　　(C)　　(D)

(34) 漫画の面白さを知ってからというのに、中田君は暇さえあれば漫画ばかり読んでいる。
　　　　　(A)　　　　　　　　　(B)　　　　　　(C)　　　　　　(D)

(35) 一度約束したら、できるだけキャンセルしたりすっぽかしたりしないほどにしてください。
　　　　(A)　　　　　(B)　　　　　　　　　　(C)　　　　　　　(D)

(36) 恥を受けたくないと思うと、人間関係はいつも表面だけの付き合いしかできない。
　　　　(A)　　　　　　　　　(B)　　　　　　(C)　　　　(D)

(37) 最近、なかなか周りの雰囲気に馴染まずにゆううつな日々を送っている新入社員が大勢いるようだ。
　　　　　(A)　　　　　　(B)　　　　　　　　　(C)　　　　　　　　　　(D)

(38) 何気なく言った一言に彼はどかんときて、クラスのみんなに命令して彼女を仲間外れにした。
　　　(A)　　　　　　　　(B)　　　　　　　　　(C)　　　　(D)

(39) 他国の人々は、今度の未曾有の地震を我がことと受け持ち、かつてない恐怖を感じている。
　　　　(A)　　　　(B)　　　　　　　　(C)　　　　(D)

(40) 野党は政争を棚上げにし、効果的な政策提言で支えるくらいの気兼ねで臨むべきだ。
　　　　　　　(A)　　　　　　　　(B)　　　　　(C)　　(D)

Ⅶ. 下の_____線に入る適当な言葉を (A) から (D) の中で一つ選びなさい。

(41) 牛乳_____バターやチーズなどを作ります。

    (A) に

    (B) へ

    (C) も

    (D) から

(42) 今からご飯を_____ところです。

    (A) 食べる

    (B) 食べた

    (C) 食べよう

    (D) 食べている

(43)「日本語が上手ですね。」「いいえ、_____でもありません。」

    (A) これほど

    (B) それほど

    (C) あれほど

    (D) どれほど

(44) 授業_____に騒いだので、先生に注意されました。

    (A) 内

    (B) 間

    (C) 中

    (D) 真ん中

(45) 約束の場所に行けなかった_____は、急用ができてしまったからです。

    (A) の

    (B) こと

    (C) もの

    (D) ところ

(46) 当方に過失はない。_____、賠償などするつもりは全くない。

    (A) したがって

    (B) それとも

    (C) その上

    (D) それにしても

(47) 最近、アメリカに対するその国の脅威がますます＿＿＿＿＿している。

    (A) セオリー

    (B) アイロニー

    (C) プレッシャー

    (D) エスカレート

(48) 「明日は鈴木さんの誕生日だそうよ。」「えっ？明日？明後日じゃなかった＿＿＿＿＿？」

    (A) っけ

    (B) だろう

    (C) わけだろう

    (D) とは言えないだろう

(49) 昨夜から降っていた雨も止み、＿＿＿＿＿朝である。

    (A) すがすがしい

    (B) めんどうくさい

    (C) たえまない

    (D) わざとらしい

(50) 最近、ここでは盗難事件が＿＿＿＿＿起こっている。

    (A) すっかり

    (B) さぞかし

    (C) しばしば

    (D) ほとんど

(51) 彼は静かなところより＿＿＿＿＿の中にいる方が落ち着くタイプです。

    (A) 緊密

    (B) 挑戦

    (C) 要領

    (D) 雑踏

(52) 山田さんと会うのは大学を卒業＿＿＿＿＿以来、初めてである。

    (A) する

    (B) したり

    (C) した

    (D) して

(53) いつも猫を被っていた彼女は、遂に本性を_____した。

    (A) 露呈

    (B) 炎上

    (C) 錯覚

    (D) 未練

(54) 広々とした野原に_____佇んでいる一軒家には、老夫婦が住んでいた。

    (A) ぐんと

    (B) ぴりっと

    (C) ぽつんと

    (D) どかんと

(55) _____仕事を辞めてしまった彼は、新しい分野で生き生きと働いている。

    (A) にこっと

    (B) むっと

    (C) すぱっと

    (D) さっと

(56) 彼は_____で、他人に先を越されるのが許せない性格である。

    (A) 指南役

    (B) 肝心要

    (C) 負けず嫌い

    (D) 力不足

(57) 私だってたまには羽目を_____遊びたい時もあるよ。

    (A) 置いて

    (B) 巻いて

    (C) 離れて

    (D) 外して

(58) 皆様がこの図書館を知識と心のオアシスとして気軽にご利用くださることを祈念して_____。

    (A) なりません

    (B) すみません

    (C) やみません

    (D) ちがいません

(59) 超高級レストラン＿＿＿＿、たぶん値段も高いだろう。

    (A) ならでは

    (B) ともなれば

    (C) をよそに

    (D) にいたっては

(60) 自分の悪い点を＿＿＿＿、「信頼されていない」と文句を言っている人が多い。

    (A) まかなわずに

    (B) もたれずに

    (C) はぐくまずに

    (D) かえりみずに

(61) 今度の政府の対応は、＿＿＿＿だと言わざるを得ない。

    (A) 泥縄

    (B) 初耳

    (C) 不届き

    (D) 助っ人

(62) そのような無責任な発言は、社会不安を＿＿＿＿だけです。

    (A) あばく

    (B) きどる

    (C) あおる

    (D) だます

(63) 身長が2メートルも＿＿＿＿大男が突然目の前に現れてびっくりした。

    (A) なる

    (B) する

    (C) ある

    (D) くる

(64) 今回の事故で、首都圏の商店街にもその影響が＿＿＿＿広がりつつある。

    (A) だらだらと

    (B) じわじわと

    (C) じゃんじゃん

    (D) くすっと

(65) 暴徒たちは勝手に商品を持ち出して_____出て行った。

    (A) しみじみ

    (B) がちがち

    (C) どやどや

    (D) みしみし

(66) 中村先生はいつも鈴木君だけを_____している。

    (A) まなざし

    (B) えこひいき

    (C) ちょうしもの

    (D) ひっこみじあん

(67) 「ノー」と言えない人は、いつも他人に_____しまう。

    (A) 暴れ出されて

    (B) 振り回されて

    (C) 置き忘れられて

    (D) 分かち合われて

(68) 人間は誰でもこれからの自分の人生がかかっている時は、_____ものだ。

    (A) 気負う

    (B) 蔓延る

    (C) 敬う

    (D) 司る

(69) 私はルーズで_____なことをするのは嫌いだ。

    (A) おおらか

    (B) ちゃらんぽらん

    (C) うちあげ

    (D) ぶあいそ

(70) 呼ばれて振り向いたとたん、彼と額がぶつかって_____から火が出た。

    (A) 腰

    (B) 舌

    (C) 肘

    (D) 目

Ⅷ.下の文を読んで、後の問いにもっとも適当な答えを (A) から (D) の中で一つ選びなさい。

(71 ～ 74)

　　私の家には犬の「モモ」と、鳥の「サナ」という2匹のペットがいます。まず、モモは子供の頃は小さくてとてもかわいかったですが、今は食べ物をやりすぎたせいか、すごく太ってしまいました。体が大きくて吠える声もとても大きいです。また、モモは最近よく寝ます。起きている時と言えば、父と散歩に行く時や餌を食べている時、猫を見つけた時だけです。普段、大人しいモモですが、一度だけ家族に叱られたことがあります。それはモモが人を噛んでしまった時です。幸い、あまり深く噛んでいませんでしたが、家族から叱られてモモは少し落ち込んでいました。ですが、1週間経ったら、モモはもうそのことをすっかり忘れたようで、普通の生活を送っていました。
　　先月、父が買ってきたインコのサナは、頭が黄色で羽はきれいな青の上に点々があります。サナは鳥かごの中に入っている時はとても大人しく止まり木に止まっています。でも、人の指を見たらすぐに噛む悪い癖があってちょっと困っています。

(71)「モモ」という犬についての説明の中で、正しいものはどれですか。

(A) 最近、あまり寝ない。　　　　(B) 今、非常に痩せている。
(C) 吠える声が非常に大きい。　　(D) 子供の頃から体が大きかった。

(72)「モモ」という犬が起きている時はいつですか。

(A) 餌を食べた後
(B) 猫を見つけた時
(C) 家に誰もいない時
(D) この人と散歩に行く時

(73) 家族から叱られて1週間後、「モモ」という犬はどうなりましたか。

(A) 普通の生活を送っていた。
(B) 普段よりも吠える回数が増えた。
(C) 餌もろくに食べないで寝てばかりいた。
(D) 叱られた時からずっと落ち込んでいた。

(74)「サナ」という鳥についての説明の中で、正しいものはどれですか。

(A) 鳥かごの中では非常に大人しい。
(B) 人の指を見ても何の反応もない。
(C) 羽が黄色で、上に点々がある。
(D) 先月、この人の母が買ってきた。

　梅雨の季節になりました。梅雨と言えば、じめじめして何だか重苦しい気分になりますが、雨の季節を楽しめる時かもしれません。(1)＿＿＿＿＿＿。雨を楽しいと思えるかそうでないかで、その日の気分は違い、同じ一日でも違った過ごし方ができるのではないでしょうか。

　選手たちは今、県大会に向けて練習をしていますが、「やりたくないな」と思いながら練習するのと、「少しでもうまくなってやろう」と思って練習するのでは(2)＿＿＿＿＿＿ことは明らかです。同じ力でもやる気があるのとないのでは、必然的に違いが生まれます。一生懸命取り組むことは決して恥ずかしいことではありません。県大会まで練習回数にしてみれば、全て練習に出ても12回もありません。自分がやるべきこと、やるべき目標を持って頑張ってほしいものです。同じ小学生がすることだから、自分に恥ずかしくないようにみんな頑張りましょう。

(75) 本文の内容から見て、(1)＿＿＿＿＿＿に入る最も適当な文章はどれですか。

(A) 人の心はなかなかわからないものです
(B) 物事は考え方次第で前に進んだり立ち止まったりします
(C) 最初から持っていた考えを変えることは難しいと思います
(D) いやなことを考え続けると、本当にいやなことばかり起こります

(76) 本文の内容から見て、(2)＿＿＿＿＿＿に入る最も適当な文章はどれですか。

(A) 違う結果が出る
(B) 同じ結果が出る
(C) 結果がわからない
(D) 結果に影響がない

(77) この人が一番言いたいことは何ですか。

(A) 梅雨は雨の季節を楽しめる時期である。
(B) 梅雨は重苦しい気分になるからいやだ。
(C) 頑張ってもできないことは早く諦めた方がいい。
(D) 何事にも自分に恥ずかしくないように頑張ってほしい。

(78 〜 80)

　　世の中には原子力反対派というのが存在する。そしてもちろん、賛成派もいる。反対、賛成、お互いがもう何十年も議論しているが、お互いが歩み寄って結論に到達したという話は聞いていない。当分の間は平行線が続くのだろう。反対派の論理は代替エネルギーに関する論拠に乏しいことが弱点であり、賛成派は安全性と電力業界のモラルの悪さ、廃棄物の最終処分がネックになっている。それぞれ弱点を持っているため、議論はいつも収束しない。

　　さて、もしもこの原子力を止めるとしたら、それに替わるエネルギーは現在では火力しかない。この火力の基になるのは、言うまでもなく石油や石炭、LNGガスなどの化石燃料である。これをがばがば使わないと、現在の電力需要は賄えない。原子力反対派は「水力、風力、太陽光、地熱などを総合的に代替すればいい」と主張する。しかし、原子力賛成派は「(1)＿＿＿＿＿＿」と反論する。お互いの言い分は両方とも正しいし、両方とも間違っていると私は思う。

(78) 原子力反対派の弱点は何ですか。

(A) 発電所の建設費用が高すぎる。
(B) 原子力発電は地球温暖化を促進させる。
(C) かかる費用に比べて生産される電力が少ない。
(D) 原子力に替えられるこれといったエネルギーがない。

(79) 本文の内容から見て、(1)＿＿＿＿＿＿に入る最も適当な文章はどれですか。

(A) 原子力は廃棄物の処理に費用がかかる
(B) 原子力を使えば核兵器をいつでも作れる
(C) どの発電方式も規模が小さくて採算性が合わない
(D) 原子力のおかげで、無限のエネルギーが引き出せる

(80) この人は両派の意見についてどう思っていますか。

(A) 反対派の意見が正しいと思っている。
(B) 賛成派の意見が正しいと思っている。
(C) 何とも言えないことであると思っている。
(D) お互いが歩み寄って結論に到達するしかないと思っている。

金属にも(1)＿＿＿＿があると聞いたら、誰でもびっくりするだろう。ニッケルとチタンでできた合金を50度以上の温度のもとで針金にし、それを例えば桜の花の形などにする。それを冷やして、今度は針金を伸ばして桜の形を壊してしまう。それを再び50度以上に温めると、針金はあっという間に丸まって元の桜の花の形に戻る。これはこの合金が一定温度以上で取った自分の形を常に記憶しているからなのである。このような合金は「形状記憶合金」と呼ばれているが、今までに100種類のものが見つかっている。

形状記憶合金は1951年、アメリカの学者が発見したのであるが、その後、月旅行の時のアンテナなどに利用された。針金をおわんの形に組み合わせたのが月面アンテナであるが、このままだと、大きくてロケットに積めない。そこで、形状記憶合金で作り、(2)＿＿＿＿積み込む。月面に着いたら、取り出して太陽の熱で温めると、ぱっとまたもとのおわんの形に戻るというわけなのである。ちなみに、形状記憶合金はこの他、パイプの継ぎ手や集積回路の製造、医療などの分野でも使われている。

(81) 本文の内容から見て、(1)＿＿＿＿に入る最も適当な言葉はどれですか。

(A) 想像力
(B) 記憶力
(C) 創造力
(D) 遠心力

(82) 本文の内容から見て、(2)＿＿＿＿に入る最も適当な言葉はどれですか。

(A) 温度を下げて大きくして
(B) 温度を上げて大きくして
(C) 温度を下げて小さく畳んで
(D) 温度を上げて小さく畳んで

(83) 本文の内容と合っていないものはどれですか。

(A) 形状記憶合金はアメリカの学者によって発見された。
(B) 現在、形状記憶合金は様々な分野で使われている。
(C) 形状記憶合金は今までにそれほど見つかっていない。
(D) ニッケルとチタンでできた合金は、一定温度以上で取った自分の形を記憶している。

(84) 本文のタイトルとして最も相応しいものはどれですか。

(A) 変幻自在の形状記憶合金
(B) 形状記憶合金の長所と短所
(C) 形状記憶合金の作り方と用途
(D) 形状記憶合金と温度との関係

(85 〜 88)

　　津波は、大地震などによって海底が急激に隆起したり、沈降したりした時に起こる。この波の動きは、波源から周囲に伝わっていくが、この速さは海が深いほど速く、浅いほど遅くなる。具体的には、深さ400メートルの海中では毎秒約200メートル程度であり、深さ5000メートルになると、なんと時速800キロメートルもある。これは、ジェット機と同じぐらいのスピードである。しかし、津波のスピードがいくら速いといっても、地震波よりは遅く、津波の伝わる速さは地震波の20分の1以下に過ぎない。そこで、地震を観測してから、津波が来襲するまでの時間差を利用して津波予報が行われる。

　　この時間差は、地形によってかなり違う。三陸沖の地震では、沿岸に津波が来襲する時間は20〜30分かかるの(1)＿＿＿＿＿＿、東海沖から南海沖にかけては5〜10分程度、ひどい場合は地震がまだ終わらないうちに津波がやってきたりすることがある。このため、東海沖から南海沖にかけては、(2)津波予報が時間的に間に合わないことがあり得る。従って、この地域に住んでいる人は、地震を感じたら、すぐに海面の変動を見守り、津波の心配があったり津波警報が出たら、すぐに逃げられる態勢を作っておくことが必要である。

(85) 津波の速さについての説明の中で、正しくないものはどれですか。

(A) 海が深いほど速く、浅いほど遅くなる。
(B) どんな時でも地震とほぼ同じ速さで到達する。
(C) 深さ 400 メートルの海中で、毎秒約 200 メートル程度である。
(D) 深さ 5000 メートルになると、ジェット機と同じぐらいのスピードになる。

(86) 本文の内容から見て、(1)＿＿＿＿＿＿に入る最も適当な表現はどれですか。

(A) によって　　　　　　　　　　　　(B) に対して
(C) に加えて　　　　　　　　　　　　(D) と相まって

(87) 本文の内容から見て、津波予報はどんなふうに出されますか。

(A) 地震が発生した直後に自動的に出される。
(B) 震度 5 を超える大きい地震に限って出される。
(C) 様々な地震の兆候を集めて地震発生前に出される。
(D) 地震を観測して津波が来襲するまでの時間差を利用して出される。

(88) (2)津波予報が時間的に間に合わないの理由として、正しいものはどれですか。

(A) 海面の変動を見守りにくい所が多いから
(B) 海底が浅すぎて思ったより遅く津波がやってくるから
(C) 他の観測所から津波に関する情報を受け取っているから
(D) 地震が終わらないうちに津波がやってくることがあり得るから

(89 ～ 92)

マンションを買おうと思っているが、騒音問題が気になる。どんな点に気を付けたらいいのだろうか。マンションに住んでいて一番多い苦情は、上下階から聞こえる騒音と言われている。音は一旦耳に付くとなかなか離れなくなり、参ってしまう。実際に、日常生活で色々な騒音に関わるトラブルは(1)＿＿＿＿＿。

上下の音に関しては軽量衝撃音と重量衝撃音がある。床にスプーンを落とした時に出るような音を軽量衝撃音、足音や扉の開閉の時に出るような音を重量衝撃音という。遮音性能は日本建築学会が等級を定め、一般に「L値」と呼ばれている。L値の数値はマンションの床の厚さが15センチと仮定した場合の音である。L値45は静かな方で、日本建築学会はL値55が通常の生活ができる音と定めている。マンションの場合、重量衝撃音が紛争の種になりやすい。ただ、自分がうるさいと思うだけでは音の問題は解決できない。区役所などが持っている騒音の簡易測定器を無料で借りることができるから、どの程度の音かをまず自分で測定してみよう。ちなみに簡易測定器では、L値40~70ぐらいまで測れるという。

(89) 本文の内容から見て、(1)＿＿＿＿＿に入る最も適当な表現はどれですか。

　　(A) 後を絶たない
　　(B) 区切りを付ける
　　(C) 筋が通っている
　　(D) 辻褄が合わない

(90) マンションの騒音問題についての説明の中で、正しくないものはどれですか。

　　(A) 足音や扉の開閉の時に出る音は重量衝撃音に入る。
　　(B) マンションに住んでいて一番多い苦情が騒音問題である。
　　(C) 重量衝撃音より軽量衝撃音の方が紛争の種になりやすい。
　　(D) 床に何か小さいものを落とした時に出る音が軽量衝撃音である。

(91) 本文に出ている「L値」についての説明の中で、正しくないものはどれですか。

　　(A) 簡易測定器では、40~70ぐらいまで測れる。
　　(B) 日本建築学会が定めた遮音性能に関する数値である。
　　(C) マンションの床の厚さが15センチと仮定した場合の音である。
　　(D) L値50では、通常の生活ができないと日本建築学会は見ている。

(92) 本文の内容と合っていないものはどれですか。

　　(A) 音にも色々な種類がある。
　　(B) 役所で騒音の測定器を無料で貸してもらうことができる。
　　(C) 静かな時は、自らの判断で騒音を断定することもできる。
　　(D) 騒音が原因で、日常生活で色々なトラブルが起きている。

(93 ～ 96)

日本の組織は民間にしても官庁にしても、規模が大きくなればなるほど(1)＿＿＿＿＿＿である。現在、私が勤めている会社は民間企業で、強いて言えば中小企業の部類に入る。しかし、その上層部は特に優秀な人材が来るわけでもなく、全部親会社からの天下りした人が占めている。社長に至っては3年おきの交代制のシステムである。そしてその社長は会長に、会長は退職金をもらってリタイアというシステムである。他の役員も同様の順送りシステムで、純粋な社員は役員の中に一人もいない。正に天下り先として存在する会社である。

そんな会社であるから、あまり利益が上がらない。それに、高度成長期でもないから、経営努力なしに企業を維持するのはなかなか難しい。とにかく、役員のそんな保守的な空気は当然社員たちにも多大な影響を与える。社員たちもいつの間にか保守的で(2)＿＿＿＿＿＿ようになっている。これが日本の「系列」と呼ばれる企業の実態である。日本の終身雇用制度は非常に良いシステムである。しかし、このシステムには「組織の硬直」という弊害がある。このデメリットを取り崩してこそ初めて終身雇用の底力が発揮できるのではないか。能力がある人間で自分より年下の人が上司になったりした時、終身雇用を取っている組織はぎくしゃくする。このデメリットを改善しなくては組織の成長はない。

(93) 本文の内容から見て、(1)＿＿＿＿＿＿に入る最も適当な言葉はどれですか。

(A) 保守的
(B) 革新的
(C) 理想的
(D) 感情的

(94) 本文の内容から見て、(2)＿＿＿＿＿＿に入る最も適当な文章はどれですか。

(A) 会社の利益だけを考える
(B) 他の社員のことを気遣ってくれる
(C) 優秀な人材になるために努力を重ねていく
(D) 自らの給料と有休の使用を最優先に考える

(95) この人は日本の組織が成長するためには何が必要だと思っていますか。

(A) もっと規模を大きくする必要があると思っている。
(B) 今のシステムをある程度修正していく必要があると思っている。
(C) 現状さえ維持すれば、十分利益の向上は期待できると思っている。
(D) 今のシステムとは全く違う新しいシステムを導入すべきであると思っている。

(96) 本文の内容と合っているものはどれですか。

(A) 終身雇用制度は組織の崩壊を招く恐れがある。
(B) この人の会社の役員は優秀な人材で構成されている。
(C) この人は自分の会社に対して批判的な見方を示している。
(D) この人の会社では一度社長になると、その地位が3年以上は保障される。

　　ハリウッド映画では過去、たくさんの旅客機トラブルにまつわる映画が製作された。いわゆる旅客機もので、空という不安定な所を飛んでいていつ落ちてもおかしくないという設定により、(1)_____。それでも航空関係者が平気で飛行機に乗っていられるのは、統計というものに守られているからである。ある統計によると、「輸送実績1億人当たりの死亡乗客数は0.04人」であるという。これを誰にでもすぐ理解できるように例えてみると、「(2)毎日飛行機に10時間乗っても事故で死亡するのは438年に1回」であるということになる。

　　では、今度は他の統計を見てみる。去年、世界で発生した飛行機の事故による死亡者は909人。これに対して、その年の日本国内の自動車事故による死亡者数は1万805人、アメリカは4万1967人、ドイツ8547人であるという。この他の国も入れれば、一体何人になるかわからない。こう聞けば、自動車に乗るより飛行機の方が安全であるということになる。つまり、バスガイドの方が給料は安いが、事故で死亡する確率は高く、スチュワーデスの給料は高く、事故で死亡する確率も低いということか。しかし、一旦事故が発生すると、被害者は百人単位で出るので、その悲惨さはいつまでも記憶に残る。

(97) 本文の内容から見て、(1)_____ に入る最も適当な言葉はどれですか。

(A) 類を見ない収益を上げることができた
(B) ホラー映画の人気も共に急上昇していた
(C) 容易に観客の手に汗を握らせることができた
(D) 恐怖で飛行機に乗れない人が増加してしまった

(98) (2)毎日飛行機に10時間乗っても事故で死亡するのは438年に1回とはどういう意味ですか。

(A) かなりの人たちが飛行機の事故で死ぬ。
(B) 飛行機の事故で死亡する確率は極めて低い。
(C) 飛行機の事故は438年に1回の割合で起きている。
(D) 毎日、10時間飛行機に乗れば死亡する確率は低くなる。

(99) この人は飛行機についてどう思っていますか。

(A) 飛行機よりバスの方が安全であると思っている。
(B) スチュワーデスに支給される給料は高すぎると思っている。
(C) 統計を見れば、飛行機は他の交通手段より安全であると言える。
(D) 飛行機がとても安全であるという統計は全く信用できないと思っている。

(100) 本文の内容と合っていないものはどれですか。

(A) かつて旅客機トラブルを素材にしたハリウッド映画が多く製作された。
(B) 事故を考えれば、飛行機より自動車の方がより安全な交通手段である。
(C) 去年、世界で発生した飛行機の事故による死亡者は千人に至らなかった。
(D) 飛行機の事故は一旦起きると、他の交通手段より多数の犠牲者が出てしまう。

□ オイル 오일	□ ナイフ 칼	□ ベル 벨
□ リボン 리본	□ ベルト 밸트	□ デモ 데모, 시위
□ ノート 노트	□ カード 카드	□ ベッド 침대
□ コーチ 코치	□ マッチ 성냥	□ モデル 모델
□ ゼミ 세미나	□ ニーズ 요구	□ ベンチ 벤치
□ タオル 타월	□ カーテン 커튼	□ スキー 스키
□ クリーム 크림	□ サンダル 샌들	□ ラケット 라켓
□ グラフ 그래프	□ スプーン 스푼	□ スカート 치마
□ エンジン 엔진	□ ネクタイ 넥타이	□ フィルム 필름
□ オーダー 주문	□ プール 수영장	□ チャンス 기회
□ ポイント 포인트	□ ガソリン 가솔린	□ ラジオ 라디오
□ スカーフ 스카프	□ パーティー 파티	□ パイプ 파이프
□ レポート 보고서	□ ジレンマ 딜레마	□ オフィス 오피스
□ イメージ 이미지	□ テーブル 테이블	□ スタイル 스타일
□ ウール 울, 모직	□ ネックレス 목걸이	□ レコード 레코드
□ デパート 백화점	□ ハイキング 하이킹	□ ダンス 댄스, 춤
□ ステレオ 스테레오	□ アンケート 앙케트	□ スライド 슬라이드
□ ドライブ 드라이브	□ ステージ 스테이지	□ スピーカー 스피커
□ ランチ 런치, 점심	□ インタビュー 인터뷰	□ フライパン 프라이팬
□ ロマンチック 로맨틱	□ コントロール 컨트롤	□ ハンサム 핸섬, 미남
□ アイディア 아이디어	□ スケジュール 스케줄	□ バランス 밸런스, 균형
□ マーケット 마켓, 시장	□ プログラム 프로그램	□ ピクニック 피크닉, 소풍
□ パニック 패닉, 공황상태	□ フィクション 픽션, 허구	□ ラッシュアワー 러시아워
□ コレクション 컬렉션, 수집	□ トレーニング 트레이닝, 훈련	□ エレベーター 엘리베이터
□ リラックス 릴랙스, 긴장을 품	□ コミュニケーション 커뮤니케이션	□ エスカレーター 에스컬레이터

Ⅴ. 下の線の言葉の正しい表現、または同じ意味のはたらきをしている言葉を (A) から (D) の中で 一つ選びなさい。

(1) 青少年の喫煙率は、毎年増加の傾向にある そうだ。

(A) そうか
(B) ぞうか
(C) しょうか
(D) じょうか

(2) 今度の騒ぎで、司法制度にも色々問題がある ことがわかった。

(A) さいど
(B) すいど
(C) せいど
(D) そうど

(3) 相談に乗ってほしいことがありますが、お時 間大丈夫でしょうか。

(A) そうだん
(B) しょうだん
(C) ぞうだん
(D) じょうだん

(4) 日本の代表的な画家である彼は、主に人物 をモチーフにして絵を描いている。

(A) しゅに
(B) おもに
(C) おもむろに
(D) ねんごろに

(5) 人間が「万物の霊長」と言われる理由は、 考えることができるためである。

(A) まんもつ
(B) まんぶつ
(C) ばんもつ
(D) ばんぶつ

(6) 高校生の学習能力の向上という課題は、空 回りし続けていると言える。

(A) そらまわり
(B) からまわり
(C) くうまわり
(D) あきまわり

(7) 火事が起こった場合、慌てず速やかに火を 消す方法を考えてください。

(A) あざやか
(B) すこやか
(C) おだやか
(D) すみやか

(8) ろくに勉強もしない彼が東京大学に合格でき るとはとうてい考えられません。

(A) 到底
(B) 倒底
(C) 到低
(D) 倒低

(9) 死が二人をわかつまで、愛し合うことを誓 った。

(A) 放かつ
(B) 割かつ
(C) 集かつ
(D) 分かつ

(10) いくら忙しいとはいえ、家事をおろそかにし てはいけませんよ。

(A) 密か
(B) 愚か
(C) 疎か
(D) 厳か

(11) あのレストランは美味しい。それに、値段も安い。

  (A) あのレストランは美味しくも安くもない。

  (B) あのレストランは美味しくて値段も安い。

  (C) あのレストランは美味しくないが、値段が安い。

  (D) あのレストランは美味しいが、値段は適当ではない。

(12) この薬は、ご飯を食べてから飲んでください。

  (A) 食べた後

  (B) 食べないで

  (C) 食べながら

  (D) 食べる前に

(13) 肝心なことは、君にやる気があるかどうかなのです。

  (A) 大切なこと

  (B) 勝手なこと

  (C) 有利なこと

  (D) 簡単なこと

(14) 今度の旅行は家族水入らずで行くつもりである。

  (A) 家族だけで

  (B) 家族以外の人と

  (C) 家族と他の人を含めて

  (D) 家族だけではなく、親戚も一緒に

(15) 何回も優勝した経験のある彼が予選を通過できないとは、河童の川流れだね。

  (A) 一石二鳥だね

  (B) もう許せないことだね

  (C) かわいそうで見られないね

  (D) どんな名人にも失敗があるね

(16) もともと私は人見知りが激しい性格なので、なかなか気軽に人と接することができない。

  (A) 人を外見で判断する

  (B) 他人の欠点ばかり探す

  (C) 初めて会う人とすぐには親しくなれない

  (D) 人の名前をなかなか覚えられない

(17) たまには相手の立場に立って考えてみるのも必要だ。

  (A) この案に賛成する人は立ってください。

  (B) 昨日は初めてオペラの舞台に立ってお辞儀をした。

  (C) この区の選挙には、8人の候補者が立っているそうだ。

  (D) 日本は他の国に比べ、交通や流通の分野では優位に立っていると言える。

(18) こんな漢字テストなら私でもできる。

  (A) そんなことは子供でもわかると思う。

  (B) この果物はりんごでもみかんでもない。

  (C) この本は、何回読んでもよく理解できない。

  (D) この機械は便利でもあるが、不便なところも多い。

(19) 遅刻しないように、早めに家を出た。

  (A) まだ3月なのに、夏のような暑さだね。

  (B) よほど疲れているらしく、死んだように眠っている。

  (C) 彼は知っているくせに、何も知らないような顔をしている。

  (D) 健康のために、できるだけ運動をするように心がけよう。

(20) 彼のような人とは、もう決して口をきくまい。

  (A) 二度と同じ過ちは繰り返すまい。

  (B) 再びこの地を訪れることはあるまい。

  (C) それは単なる彼女の憶測にすぎまい。

  (D) 子供じゃあるまいし、わからないはずがない。

Ⅵ. 下の_____線の A, B, C, D の中で正しくない言葉を一つ選びなさい。

(21) 窓際に立って帽子を<u>して</u>、ネクタイを<u>しめている</u>人<u>が</u>鈴木さんですか。
　　　　　 (A)　　　　　　　 (B)　　　　　　　　 (C)　　　　　 (D)

(22) 通勤時間の<u>駅前</u>は、<u>多く</u>の車で<u>いつも</u><u>空いて</u>います。
　　　 (A)　　　　 (B)　　 (C)　　　　 (D)

(23) <u>前評判</u>を信じて映画を<u>見に行くには行く</u>が、つまらなくて途中で<u>眠って</u>しまった。
　　　 (A)　　　　　　　　　　 (B)　　　　 (C)　　　　　　　　　　　 (D)

(24) 誰が何と<u>言っても</u>、<u>全て</u>自分の<u>間違い</u>なのだから、言い訳をするつもりは<u>ある</u>。
　　　　　　　 (A)　　　 (B)　　　 (C)　　　　　　　　　　　　　　　 (D)

(25) 明日、ご都合が<u>よろしければ</u>、2 時<u>ぐらい</u><u>伺わせて</u>ください。
　　　　 (A)　　　　 (B)　　　　　　 (C)　　　　 (D)

(26) 何か<u>買いたがる</u>ものが<u>あったら</u>、買って<u>あげる</u>から、遠慮なく<u>言って</u>ください。
　　　　 (A)　　　　　 (B)　　　　　 (C)　　　　　　 (D)

(27) 栄養状態が<u>良い</u><u>おかげ</u>なのか、日本の若者も欧米人<u>並び</u>に背が高く<u>なって</u>きた。
　　　　 (A)　　 (B)　　　　　　　　　　 (C)　　　　　 (D)

(28) 公園の<u>近くにある</u>空き地にはまだ十分に<u>使える</u>家電製品が惜し気もなく<u>捨てている</u>。
　　　　　 (A)　　　　　　　　　　　　 (B)　　　　　 (C)　　　　 (D)

(29) 前から<u>参加したかった</u>のですが、<u>わざわざ</u><u>お招いて</u>いただき、感激の<u>至り</u>です。
　　　　　　 (A)　　　　　　　　　 (B)　　 (C)　　　　　　　 (D)

(30) <u>ひどい</u>風邪で寝込んでいる<u>兄を代わり</u>、そこには私が行く<u>ことにしました</u>。
　　　 (A)　　　　　　　　 (B)　　 (C)　　　　　　　　 (D)

(31) 私はブランド品<u>とか</u>には<u>全く</u>興味がないので、免税店に行っても<u>じっと</u>見るだけで、何も<u>買わない</u>。
                      (A)   (B)   (C)   (D)

(32) 朝から頭が<u>はきはき</u>痛かったので、<u>風邪気味</u>だなと思って風邪薬を飲んだが、<u>ちっとも</u>よくならない。
                   (A)   (B)   (C)   (D)

(33) マスコミでは<u>連日</u>不景気が<u>長引いて</u>いると言っているのに、海外旅行熱は衰える<u>ばかりか</u>高まる
                 (A)   (B)   (C)
<u>一方</u>だそうだ。
  (D)

(34) 医者も匙を投げた患者が<u>突然回復した</u>って？それが<u>痕跡</u>じゃなくて<u>何だ</u>というのだろう。
                (A)   (B)   (C)   (D)

(35) 昔から興味も<u>あったし</u>、自分の<u>専攻分野</u>ですので、その発表は<u>是非</u>私に<u>して</u>くださいませんか。
            (A)   (B)   (C)   (D)

(36) 人間関係<u>において</u>、建前や自己主張が<u>強く</u>、優しさや思いやりを<u>欠けて</u>いる人は、友達が<u>できにくい</u>。
                (A)   (B)   (C)   (D)

(37) ほとんどの人は自分に<u>有益な</u>うちは<u>しっぽを回す</u>が、少しでも不利益を<u>被る</u>と、それまでのことを
                        (A)   (B)   (C)
すっかり忘れて敵に<u>回る</u>。
           (D)

(38) ほとんどの政治家<u>ときたら</u>、相手の悪口は言っても、自分はこうしたいという<u>政治理念</u>を前面には
                 (A)   (B)
<u>押し寄せて</u>いない<u>気がする</u>。
    (C)   (D)

(39) <u>率直</u>に言って、今度の仕事は簡単すぎて私には <u>力不足</u>だと思うが、<u>だからといって</u>やらないわけに
 (A)   (B)   (C)
もいかない。
    (D)

(40) 身体に<u>障害</u>を持って生まれた弟は、様々な逆境を<u>乗り越え</u>、一人で<u>自立</u>し、<u>にこっと</u>暮らしている。
        (A)   (B)   (C)   (D)

Ⅶ. 下の_____線に入る適当な言葉を (A) から (D) の中で一つ選びなさい。

(41) 山田さんは銀行_____勤めています。

    (A) に

    (B) で

    (C) を

    (D) から

(42) これを一人でやるには、大変な時間_____要するだろう。

    (A) が

    (B) を

    (C) に

    (D) から

(43) 父の弟、つまり、_____は今東京に住んでいます。

    (A) 叔母

    (B) 叔父

    (C) お祖父さん

    (D) お祖母さん

(44) 彼はみんなに大声で「_____」と叫んだが、もう手遅れだった。

    (A) 逃げろ

    (B) 逃げた

    (C) 逃げるかも

    (D) 逃げるまい

(45) 鈴木さん、上着のボタンが_____ですよ。

    (A) 取りそう

    (B) 取れそう

    (C) 取るよう

    (D) 取れよう

(46)「そんな無理なダイエットはする_____!」と彼氏に言われた。

    (A) な

    (B) よ

    (C) ね

    (D) か

(47) 今度の失敗は、私が通貨変動の影響を_____見たからです。

    (A) 甘く

    (B) 辛く

    (C) 広く

    (D) 遠く

(48) 山田君は毎日起きてからすぐひげを_____そうだ。

    (A) 切る

    (B) 取る

    (C) 剃る

    (D) 叩く

(49) 昨夜は_____、まだ頭ががんがんする。

    (A) 飲み過ぎて

    (B) 飲み忘れて

    (C) 飲み干して

    (D) 飲み込んで

(50) 息子の将来を思えば_____、いい会社に入ってほしいのです。

    (A) こそ

    (B) だに

    (C) さえ

    (D) すら

(51) 私が太っているなんて、本当に_____なお世話だよ。

    (A) 余計

    (B) 余分

    (C) 余裕

    (D) 余地

(52) 彼女が来るのを時間_____まで待っていたが、来ないので先に出発した。

    (A) ぎりぎり

    (B) ぎらぎら

    (C) よちよち

    (D) ちらほら

(53) 突然、子供が路地から飛び出してきて、慌ててハンドルを_____。

    (A) 切った

    (B) 折った

    (C) 取った

    (D) 変えた

(54) 私はお酒が大好きなのに、医者にお酒を_____。

    (A) 止めた

    (B) 止めさせた

    (C) 止めさせられた

    (D) 止めることになった

(55) 中村さんは今年で70歳なのに、まだ_____働いている。

    (A) こっそりと

    (B) ばりばり

    (C) ころころ

    (D) ぴしゃぴしゃ

(56) 彼は元陸上選手だった_____、走るのが速いです。

    (A) だけに

    (B) ぐらいに

    (C) ほどに

    (D) ばかりに

(57) この方法をうまく活用すると、知らない単語でもある程度読み方に_____がつくようになる。

    (A) 見識

    (B) 見頃

    (C) 見当

    (D) 見解

(58) 部長は社長からの電話を_____なり、事務所を出ていった。

    (A) 切る

    (B) 切った

    (C) 切って

    (D) 切ろう

(59) 今朝、通り魔が逮捕されたというのを聞いて＿＿＿＿＿＿した。

　　(A) どっきり

　　(B) むっと

　　(C) きょとんと

　　(D) ほっと

(60) どんな仕事であっても、前向きに＿＿＿＿＿＿姿勢が大切だ。

　　(A) 取り上げる

　　(B) 取り扱う

　　(C) 取り組む

　　(D) 取り次ぐ

(61) 決勝戦は意外に＿＿＿＿＿＿勝負が決まってしまった。

　　(A) あっけなく

　　(B) そっけなく

　　(C) そうぞうしく

　　(D) やかましく

(62) 経験を重ねる＿＿＿＿＿＿、やりたい仕事が変わる場合もある。

　　(A) につれて

　　(B) をおいて

　　(C) をかわきりに

　　(D) に反して

(63) 試験中は一秒＿＿＿＿＿＿時間を無駄に使ってはいけない。

　　(A) たりとも

　　(B) ところで

　　(C) までもなく

　　(D) からする

(64) 今年、この学科の卒業生は、多くの企業から＿＿＿＿＿＿だそうだ。

　　(A) 常識外れ

　　(B) 桁違い

　　(C) 豚に真珠

　　(D) 引っ張りだこ

(65) 国を離れて 10 年になったが、時々母国の歌を聞いて思いを_____いる。

   (A) 縮めて
   (B) 馳せて
   (C) 秘めて
   (D) 染めて

(66) 今度の事故は、収束が_____状態であった。

   (A) 仕方がない
   (B) ままならない
   (C) 慎まない
   (D) 思いがけない

(67) 今度の記事は、きつい仕事と言われる介護職のイメージに_____をかけた。

   (A) 追い討ち
   (B) 座り込み
   (C) 成り立ち
   (D) 立ち寄り

(68) そんな_____とした計画に投資しようとする会社は一社もないだろう。

   (A) 黙認
   (B) 沈没
   (C) 騒然
   (D) 茫漠

(69) 相手の気持ちを気にしてばかりいると、人と交わるのが_____になった。

   (A) 肝要
   (B) 参上
   (C) 億劫
   (D) 融通

(70) 私が見ても、彼女は本当に_____の嫁であった。

   (A) 心なしか
   (B) よりによって
   (C) 辛酸
   (D) 出ず入らず

Ⅷ. 下の文を読んで、後の問いにもっとも適当な答えを (A) から (D) の中で一つ選びなさい。

(71 ～ 73)

> 私と弟を動物に例えるとしたら、どんな動物でしょうか。まず、私は猫のようだと思います。猫は寝ることが好きです。普通、昼に寝て夜に活動することが好きです。このような行動は私とよく似ています。また、私は静かなことが好きで、きれい好きですが、猫もそうだと思います。
> 　(1)_____私の弟を動物に例えるとしたら、犬のようだと思います。弟はいつも元気で、人を喜ばせるのが好きです。また、弟は犬が飼い主に忠実であるようにまっすぐな性格で、何でも諦めないで最後までやります。このように、私たち兄弟は性格が全然違います。

(71) この人が自分を猫に似ていると思っている理由ではないものはどれですか。

(A) 寝ることが好きだから
(B) 静かなことが好きだから
(C) 自由なことが好きだから
(D) きれいなことが好きだから

(72) 本文の内容から見て、(1)_____に入る最も適当な言葉はどれですか。

(A) 一方
(B) ないし
(C) それで
(D) ようするに

(73) この人が自分の弟を犬に例える理由として正しくないものはどれですか。

(A) まっすぐな性格を持っているから
(B) 静かなことが好きで、大人しいから
(C) 何でも諦めないで最後までやるから
(D) いつも元気で、人を喜ばせるのが好きだから

　　私は自由な時間がたくさんあるので、色々な趣味を持っています。まず、音楽を聞くのが好きですが、日本の音楽だけではなく外国の音楽も好きです。その中でも私は特に韓国の音楽が大好きです。何度も聞いたり歌を歌っているうちに、自然にその国の言葉を覚えることができます。なので、韓国の音楽を聞くことは、韓国語を勉強するにはとてもよい方法だと思います。好きなバンドのライブにも行きたいですが、チケットが高くてあまり行くことができません。

　　また、面白い本を見つけた時もとても嬉しいですが、私は推理小説をよく読みます。なぜなら、トリックがわかるまでのどきどきした気持ちが好きだからです。最後に、私は旅行をすることも好きです。一人でも、また友達と一緒でもいつも旅行は楽しいです。就職したら、近い所でもいいですから、週末に旅行ができる仕事がしたいです。

(74) この人が色々な趣味を持っている理由は何ですか。

　　(A) 自由な時間がたくさんあるから
　　(B) 何かに挑戦することが好きだから
　　(C) 何でもすぐ諦めてしまう性格だから
　　(D) 趣味もいつかは仕事に役立つと思っているから

(75) この人はどうして韓国の音楽を聞くことが韓国語の勉強になると思っていますか。

　　(A) だんだんその歌が嫌になるから
　　(B) 違うジャンルの音楽が聞きたくなるから
　　(C) 自然にその国の言葉を覚えることができるから
　　(D) 自分の国の歌がどれほど大切なのかがわかるから

(76) この人が推理小説をよく読む理由は何ですか。

　　(A) 他の小説より厚くないから
　　(B) 何度読んでも飽きないから
　　(C) 何も考えないで読むことができるから
　　(D) トリックがわかるまでのどきどきした気持ちが好きだから

(77) この人はどんな仕事がしたいと言っていますか。

　　(A) 残業がない仕事
　　(B) 収入が高い仕事
　　(C) やり甲斐が感じられる仕事
　　(D) 週末に旅行が可能な仕事

　　三重県にある大型遊園地で、走行中のジェットコースターの車輪が外れ、突然停止した。一部の車輪は約30メートル離れたプールに落下し、遊んでいた男性に当たり、腰の骨が折れた。乗っていた乗客34人のうち、20代の女性も背骨を骨折した。いずれも1カ月の重傷。車両が急停止したのはコースを下り終え、レールが平らになった高さ8メートルの地点。ゴールまで数百メートルで減速中だった。乗客はレール横の通路を渡って避難した。怪我をした女性は3両目の先頭に乗っていた。

　　三重県警は事故原因や安全管理に(1)＿＿＿＿＿＿＿がなかったかどうかなどを調べている。警察の調べによると、このジェットコースターは米国製で去年の8月に導入され、高さ97メートル、最大落差93.5メートル、最高速度153キロの世界最高級で、同遊園地の人気施設であった。そして、合計84個の車輪のうち、今回の事故で10個以上が外れ、周囲に飛び散っていたという。ちなみに、プールまで飛んだのは直径約32センチの車輪で、重さ約5~6キロ、厚さ6センチであった。遊園地は安全が確認されるまでこの施設の運行は再開しないとしている。

(78) 本文の内容から見て、(1)＿＿＿＿＿＿＿に入る最も適当な表現はどれですか。

　　(A) 息抜き
　　(B) 腰抜け
　　(C) 手落ち
　　(D) インチキ

(79) 本文に出ているジェットコースターについての説明の中で、正しくないものはどれですか。

　　(A) 速度は 150 キロ台のスピードまで出せる。
　　(B) アメリカで作られたもので、去年導入された。
　　(C) 高さ 97 メートルで、84 個の車輪が付いている。
　　(D) 30 人以上は乗れない小型のジェットコースターである。

(80) 本文の内容と合っていないものはどれですか。

　　(A) 今回の事故で二人が怪我をした。
　　(B) 怪我をした男性はプールで遊んでいた。
　　(C) 事故の原因はジェットコースター自体の欠陥であった。
　　(D) 今回の事故は到着まで数百メートル残っている地点で起きた。

(81 ～ 84)

最近、サラ金業界が大盛況である。(1)テレビでサラ金のCMを見ない日はない。それも、CMには工夫が凝らされており、まるでいつでもお金が出てくるような魔法のキャッシュカードのCMのようである。そんなものがこの世の中に存在するはずがないのに、なんであれほどサラ金が流行るのだろうか。自分なりに色々と考えてみた。

まず、名前であるが、ネガティブなイメージがある「サラ金」という名前を表に出していない。一般的には「消費者金融」と呼ぶ。しかも、キャッシングローンなど、横文字を前面に押し出して何だか海外の銀行のような擬態を凝らしている。(2)_____、無人貸出機が人気だとか。こういったサラ金からお金を借りる人はどこか世の中から離れているようで、無人貸出機が本当に無人だと思っているらしい。あの機械には何カ所にもカメラが設置されており、裏で(3)罠にかかる獲物の表情をじっくり観察している。そして、「こいつは挙動不審だから、金は貸さないでおこう」とか「こいつはプー太郎だけど、若いから親がいるだろう。20万円まで引っ張らせてやれ」などと値踏みしているのである。

(81) (1)テレビでサラ金の CM を見ない日はないとはどういう意味ですか。

　　(A) CM はもううんざりである。
　　(B) 毎日 CM を見るわけではない。
　　(C) 毎日 CM を見るようにしている。
　　(D) しょっちゅう CM が流されている。

(82) 本文の内容から見て、(2)_____に入る最も適当な表現はどれですか。

　　(A) これに加え
　　(B) これをおいて
　　(C) これにもまして
　　(D) これはさておき

(83) (3)罠にかかる獲物が指しているものはどれですか。

　　(A) この人
　　(B) サラリーマン
　　(C) お金を借りに来る人
　　(D) お金を貸してあげる人

(84) 本文の内容と合っているものはどれですか。

　　(A) 現在、サラ金業界は不景気である。
　　(B) サラ金は世間的にあまりいいイメージはない。
　　(C) 名前通り、無人貸出機は本当に無人である。
　　(D) サラ金からお金を借りる人は、みんなやむを得ない事情を持っている。

(85 ～ 88)

　　あるアメリカの大手会社がスパムメール業者に対して、4年間で10億通のスパムを送ったことに損害賠償を要求した裁判があった。裁判の結果、スパム業者に8億円の賠償を払えという判決が下された。(1)さすがアメリカである。スパムに消費する人的リソースの喪失を重大視したのだろう。

　　日本の裁判所もここまでは行かなくてもこれくらいの態度を示してほしいものである。どうも損害賠償というと、日本の裁判官は尻込みしてしまうに違いない。交通事故などは査定表があってそれに基づいて判決が下されるが、スパムのように被害額を鑑定できない場合には、裁判所は腰が(2)_____。もし日本でもこのような判決が出れば、きっとスパムは激減するだろう。このような例は他にもたくさんある。都会の商店街に多い落書きやワンギリ電話にしても被害を受けている人の立場になれば1億円ぐらいの罰金を下しても決して高いとは思わない。それぐらいしなくてはいつまでもこういう迷惑行為はなくならないのではないか。(3)人は何でも金が絡まないと必死にならないのだから。

(85) 本文の内容から見て、この人が (1) さすがアメリカであると思った理由は何ですか。

　　(A) 日本では考えられない判決が下されたから
　　(B) アメリカにはスパムメール業者が多すぎるから
　　(C) スパムメール業者に損害賠償を要求しても仕方がないから
　　(D) 大手会社がスパムメール業者に強気な態度を取る理由はどこにもないから

(86) 本文の内容から見て、(2)_____に入る最も適当な言葉はどれですか。

　　(A) 重い
　　(B) 軽い
　　(C) 低い
　　(D) 抜ける

(87) (3) 人は何でも金が絡まないと必死にならないのだからとはどういう意味ですか。

　　(A) 人は稼ぎになることなら何でもする。
　　(B) 人は必死にお金を貯めたくなるものだ。
　　(C) 罰金の金額が高すぎるのはあまりよくない。
　　(D) 人は高い罰金が払われるような法律はきちんと守る。

(88) 本文の内容と合っているものはどれですか。

　　(A) 落書きやワンギリ電話などは迷惑行為には当たらない。
　　(B) この人は日本の裁判所が迷惑行為には甘いと思っている。
　　(C) 今回訴訟を起こしたアメリカの会社は、スパムメール業者である。
　　(D) アメリカでは未だにスパムに消費する人的リソースの喪失は重大視されていない。

　　西日本鉄道では、今年11月1日よりグランドパス65カードの利用者をはじめとする高齢者層を対象に、無料情報誌である「グランドパス65通信バスびより」を創刊致します。グランドパス65カードは、バスが乗り放題となる利便性や格安な運賃設定が大変(1)＿＿＿＿＿、おかげ様で発売開始から今年9月末までの約1年間での総販売数は、14万枚を突破致しました。これは福岡県下における65歳以上の方のうち、約5％の方がグランドパス65カードを持たれているということになります。

　　「グランドパス65通信バスびより」はオールカラー12ページで、3カ月ごとに毎回4万部を発行する予定でございます。グランドパス65カードをご購入いただく際に窓口にて無料でお渡しする他、天神、博多駅など8カ所のバスセンターでも配布致します。グランドパス65カードを使って行けるバス路線の沿線地域に関する情報や健康情報、生活に役立つ商品の情報などに加え、読者からの絵手紙などを紹介するコーナーも設け、読者参加型の情報誌を目指します。グランドパス65カードをご利用のお客様に「グランドパス65通信バスびより」をご覧いただくことで、もっと西日本鉄道のバスをご利用いただき、様々な場所へお出掛けになる(2)＿＿＿＿＿になればと考えております。

(89) 本文の内容から見て、(1)＿＿＿＿＿に入る最も適当な表現はどれですか。

　　(A) 躍起になっており
　　(B) 好評を博しており
　　(C) ダイヤが乱れており
　　(D) 拍車がかかっており

(90) 本文の内容から見て、(2)＿＿＿＿＿に入る最も適当な言葉はどれですか。

　　(A) あかし　　　　　　　　　　　　(B) ぬくもり
　　(C) たましい　　　　　　　　　　　(D) きっかけ

(91)「グランドパス65通信バスびより」をもらうためには、どうすればいいですか。

　　(A) 駅の窓口でお金を出して買う。
　　(B) 博多駅のバスセンターでただでもらえる。
　　(C) 西日本鉄道に葉書を送るか電話で申し込む。
　　(D) 運転手さんにグランドパス65カードを提示する。

(92)「グランドパス65通信バスびより」についての説明の中で、正しくないものはどれですか。

　　(A) 高齢者層を対象にした情報誌である。
　　(B) 読者が参加できるコーナーも設けられている。
　　(C) グランドパス65カードを持っていないと、無料でもらえない。
　　(D) 創刊した目的は、グランドパス65カードの販売促進のためである。

(93 〜 96)

NHKの問題と言えば、未だに何の改善策もなく延々と続けられている受信料の集金問題であろう。NHKの受信料はかなり高く、1年間負担する金額は(1)＿＿＿＿＿＿。しかし、その受信料に見合うだけの情報をNHKから得ているかというと、ほとんどの人は満足していないと答えるだろう。それで、放送法に受信料を払わない人に対する罰則規定がないのをいいことに、堂々と「NHK不払い」を主張し、実際に不払い運動に参加する人も多い。この集金できなかった分は当然、(2)＿＿＿＿＿＿。

これは不公平ではないか。もともと、NHKは不公平だらけであるが、受信料を統一した値段にすることも不公平と言えば不公平である。都心部は民間放送が多いため、NHKの貢献度は低いと言える。しかし僻地であれば、100戸の家庭に放送するため、何億というお金をかけている所もあり、しかもNHKしか映らないならNHKの貢献度は高い。それでも全国一律というのは果たして公平なのだろうか。今からでも支払う側が少しでも納得できる料金システムを作る必要があるのではないだろうか。全国民が納得することは不可能であるとしても、少しでも収入を増やす努力をするべきである。

(93) 本文の内容から見て、(1)＿＿＿＿＿＿に入る最も適当な表現はどれですか。

(A) ばかにできない
(B) すずめの涙である
(C) 地団駄を踏むことになる
(D) 一笑に付することができる

(94) 本文の内容から見て、(2)＿＿＿＿＿＿に入る最も適当な文章はどれですか。

(A) 全額戻されることになる
(B) 多大な利益を与えることになる
(C) 統一した料金を課することになる
(D) 真面目に支払っている人に分担してもらうことになる

(95) この人はNHKについてどう思っていますか。

(A) 受信料を無料にする必要があると思っている。
(B) 料金システムの改善に力を入れてほしいと思っている。
(C) 民間放送の有無にかかわらず、NHKの貢献度は高いと思っている。
(D) NHKから十分な情報を得ていないのなら、受信料は支払わなくてもいいと思っている。

(96) 本文の内容と合っているものはどれですか。

(A) NHKの受信料は、強制手段によって請求される。
(B) 現在、都心部と僻地は同じ受信料を支払っている。
(C) NHKは民間企業が運営する放送局の一つである。
(D) NHKの経営陣は、料金システムの改善に全力を尽くしている。

アヘン、モルヒネ、ヘロインなど麻薬の名前を聞くと、あまりいい気持ちはしません。何か犯罪の臭いがします。では、一体「麻薬」とは何でしょうか。それは「脳に入って快感、鎮痛、麻酔作用を生じるもの」と定義されています。つまり、痛みを抑えて気持ちをよくする薬というわけです。医薬用として有用で、実際に広く使われています。これだけならいいことずくめですが、麻薬が取り締まられるのは「(1)_____」が問題で、麻薬に溺れてどうしても脱却できない副作用があるためです。

ところで、我々の人間の脳の中でごく普通に「気持ちがよくなれ」という指令を伝える麻薬が作り出されるとしたらどうでしょうか。正確には麻薬みたいなホルモンというべきでしょうが、実はそんな物質が既に発見されているのです。1975年スコットランドのアバディーン大学の麻薬研究グループが、豚の脳からモルヒネと作用が全く同じ物質を抽出したのを(2)_____、人間もさることながら、ほとんどの哺乳動物の脳から似たような物質が今までに続々と発見されています。この物質の素晴らしいところは、必要に応じて作られ脳内で数分で分散されて、作用を失うという点です。(3)_____。

(97) 本文の内容から見て、(1)_____に入る最も適当な言葉はどれですか。

(A) 一貫性
(B) 依存性
(C) 遺伝性
(D) 統一性

(98) 本文の内容から見て、(2)_____に入る最も適当な言葉はどれですか。

(A) よそに
(B) おいて
(C) もとにして
(D) かわきりに

(99) 本文の内容から見て、(3)_____に入る最も適当な文章はどれですか。

(A) つまり、麻酔がよくできるのです
(B) つまり、副作用が全くないのです
(C) つまり、麻薬から解放されるのです
(D) つまり、非常に危ない物質なのです

(100) 本文の内容と合っていないものはどれですか。

(A) 現在、麻薬は医薬用として広く使われている。
(B) 人間の脳からは麻薬のような物質は未だに発見されていない。
(C) 麻薬が取り締まられるのは、どうしても脱却できない副作用があるためである。
(D) 1975 年に発見された物質は必要に応じて作られ、脳内で数分で分散されて作用を失う。

□ 予報 예보	□ 人口 인구	□ 観光 관광	□ 公園 공원
□ 道路 도로	□ 失敗 실패	□ 待望 대망	□ 悪寒 오한
□ 習慣 습관	□ 交渉 교섭	□ 組織 조직	□ 末期 말기
□ 控除 공제	□ 赴任 부임	□ 環境 환경	□ 削除 삭제
□ 徐行 서행	□ 状況 상황	□ 的確 적확	□ 帰省 귀성
□ 牛乳 우유	□ 一家 일가	□ 延長 연장	□ 相談 상담
□ 大学 대학	□ 切実 절실	□ 作文 작문	□ 休暇 휴가
□ 横断 횡단	□ 返事 답장	□ 演奏 연주	□ 収入 수입
□ 貴重 귀중	□ 受付 접수	□ 折衝 절충	□ 常識 상식
□ 拍手 박수	□ 完了 완료	□ 湿気 습기	□ 商売 장사
□ 妨害 방해	□ 願書 원서	□ 禁煙 금연	□ 考証 고증
□ 無言 무언	□ 深刻 심각	□ 危険 위험	□ 往来 왕래
□ 連絡 연락	□ 低迷 침체	□ 本性 본성	□ 反省 반성
□ 服装 복장	□ 夜景 야경	□ 左右 좌우	□ 進行 진행
□ 協同 협동	□ 対照 대조	□ 農耕 농경	□ 信仰 신앙
□ 待遇 대우	□ 団体 단체	□ 奇跡 기적	□ 旅館 여관
□ 溶液 용액	□ 成熟 성숙	□ 宣伝 선전	□ 請求 청구
□ 混乱 혼란	□ 逮捕 체포	□ 容易 용이	□ 創立 창립
□ 解消 해소	□ 濃厚 농후	□ 天然 천연	□ 作業 작업
□ 行方 행방	□ 窓口 창구	□ 頭痛 두통	□ 遂行 수행
□ 固執 고집	□ 福祉 복지	□ 貧困 빈곤	□ 平等 평등
□ 内緒 비밀	□ 需要 수요	□ 禁物 금물	□ 挫折 좌절

Ⅴ. 下の線の言葉の正しい表現、または同じ意味のはたらきをしている言葉を (A) から (D) の中で
一つ選びなさい。

(1) あの<u>猫</u>、かわいいですね。
　　(A) うま
　　(B) ねこ
　　(C) いぬ
　　(D) とり

(2) 彼女は毎日欠かさず<u>日記</u>をつけているそう
　　だ。
　　(A) にちじ
　　(B) にっき
　　(C) ひにち
　　(D) にっか

(3) 試験勉強のため二日も徹夜をしたので、今日
　　は<u>一日中</u>寝た。
　　(A) ついたちじゅう
　　(B) ひとにちじゅう
　　(C) いちにちちゅう
　　(D) いちにちじゅう

(4) 先週、東京ゲームショーが<u>華やか</u>に開幕した。
　　(A) はなやか
　　(B) かろやか
　　(C) まろやか
　　(D) すこやか

(5) 深海にはまだまだ<u>得体</u>の知れない生物が生
　　きている。
　　(A) えたい
　　(B) あんたい
　　(C) とくたい
　　(D) どくたい

(6) すりに遭わないように、懐中物にご<u>用心</u>く
　　ださい。
　　(A) ようしん
　　(B) ようじん
　　(C) ようこころ
　　(D) ようごころ

(7) 酒に酔ってスピードを出しすぎ、激突死す
　　るのは<u>自業自得</u>である。
　　(A) じぎょじとく
　　(B) じぎょうじとく
　　(C) じごじとく
　　(D) じごうじとく

(8) グローバル化の進展で、海外との<u>おうらい</u>
　　が日常化している。
　　(A) 遂来
　　(B) 渡来
　　(C) 行来
　　(D) 往来

(9) 文部科学省ではずっと各分野の学術用語の
　　標準化に<u>つとめて</u>いる。
　　(A) 勤めて
　　(B) 務めて
　　(C) 努めて
　　(D) 注めて

(10) 最近、主人は悩み事でもあるのか、<u>もっぱら</u>
　　お酒ばかり飲んでいるので、ちょっと心配で
　　ある。
　　(A) 専ら
　　(B) 博ら
　　(C) 全ら
　　(D) 分ら

(11) この仕事は簡単だから、誰でもできる。

    (A) おもくないから

    (B) ちかくないから

    (C) おもしろくないから

    (D) むずかしくないから

(12) うれしいことに、今日は学校が休みでした。

    (A) 明日も学校に行きません

    (B) 今日は授業がありませんでした

    (C) 学校に行くしかありませんでした

    (D) 今日は学校に行きたくありませんでした

(13) では、今日の会議はこれでお開きにしようと
思います。

    (A) 始めようと思います

    (B) 延期しようと思います

    (C) 終わりにしようと思います

    (D) 始めからもう一度検討してみようと思い
ます

(14) 今日の未明、静岡県で震度6強の地震があ
りました。

    (A) 震度6にならない地震

    (B) 震度6を少し越える地震

    (C) 観測史上6番目に強い地震

    (D) 日本史上6番目に強い地震

(15) さっきからとてもおっかない顔をしていた
ので、なかなか声をかけられない。

    (A) 怖い顔

    (B) 嫌な顔

    (C) 真剣な顔

    (D) 優しい顔

(16) 自分は何もせず、他の人に全部任せてしま
うなんて、本当に虫のいい人だね。

    (A) いさぎよい

    (B) ずうずうしい

    (C) ういういしい

    (D) すがすがしい

(17) わからない単語があって辞書を引いて調べて
みた。

    (A) あんなに勉強して試験に落ちたのか。

    (B) いい大学に合格できてよかったと思う。

    (C) 兄は日本に来て、弟はフランスに行った。

    (D) 彼はその患者をあらゆる手を尽くして治
した。

(18) 夜、裏庭から変な物音がしました。

    (A) 風邪気味なのか、朝から寒気がする。

    (B) 忙しかったら、これは今日中にしなくて
もいいよ。

    (C) 何度聞いてみても、その子供は答えよう
としなかった。

    (D) 昼の電車の中には、うとうとと居眠りを
している人が多い。

(19) そんなみえみえの手には乗らないよ。

    (A) 家に帰ったら、真っ先に手を洗ってくだ
さい。

    (B) 保険は貯金のように、契約してすぐ解約
という手は使えない。

    (C) 友人に頼まれて、自分の手に余る仕事を
引き受けてしまった。

    (D) 現段階から考えて、アメリカと手を切る
のは容易ではないだろう。

(20) あの子は大人より頭が切れる。

    (A) 彼は財界随一の切れ者だと言われている。

    (B) このナイフ、使ってみると本当によく切
れるね。

    (C) 申し訳ありませんが、画面の商品はただ
今売り切れです。

    (D) 写真をよく見ると、渡辺さんの頭の部分
が切れて撮れていた。

VI. 下の＿＿＿＿線の A, B, C, D の中で正しくない言葉を一つ選びなさい。

(21) 机の上に置かれる本、もしお読みにならないなら、拝見してもよろしいでしょうか。
　　　　　　(A)　　　　　　　　　(B)　　　　　　　　　　(C)　　　　　　　　　(D)

(22) 彼女はきれいし、それに性格もいいから、男性の人気の的になっている。
　　　　　　(A)　　　(B)　　(C)　　　　　　　(D)

(23) あまり時間がありませんから、これを全部終えるからあの仕事をやってください。
　　　(A)　　　　　　　　　(B)　　　　　(C)　　　　　　　　(D)

(24) 昨日は久しぶりの休日とあって、本屋に行って本２冊とボールペンを３枚買いました。
　　　　　(A)　　　　　(B)　　　　　　　　(C)　　　　　　(D)

(25) この映画は実際に九州に起きた殺人事件に基づいて製作された作品である。
　　　(A)　　　　　　(B)　　　　　　(C)　　　(D)

(26) お忙しいところ、このようなお配慮までしていただき、誠に恐縮でございます。
　　　(A)　　　　　　　　　　(B)　　　　(C)　　　(D)

(27) 昨日の試合は３回が終了した時点で、勝負の傾向がほぼ決まったと言える。
　　　　　　　　(A)　　(B)　　　　(C)　　　(D)

(28) 彼、昔別れた恋人と今も偶然に会っているそうよ。
　　　　(A)　(B)　(C)　　　(D)

(29) 出来上がった人は、静かに目を閉めて待っていてください。
　　　(A)　　　　　(B)　　(C)　　(D)

(30) 最初の間は大泣きして母親と離れるのを拒んだ娘も、今は保育園生活を楽しんでいる。
　　　(A)　　(B)　　　(C)　　　　　　　　　　(D)

(31) 人間は誰にも<u>多かれ小さかれ</u>短所はある<u>もの</u>だから、<u>気にする</u> <u>ことはない</u>よ。
                    (A)   (B)   (C)   (D)

(32) <u>容易に</u>達成できる目標より、<u>ろくに</u>高い目標を<u>掲げた方</u>が、やり甲斐を<u>感じて</u>成長できるだろう。
      (A)   (B)   (C)   (D)

(33) 不景気の中、<u>生き残り</u>にしのぎを<u>削って</u>いる企業も多くなり、更に企業<u>同士</u>の<u>合体</u>も増えている。
           (A)   (B)   (C)   (D)

(34) 冗談が好きで、いつも<u>朗らかな</u>人で<u>あっても</u>、時には一人になって物思いに<u>浸って</u>いる時もあるは
         (A)   (B)   (C)   (D)
ずだ。

(35) 金融機関の<u>貸し出し</u>のため、必要なお金がなくて<u>倒産する</u>中小企業が<u>続出</u>している。<u>それで</u>、
              (A)   (B)   (C)   (D)
失業者の数も増えている。

(36) <u>動かぬ</u>証拠が<u>発見</u>され、<u>遂に</u>彼が犯人であることが明らかに<u>した</u>。
    (A)   (B)   (C)   (D)

(37) すぐに解決するのは<u>困難だにしては</u>、まだ時間が<u>あったので</u>、彼は問題解決のために<u>奔走</u>していた。
    (A)   (B)   (C)   (D)

(38) 女性の力が<u>発揮され</u>にくい社会の<u>ありよう</u>を変えてゆくことができなければ、日本はますます<u>行き</u>
             (A)   (B)   (C)
詰まるのではある<u>まじき</u>か。
           (D)

(39) 三連休<u>ともすると</u>、高速道路<u>という</u>高速道路は車で<u>溢れる</u> <u>ようになる</u>。
         (A)   (B)   (C)   (D)

(40) 彼はいつも<u>煮え切る</u>態度ばかり<u>取って</u>いるから、<u>信用</u>できるかはちょっと<u>疑問</u>だ。
        (A)   (B)   (C)   (D)

Ⅶ. 下の_____線に入る適当な言葉を (A) から (D) の中で一つ選びなさい。

(41) 私には 2 歳下の_____がいます。

    (A) 父

    (B) 姉

    (C) 兄

    (D) 弟

(42) 車は地下の駐車場に_____あります。

    (A) 止まって

    (B) 止めて

    (C) 止まれて

    (D) 止められて

(43) トラックが緩やかな坂_____上ってくる。

    (A) に

    (B) を

    (C) で

    (D) と

(44) 習った技術を_____仕事をしたいものだ。

    (A) 生きる

    (B) 生かせる

    (C) 生きた

    (D) 生きられる

(45) 私は運動神経が_____、いつも運動音痴だと言われています。

    (A) 浅くて

    (B) 鈍くて

    (C) 苦くて

    (D) 速くて

(46) その人は恐怖のあまり、顔が_____になっていた。

    (A) 真っ白

    (B) 真っ黒

    (C) 真っ青

    (D) 真っ赤

(47) 彼は何を言っても耳を＿＿＿＿＿としなかった。

    （A）借りよう

    （B）貸そう

    （C）与えよう

    （D）任せよう

(48) この本、来週まで＿＿＿＿＿よろしいでしょうか。

    （A）借りさせても

    （B）お借りになっても

    （C）お借りしても

    （D）お借りくださっても

(49) うちの会社は＿＿＿＿＿残業はありません。

    （A）滅多に

    （B）まあまあ

    （C）つい

    （D）どうにか

(50) 強情な彼女のことだから、＿＿＿＿＿しても通じないと思います。

    （A）教訓

    （B）説得

    （C）理解

    （D）納得

(51) 何かこぼしたんですか。じゃ、このぞうきんでテーブルを＿＿＿＿＿ください。

    （A）掃いて

    （B）巻いて

    （C）切って

    （D）拭いて

(52) ちょっと電話が＿＿＿＿＿ようですが、もう少し大きな声で話していただけませんか。

    （A）長い

    （B）多い

    （C）遠い

    （D）短い

(53) もうすぐ試験なので、睡眠時間を＿＿＿＿して勉強するしかない。

    （A）伸縮

    （B）短縮

    （C）縮小

    （D）凝縮

(54) 既に内容は知っているから、＿＿＿＿行くことはないだろう。

    （A）大分

    （B）時折

    （C）大して

    （D）強いて

(55) この部屋、＿＿＿＿だらけですね。今すぐ掃除しましょう。

    （A）しわ

    （B）ほこり

    （C）たて

    （D）はしご

(56) 大学進学を一度は諦めた＿＿＿＿、どうしても捨て切れない。

    （A）ものを

    （B）もので

    （C）ものか

    （D）ものの

(57) 自分が責任を持って最後までやると言ったくせに、この＿＿＿＿。

    （A）終始だ

    （B）始終だ

    （C）焦点だ

    （D）始末だ

(58) 私も＿＿＿＿貯金して早く自分の家を持ちたい。

    （A）かっと

    （B）べっとり

    （C）つうじて

    （D）せっせと

(59) 午後、昨日買ったエアコンを_____人が来る予定だ。

    (A) 取り合う

    (B) 取り付ける

    (C) 取り押さえる

    (D) 取り集める

(60) 大したことでもないのに、こんなに褒められると、ちょっと_____なあ。

    (A) 生臭い

    (B) 照れくさい

    (C) 騒がしい

    (D) 女々しい

(61) 友達が私の教室に入るか_____のうちに始業ベルが鳴った。

    (A) 入るか

    (B) 入らないで

    (C) 入って

    (D) 入らないか

(62)「鈴木」という名字は、日本では比較的_____名字である。

    (A) そびえ立った

    (B) 走り切った

    (C) 掻き集めた

    (D) 有り触れた

(63) 被災地の悲惨な光景に、私は言葉に_____しまった。

    (A) 詰まって

    (B) 握って

    (C) 途切れて

    (D) 断って

(64) 成功するまで、彼が_____苦労をしたのは言うまでもない。

    (A) そ知らぬ

    (B) 並々ならぬ

    (C) 思案に落ちぬ

    (D) 取るに足らぬ

(65) 最近、煩わしいことに＿＿＿＿されて、ろくに研究する時間もない。

    (A) 煩悩

    (B) 腐心

    (C) 忙殺

    (D) 困惑

(66) 一般的にテレビでは自然界の生存競争が取り上げられるが、実際には＿＿＿＿の関係も多い。

    (A) 持つも持たれるも

    (B) 持ちつ持たれつ

    (C) 持つやら持たれるやら

    (D) 持つなり持たれるなり

(67) 作業の後、彼の服は油で＿＿＿＿になっていた。

    (A) うすうす

    (B) めそめそ

    (C) こりごり

    (D) どろどろ

(68) ＿＿＿＿彼がこんなミスをするはずがない。何か事情があったのではないか。

    (A) 如才ない

    (B) しぶとい

    (C) 堅苦しい

    (D) 華々しい

(69) もう流行遅れの服だから、＿＿＿＿で売るしかない。

    (A) 一期一会

    (B) 三日坊主

    (C) 二束三文

    (D) 海千山千

(70) どんなに優秀な社長であれ、着任早々、この会社の＿＿＿＿いくのは至難の業だろう。

    (A) 舵を取って

    (B) 折り合いを付けて

    (C) けじめを付けて

    (D) 呆気に取られて

Ⅷ. 下の文を読んで、後の問いにもっとも適当な答えを (A) から (D) の中で一つ選びなさい。

(71 〜 74)

私は今、学校で(1)ハイキング部に所属しています。ハイキング部は平日はみんなで登山に向けてトレーニングをし、週末は個人でトレーニングします。また、1カ月に一度、県内の1000メートル級の山に登ります。こうして、夏合宿での3千メートル級の山での登山に向けて体力を付けていくのです。トレーニングは今、自分が持っている以上の力をつけるために、とても辛いです。辛いからといって(2)＿＿＿＿＿＿＿と、顧問の先生に嫌味を言われます。それでも私たち約30名の部員が、部活を止めない理由は登山での感動にあります。

前に書いたように、夏には合宿があり、3千メートル級の山に登ることができます。去年は白馬岳に登りました。4日間、お風呂に入らず汗をかきまくって登った山の景色はまるで違う世界のもののようでした。部活はこれからも続くし、トレーニングは大変だけれども、感動を求めて私はこれからも部員皆で頑張っていきたいと思います。

(71) (1)ハイキング部についての説明の中で、正しいものはどれですか。

(A) 夏に合宿がある。
(B) 平日は個人でトレーニングをする。
(C) トレーニング自体はそんなに辛くない。
(D) 毎週県内の 1000 メートル級の山に登る。

(72) 本文の内容から見て、(2)＿＿＿＿＿＿に入る最も適当な表現はどれですか。

(A) 足が出る
(B) 弱音を吐く
(C) 首を傾げる
(D) 顔をつぶす

(73) この人が部活を止めない理由は何ですか。

(A) 特にすることがないから
(B) 登山で感動を受けるから
(C) 今、部員が少なすぎるから
(D) 勉強するよりいいと思っているから

(74) この人はこれから部活をどうしようと思っていますか。

(A) 続けようと思っている。
(B) もうすぐ止めようと思っている。
(C) どうするかまだはっきり決めていない。
(D) 低い山に登るなら、続けようと思っている。

(75 ～ 77)

　　安眠の極意は「頭寒足熱」と言われる。実際に足を暖めるだけではなく、足先が「暖かい」と思うと、不思議に眠くなる。足が冷たい時は変な夢を見る。私は時々学生時代にやっていたヨット部の練習の夢を見るが、大抵何かトラブルがある状況で、部品が壊れてなかなか船を海に出せないとか、練習する海岸に着くまで時間がかかってしまい、「もうすぐ夕暮れじゃないか！」などと部員たちに文句を言っている。そんな時、ふと目が覚めると、布団がずり落ちて足が出ている場合が多い。

　　去年の冬に見た夢は、高校の時にマラソンをしている夢だった。後ろから誰かが追い掛けてくる。「もう駄目だ！抜かれる！」と思っていると目が覚めた。隣で家内が風邪の熱で「ハアハア」と言いながら寝ているのを見てまた眠りについた。朝になってその話を家内にすると、「(1)あなたはそれでも医者なの？」と言われてしまった。今年もインフルエンザがそろそろ流行りそうだ。それに、ひどくなると肺炎に発展するマイコプラズマ感染症も流行っている。みんな暖かくして早く寝よう。

(75) この人はどうして自分がヨット部の夢を見たと思っていますか。

　　(A) 足が冷たくなったから

　　(B) ヨット部の熱血部員だったから

　　(C) ヨット部の部員たちに不満を抱いていたから

　　(D) もともとヨット部に入って練習するのが夢だったから

(76) この人の妻が (1) あなたはそれでも医者なの？と言った理由は何ですか。

　　(A) この人がマラソン競技で抜かれたから

　　(B) この人が自分の病名すら知らなかったから

　　(C) 今年もインフルエンザが大流行していたから

　　(D) 医者なのに、何もしないでただ自分の苦しんでいる姿を見ていたから

(77) 本文の内容と合っていないものはどれですか。

　　(A) この人はヨット部の部員だった。

　　(B) この人は足を暖かくすることは安眠の助けになると思っている。

　　(C) マイコプラズマ感染症は放っておくと、肺炎になる恐れがある。

　　(D) この人は、高校時代、今の妻と一緒にマラソンをしたことがある。

　　日清食品の安藤社長は25日、世界初の即席ラーメンでこの日発売50周年を迎えた「チキンラーメン」が、来年は10年ぶりに過去最高の売上高を更新するとの(1)＿＿＿＿＿を記者会見で明らかにした。日清食品は販売促進の強化に冷夏の好影響が加わったと見ている。安藤社長は、「本格需要期の秋以降、消費者が飽きる反動も予想されるが、対策は考えている」と強気である。同社によると、今までの販売累計は約44億6000万食で、今年5月にはめんの中央に卵を乗せるためのくぼみを付けてリニューアルした。人気グループのメンバーと人気女優を起用したテレビCMなどで広告宣伝も強化した。今年の冷夏により、即席めん業界全体では、7月の販売額が前年度に比べて7%押し上げられたと見られている。チキンラーメンは7月の売上高が前年比30%増に急増した。

(78) 本文の内容から見て、(1)＿＿＿＿＿に入る最も適当な言葉はどれですか。

(A) 見通し
(B) 見返り
(C) 見晴らし
(D) 見合わせ

(79) 今年、即席めんの販売実績が伸びた一番の要因は何ですか。

(A) 今年の夏は暑くなかったから
(B) 健康にいい商品だと評価されたから
(C) テレビCMの宣伝効果が抜群だったから
(D) どこでも簡単に食べられるという長所が魅力的だったから

(80) 本文の内容と合っていないものはどれですか。

(A) 今年はチキンラーメンの販売実績がかなり伸びたそうだ。
(B) チキンラーメンは今年5月に新しい形にリニューアルされた。
(C) 消費者は秋以降になると、即席めんをほとんど食べなくなる。
(D) 安藤社長はチキンラーメンの秋以降の販売に対して自信を持っている。

(81 〜 84)

> 　犯罪者の再犯率はかなり高い。しかし、未だに日本の刑法システムは、この再犯者に対して何の対策も取っていない。政治家が悪いのか法曹界が悪いのか、それはわからない。ところで、インターネットを見ていたら、アメリカ発の面白い記事を見つけた。何とGPSを利用したシステムで、過去に犯罪歴のある人間の動きを衛星から監視するというシステムである。何だか近未来的な話であるが、実用化に(1)＿＿＿＿＿計画が進んでいるという。GPSで監視するのは、保護観察処分を受けた仮出所中の受刑者で、彼らの現在位置とその周辺での犯罪の発生場所を比較するシステムである。この機能は当然(2)＿＿＿＿＿ために考案されている。アメリカでは刑務所を出た受刑者の3人に2人が出所から3年以内に重大な犯罪を再度犯しているという。そして、GPSによる監視システムは犯罪者を刑務所に収監するよりコストも安いというから、いかにも合理主義のアメリカ的な考えである。しかし、日本ではこのような案は出した時点で、どこかの人権擁護団体や弁護士が大挙して押し寄せて「人権！人権！」とシュプレヒコールされてしまうだろう。

(81) 本文の内容から見て、(1)＿＿＿＿＿に入る最も適当な言葉はどれですか。

　　(A) とって
　　(B) かけて
　　(C) おいて
　　(D) 向けて

(82) 本文の内容から見て、(2)＿＿＿＿＿に入る最も適当な文章はどれですか。

　　(A) 犯罪者の再犯率が高い
　　(B) 衛星から監視するのが大変難しい
　　(C) 犯罪歴のある人間の動きは容易に把握できない
　　(D) 保護観察処分を受けた仮出所中の受刑者が少ない

(83) GPS による監視システムについての説明の中で、正しいものはどれですか。

　　(A) 導入してからもうかなりの効果を上げている。
　　(B) 犯罪歴のある人の居場所を把握できるシステムである。
　　(C) アメリカでは人権に関わる問題であると強い反発が上がっている。
　　(D) GPS による監視システムは再犯率を下げるのにはあまり役に立たない。

(84) 本文の内容と合っていないものはどれですか。

　　(A) 日本の再犯率はかなり高いと言える。
　　(B) GPS で監視するのは、保護観察処分を受けた仮出所中の受刑者である。
　　(C) この人は日本でも GPS による監視システムを一刻も早く導入すべきであると思っている。
　　(D) GPS による監視システムを利用することで、犯罪者を刑務所に収監するコストを削減できる。

(85 〜 88)

今回の全国学力テストでは、初めて中学生に部活の時間を質問し、平均正答率との関係を集計した。部活が1時間以上2時間未満の生徒の平均正答率が国語、数学のA・B問題の全てで最も高いという結果が出た。国公私立の中学生に月〜金曜の1日当たりの運動部・文化部の活動時間を尋ねたところ、2時間以上3時間未満が43.3％と最も多く、1時間以上2時間未満が29.0％、「全くしない」が11.7％、3時間以上が11.4％だった。30分以上1時間未満は3.4％、30分未満は1.0％だった。一方、平均正答率は国語、数学のA・Bいずれでも1時間以上2時間未満が最も高く、続いて2時間以上3時間未満、30分以上1時間未満、30分未満、3時間以上、「全くしない」の順だった。部活に詳しい内田・名古屋大准教授は「部活が長時間になると、勉強時間が奪われると見ることはできる。一方、全く部活をしていない生徒も、(1)＿＿＿＿＿＿可能性がある」と話す。その上で、「心身にそれほど負荷がなく楽しめ、学習時間も奪われないという部活の時間は1日1〜2時間程度なのではないか」と見る。部活をめぐっては、教員の長時間労働の原因になっているとの指摘もある。スポーツ庁は今年度、練習時間や休養日などに関する指針を策定する方針だ。

(85) 今回の全国学力テストでは、何を初めて調査しましたか。

    (A) 苦手な科目とその理由
    (B) 部活に費やす時間の長さ
    (C) 部活の時間と学力の関係
    (D) 日常生活における運動時間

(86) 部活の時間別に平均正答率が最も低かったのはどのグループでしたか。

    (A) 全くしないグループ
    (B) 30分以上1時間未満のグループ
    (C) 2時間以上3時間未満のグループ
    (D) 1時間以上2時間未満のグループ

(87) 本文の内容から見て、(1)＿＿＿＿＿＿に入る最も適当な文章はどれですか。

    (A) 学力はかなり高い
    (B) 学校生活を十分に楽しんでいる
    (C) 徐々に勉強に興味を持ち始める
    (D) 学校生活や学業に馴染めていない

(88) 本文の内容と合っているものはどれですか。

    (A) 部活は1時間以上2時間未満が最も多かった。
    (B) 部活は教員の長時間労働の一因になり得る。
    (C) 部活の時間と学力の相関関係は全く認められない。
    (D) 部活が長時間になっても、勉強にはほとんど差し支えがない。

　　現在、日本のPOS(販売時点情報管理システム)はあくまで供給者側の情報処理を目的としている。しかし、このPOSシステムで消費者に提供できる情報がある。それは家計簿情報である。一般的に消費者が行くスーパーはよほどの安売りなどがない限り、1〜2軒ぐらいに限られる。その日の新聞の折り込み広告を見てどこに買い物に行くかを決めたりすることがあるだろう。この揺らぐ消費者の気持ちを引っ張るのにPOSシステムを使用してみることを考えてみた。それは(1)＿＿＿＿＿＿＿システムである。まず、消費者は主婦の場合が多いので、スーパーのレジを通る時、大抵はポイントカードのようなものを持っている。このカードに消費者の個人コードを付加し、その消費者が購入した商品データはPOSシステムのデータベースに加えると共に、消費者の個人データーベースにも追加する。そしてインターネットを利用し、スーパーのサイトで商品を購入する際、個人IDを入れてアクセスすれば、何を購入したかなど家計簿が表示される。希望者には月に1回か2カ月に1回程度で家計簿を消費者の自宅に送付する。この家計簿データーには、食費がいくらとかお菓子代とか色々と分析データを追加することにより、消費者がこのスーパーで購入すれば自分の家計簿をつける必要がなくなるので、(2)＿＿＿＿＿＿＿。また、これを銀行口座と連動させることにより、光熱費の引き落としなどの公共料金までを総合的に管理することが可能となる。

(89) 本文の内容から見て、(1)＿＿＿＿＿＿＿に入る最も適当な文章はどれですか。

(A) POS と家計簿を繋ぐ　　　　　　　(B) POS の使用を控える
(C) POS と銀行口座を連動する　　　　(D) POS の情報を非公開にする

(90) POS システムが消費者に提供できる情報は何ですか。

(A) 新しい商品の情報
(B) セールをしているスーパーの情報
(C) 消費者が登録したスーパーで購入した商品の詳細
(D) 消費者がインターネットで購入した食品の値段と種類

(91) 本文の内容から見て、(2)＿＿＿＿＿＿＿に入る最も適当な文章はどれですか。

(A) 衝動買いをしてしまう恐れがある
(B) 消費行動の分析が全くできなくなる
(C) そこのスーパーに足を運ばなくなってしまう
(D) そこのスーパーに固定される可能性がある

(92) 消費者がこのシステムを利用するために必ず必要なものはどれですか。

(A) 家計簿
(B) 身分証明書
(C) POS システムと連携できる銀行口座
(D) 商品を購入する際、スーパーのサイトに登録しておくこと

(93 ～ 96)

　　アラビア半島の東側の国では、砂漠で羊が(1)＿＿＿＿＿＿＿するというのです。水のない砂漠でどうしてでしょうか。1982年前後からこの地域では、冬になると大雨が降るといいます。砂漠に水がもたらされるのだから、いかにも天の恵みと思いがちですが、実は違います。砂漠は砂の下が固い粘土質になっていて、降った雨は地下に浸透せずたまっていきます。豪雨ともなると排水施設もないため、巨大な池ができ、今までそんな水を経験したことのない羊たちは泳ぐこともできず、結局死んでいくという話なのです。私たちの常識からすれば、砂漠に池ができれば羊なんかは死んでも人間のオアシスにはなるだろうと考えます。

　　(2)＿＿＿＿＿＿＿、砂漠の砂には大量の塩分が含まれているため、池は塩気の強い海水と同じになるのです。水分は大量に蓄えられても、生物が糧とできる水ではないので、草や木も生えず、人間も寄り付かないのです。つまり、砂漠に草木がないのは水が少ないからでなく、(3)＿＿＿＿＿＿＿。

(93) 本文の内容から見て、(1)＿＿＿＿＿＿＿に入る最も適当な言葉はどれですか。

　　(A) 餓死
　　(B) 溺死
　　(C) 凍死
　　(D) 自殺

(94) 本文の内容から見て、(2)＿＿＿＿＿＿＿に入る最も適当な言葉はどれですか。

　　(A) なお
　　(B) しかも
　　(C) だから
　　(D) ところが

(95) 本文の内容から見て、(3)＿＿＿＿＿＿＿に入る最も適当な文章はどれですか。

　　(A) 巨大な池ができるからだということになります
　　(B) 塩分が砂に含まれているからだということになります
　　(C) 羊たちが全部食べてしまうからだということになります
　　(D) 砂の下が固い粘土質になっているからだということになります

(96) 本文の内容と合っていないものはどれですか。

　　(A) 砂漠に池ができれば、人間にはオアシスになる。
　　(B) 砂漠にできた池は、塩気の強い海水と同じになる。
　　(C) 砂漠に降った雨は地下に浸透できず、たまっていく。
　　(D) 砂漠にできた池のせいで、羊が死んでしまうこともあり得る。

(97 〜 100)

地球内部の岩石の歪みが生じ、それが限界を超えた時、破壊現象が起こる。これが地震で、その時に生じた波動が四方に伝わっていくのが地震波である。この波は一種類ではなく、P波、S波、表面波の3種類がある。P波は、波の進行方向と同方向の震動が伝わっていく縦波で、伝わっていく速さは、三つの波のうち最も速く、これが地震の初期微動を記録することになる。また、このP波は固体中でも液体中でも伝わる。一方、S波は、波の進行方向と直角な方向の震動が伝わっていく横波で、これがその地震の最も大きな揺れとなる。このS波は固体中しか伝わらない。また表面波は、物体の表面に対してだけ伝わる波で、物体の内部の方は揺り動かさない。これらの波の伝わる速度は、波の経路にある物質の密度によって違うが、大体P波が秒速(1)_____、S波が秒速3〜4キロメートルで、表面波はS波よりやや遅くなる。ある時点に達した時のP波とS波の時間差は、震源からの距離に(2)_____する。つまり、震源からの距離が遠いほど、P波の到達時間とS波の到達時間の差は大きくなる。震源までの距離はこの時間差を利用して測る。

(97) P波についての説明の中で、正しいものはどれですか。

(A) 固体中しか伝わらない波である。
(B) S波や表面波より伝わっていく速さが速い。
(C) 地震波のうち、最も大きな揺れとなる波である。
(D) 波の進行方向と直角な方向の震動が伝わっていく。

(98) 本文の内容から見て、(1)_____に入るP波の秒速として正しいものはどれですか。

(A) 1〜2キロメートル
(B) 2〜3キロメートル
(C) 3〜4キロメートル
(D) 4〜5キロメートル

(99) 本文の内容から見て、(2)_____に入る最も適当な言葉はどれですか。

(A) 比例
(B) 反対
(C) 賛成
(D) 反比例

(100) 本文の内容と合っていないものはどれですか。

(A) P波は固体や液体に関係なく伝わる。
(B) 地震波にはP波、S波、表面波の3種類がある。
(C) 表面波は物体の表面に対してだけ伝わる波である。
(D) 震源までの距離はP波と表面波の時間差を利用して測る。

歩道 (ほどう) 보도	注文 (ちゅうもん) 주문	増加 (ぞうか) 증가	人材 (じんざい) 인재
帰国 (きこく) 귀국	往復 (おうふく) 왕복	地図 (ちず) 지도	朝刊 (ちょうかん) 조간
必要 (ひつよう) 필요	建物 (たてもの) 건물	招待 (しょうたい) 초대	原因 (げんいん) 원인
後者 (こうしゃ) 후자	相続 (そうぞく) 상속	訴訟 (そしょう) 소송	一覧 (いちらん) 일람
規制 (きせい) 규제	進捗 (しんちょく) 진척	季節 (きせつ) 계절	自習 (じしゅう) 자습
歌手 (かしゅ) 가수	敏感 (びんかん) 민감	尊重 (そんちょう) 존중	促進 (そくしん) 촉진
住宅 (じゅうたく) 주택	遅刻 (ちこく) 지각	発作 (ほっさ) 발작	過言 (かごん) 과언
協力 (きょうりょく) 협력	繁盛 (はんじょう) 번성	看板 (かんばん) 간판	恐怖 (きょうふ) 공포
勝敗 (しょうはい) 승패	沈黙 (ちんもく) 침묵	把握 (はあく) 파악	宗教 (しゅうきょう) 종교
伝言 (でんごん) 전언	修飾 (しゅうしょく) 수식	添削 (てんさく) 첨삭	首脳 (しゅのう) 수뇌
暖房 (だんぼう) 난방	障害 (しょうがい) 장애	赤字 (あかじ) 적자	種類 (しゅるい) 종류
模倣 (もほう) 모방	盛大 (せいだい) 성대	応急 (おうきゅう) 응급	閉鎖 (へいさ) 폐쇄
民族 (みんぞく) 민족	出張 (しゅっちょう) 출장	新型 (しんがた) 신형	開店 (かいてん) 개점
個室 (こしつ) 독방	疾病 (しっぺい) 질병	演説 (えんぜつ) 연설	挑戦 (ちょうせん) 도전
東西 (とうざい) 동서	礼儀 (れいぎ) 예의	頻繁 (ひんぱん) 빈번	寿命 (じゅみょう) 수명
身分 (みぶん) 신분	規模 (きぼ) 규모	絶望 (ぜつぼう) 절망	体裁 (ていさい) 체면
仮病 (けびょう) 꾀병	逸脱 (いつだつ) 일탈	有無 (うむ) 유무	贈答 (ぞうとう) 증답
遺言 (ゆいごん) 유언	斬新 (ざんしん) 참신	裸足 (はだし) 맨발	徹夜 (てつや) 철야
好調 (こうちょう) 호조	始終 (しじゅう) 시종	妥協 (だきょう) 타협	煙突 (えんとつ) 굴뚝
屋根 (やね) 지붕	卑怯 (ひきょう) 비겁	矛盾 (むじゅん) 모순	衰退 (すいたい) 쇠퇴
平生 (へいぜい) 평소	強硬 (きょうこう) 강경	陰口 (かげぐち) 험담	上下 (じょうげ) 상하
夜空 (よぞら) 밤하늘	気配 (けはい) 기색, 기미	億劫 (おっくう) 귀찮음	会釈 (えしゃく) 가볍게 인사함

Ⅴ. 下の線の言葉の正しい表現、または同じ意味のはたらきをしている言葉を (A) から (D) の中で
一つ選びなさい。

(1) 妹は<u>甘い</u>お菓子が大好きです。

    (A) あまい

    (B) のろい

    (C) からい

    (D) ちかい

(2) そこは決して<u>静かな</u>ところではなかった。

    (A) かすかな

    (B) ひそかな

    (C) しずかな

    (D) はるかな

(3) 今度彼が<u>出版</u>した小説は好評を博しているそうだ。

    (A) しゅっぱん

    (B) じゅっぱん

    (C) しゅっぴん

    (D) じゅっぴん

(4) 最近、出会い系サイトに<u>絡む</u>事件が多発している。

    (A) いとなむ

    (B) あむ

    (C) あゆむ

    (D) からむ

(5) <u>真心</u>をこめて自分の務めを果たし、名誉を保つ努力をしている。

    (A) まごころ

    (B) しんしん

    (C) しんじん

    (D) ましん

(6) そんな<u>紛らわしい</u>用語は避けた方がいい。

    (A) いたわしい

    (B) まぎらわしい

    (C) うたがわしい

    (D) わずらわしい

(7) 昨日、自転車利用環境を考える<u>懇談会</u>が開催された。

    (A) がんだんかい

    (B) がんたんかい

    (C) かんだんかい

    (D) こんだんかい

(8) 1時間前に出発したから、十分<u>まにあった</u>と思いますよ。

    (A) 関に合った

    (B) 問に合った

    (C) 間に合った

    (D) 簡に合った

(9) 会社側は組合の要求をすべて<u>こばんだ</u>。

    (A) 否んだ

    (B) 結んだ

    (C) 挑んだ

    (D) 拒んだ

(10) <u>せっかく</u>の休日だったのに、大雨が降ってずっと家で過ごした。

    (A) 折角

    (B) 切角

    (C) 折格

    (D) 切格

(11) 今日、長崎は曇りのち晴れです。

    (A) 曇ったり晴れたりします

    (B) 雲一つない青空が広がります

    (C) 雲の多い日になりそうです

    (D) 最初は曇りだが、だんだん晴れてきます

(12) 彼は頭が切れて気が利く。

    (A) 彼は頭がよい。それで、いつもほめられている。

    (B) 彼は頭はよくないが、温かい心を持っている。

    (C) 彼は頭がよい。その上、適切な判断が素早くできる。

    (D) 彼は頭はよくないが、人の話はよく聞いてくれる。

(13) やりかけの仕事は、きっちりと終わらせてから帰ってください。

    (A) やっている仕事

    (B) やりとげた仕事

    (C) やりなおした仕事

    (D) やっていない仕事

(14) 申し訳ありませんが、こちらからもう一度お電話させていただきます。

    (A) 電話します

    (B) 電話してください

    (C) 電話を待っています

    (D) 電話した方がいいです

(15) 彼の言い方は、どうにも腹に据えかねた。

    (A) 納得した

    (B) 覚悟を決めた

    (C) 気持ちがよくなった

    (D) 我慢しきれなかった

(16) 今、あの会社の経営は火の車である。

    (A) 順調で何の問題もない

    (B) 極めて苦しい状況である

    (C) 売り上げが伸びて喜んでいる

    (D) あまりよくないが、すぐ回復するだろう

(17) 隣の家から楽しい音楽が聞こえてきたから、パーティーでもやっているのかと思ったわけだよ。

    (A) そのわけを詳しく説明してください。

    (B) ここで諦めてしまうわけにはいかない。

    (C) わけもなく人を殴るなんて、もう許せない。

    (D) 新しいゲームソフトがどんどん出てくるわけだから、何を選べばいいのか悩むことが多くなりそうだ。

(18) あの鏡は眩しいほどぴかぴかだ。

    (A) 中村さんの家までどれほどありますか。

    (B) 彼は本当に身のほどを知らない人だね。

    (C) 幼い時は、毎日泣くほど悲しいことが多かった。

    (D) 空中に高く上がれば上がるほど、空気は薄くなる。

(19) 面白いとは思いつつも、真似まではしたくはない。

    (A) 最近、結婚しない女性が増えつつある。

    (B) 悔しいとは思いつつも、何も言えなかった。

    (C) 技術の発達で、職業の形も変わりつつある。

    (D) この絵は、満月を眺めつつお酒を飲んでいる絵だ。

(20) その人の話を聞いたら、胸がいたんできた。

    (A) 築30年のこの家は、あちこちがいたんでいた。

    (B) 当時の事故を思い出すと、心がいたむ。

    (C) 桃はいたみやすい果物なので、注意が必要だ。

    (D) 姿勢のせいなのか、腰がいたんで夜なかなか眠れない。

VI. 下の＿＿＿＿線の A, B, C, D の中で正しくない言葉を一つ選びなさい。

(21) このカメラより 小さくて 便利のカメラがほしいです。
　　　(A)　　　　　　 (B)　　 (C)　　　 (D)

(22) あそこにあるのは鈴木さんの猫で、そのそばに立っている男の子は彼の息子さんです。
　　　　　　　(A)　　　　　　　　　　(B)　　　　　　　(C)　　　　　　　　(D)

(23) 今度の夏休みに家族と一緒に 2 週間に韓国へ旅行に行くつもりです。
　　　　　　　　(A)　　　　　(B)　　 (C)　　　 (D)

(24) 上着のポケットの中にかわいいハンカチが 1 本入っています。
　　　　　(A)　　　　　　 (B)　　　　　　　 (C)　　　 (D)

(25) 多額の現金や高価な鞄など、貴重品は 全てホテルのフロントにお預かりください。
　　　(A)　　　　 (B)　　　　　　　　 (C)　　　　　　　 (D)

(26) 彼は多額の借金があって休む暇も 全くなく、日曜日までに働かなければならない状態である。
　　　　　(A)　　　　　　　　　　　(B)　　　 (C)　　　　　　 (D)

(27) 体調がよくないので、今日は早退していただいてもよろしいでしょうか。
　　　(A)　　　　　 (B)　　 (C)　　　　 (D)

(28) 子供が小さい 間には、家事で忙しくてなかなか夫婦での外出もできなかった。
　　　　　(A)　　 (B)　　　　　　　　 (C)　　 (D)

(29) 先生は極めて困難な時期に教養学部長を務められ、授業再開のために大変な努力をいたしました。
　　　　　　(A)　　　　　　　　 (B)　　　　　　 (C)　　　　　　　 (D)

(30) 周囲の反対をものともせず、長年に従って努力を重ね続けた彼は、いよいよ研究を完成した。
　　　　　　(A)　　　　　　 (B)　　 (C)　　　　 (D)

(31) 医学の進歩 とたんに、平均寿命もだんだん 伸びている。
　　　　　　(A)　　(B)　　　　　　　　　(C)　　　(D)

(32) 天候や季節に限らず、思い切り 汗を流すことができるスポーツ施設を作って欲しい。
　　　　　　　　　(A)　　　(B)　　(C)　　　　　　　　(D)

(33) 何事も気楽に 始めるのが、飽きずに 続けさせる一番の方法だと思う。
　　　　　(A)　(B)　　　　　(C)　　(D)

(34) 現代と比べ、かねての政治家の方が遥かに責任感が強かったと思う。
　　　　　　　(A)　　(B)　　　(C)　　　(D)

(35) いくら長く住んでいても、所詮外国人にすぎない人が、日本人の心の中に立ちすくむことは
　　(A)　　　　　　　　(B)　　　(C)　　　　　　　　　　(D)
なかなか難しいだろう。

(36) 私たちは何かが自分の手に負えそうではないと思った時、物事を諦める言い訳を探し始めるのである。
　　　　(A)　　　　　(B)　　　　　　　　　　　(C)　　　　(D)

(37) 自ら未来を切り捨てようと思っても、どうにもならぬことに翻弄されるのが我々の人生である。
　　　　　　(A)　　　　(B)　　　　　(C)　　(D)

(38) 自分の意見に自信を持ち、容易には捨てないという心構えは大切だが、自分の好みだけに
　　　　　(A)　　　　　　　　　　　　(B)
しがみついていては、どうしても独断に落ちやすい。
(C)　　　　　　　　　　(D)

(39) 一方的な意見のみを参考にしては駄目だ。耳を傾げれば、対立項にもいい意見があることに気付く。
　　　　　(A)　　　　　(B)　　(C)　　　　　　　　　　　　　　(D)

(40) 議論はもううんざりだ。それは議論しているうちに、本来の課題が何であるかがいつの間にか
　　　　　　(A)　　　　　　　　(B)　　　　　　　　　(C)
忘れ去られ、どんどん落ち葉に本題がずり落ちてしまうからである。
　　　　　(D)

Ⅶ. 下の＿＿＿＿＿線に入る適当な言葉を (A) から (D) の中で一つ選びなさい。

(41) 彼は熱心に勉強して大学の先生＿＿＿＿＿なりました。

    (A) に

    (B) を

    (C) が

    (D) は

(42) 学校から家までは＿＿＿＿＿かかりますか。

    (A) なに

    (B) だれ

    (C) いくつ

    (D) どのぐらい

(43) 日本と中国と韓国の中で、人口が一番多い国は＿＿＿＿＿ですか。

    (A) どの

    (B) どれ

    (C) どちら

    (D) どなた

(44) 午後、八百屋に行って＿＿＿＿＿を買って来た。

    (A) ふく

    (B) おかし

    (C) さかな

    (D) やさい

(45) 彼は相変わらず歌＿＿＿＿＿上手だった。

    (A) を

    (B) の

    (C) が

    (D) から

(46) ここもだんだん人口が増えて＿＿＿＿＿賑やかになりましたね。

    (A) きて

    (B) いって

    (C) みて

    (D) のって

(47) 最近、食べ過ぎたのか、＿＿＿＿＿しまいました。

    (A) おもって

    (B) まって

    (C) いきて

    (D) ふとって

(48) 池の中には金魚が＿＿＿＿＿もいなかった。

    (A) いちわ

    (B) いちまい

    (C) いっぴき

    (D) いっそく

(49) ＿＿＿＿＿、高校時代の友達と偶然会った。

    (A) この間

    (B) この頃

    (C) 今度

    (D) 今から

(50) 中に入る時は、必ず靴は＿＿＿＿＿ください。

    (A) きて

    (B) かぶって

    (C) ぬいで

    (D) はめて

(51) そんな仕事をするくらいなら、いっそ会社を辞めた方が＿＿＿＿＿。

    (A) ましだ

    (B) わざだ

    (C) いいとは言えない

    (D) いいに限る

(52) 社長の命令＿＿＿＿＿、海外出張に行かないわけにはいかなかった。

    (A) とあって

    (B) といって

    (C) ときて

    (D) とのって

(53) 雨上がりの＿＿＿＿草花を見ると、何だか心が落ち着く。

   (A) おもたい
   (B) よろこばしい
   (C) うっとうしい
   (D) みずみずしい

(54) 花の＿＿＿＿が短いように、人間は誰でも年を取るものだ。

   (A) くい
   (B) たより
   (C) さかり
   (D) すべり

(55) 私は＿＿＿＿諭すような先輩の口調に一言も反論できなかった。

   (A) やんわりと
   (B) みじんも
   (C) あらかじめ
   (D) ふいに

(56) 社長は組合の主張を全て＿＿＿＿引き受けた。

   (A) 潔く
   (B) 恨めしく
   (C) 慌ただしく
   (D) 名残惜しく

(57) 若い母親は泣きわめく赤ちゃんを優しい眼差しで＿＿＿＿いた。

   (A) なだめて
   (B) さからって
   (C) とらえて
   (D) ひっくりかえして

(58) 現状からすると、＿＿＿＿鈴木君はやる気が全くなかったと言える。

   (A) 取り敢えず
   (B) 主として
   (C) そもそも
   (D) せいぜい

(59) 弟は重そうな荷物を両手に抱えて_____と歩いてきた。

    (A) ぐうぐう

    (B) とんとん

    (C) よたよた

    (D) ばらばら

(60) 彼がそんなことまでするなんて、_____がたい。

    (A) 許す

    (B) 許し

    (C) 許して

    (D) 許そう

(61) _____今回の決定には従わなければならない。

    (A) はれて

    (B) よかれあしかれ

    (C) きまって

    (D) てんから

(62) 川_____桜の並木がずらりと並んでいる。

    (A) に限って

    (B) に沿って

    (C) に関して

    (D) に伴って

(63) ここで_____手を出すと、台無しになってしまうから、もうちょっと様子を見よう。

    (A) なまじ

    (B) あたかも

    (C) やがて

    (D) 次第に

(64) バスに乗るために列に並んでいたら、あるおばさんに_____しまった。

    (A) 引き取られて

    (B) 割り込まれて

    (C) 払い戻されて

    (D) 食い倒されて

(65) 写真のなかった昔、人を偲ぶ_____は肉筆だった。

    (A) もたれ

    (B) さだか

    (C) かけら

    (D) よすが

(66) 夏は暑いという道理に_____利器であるエアコンは、家庭用電力消費の約 25% を占めている。

    (A) つどう

    (B) ゆさぶる

    (C) あらがう

    (D) さとる

(67) その議員は疑惑の核心を突く質問には、お茶を_____ばかりいた。

    (A) 差して

    (B) 濁して

    (C) 回して

    (D) 倒して

(68) 「本当に日本語がお上手ですね。」「いいえ、_____すぎですよ。」

    (A) 買い被り

    (B) 顔見知り

    (C) 二つ返事

    (D) 安いご用

(69) 渡辺さんのお嬢さん、_____していて、それにしっかりしたお子さんですね。

    (A) はきはき

    (B) うきうき

    (C) どしどし

    (D) めきめき

(70) お酒を飲んで夜中に帰宅すると、うちの母は_____小言を浴びせる。

    (A) はからずも

    (B) まんべんなく

    (C) それとなく

    (D) のべつまくなしに

Ⅷ. 下の文を読んで、後の問いにもっとも適当な答えを (A) から (D) の中で一つ選びなさい。

(71 〜 73)

　　私の将来の夢は、介護士になることです。介護士になるということは、とても大変だと思います。ですが、私が介護士になりたい理由は、少しでも人の役に立つ仕事がしたいからです。私の母は10年前から介護職に就いていていつも大変そうですが、毎日いきいきと楽しそうに働いています。そんな母の背中を見ていて、「自分もいつか人の役に立つ仕事がしたいな」と思い始めました。そのことを母に相談してみると、介護の仕事は大変で年老いた人の世話をするには体力と精神力がかなり要ると言われました。様々な大変なことや辛いことに加え、危険なことも教えてもらいました。

　　それでも、(1)私が介護職に就きたいという気持ちは変わりません。なぜなら、私はそんなに大変な仕事なのに、笑顔で仕事をしている母を誇りに思うからです。母として苦労するような職場で働かせるのは、反対したい気持ちはわかります。でも、私は母を尊敬しているからこそ、同じ職業に就きたいと考えているのです。

(71) この人が介護士になりたいと思っている理由は何ですか。

　　(A) この人の母に勧められたから
　　(B) あまり大変ではない仕事がしたいから
　　(C) 少しでも人の役に立つ仕事がしたいから
　　(D) お金をたくさん稼ぐことができると思ったから

(72) この人の母についての説明の中で、正しくないものはどれですか。

　　(A) 10年前から介護職に就いている。
　　(B) 毎日いきいきと楽しそうに働いている。
　　(C) この人が介護の仕事をすることに積極的に賛成している。
　　(D) この人に介護の仕事の大変さや危険なことなどを教えてくれた。

(73) (1)私が介護職に就きたいという気持ちは変わりませんの理由として、正しいものはどれですか。

　　(A) 一度決めたことを変えたくないから
　　(B) 自分の母とは違う仕事がしたいから
　　(C) 自分の適性に合っている仕事だと思うから
　　(D) 大変な仕事なのに、笑顔で仕事をしている母を誇りに思うから

(74 〜 77)

　　家族全員集合の夏休みが、もうすぐやってきますね。父も母も、そして私も元気にしています。お兄ちゃん、千葉の暮らしは楽しいですか。大学生になって、親元から離れて行ったお兄ちゃんに、初めて手紙を書きます。食事をしている時、必ずお兄ちゃんの話になります。お兄ちゃんがいた頃、家の中も狭く感じていたけど、今は台所も広く思えます。母も料理が今までの半分になったので、(1)楽をしていますが、少し淋しそうです。

　　私も、もう少ししたら高校受験があるけれど、今何がしたいのか、将来のことをまだ真剣に考えていません。でも、そろそろ考えた方がいいかなとも思っています。父も母も私のしたいように応援してくれています。お兄ちゃんから見れば、まだまだ(2)＿＿＿＿＿と思われるかもしれませんね。お兄ちゃんも、一人暮らしで母がしてくれていた料理、家の掃除、服の洗濯など、本当に大変だと思うけれど、体に気を付けて頑張ってください。そして、帰った時はいろんな話をいっぱいしてください。お兄ちゃんの帰りを楽しみに待っています。

(74) この人の兄についての説明の中で、正しいものはどれですか。

(A) 今も両親と一緒に同居している。
(B) 千葉にある大学に通っている。
(C) 受験に失敗し、浪人生活を送っている。
(D) 高校時代から親元から離れて一人暮らしをしている。

(75) (1)楽をしていますの理由として正しいものはどれですか。

(A) もう料理をしなくてもいいから
(B) 仕事を辞めて休んでいるから
(C) 料理が今までの半分になったから
(D) この人が家事を手伝ってあげているから

(76) この人の両親は、この人の将来についてどう思っていますか。

(A) 両親の希望に従ってほしいと思っている。
(B) この人の兄と相談してほしいと思っている。
(C) 心配で夜もろくに寝られないと思っている。
(D) この人がしたいように応援してあげようと思っている。

(77) 本文の内容から見て、(2)＿＿＿＿＿に入る最も適当な言葉はどれですか。

(A) 甘えている
(B) 怒っている
(C) 笑っている
(D) 震えている

(78 ～ 80)

　寒い日が続いておりますが、みなさん、お変わりございませんか。みなさんがお変わりなくても、みなさんの愛車はかなりピンチだったりしていないでしょうか。乾燥した空気でほこりが舞う中を走れば、車のボディに無数の傷が付くし、スキー場へ行けば行ったで周りによごれが集中します。

　北風が吹きすさぶ中、かじかんだ手を白い息で暖めながら愛車を洗っている方も多いのではないでしょうか。「冬の洗車って面倒くさいなあ」とか「忙しくて洗っている暇がないなあ」という方はかなり多いはずです。そんなあなたにお勧めなのが、ボディコーティングなんです。傷付いたり傷んでいる車のボディを(1)_____きれいに甦らせてその後の洗車も楽になるなら、最高に嬉しくありませんか。今回は、究極のボディコーティングを目指すハイランド社にお邪魔して(2)企業秘密すれすれのノウハウをたっぷり伝授していただきました。

(78) 本文の内容から見て、(1)_____に入る最も適当な言葉はどれですか。

　(A) うっかり

　(B) きっかり

　(C) まったり

　(D) すっかり

(79) (2)企業秘密すれすれとはどういう意味ですか。

　(A) 企業秘密漏洩にはならないくらい

　(B) 企業秘密漏洩になるはずがないくらい

　(C) 企業秘密漏洩になってもおかしくないくらい

　(D) 企業秘密漏洩になるわけにはいかないくらい

(80) この本文の次にはどんな内容が続くと思いますか。

　(A) ハイランド社について

　(B) 企業秘密の漏洩について

　(C) 車のボディコーティングについて

　(D) 寒い日に洗車せずに済むノウハウ

(81 〜 84)

　　火星が7月27日の夜、地球に約6万年ぶりという大接近をし、各地の天文台や科学館はこの歴史的大接近を見ようと集まった人たちで(1)＿＿＿＿＿＿＿。国立天文台によると、西日本などを中心に赤く輝く火星が観測されたという。東京の上野にある国立科学博物館では、午後8時から観望会を開いた。整理券をもらうために家族連れを中心に行列ができ、午後4時半には定員の200人に達する人気ぶりであった。参加者は口径20センチの望遠鏡で火星を観察し、「本当に白っぽい極冠が見えた」「すごい！最高！」と歓声を上げていた。

　　大接近は15年または17年ごとに巡ってくるが、距離には毎回少しずつ差がある。今回は27日午後6時51分、地球に約5576万キロまで最接近した。大接近が過ぎても火星は急に暗くなるわけではなく、見頃は10月ぐらいまで続く。今月から9月始め(2)＿＿＿＿＿＿＿は夜9時頃南東の空に赤く輝く。各施設では、今後も観望会などの催しを企画しているという。

(81) 本文の内容から見て、(1)＿＿＿＿＿＿＿に入る最も適当な言葉はどれですか。

　　(A) 賑わった
　　(B) 閑散としていた
　　(C) がらがらだった
　　(D) しんとしていた

(82) 国立科学博物館の観望会についての説明の中で、正しくないものはどれですか。

　　(A) 午後8時から開かれた。
　　(B) 望遠鏡で火星を観察できる。
　　(C) 参加者はみんながっかりした様子であった。
　　(D) 整理券をもらうために家族連れを中心に行列ができた。

(83) 本文の内容から見て、(2)＿＿＿＿＿＿＿に入る最も適当な表現はどれですか。

　　(A) において
　　(B) にかけて
　　(C) につれて
　　(D) にしたがって

(84) 本文の内容と合っていないものはどれですか。

　　(A) 毎回大接近する距離に差はそれほどない。
　　(B) 今回の火星の大接近は約6万年ぶりである。
　　(C) 西日本などを中心に赤く輝く火星が観測された。
　　(D) 大接近が過ぎても火星が急に暗くなるわけではない。

(85 ～ 88)

　　入学シーズンに合わせて学生の制服について聞いてみた。制服派の主な理由を並べると、
「みんなと合わせないといじめの問題が起きそう」「余計な気を使わずに過ごせるし、変な
所に行けなくなるのが良い」「制服でもマフラーはブランド品を買う人が多いのに、私服に
なったらどうなるか」などであった。一方、私服派は制服に対して、「値段が割高」「洗濯
しにくいので不潔」という批判が圧倒的であった。他には「どんな服を選ぶかというのも将
来とても必要な能力」「制服では感性が磨けない」「私服は華美に走るとか風紀が乱れると
か言われるが、制服も同じではないか」といった声もあった。
　　賛否はともかく、多くの人が一度は(1)制服に袖を通していただろう。また、大人になっ
たからこそ気付く思いもあるようで、ある男性は「この春、子供が自分と同じ中学に進学し
ます。制服姿を見て胸が(2)_____しました」と話す。

(85) (1)制服に袖を通していたとはどういう意味ですか。

(A) 制服を着たことがある。
(B) 制服に飽きたことがある。
(C) 制服に反感を持ったことがある。
(D) 制服の必要性を感じたことがある。

(86) 本文の内容から見て、(2)_____に入る最も適当な言葉はどれですか。

(A) ざっと
(B) じっと
(C) しんと
(D) じんと

(87) 本文に出ている私服派の意見として、正しくないものはどれですか。

(A) 私服で選択する能力が育てられる。
(B) 制服は洗濯しにくいので不潔である。
(C) 制服は余計な気を使わずに過ごせる。
(D) 制服は値段が品質に比べてちょっと高い。

(88) 本文の内容と合っているものはどれですか。

(A) 制服の値段をもっと安くすべきである。
(B) 着ている服が違うのが原因でいじめが起きている。
(C) 今、日本では有名ブランドの制服が流行っている。
(D) 人それぞれ制服に様々な思い出を持っているようである。

(89 ～ 92)

日本経済はいよいよ大不況に突入してしまうのでしょうか。それとも、来年以降は景気回復へ向かうのでしょうか。(1)どちらにしても目先の景気が真っ暗なのは間違いありません。株式市場は不況下でも収益が上がっている銘柄と多額の借入金のために信用不安を抱えている銘柄に分かれています。私が手がけた中で最も損失を出してしまった銘柄は円山商社です。投資した時期は4、5年前のことです。当時はまだインターネットは本当に初期段階で、現在のようにネットショッピングが普及している状況ではありませんでした。通信販売はカタログショッピングが流行しており、(2)_____と思われていた時期でした。

現在でもカタログショッピングは健在ですし、既存の小売店よりも有利な点や不利な点は色々あると思われますが、当時は正に(3)ばら色の業界でした。その中でも円山商社は勝ち組と考えられ、新聞にも比較的好意的な記事が掲載されていました。更に株主優遇措置があったので、これもかなり魅力的に思えました。

(89) (1)どちらにしても目先の景気が真っ暗なのは間違いありませんとはどういう 意味ですか。

　　(A) 全くこれからの景気の予測が付きません。

　　(B) これからの景気が悪化するとは限りません。

　　(C) 目先の景気は間違いなく真っ暗になります。

　　(D) これからの景気がどうなるかすぐには予想できません。

(90) 本文の内容から見て、(2)_____に入る最も適当な文章はどれですか。

　　(A) すぐ人気がなくなる

　　(B) もうすぐなくなってしまう

　　(C) これからまだまだ発展する

　　(D) 当分の間は横這いの状態が続く

(91) 本文の内容から見て、(3)ばら色の業界とはどういう意味ですか。

　　(A) ばらを栽培する業界

　　(B) 大したことのない業界

　　(C) すぐ落ち込みかねない業界

　　(D) 多くの利益が期待される業界

(92) 本文の内容と合っているものはどれですか。

　　(A) 4、5年前はインターネットショッピングがブームであった。

　　(B) 円山商社はインターネットショッピング専門の会社である。

　　(C) 4、5年前の円山商社は幹部に限って優遇措置があった。

　　(D) 4、5年前の円山商社はマスコミでも好評の会社であった。

(93 〜 96)

　　東京電力福島第一・第二原発全基が運転を停止した。運転再開の(1)＿＿＿＿＿は立ってお
らず、このままでは真夏の電力消費のピーク時には電力不足が必至という。何だか東京電力
のお詫びのCMもテレビで流れているが、一連のトラブル隠しには(2)＿＿＿＿＿。配管のひび
割れを報告していないことから始まり、国の立ち入り調査の際も調査官の目を欺く行為を行
っていたというから、本当に質が悪い。もし事故が発生すれば、福島県から風に乗って汚染
された空気が広範囲に広がるわけだから東京近郊にある東電だって危険なのに、(3)こんな
ことを行っているという神経がまず理解できない。
　　シリア問題の影になってしまっているが、この件に関してはみんなもっと怒るべきである
と思う。とはいえ、今年の夏はいつにもまして節電に努めねばならない。大停電なんてなっ
たら大変だから。無駄な電気は消そう。

(93) 本文の内容から見て、(1)＿＿＿＿＿に入る最も適当な言葉はどれですか。

(A) 目処
(B) 羽目
(C) 得体
(D) 心得

(94) 本文の内容から見て、(2)＿＿＿＿＿に入る最も適当な文章はどれですか。

(A) 全く呆れて物が言えない
(B) 仕方がないことであると思う
(C) みんな承知しているに違いない
(D) 同情の念を抱かずにはいられない

(95) (3)こんなことが指しているものはどれですか。

(A) もし事故が発生すれば東京電力も危ないこと
(B) 東京電力福島第一・第二原発全基が運転を停止したこと
(C) 真夏の電力消費のピーク時には電力不足が予想されること
(D) 配管のひび割れを報告しなかったり調査官の目を欺く行為を行ったりすること

(96) 本文の内容と合っていないものはどれですか。

(A) 原発の運転再開がいつになるかはまだよくわからない。
(B) この人は東京電力の運転停止にみんなもっと怒るべきであると思っている。
(C) この人は今年の夏はいつにもまして節電に努力しなければならないと思っている。
(D) この人は東京電力のお詫びのCMが流れているのはいいことであると思っている。

(97 ～ 100)

　　急にチョコアイスクリームが食べたくなって買い物に行く母に頼んだ。しかし、ここで不具合が起こった。何せ彼女が買ってきたのはお得用のチョコアイスバーだったからである。今更私の求めていた高級感のあるカップ入りのアイスクリームについて説明しても、もう意味がないだろう。(1)_____。原因は私の言葉が足らなかった、値段の都合などがある。だが、問題は彼女が「チョコアイスクリーム」とはこういう物だと認識していた場合である。今回は言葉を費やせば何とかなったと思うが、これが言葉ではなかなか説明しづらいものを伝えなければならない時はどうするか。(2)_____、例えば「アイスクリーム」と聞いてある人は美味しそうだと思い、ある人は忌々しい思い出を持っているかもしれない。自分の持っているイメージを正確に伝えるのは大変なことであると誰もが知っているだろう。しかし、こうも言える。言葉にはそれを発する人の経験や感情、忘れてしまった昔のことまで全てが凝縮されている。だから、我々は言葉を媒介にして相手の人生と日夜向かい合っているのである。

(97) 本文の内容から見て、(1)_____に入る最も適当な文章はどれですか。

(A) そもそもどうしてこういう食い違いが起こったのか
(B) 母親はいつから夫や子供のために奮闘してきたのか
(C) 急にチョコアイスクリームが食べたくなったのはなぜだろうか
(D) 私がチョコアイスクリームを買いに行かなかったのはなぜだろうか

(98) 本文の内容から見て、(2)_____に入る最も適当な文章はどれですか。

(A) 言葉の理解は難しくて
(B) 物の値段は国によって違って
(C) 一つの言語に含まれている意味は人それぞれで
(D) 自分が思ったことを正確に伝えることはかなり難しくて

(99) この人の母親がお得用のチョコアイスバーを買ってきた理由ではないものはどれですか。

(A) 値段の都合があったから
(B) この人の言葉が足らなかったから
(C) この人との認識の違いがあったから
(D) アイスクリームはあまり好きではなかったから

(100) 本文の内容と合っているものはどれですか。

(A) 言葉にはそれを発する人の経験は含まれていない。
(B) この人は相手の人生と向かい合う時、言葉は要らないと思っている。
(C) この人は自分の持つイメージを正確に伝えるのは難しいと思っている。
(D) この人とこの人の母親はチョコアイスクリームに対する認識が一致している。

□ 負担 부담	□ 回復 회복	□ 台所 부엌	□ 病院 병원
□ 名前 이름	□ 教育 교육	□ 非難 비난	□ 勤務 근무
□ 判断 판단	□ 会社 회사	□ 卒業 졸업	□ 品物 물건
□ 詐欺 사기	□ 対等 대등	□ 隠居 은거	□ 眼球 안구
□ 求人 구인	□ 世間 세상	□ 偏見 편견	□ 方針 방침
□ 慎重 신중	□ 推移 추이	□ 禍根 화근	□ 豊富 풍부
□ 商圏 상권	□ 波紋 파문	□ 便利 편리	□ 証券 증권
□ 設置 설치	□ 小包 소포	□ 東洋 동양	□ 栄養 영양
□ 生涯 생애	□ 低下 저하	□ 拒絶 거절	□ 高齢 고령
□ 歴史 역사	□ 防止 방지	□ 広告 광고	□ 郷愁 향수
□ 道徳 도덕	□ 民俗 민속	□ 回転 회전	□ 共同 공동
□ 色彩 색채	□ 証拠 증거	□ 欲求 욕구	□ 手配 수배
□ 真心 진심	□ 工夫 궁리	□ 反応 반응	□ 人質 인질
□ 拒否 거부	□ 詳細 상세	□ 台頭 대두	□ 発足 발족
□ 崩壊 붕괴	□ 無難 무난	□ 謙遜 겸손	□ 業績 업적
□ 精巧 정교	□ 遭難 조난	□ 集団 집단	□ 転換 전환
□ 呵責 가책	□ 衝突 충돌	□ 既存 기존	□ 瞬間 순간
□ 大小 대소	□ 下落 하락	□ 応募 응모	□ 正直 정직
□ 謝罪 사죄	□ 紅葉 단풍	□ 定価 정가	□ 辻褄 사리, 이치
□ 衣装 의상	□ 獲物 사냥감	□ 湯気 김, 수증기	□ 風情 풍치, 운치
□ 息吹 숨, 호흡	□ 心地 기분, 심정	□ 近所 이웃, 근처	□ 名残 여운, 흔적
□ 玩具 완구, 장난감	□ 笑顔 웃는 얼굴, 미소	□ 雨戸 덧문, 반지문	□ 間柄 사람과의 관계

Ⅴ. 下の線の言葉の正しい表現、または同じ意味のはたらきをしている言葉を (A) から (D) の中で
一つ選びなさい。

(1) たばこの<u>火</u>を消さなかったのが今度の火事
の原因だ。

   (A) ひ
   (B) き
   (C) す
   (D) は

(2) あの川は<u>深い</u>から、気を付けてください。

   (A) おもい
   (B) ひろい
   (C) ふかい
   (D) せまい

(3) 彼女の趣味は切手を<u>集める</u>ことです。

   (A) とめる
   (B) あつめる
   (C) ふかめる
   (D) ふくめる

(4) この薬はダイエットにいいとよく言われて
いるが、本当に効果があるかは<u>疑わしい</u>。

   (A) わずらわしい
   (B) うたがわしい
   (C) いまわしい
   (D) くるわしい

(5) 警察は必死に犯人の<u>行方</u>を追っている。

   (A) ゆくえ
   (B) ゆきえ
   (C) いきかた
   (D) こうほう

(6) 日夜こつこつと勉強を積み重ねることこそ、
<u>一人前</u>になるための近道だ。

   (A) ひとりぜん
   (B) ひとりまえ
   (C) いちにんぜん
   (D) いちにんまえ

(7) 話の上手な人をよく研究してみると、例の挙
げ方がとても<u>巧み</u>であることがわかってくる。

   (A) たくみ
   (B) あさみ
   (C) あかるみ
   (D) つきなみ

(8) この機械を使えば、単純な図形から<u>ふくざ
つ</u>な図形を簡単に作成できます。

   (A) 複雑
   (B) 復雑
   (C) 複推
   (D) 復推

(9) この商店街は平日は閑散としているが、週
末になると観光客でとても<u>にぎやか</u>になる。

   (A) 和やか
   (B) 鮮やか
   (C) 賑やか
   (D) 穏やか

(10) 努力しないで成功する人もいれば、悲壮な
ほど努力しても成功の<u>きざし</u>さえ見えない
人もいる。

   (A) 幻し
   (B) 兆し
   (C) 通し
   (D) 厚し

(11) 自分の部屋なのだから、いつもきれいにしておいてください。

    (A) 洗濯して

    (B) 掃除して

    (C) 変更して

    (D) 返却して

(12) 申し訳ありませんが、あいにく、主人は留守にしております。

    (A) 出かけました

    (B) 出張中です

    (C) 家にいます

    (D) もうすぐ帰ってきます

(13) 彼が既にこの事実を知っていたというのは確かだ。

    (A) 明白だ

    (B) 如実だ

    (C) 矛盾だ

    (D) 曖昧だ

(14) 出無精の彼が今度の旅行に行きっこないよ。

    (A) 行くわけがない

    (B) 行くに決まっている

    (C) 行こうじゃないか

    (D) 行くとは限らない

(15) 参加するしないにかかわらず、必ず返事をください。

    (A) に限って

    (B) に関係なく

    (C) とは言うものの

    (D) に決まっているが

(16) 今度のことはとことん調べるべきだと思う。

    (A) みじんも

    (B) あたまから

    (C) あらいざらい

    (D) たかだか

(17) その話はもう一度みんなで話し合った上で決めましょう。

    (A) そのようなことは法律上禁じられている。

    (B) 私が住んでいる上の階に両親が住んでいる。

    (C) 電気製品は十分に考えた上で買った方がいいですよ。

    (D) 昨日は雨に降られた上に、空き巣に入られてしまった。

(18) 苦労を重ねてきた彼は年よりもぐっとふけて見えた。

    (A) このじゃがいも、よくふけていて美味しいね。

    (B) 初対面の人にふけたなんて、本当に失礼だわ。

    (C) このように一人で読書にふけるのもなかなか趣がある。

    (D) 昨日は10年ぶりに会った友人と夜がふけるまで語り合った。

(19) 几帳面な彼がそんな計略にのったとは、意外だったね。

    (A) そんな見え見えの手にはのらないよ。

    (B) その島は小さすぎて、地図にものっていない。

    (C) 今度の仕事はどうしても気がのらなくて困っている。

    (D) 相談にのってほしいことがあって友達に電話をした。

(20) 昨日は別にやることもなく、繁華街をぶらぶらした。

    (A) 風で風鈴がぶらぶらと揺れている。

    (B) リストラされた彼は1年もぶらぶらしていた。

    (C) 何かを買うともなく、デパートの中をぶらぶらした。

    (D) 目標がなくなった彼女はぶらぶらしながら毎日を送った。

VI . 下の＿＿＿＿線の A, B, C, D の中で正しくない言葉を一つ選びなさい。

(21) みんなの前で転んでしまい、とても恥ずかしいでした。
　　　　　　(A)　　　　　　(B)　　(C)　　　　　(D)

(22) 昨日は一日中大雨が降ってどこでも出かけませんでした。
　　　　　(A) (B)　　　　　　　(C)　　　　　(D)

(23) あそこに置いてある文房具は引き出しの上にしまってください。
　　　(A)　　　(B)　　　　　　　　(C)　　(D)

(24) 風邪を引きやすい季節ですから、どうか体を気を付けてください。
　　　　(A)　　　(B)　　　　　　(C)　　(D)

(25) 試験が受かる可能性が低いとしても、最後まで頑張ってみるつもりです。
　　　(A)　　　　　　(B)　　(C)　　　　　(D)

(26) 昨日は好天に優れ、家族と楽しい一時を過ごすことができました。
　　　　　　(A)　　　(B)　(C)　　(D)

(27) お年寄りや弱者を労る心、卑劣を憎むといった道徳観は、何より幼少期に培うと思う。
　　　　　(A)　　　　　　　　　　(B)　　　　　(C)　　　　　(D)

(28) 駅前に放置させた自転車が増えてきて、通行の妨げになるのは日本の社会問題の一つである。
　　　　(A)　　　　　(B)　　　　(C)　　　　　　　　　(D)

(29) 政治家に文句を言う先に、いかに私たちが愚鈍であったのかを認識すべきである。
　　　　(A)　　(B)　　　　　　　　(C)　　　　　　　(D)

(30) お腹が空いていると、テーブルの上のケーキ、食べていいよ。
　　　(A)　　　　(B)　　(C)　　(D)

(31) 夜中に大きな<u>音</u>を出しながら<u>騒ぐ</u>なんて、非常識<u>も</u>たまらないと<u>言わざるを得ない</u>。
          (A)   (B)   (C)   (D)

(32) 部長は彼の<u>話</u>を<u>聞く</u>とたんに、事務室を<u>飛び出して</u> <u>いった</u>。
          (A)   (B)   (C)   (D)

(33) 彼は、世の中を女性<u>にとって</u>だけ<u>場合</u>の良いものにしようとする<u>動き</u>は許せないと<u>主張</u>している。
                    (A)   (B)   (C)   (D)

(34) この赤い薬は<u>食前</u>に、この青い薬は<u>食事をして</u> 30 分後<u>たびに</u> <u>飲んで</u>ください。
               (A)   (B)   (C)   (D)

(35) 様々な治療を<u>受けた</u>が、母の病気は<u>一向に</u>回復せず、<u>却って</u>悪化<u>なる</u>ばかりだった。
               (A)   (B)   (C)   (D)

(36) もう新入社員たちも<u>慣れてきた</u> <u>ようで</u>、仕事の<u>要領</u>をやっと<u>飲み過ぎた</u>ようだ。
                  (A)   (B)   (C)   (D)

(37) 興味があるだろうと思って<u>せっかく</u>持っていったのに、彼はその製品<u>にとって</u>何の関心も
   (A)   (B)   (C)

<u>示さ</u>なかった。
  (D)

(38) 長期にわたる公判中、被告は法廷で沈黙を<u>続けた</u>ので、<u>未曾有</u>の事件はなぜ起きたのか
         (A)   (B)

<u>明るく</u>ならず、まだ<u>闇</u>に包まれたままだ。
  (C)   (D)

(39) のろのろと<u>した</u>態度が許せない<u>横着</u>な彼のことだから、今度のことは<u>ただ</u>では<u>済まない</u>だろう。
             (A)   (B)   (C)   (D)

(40) 最近、日本では生活苦に<u>苛まれ</u>、<u>躍起</u>になって<u>無理心中</u>する家族が<u>増えて</u>いるそうだ。
                       (A)   (B)   (C)   (D)

VII. 下の_____線に入る適当な言葉を (A) から (D) の中で一つ選びなさい。

(41) すみませんが、ここは何という_____ですか。

    (A) こと

    (B) もの

    (C) はず

    (D) ところ

(42) 教室の中には_____いますか。

    (A) どこが

    (B) いつが

    (C) だれが

    (D) どれが

(43) 一昨日までは涼しかったのに、昨日はとても_____。

    (A) あつい

    (B) あつかった

    (C) あついでした

    (D) あついだろう

(44) 食事をする_____、必ず手を洗ってください。

    (A) あと

    (B) うち

    (C) あいだ

    (D) まえに

(45) 息子は今幼稚園_____通っています。

    (A) に

    (B) で

    (C) を

    (D) が

(46) 鈴木さんの就職祝いに_____をしましょう。

    (A) ボート

    (B) ノート

    (C) カレンダー

    (D) パーティー

(47) 昨日、デパートに行って革の靴を＿＿＿＿＿買いました。

 (A) 1 枚

 (B) 1 足

 (C) 1 台

 (D) 1 冊

(48) 今日の会議は遅くても 5 時＿＿＿＿＿終わると思います。

 (A) まで

 (B) には

 (C) とは

 (D) ほど

(49) 昨夜から体の調子が良くなかった。＿＿＿＿＿今日は会社を休むことにした。

 (A) しかも

 (B) ところが

 (C) それで

 (D) それから

(50) 彼、今日は珍しくネクタイを＿＿＿＿＿会社に来ましたね。

 (A) きて

 (B) かぶって

 (C) しめて

 (D) はいて

(51) その選手が最後まで走り抜くのを見て＿＿＿＿＿してしまった。

 (A) 感動

 (B) 確認

 (C) 謝罪

 (D) 忍耐

(52) テレビに夢中になったあまり、せっかく作った料理が＿＿＿＿＿しまった。

 (A) さめて

 (B) ひえて

 (C) ひやして

 (D) さまして

(53) ちょうど_____と思ったところに友達から電話がかかってきた。

    (A) 出かけた

    (B) 出かける

    (C) 出かけながら

    (D) 出かけよう

(54) すみませんが、あのペンを取って_____。

    (A) あげますか

    (B) もらいますか

    (C) さしあげますか

    (D) いただけますか

(55) 彼女、ちゃっかりしているように見えるが、意外と_____だね。

    (A) ナイーブ

    (B) トラウマ

    (C) スマート

    (D) エリート

(56) 鈴木君なら、もう_____家に帰ってしまったよ。

    (A) とっくに

    (B) 敢えて

    (C) きゅっと

    (D) いよいよ

(57) 冬休みになったからといって、遊んで_____いてはいけない。

    (A) だけ

    (B) のみ

    (C) すら

    (D) ばかり

(58) 最近、仕事が多すぎて_____になりました。

    (A) ふらふら

    (B) するする

    (C) おずおず

    (D) どたばた

(59) いくら＿＿＿＿＿＿、今の現実から逃げられないよ。

　　(A) もがいても

　　(B) とろけても

　　(C) にじんでも

　　(D) ぼけても

(60) 当時のことは、今思い出してみても＿＿＿＿＿＿の虫が納まらない。

　　(A) 頭

　　(B) 胃

　　(C) 腹

　　(D) 体

(61) そんな＿＿＿＿＿＿噂は気にしなくてもいいよ。

　　(A) 腹を割る

　　(B) 埒が明かない

　　(C) 切りがない

　　(D) 根も葉もない

(62) 京都に行くと、まだ趣のある家々がたくさん＿＿＿＿＿＿を並べている。

　　(A) 門

　　(B) 柱

　　(C) 軒

　　(D) 煙突

(63) 親＿＿＿＿＿＿、無礼なことを言ってはいけない。

　　(A) をのぞいて

　　(B) はさておいて

　　(C) に対して

　　(D) にひきかえ

(64) 子供の時から憧れていた俳優と握手できたなんて、感激の＿＿＿＿＿＿だ。

　　(A) 極み

　　(B) 極め

　　(C) 極める

　　(D) 極まる

(65) 壊れた水道の蛇口から、水が_____いた。

    (A) いましめて

    (B) ほとばしって

    (C) とまどって

    (D) かさばって

(66) 人間関係は、ある程度_____やっていくしかない。

    (A) 割り切って

    (B) 踏み込んで

    (C) 待ちかねて

    (D) 受け止めて

(67) 読書が好きな弟は週末になると、いつも本に_____いる。

    (A) 建て直して

    (B) はみ出して

    (C) のめり込んで

    (D) 込み上げて

(68) 好奇心旺盛な彼は、一度興味を持ったことには_____性格である。

    (A) 納得しようがない

    (B) むかつくといったらない

    (C) 受け入れざるを得ない

    (D) 突っ込まずにはいられない

(69) 二人は馬が合わないようで、いつも_____している。

    (A) ぎくしゃく

    (B) ごくごく

    (C) ぼつぼつ

    (D) ちまちま

(70) 前以て手順を頭の中でシミュレーションすれば、_____料理ができる。

    (A) 手際よく

    (B) 心細く

    (C) 名残惜しく

    (D) 馴れ馴れしく

Ⅷ. 下の文を読んで、後の問いにもっとも適当な答えを (A) から (D) の中で一つ選びなさい。

(71 ～ 74)

　　私の夏休みの思い出は、初めてスキューバダイビングをしたことです。私は宝島の海で泳ぐことが初めてだったので、少しどきどきしました。宝島の海で(1)泳いでみてびっくりしたことが二つあります。一つ目は、波が思ったよりも荒かったことです。でも、海水がとてもきれいな淡い青色をしていたことが印象的でした。二つ目は、ウニやナマコなど、色々な海の生物がいたことです。ボンベを外してみんなで泳いだ時は、(2)番号の書かれた石を潜って探しました。その理由は、石に書かれていた番号が当選したら、プレゼントがもらえるからです。泳ぎ終わってからは温泉に行きました。宝島では、湯船の温水に塩分が含まれていると知って驚きました。温泉から上がると、宿泊所に帰って自分たちの部屋に入りましたが、エアコンが利いていなくて(3)とても暑かったです。今回のスキューバダイビングでよかったことが三つあります。一つ目は、海水がとてもきれいだったことです。二つ目は、友達が増えたことです。最後の三つ目は、スキューバダイビングを教えてくださった二人の先生方が親切に一人一人ご指導してくださったことです。

(71) この人が (1) 泳いでみてびっくりしたことは何ですか。

　　(A) 思ったより冷たかったこと　　　　　(B) 海の生物が少なかったこと
　　(C) 波が思ったよりも荒かったこと　　　(D) 泳いでいる人が少なかったこと

(72) (2) 番号の書かれた石を潜って探しましたの理由として、正しいものはどれですか。

　　(A) 先生から指示されたから
　　(B) 番号順にいい部屋に入れるから
　　(C) 番号によって宿泊所の部屋が変わるから
　　(D) 番号が当選したら、プレゼントがもらえるから

(73) (3) とても暑かったですの理由として、正しいものはどれですか。

　　(A) 夏最高気温の日だったから
　　(B) 自分の部屋まで走って行ったから
　　(C) 部屋に入る前に色々な運動をしたから
　　(D) 部屋のエアコンが利いていなかったから

(74) この人がスキューバダイビングでよかったと思っていることではないものはどれですか。

　　(A) 友達が増えたことと
　　(B) 海水がとてもきれいだったこと
　　(C) 湯船の温水に塩分が含まれていたこと
　　(D) 先生方が親切に一人一人ご指導してくださったこと

(75 〜 77)

　私が学校へ行ったことなどもかなり昔のことで、ほとんど記憶がなくなってきている。学校に通っている時には、それなりに一生懸命やっていたが、決して成績がいい生徒ではなかった。今更思えばただ教育システムのレールに乗っていた(1)機関車の後ろに連結された客車のようなものだった。大学を卒業し、それなりに会社に就職し、会社の転職も倒産も経験してきた今、教育を振り返ると、自分の人生に役立つことなど何も教えてくれなかったような気がする。

　中学校までの数学、英語、社会などは一般常識として妥当だっただろう。しかし、(2)高校以降はいただけない。押し込まれた知識は社会に出てから何の役にも立たなかった。それはテレビでクイズ番組を見る時に少し役立つ程度だった。今にして思えば、学校でなぜあんなクイズの知識ばかりを詰め込まれたのか、全く疑問であり、青春時代の貴重な時間を浪費してしまったことを後悔している。

(75) 本文の内容から見て、(1)機関車の後ろに連結された客車のようなものとはどういう意味ですか。

(A) 学校教育に疑問を持ち始めた頃だった。
(B) きちんとした目標に向けていく存在だった。
(C) 入試への競争がとても激しい時代だった。
(D) 目的もなく、ただ学校に行くだけの存在だった。

(76) 本文の内容から見て、(2)高校以降はいただけないとはどういう意味ですか。

(A) 高校以降の教育はもう一度学びたい。
(B) 高校以降の教育は役に立たなかった。
(C) 教育と言えば高校以前の教育が最高だ。
(D) 高校以降の教育には全く関心がなかった。

(77) この人は自分が受けた教育についてどう思っていますか。

(A) 実生活に役に立ったことはあまりなかったと思っている。
(B) クイズ番組に出た時に役に立ってよかったと思っている。
(C) 学校をさぼってばかりだったので、何とも言えないと思っている。
(D) 一生懸命勉強に励んでいたので、大変満足していると思っている。

　昨日、運転免許の更新の時の講習会に行ってきました。以前はビデオを見て終わりだったのですが、それでは事故防止の意味がないということで、予算を拡大して講師が講習をするようになったそうです。警察勤続40年というなかなか話の上手な方でした。その時のショックな話を一つ。バスを降りてすぐバスの前を横切ろうとした子供がバスの後ろから来たダンプカーにひかれ、死亡するという事故がありました。テレビを見ながら(1)＿＿＿＿事故だと思ったので、よく覚えています。

　講師の方の話では、ダンプの左後輪にひかれ、頭が潰れたという本当にかわいそうな様子だったとのことです。ちょっとショッキングな表現ですが、敢えて書いてみました。もし、これを読んだ人の何人かでも記憶の隅に残っていて、停車しているバスを追い越す時十分にスピードを落としてくれればと思ったからです。昨日の講習は、生々しい話のため、どちらかと言えば気分の良いものではなかったですが、県が予算を拡大しただけのことはあったと思います。

(78) 本文の内容から見て、(1)＿＿＿＿に入る最も適当な言葉はどれですか。

　　(A) 惜しい
　　(B) 卑しい
　　(C) 著しい
　　(D) 痛ましい

(79) この人がショッキングな表現を使った理由は何ですか。

　　(A) 交通事故が嫌いだったから
　　(B) ニュースで見て死んだ子供がかわいそうだと思ったから
　　(C) 講習会の生々しい話のため、あまり良い気分ではなかったから
　　(D) この人の話を読んで今後停車しているバスを追い越す時十分にスピードを落としてほしかったから

(80) 本文の内容と合っていないものはどれですか。

　　(A) この人は運転免許を持っている。
　　(B) 講習会の講師はなかなか話の上手な人だった。
　　(C) この人は交通事故の話を新聞で読んで知っていた。
　　(D) この人は県が予算を拡大した価値はあったと思っている。

　　私の部屋には高さ120センチほどのガラス戸の付いた飾り棚がある。その中にはこれまで集めた数限りない雑多なものたちが鎮座している。旅行先で買ったキーホルダー、集めているミニチュア、猿の顔の石など小さな棚に所狭しと並んでいる。食べもしない、役にも立たないものをなぜこんなにも集めてしまうのか。これに関してはただ集めたいからというよりない。登山家の「そこに山があるから」と同じだ。

　　(1)_____「役に立つもの」とは一般的に人の生活がいかに楽になるか、いかに欲望を叶えるかということを追求したものや事柄ではないだろうか。これなら国の違いはあっても(2)_____。言い換えれば、「役に立つもの」とは大多数の意見が一致するものと言える。だが一般的に役に立たない分野である絵画、音楽、小説などの芸術系も人によっては必要で「役に立つもの」に入ることもある。例えて言えば大多数の欲望に忠実な「役に立つもの」は3度の食事、(3)_____はおやつといったところか。「役に立つもの」だけではお腹はいっぱいにならない。そこが貪欲な我々の性だ。

(81) 本文の内容から見て、(1)_____に入る最も適当な言葉はどれですか。

　　(A) そして
　　(B) ないし
　　(C) そもそも
　　(D) よりによって

(82) 本文の内容から見て、(2)_____に入る最も適当な文章はどれですか。

　　(A) 役に立つだろう
　　(B) 必ず拒否されるだろう
　　(C) あまり興味を持たないだろう
　　(D) どこでも受け入れられるだろう

(83) 本文の内容から見て、(3)_____に入る最も適当な言葉はどれですか。

　　(A) 仕事や家事
　　(B) 個人の趣味や芸術
　　(C) 生活に欠かせないもの
　　(D) 大多数の意見が一致するもの

(84) 本文の内容と合っていないものはどれですか。

　　(A) この人の飾り棚には、雑多なものがいっぱい陳列されている。
　　(B) この人が集めたものは、人の生活にはあまり役に立たないものである。
　　(C) この人は役に立たなくても、ある人には必要な場合もあると思っている。
　　(D) この人は一般的に役に立たないものは全ての人に要らないものだと思っている。

(85 ～ 88)

　　ピカッゴロゴロー。雷は昔から人間の恐怖の的であり、また信仰の対象にもなっている。雷には夏期、積乱雲のような激しい上昇気流のある所に発生する熱雷、低気圧内で発生する渦雷、寒冷前線に沿って発生する界雷などの種類がある。雷は空気中にできた水滴などが気流の激しい動きに揉まれて強く摩擦され、それによって生じた電気が放電するものである。放電の際、光が生じるが、これが(1)_____である。また、放電によって空気の一部が激しく熱せられ、その部分の空気が急に膨張して空気の疎密波ができる。それで、「ピカッ」に続いてどかんという大きな音が聞こえるわけである。

　　雷が遠くに落ちた場合は、ゴロゴロと連続して聞こえるが、これは疎密波が空気の密度の不連続面や雲、山などに反射されるためである。(2)_____。一軒の家が100ワットの電球を三つつけたとして、2300戸の家が8時間電灯をつけっぱなしにしていられるほどのエネルギーがあると言われる。しかし、残念なことに、この膨大なエネルギーを捕まえたり、あるいは蓄えて使用する技術はまだ開発されていない。

(85) 本文の内容から見て、(1)_____に入る最も適当な言葉はどれですか。

(A) 稲妻

(B) 津波

(C) 豪雨

(D) 渦巻き

(86) 雷が遠くに落ちた場合、ゴロゴロと連続して聞こえる理由は何ですか。

(A) 放電によって空気の一部が激しく熱せられるから

(B) 空気が急に膨張して空気の疎密波ができるから

(C) 疎密波が空気の密度の不連続面に反射されるから

(D) 空気中にできた水滴などが気流の激しい動きに揉まれて強く摩擦されるから

(87) 本文の内容から見て、(2)_____に入る最も適当な文章はどれですか。

(A) 雷が 1 回落ちた時の音は大変なものである。

(B) 雷が 1 回落ちた時の速さは大変なものである。

(C) 雷が 1 回落ちた時の被害は大変なものである。

(D) 雷が 1 回落ちた時の放電量は大変なものである。

(88) 本文の内容と合っていないものはどれですか。

(A) 低気圧内で発生する雷を渦雷と呼ぶ。

(B) 雷は昔から人間の信仰の対象になっている。

(C) 雷のエネルギーを捕まえる技術は既に開発されている。

(D) 積乱雲のような激しい上昇気流のある所に発生する雷を熱雷と呼ぶ。

　私はパチンコをしないので、その良さがさっぱりわからない。パチンコの何が面白いのか。パチンコが面白いという最も大きな理由は、勝てばお金になるということだろう。もしもこれがなかったら誰も行かないに違いない。ゲームセンターに行っても、何もお金が儲からない。なのに、(1)＿＿＿＿＿。日本という国は、競馬や競輪など、公営ギャンブル以外は禁止されている国ではないのだろうか。それなのに、なぜパチンコはギャンブルではないのだろう。パチンコ通の人にこの疑問をぶつけると、「パチンコ屋は現金に換えていない。景品に換えるだけで、その景品を別の店が換金するから、パチンコはギャンブルじゃない」と言う。確かにどのパチンコ屋も店内では換金をしていない。必ず一旦景品に交換してから、店の外で再び現金に換金するという二重のシステムを取っている。しかし、そんなことは誰でも知っているわけだから、取り締まろうと思えば、十分取り締まられるだろう。にもかかわらず、何だかわからないが、この営業方法を認めているのである。

(89) 本文の内容から見て、(1)＿＿＿＿＿に入る最も適当な文章はどれですか。

(A) どうもパチンコは面白くならない

(B) ゲームをやっていると、とても楽しい

(C) ゲームセンターは毎日賑わっている

(D) パチンコだけはお金が儲かる可能性がある

(90) この人が疑問に思っていることは何ですか。

(A) パチンコがギャンブルではないこと

(B) パチンコの良さがさっぱりわからないこと

(C) ゲームセンターではお金が儲からないこと

(D) 日本で公営ギャンブル以外は禁止されていること

(91) この人はパチンコについてどう思っていますか。

(A) 警察が取り締まらないのはおかしいと思っている。

(B) カジノ事業にも早く許可を出すべきであると思っている。

(C) パチンコもギャンブルなので、国が運営すべきであると思っている。

(D) ギャンブル性があってよくはないが、それなりに面白いと思っている。

(92) 本文の内容と合っていないものはどれですか。

(A) 競馬や競輪は国が運営しているギャンブルである。

(B) この人はパチンコもギャンブルの一種であると思っている。

(C) 警察は既にパチンコの二重のシステムを知っているはずである。

(D) パチンコよりゲーム機やゲームセンターの方がやっていて楽しい。

(93 〜 96)

痴漢が一番多いのはどうやら電車の中らしい。最近では痴漢対策に「女性専用車両」など
というものも登場している。そもそも痴漢行為を犯すのは男の性ではないかと私は考えてい
る。こう言うと、痴漢の(1)_____のかと叱られそうだが、お互い見ず知らずの人間同士
が体を密着させるような満員電車の中を想像してみてほしい。男が持っている本能を考えれ
ば、このような状況で穏やかにいられるわけがない。それが雄という動物の性質である。
　人が密着した距離に人を受け入れるのは恋人など、恋愛関係者に限る。本能はそういうふ
うにプログラムされているのであるが、満員電車の場合、この途中のプロセスを吹っ飛ばし
ていきなり恋愛関係モードの距離に置かれるのである。即ち、一種の混乱状態になる。これ
が電車で痴漢事件が後を絶たない理由だろう。満員電車は人間性を無視している。しかし、
このような状況下で、全ての人が痴漢行為をするわけではないことも確かである。理性が
勝って我慢する男が大半である。痴漢で捕まっては自分の人生が(2)_____になるという
危機感がそうさせているのだろう。

(93) 本文の内容から見て、(1)_____に入る最も適当な表現はどれですか。

(A) 手を引く
(B) 腹を割る
(C) 肩を持つ
(D) 尻尾を巻く

(94) この人は満員電車で痴漢事件が起きる原因は何だと思っていますか。

(A) 男の本能は理性に勝つ場合が多いから
(B) 電車の中はいつも男の人より女の人が多いから
(C) 人と人との一定の距離をなくし、男の本能を呼び起こすから
(D) 普段、女の人と接する機会が少ない男の人が電車に多く乗るから

(95) 本文の内容から見て、(2)_____に入る最も適当な言葉はどれですか。

(A) 台無し
(B) 虎の子
(C) 肝心要
(D) 大黒柱

(96) 本文の内容と合っていないものはどれですか。

(A) 男は雄という動物の性質を持っている。
(B) 満員電車の中の大半の男は理性で本能を抑制している。
(C) 満員電車の中では、人間性などは完全に無視されてしまう。
(D) 女性専用車両は痴漢対策の一環として登場したものである。

日本の警察の犯人検挙率は他の国より高いとよく言われる。だから、日本の警察は優秀であるという人もいるが、私はそうは思わない。日本で発生した重大な事件のほとんどは何らかの形で被害者と繋がっていたか、目撃者がいたとかそういった繋がりが警察の捜査を助けてくれていたのだろう。しかし、これからの時代、不特定の人間をターゲットにした犯罪に対して今までのような怨恨の線を地道に追えばいつか解決するという考えは通用しなくなってきた。警察が怨恨にこだわる限り、(1)＿＿＿＿＿。これからは現場の感と地道な怨恨捜査より科学的な捜査に主眼を置くべきではないだろうか。

　その一つとして考えるべきなのが、指紋の登録制度である。現在、日本では日本に入国する外国人に指紋と顔写真の提供を義務付けている。指紋を取ることは犯人扱いするというイメージがあるから嫌だというなら、(2)＿＿＿＿＿。このような主張をすると、今度はプライバシーの侵害だとかいう反発運動が起きるだろう。しかし、考えてみれば、指紋を登録されて困るという普通の人がいるだろうか。困るというのは何か後ろめたいことがあるからではないか。警察に悪用されるという人もいるだろう。しかし、それは警察のモラルの問題であり、指紋全員登録制度とは関係ない。

(97) 本文の内容から見て、(1)＿＿＿＿＿に入る最も適当な文章はどれですか。

(A) 国民たちは安心して眠れるだろう

(B) 犯人の検挙率はますます下がるだろう

(C) この横這いの状態は長く続きそうである

(D) 不特定の人間をターゲットにした犯罪はなくなるだろう

(98) 本文の内容から見て、(2)＿＿＿＿＿に入る最も適当な文章はどれですか。

(A) 登録しなくてもいいだろう

(B) すぐ登録しないわけにはいかない

(C) 国民全員が指紋を登録すればいい

(D) 登録したい人の指紋だけ登録すればいい

(99) この人は警察の捜査システムについてどう思っていますか。

(A) 国民たちのプライバシーを守ってほしいと思っている。

(B) 他の国より犯人検挙率が高いため、優秀であると思っている。

(C) 警察のモラルの問題さえ解決すれば犯人検挙率は上がると思っている。

(D) 指紋の登録制度などを実行して科学的な捜査に力を入れるべきであると思っている。

(100) 本文の内容と合っていないものはどれですか。

(A) 日本の犯人検挙率は他の国より高い方である。

(B) 現在、日本に入国する外国人は指紋を提供する義務がある。

(C) 登録された指紋が警察に悪用されるのを懸念する声もある。

(D) 普通の日本人の指紋でも警察に登録されている場合が多い。

□ 寛容 <ruby>かんよう</ruby> 관용	□ 貪欲 <ruby>どんよく</ruby> 탐욕	□ 荒廃 <ruby>こうはい</ruby> 황폐	□ 頭脳 <ruby>ずのう</ruby> 두뇌
□ 愚鈍 <ruby>ぐどん</ruby> 우둔	□ 嫌悪 <ruby>けんお</ruby> 혐오	□ 療養 <ruby>りょうよう</ruby> 요양	□ 土木 <ruby>どぼく</ruby> 토목
□ 漁師 <ruby>りょうし</ruby> 어부	□ 雑踏 <ruby>ざっとう</ruby> 혼잡	□ 魅力 <ruby>みりょく</ruby> 매력	□ 敗北 <ruby>はいぼく</ruby> 패배
□ 素人 <ruby>しろうと</ruby> 초보	□ 白髪 <ruby>しらが</ruby> 백발	□ 人柄 <ruby>ひとがら</ruby> 인품	□ 刺激 <ruby>しげき</ruby> 자극
□ 潜在 <ruby>せんざい</ruby> 잠재	□ 融通 <ruby>ゆうずう</ruby> 융통	□ 傾斜 <ruby>けいしゃ</ruby> 경사	□ 代替 <ruby>だいたい</ruby> 대체
□ 作用 <ruby>さよう</ruby> 작용	□ 作柄 <ruby>さくがら</ruby> 작황	□ 依存 <ruby>いぞん</ruby> 의존	□ 吐息 <ruby>といき</ruby> 한숨
□ 売却 <ruby>ばいきゃく</ruby> 매각	□ 煩悩 <ruby>ぼんのう</ruby> 번뇌	□ 誇張 <ruby>こちょう</ruby> 과장	□ 恥辱 <ruby>ちじょく</ruby> 치욕
□ 悪気 <ruby>わるぎ</ruby> 악의	□ 面子 <ruby>めんつ</ruby> 체면	□ 猛獣 <ruby>もうじゅう</ruby> 맹수	□ 激怒 <ruby>げきど</ruby> 격노
□ 更迭 <ruby>こうてつ</ruby> 경질	□ 得体 <ruby>えたい</ruby> 정체	□ 麻痺 <ruby>まひ</ruby> 마비	□ 思惑 <ruby>おもわく</ruby> 생각, 의도
□ 弾劾 <ruby>だんがい</ruby> 탄핵	□ 救済 <ruby>きゅうさい</ruby> 구제	□ 役目 <ruby>やくめ</ruby> 임무	□ 蔓延 <ruby>まんえん</ruby> 만연
□ 芝生 <ruby>しばふ</ruby> 잔디	□ 日和 <ruby>ひより</ruby> 날씨	□ 比喩 <ruby>ひゆ</ruby> 비유	□ 地盤 <ruby>じばん</ruby> 지반
□ 勘定 <ruby>かんじょう</ruby> 계산	□ 欠乏 <ruby>けつぼう</ruby> 결핍	□ 面影 <ruby>おもかげ</ruby> 모습	□ 参拝 <ruby>さんぱい</ruby> 참배
□ 親睦 <ruby>しんぼく</ruby> 친목	□ 怨恨 <ruby>えんこん</ruby> 원한	□ 断食 <ruby>だんじき</ruby> 단식	□ 曖昧 <ruby>あいまい</ruby> 애매
□ 防疫 <ruby>ぼうえき</ruby> 방역	□ 沈着 <ruby>ちんちゃく</ruby> 침착	□ 錯覚 <ruby>さっかく</ruby> 착각	□ 供養 <ruby>くよう</ruby> 공양
□ 諮問 <ruby>しもん</ruby> 자문	□ 脱水 <ruby>だっすい</ruby> 탈수	□ 苦渋 <ruby>くじゅう</ruby> 고뇌	□ 人手 <ruby>ひとで</ruby> 일손
□ 漏洩 <ruby>ろうえい</ruby> 누설	□ 信者 <ruby>しんじゃ</ruby> 신자	□ 遮断 <ruby>しゃだん</ruby> 차단	□ 指図 <ruby>さしず</ruby> 지시
□ 拉致 <ruby>らち</ruby> 납치	□ 目方 <ruby>めかた</ruby> 무게	□ 外科 <ruby>げか</ruby> 외과	□ 殺到 <ruby>さっとう</ruby> 쇄도
□ 日向 <ruby>ひなた</ruby> 양지	□ 悲惨 <ruby>ひさん</ruby> 비참	□ 花園 <ruby>はなぞの</ruby> 화원	□ 上役 <ruby>うわやく</ruby> 상사
□ 随一 <ruby>ずいいち</ruby> 제일	□ 躊躇 <ruby>ちゅうちょ</ruby> 주저	□ 人気 <ruby>ひとけ</ruby> 인기척	□ 横柄 <ruby>おうへい</ruby> 건방짐
□ 狩人 <ruby>かりゅうど</ruby> 사냥꾼	□ 吹雪 <ruby>ふぶき</ruby> 눈보라	□ 勘弁 <ruby>かんべん</ruby> 용서함	□ 雪崩 <ruby>なだれ</ruby> 눈사태
□ 玄人 <ruby>くろうと</ruby> 전문가	□ 仲人 <ruby>なこうど</ruby> 중매인	□ 辛抱 <ruby>しんぼう</ruby> 참고 견딤	□ 目眩 <ruby>めまい</ruby> 현기증
□ 閉口 <ruby>へいこう</ruby> 질림, 손듦	□ 勾配 <ruby>こうばい</ruby> 기울기, 경사	□ 目処 <ruby>めど</ruby> 목표, 목적	□ 津波 <ruby>つなみ</ruby> 해일, 쓰나미

Ⅴ. 下の線の言葉の正しい表現、または同じ意味のはたらきをしている言葉を (A) から (D) の中で 一つ選びなさい。

(1) あの歌手の歌はとても人気がある。

    (A) かしゅ

    (B) かじゅ

    (C) うたて

    (D) うたで

(2) 私の一番親しい友達は鈴木君です。

    (A) したしい

    (B) たのしい

    (C) うれしい

    (D) このましい

(3) 質問に対して、彼は無言のままだった。

    (A) ぶごん

    (B) ぶげん

    (C) むごん

    (D) むげん

(4) 人間の体は無限の可能性を秘めている。

    (A) ひめて

    (B) ひそめて

    (C) からめて

    (D) よわめて

(5) この大会は、パソコンの活用能力を競う大 会である。

    (A) きそう

    (B) やしなう

    (C) ちかう

    (D) あらそう

(6) 彼が犯人かどうかはまだ証拠がないので、 はっきりわからない。

    (A) しょうきょ

    (B) しょうこ

    (C) じょうきょ

    (D) じょうきょ

(7) この庭はなかなか趣がある。

    (A) なさけ

    (B) みなもと

    (C) おおやけ

    (D) おもむき

(8) 漫画の登場人物像を考える時、イラストを 描いてこうそうを練るという。

    (A) 高層

    (B) 構想

    (C) 抗争

    (D) 後送

(9) 仲がよかった二人は、今は言葉をかわすの も嫌なようだ。

    (A) 買わす

    (B) 飼わす

    (C) 変わす

    (D) 交わす

(10) 最近、弟は昆虫採集にこっています。

    (A) 徴って

    (B) 凝って

    (C) 疑って

    (D) 懲って

(11) 暖房のおかげで、部屋があたたかくなりました。

    (A) さむくなくなりました

    (B) 今まであつかったです

    (C) 今まですずしかったです

    (D) 今まであたたかかったです

(12) この犬、大きい目をしていますね。

    (A) 全然寝ませんね

    (B) 目がいいですね

    (C) よく見ていますね

    (D) 目が大きいですね

(13) 彼は5時をまわった時にやっとそこに着いたそうだ。

    (A) 5時前に

    (B) 5時を過ぎて

    (C) 5時間もかかって

    (D) ちょうど5時になって

(14) 彼女は全ての事情を知っているくせに、知らないふりをしていた。

    (A) ややこしい態度を取った

    (B) 白々しい態度を取った

    (C) 生々しい態度を取った

    (D) 馴れ馴れしい態度を取った

(15) 彼女の料理の味は、人並みだった。

    (A) 平凡だった

    (B) プロの水準だった

    (C) かなりの素人だった

    (D) 驚くほどの腕前だった

(16) 今後のプロジェクト、彼にそれとなく言ってみたらどうかしら。

    (A) すぱっと

    (B) きっかりと

    (C) ばくぜんと

    (D) あやふやに

(17) 彼は性格もさることながら、全ての点で優れていた。

    (A) 重要な語句のそばに点を打っておくと、後で調べやすい。

    (B) 相手側がどの点まで歩み寄ってくれるかが問題である。

    (C) よい点を取りたいからといって、カンニングをしてはいけない。

    (D) 飛行機から見下ろした時、下のビルは点のように小さく見えた。

(18) 風邪薬ならもう飲みました。

    (A) すみませんが、もう一杯お願いします。

    (B) 田中さん、仕事はもう終わりましたか。

    (C) あいにくその本はもうここにはありません。

    (D) 時間がありませんから、もう行かなければなりません。

(19) 何があったのか、彼女はさっきから溜め息ばかりついていた。

    (A) 彼女はリボンのついた帽子を被っていた。

    (B) 1時に出発したから、3時頃には駅につくはずだ。

    (C) 彼ときたら、いつもうそをついているから、全く信用できない。

    (D) 心配事で眠れなくて3時過ぎにやっと眠りにつくことができた。

(20) 長かった裁判に終止符を打った。

    (A) 彼の経験談は、本当に胸を打つ話だった。

    (B) この文章、句読点を打っておかないと、読みにくいわ。

    (C) 彼が登場すると、会場は水を打ったように静かになった。

    (D) うかうかしているうちに、競合会社に先手を打たれてしまった。

VI. 下の＿＿＿＿線の A, B, C, D の中で正しくない言葉を一つ選びなさい。

(21) 毎日洗濯をしている<u>ので</u>、部屋の<u>中</u>はとても<u>きれいです</u>。
　　　　　(A)　　　　　　　　(B)　　　(C)　　　　　　(D)

(22) 朝<u>から</u>一日中体の<u>調子</u>が<u>悪いで</u>、明日は会社を休む<u>ことにした</u>。
　　　　(A)　　　　　　(B)　(C)　　　　　　　　　　(D)

(23) 最近、この<u>近く</u>はちょっと<u>物騒</u>だから、暗く<u>なった</u>前に<u>さっさと</u>帰りましょう。
　　　　　　　(A)　　　　　　(B)　　　　　　(C)　　　(D)

(24) <u>いくら</u>かわいい子供でも、<u>せめて</u>食事の<u>用務</u>くらい<u>手伝わせたら</u>どうですか。
　　　(A)　　　　　　　　　　(B)　　　　(C)　　　　(D)

(25) <u>明日に</u> <u>ご都合</u>がよろしければ、午後みんなと一緒にお宅に<u>お伺いして</u>もよろしい<u>でしょうか</u>。
　　　(A)　(B)　　　　　　　　　　　　　　　　　　　(C)　　　　　(D)

(26) 昨日、山田さんの家に<u>招待されて</u>行った<u>の</u>ですが、<u>色々な</u>美味しい料理をたくさん
　　　　　　　　　　　(A)　　　　　(B)　　　(C)

　　　<u>召し上がりました</u>。
　　　(D)

(27) 昨日、私は教科書を<u>忘れてきた</u> <u>ので</u>、他のクラスの友達に <u>借りて</u><u>もらいました</u>。
　　　　　　　　　　(A)　　　(B)　　　　　　　　　(C)　(D)

(28) 私が彼に<u>電話してみ</u>しましょうか。<u>それから</u>、あなたから彼に<u>直接</u>電話してみますか。
　　　　　　(A)　　　　　　　　　　　(B)　　　　　　(C)　　(D)

(29) 必ず行くと約束<u>した以上</u>は、何があっても行か<u>なければ</u><u>なれない</u>だろう。
　　　　　　　(A)　　　　(B)　(C)　　　　　　(D)

(30) 県でいくら<u>協力</u>を呼び掛けても、資源ごみの<u>収集</u>率は一向に<u>増える</u>。
　　　　　　(A)　　(B)　　　　　　　　(C)　　　　(D)

(31) 次の選択肢の中で、もっとも人口の濃い国を選んで丸を付けなさい。
　　　　(A)　　　　　　　(B)　　　　(C)　　　　　　　(D)

(32) 様々な情報が氾濫している情報化社会の中で、本を通って自分と向き合う読書体験は、これまで
　　　　　　　(A)　　　　　　　　　　　　　　　(B)　　　　　(C)
　　よりも更に重要性を増している。
　　　　　(D)

(33) いつも陽気で逞しい彼女が大泣きするなんて、何か深い事情があってに違いない。
　　　　　(A)　　(B)　　　　　　　　　　　　　　　　(C)　　　　(D)

(34) 人は、見知らぬ人間やさほど親しくない人間とは近付きすぎないよう無意識に距離を縮めようとする。
　　　　　　(A)　　　　　(B)　　　　　　　　　　　　　　　(C)　　　　　　　(D)

(35) 経験の浅い 新米ならさて知らず、部長にそんな言い訳は通用しないよ。
　　　　　(A)　　　　(B)　　　　　　　　　　　(C)　　(D)

(36) 明日からの試験のため、猛勉強中だというのに、外の工事のせいで勉強どころかでなくなった。
　　　　(A)　　　　　　　(B)　　　　　　　　(C)　　　　　(D)

(37) あんなに厳しく叱るのは自分の子供に対する愛情の表現によりほかならないだろう。
　　　　　(A)　　　　　　　　　(B)　　　(C)　　　(D)

(38) ほとんどの大手企業が新規採用を大幅に増やすと言うから、新卒者の就職に明るみが増したと
　　　　　　(A)　　(B)　　　　　　　　　　　　　(C)　　　　(D)
　　言えるだろう。

(39) 彼ときたら、いつも歯に衣を着せる言い方をする。つまり、何でもずばり言う。
　　　(A)　　　　　(B)　　　　　　　　　　(C)　　　(D)

(40) 虫の居場所でも悪かったのか、ちょっとしたことで課長に延々と 説教されてしまった。
　　　(A)　　　　　　　　　(B)　　　　　　　(C)　　(D)

Ⅶ. 下の＿＿＿＿＿線に入る適当な言葉を (A) から (D) の中で一つ選びなさい。

(41) ＿＿＿＿＿忙しくても食事はきちんとしなければならない。

    (A) どう

    (B) どんなに

    (C) どうやって

    (D) どうして

(42) 息子さんも大分背が＿＿＿＿＿。

    (A) たかまりましたね

    (B) ふえましたね

    (C) のびましたね

    (D) ながくなりましたね

(43) 新商品は人気が高くてもう＿＿＿＿＿いました。

    (A) ない

    (B) なくて

    (C) なかった

    (D) なくなって

(44) 山田君は私の荷物を持って＿＿＿＿＿。

    (A) あげました

    (B) もらいました

    (C) くれました

    (D) いただきました

(45) 裏庭にきれいな花が咲いて＿＿＿＿＿。

    (A) います

    (B) します

    (C) きます

    (D) あります

(46) 当時、彼がどうしてそんなことをしたのか、＿＿＿＿＿よくわからない。

    (A) 今にも

    (B) 今でも

    (C) 今から

    (D) 今になって

(47) 今度の旅行代は_____に計算すると約 5 万円ぐらいです。

    (A) たいてい

    (B) だいたい

    (C) おおよそ

    (D) おおざっぱ

(48) テレビに_____だったので、外で雨が降っていることに気が付かなかった。

    (A) 熱中

    (B) 最中

    (C) 集中

    (D) 夢中

(49) 鞄といい靴といい、花子さんは本当に_____ですね。

    (A) おしゃれ

    (B) まんぞく

    (C) ごうまん

    (D) さいそく

(50) 「何もありませんが、どうぞ召し上がってください。」「美味しそうですね。じゃ、_____。」

    (A) おかまいなく

    (B) 遠慮なく

    (C) 仕方なく

    (D) かかわりなく

(51) 環境保護を_____、ビニール袋を有料にする店も多くなってきた。

    (A) 訴え

    (B) 訴えず

    (C) 訴える

    (D) 訴えた

(52) 太るとわかっていながら、またケーキを一_____食べてしまった。

    (A) 枚

    (B) 点

    (C) 塊

    (D) 切れ

(53) 経験豊富な部長も昨日の発表会では_____しまったそうだ。

    (A) あがって

    (B) あやまって

    (C) うやまって

    (D) やしなって

(54) 彼の演説が終わると、皆_____起立して拍手をした。

    (A) まもなく

    (B) 一斉に

    (C) そのうち

    (D) ひたすら

(55) 毎日庭の_____をするなんて、私には到底できないよ。

    (A) 具合

    (B) 調子

    (C) 見込み

    (D) 手入れ

(56) 結果_____ともかく、まず今自分ができることから始めなさい。

    (A) に

    (B) を

    (C) は

    (D) も

(57) まだまだ足りないところが多いと存じますが、_____よろしくお願いします。

    (A) 何なりと

    (B) 何ゆえ

    (C) 何とぞ

    (D) 何とも

(58) 大声で応援したせいで、みんなすっかり喉が_____声が出なくなった。

    (A) かわして

    (B) かれて

    (C) まがって

    (D) それて

(59) テレビの欠陥は視線を奪われるので、手で仕事をするのに_____点にある。

    (A) 追い抜く

    (B) 差し支える

    (C) 押し付ける

    (D) 打ち合わせる

(60) 蚊にさされたのか、背中が_____たまらない。

    (A) かゆくて

    (B) 疑わしくて

    (C) 用心深くて

    (D) 粘り強くて

(61) 老人ホームでボランティア活動をしたのは_____体験だった。

    (A) えがたい

    (B) よせあつめの

    (C) ありえない

    (D) たえない

(62) この書類は大事なので、是非_____にして送ってください。

    (A) 封筒

    (B) 書留

    (C) 急速

    (D) 急行

(63) 公衆電話で電話している間に、足元に置いた荷物を_____盗まれてしまった。

    (A) そっくり

    (B) きっちり

    (C) もろに

    (D) ぴったり

(64) この食器は壊れやすいので、古新聞で_____箱に詰めてください。

    (A) かくして

    (B) くるんで

    (C) かぶって

    (D) つかまって

(65) 私の力ではそんな大金は_____っこないよ。

    (A) 稼げ

    (B) 稼いだ

    (C) 稼ぎ

    (D) 稼げたり

(66) 人間関係で、どちらにも偏らないで_____を保つことは難しい。

    (A) 均等

    (B) 均一

    (C) 均質

    (D) 均衡

(67) 昨日は久しぶりの休日だったので、一日中部屋で小説に読み_____いた。

    (A) あさって

    (B) あげて

    (C) こなして

    (D) ふけって

(68) うちの子は勉強を_____にして、ゲームばかりしているから、とても心配だ。

    (A) 山場

    (B) 二つ返事

    (C) 仲間入り

    (D) 二の次

(69) 滅多に来ない絶好の機会を_____逃してしまった。

    (A) みすみす

    (B) せかせか

    (C) くねくね

    (D) ねとねと

(70) 油で_____していた鍋を、２時間もかけて全部洗った。

    (A) ぎとぎと

    (B) ぼたぼた

    (C) ごぼごぼ

    (D) かしゃかしゃ

Ⅷ. 下の文を読んで、後の問いにもっとも適当な答えを (A) から (D) の中で一つ選びなさい。

(71 ～ 74)

> 　私は幼い時からアイスクリームが大好きで、アイスクリームの作り方がいつも不思議でした。(1)＿＿＿＿＿＿がアイスクリームになるのですから、つい感動してしまいます。私は小学校4年生の時、科学の授業で初めてアイスクリームを作ってみました。アイスクリームメーカーがなかったので、私たちは液体のアイスクリームと氷を缶に入れて、それを床で転がしました。この経験から、私はいつか、きちんとアイスクリームの作り方を習いたかったのです。
> 　専門学校に入って、私はやっとアイスクリームの作り方をこの目で見ることができました。アイスクリームメーカーがあって、質のいい材料を使っていましたから、嬉しかったです。私は激しく動くアイスクリームメーカーを見て、子供の時にアイスクリームを作った経験を思い出しました。専門学校で作ったアイスクリームは材料を入れるだけで簡単にできましたが、昔初めて作ってみたアイスクリームの方が時間も早く、美味しかったです。

(71) 本文の内容から見て、(1)＿＿＿＿＿＿に入る最も適当な言葉はどれですか。

(A) 気体
(B) 液体
(C) 固体
(D) 生物

(72) この人が小学校4年生の時に作ったアイスクリームについての説明の中で、正しいものはどれですか。

(A) 初めて作ってみたので、失敗に終わってしまった。
(B) 何回も作った経験があったので、簡単に作ることができた。
(C) 液体のアイスクリームと氷を缶に入れて床で転がしながら作った。
(D) アイスクリームメーカーがあったので、作るのはあまり難しくなかった。

(73) この人は激しく動くアイスクリームメーカーを見て何を思い出しましたか。

(A) 子供の時のアイスクリームの種類
(B) 子供の時のアイスクリームの値段
(C) 子供の時によく食べたアイスクリーム
(D) 子供の時にアイスクリームを作った経験

(74) 専門学校で作ったアイスクリームについての説明の中で、正しくないものはどれですか。

(A) 質のいい材料を使って作った。
(B) 材料を入れるだけで簡単にできた。
(C) 昔、缶を転がして作ったアイスクリームの方が美味しかった。
(D) 昔、缶を転がして作ったアイスクリームより早く出来上がった。

(75 〜 78)

新しい国に着いた時、誰でも最初は言葉もよく通じないし、どこで何をすればいいのか、
(1)_____。私は2年間中国で留学した経験がありますが、今思えば中国での生活は、緊張
しながらもだんだんそこの生活に慣れて新しい友達を作る過程でした。普通の中国人と話し
合う時は、特に緊張しなかったのですが、却って、大部分の人にとって楽しそうなことの方
が私にはよほど難しかったです。私にとって、関係が近くなくて知らない人と話すのはそん
なに大きい問題ではありません。しかし、関係がもっと大切なルームメイトや友達とは、そ
の国の母語で話す時、よく緊張してしまいます。例えば、クラスメートとカラオケに行った
時、みんな楽しんでいましたが、私は恥ずかしくて自信がなかったから、あまり行きません
でした。

(75) 本文の内容から見て、(1)_____に入る最も適当な文章はどれですか。

(A) すぐ慣れてしまうものです

(B) 教えてくれる人が多いものです

(C) 自然にどきどきしてしまうものです

(D) わからなくても別に問題にならないものです

(76) 今、この人は中国での経験をどう思っていますか。

(A) 全然緊張しなかった楽な生活の連続

(B) 勉強した中国語がよく通じて嬉しかった生活

(C) 失敗の連続で、何一つ楽しいことのない生活

(D) 緊張感と共にそこの生活に慣れて新しい友達を作っていく過程

(77) 本文の内容から見て、この人はどんな時によく緊張しますか。

(A) 多くの人の前で話す時

(B) 外国人と外国語で話す時

(C) 関係が近くなくて知らない人と話す時

(D) 関係が大切な人とその国の母語で話す時

(78) この人が中国にいた時、クラスメートとカラオケにあまり行かなかった理由は何ですか。

(A) 一人で遊ぶのが好きだったから

(B) 恥ずかしくて自信がなかったから

(C) 親しいクラスメートがあまりいなかったから

(D) もともと歌を歌うのが好きではなかったから

(79 〜 81)

私は小さい時から色々な夢がありました。子供の時から仮面ライダーやスーパーマンが好きだった私は、彼らのようなヒーローになって世界を守りたいと思いました。しかし、そんな無邪気な考えは小さい時だけで、大きくなると、そんな夢もだんだん薄れていきました。中学生の時の夢は、放送局で働くことでした。私は高校受験のために勉強している時、いつもラジオを聞いていました。そして、聞いているうちに自然に放送局で働いてみたいと思うようになりました。でも、台湾には放送と関係のある学科が高校に多くなかったため、その夢は実現できなくなりました。高校時代には日本語を翻訳する仕事をすることが夢でした。なぜかというと、私はもともと日本のドラマを見るのが好きだったし、翻訳の仕事をすれば日本の最新ドラマもたくさん見ることができると思ったからです。それに、社会人としての経験を積むこともできると思って一生懸命に日本語の勉強をしましたが、なかなか上手にならなくて結局、その夢も諦めてしまいました。

(79) この人の小さい時の夢は何でしたか。

(A) 放送局で働くこと
(B) 学校の先生になること
(C) ヒーローになって世界を守ること
(D) 日本語を翻訳する仕事をすること

(80) この人の放送局で働きたいという夢が実現できなくなった理由は何ですか。

(A) 自分には才能が全くないと気付いたから
(B) 放送と関係のある学科が高校に少なかったから
(C) 突然、放送局への興味がなくなってしまったから
(D) 何をどうすればいいのか、方法がわからなかったから

(81) 高校時代、この人が日本語を翻訳する仕事がしたいと思った理由ではないものはどれですか。

(A) 日本の最新ドラマがたくさん見られるから
(B) 他の仕事よりいい収入になると思ったから
(C) 社会人としての経験を積むことができるから
(D) もともと日本のドラマを見るのが好きだったから

(82 ～ 84)

　いつの世の中にも「最近は言葉が乱れている」と嘆く人がいる。そういう人は大抵言葉に
こだわりを持つ国語学者だったり先生だったりする。その人たちはいつも「最近の若い者
は…」と嘆く。しかし、これは最近始まった現象ではない。エジプトにあるピラミッドの壁
にも「最近の若い者は…」と書かれているというのだから、(1)＿＿＿＿＿。しかし、昔文豪
と呼ばれる人の作品を今読んでみてどう感じるのだろうか。その表現は古めかしく、読みに
くい。これがまさしく文学であり、日本語だと言われるのであれば、江戸時代の文章を読ん
でみるといい。果たしてまともに読めるだろうか。

　言葉というのは、(2)＿＿＿＿＿。言葉は物理現象のような絶対的なものと捉えることはでき
ない。言葉は時代と共に生きている。それだけ身近なものなのである。その時代時代で新
しい言葉が生まれ、使い心地の良いものは残り、不自然でわかりにくいものは自然に淘汰さ
れていく。

(82) 本文の内容から見て、(1)＿＿＿＿＿に入る最も適当な文章はどれですか。

　(A) 若い世代の言葉は乱れていないらしい

　(B) 昔の人の方が正しい言葉を使ったらしい

　(C) 時代によって言葉の意味は変わっていくらしい

　(D) 自分より若い世代を嘆くのはもう癖のようなものらしい

(83) 本文の内容から見て、(2)＿＿＿＿＿に入る最も適当な文章はどれですか。

　(A) 時代と共に変遷しているのである

　(B) 時代とは関係なく変わっていくのである

　(C) 絶対に乱れてはいけないものなのである

　(D) その中に人間の人生が含まれているのである

(84) 本文のタイトルとして最も相応しいものはどれですか。

　(A) 正しい言葉の使い方

　(B) 乱れている言葉をどう直すべきか

　(C) 国語は本当に乱れているのだろうか

　(D) 時代によって違う意味を持つ言葉の例

(85 ～ 88)

　　ガラス面などに触れなくても指紋が照会できる(1)非接触型の指紋センサーをある企業が
開発した。表面の指紋自体を読み取るのではなく、爪側から光を当てて指紋内部のでこぼこ
を感知する世界初のシステムである。このセンサーは来年の商品化を目指しており、接触型
では感知が難しかった湿った指や手荒れの指でも検出できる上に、接触型の指紋センサーに
比べて経費の削減も可能であるという。この新センサーは、指内部の真皮のでこぼこを光の
透過率の変化で感知する仕組みである。爪側から光を当て、指を透過した光のパターンを指
紋がある側に置いたカメラで撮ると、指紋と同じ模様が検出できる。従来の指紋検出は、照
会装置に指紋を押し当てて読み取っていたため、汗やしわ、手荒れなどが接触の具合に影響
し、画像が不鮮明になることが多々あった。しかし、新センサーは指を10センチ以上離して
いても照会が可能であり、オフィスやマンションの入退室管理やパソコンの本人確認用など
で高性能な指紋照会装置が製品化できるという。指紋照会装置の国内市場は去年30億円規模
であったが、防犯などの安全意識の高まりで来年は120億円を超えると見込まれている。

(85) (1)非接触型の指紋センサーについての説明の中で、正しくないものはどれですか。

　(A) 1年後の商品化を目指している。

　(B) 接触型の指紋センサーよりやや高めである。

　(C) 光を利用して指紋内部のでこぼこを感知する。

　(D) 接触型では感知が難しかった指でも検出できる。

(86) 本文の内容から見て、指紋照会装置の国内市場の規模が今後大きくなる理由は何ですか。

　(A) これから値段が安くなっていくから

　(B) これから性能が向上していくから

　(C) これから安全意識が高まっていくから

　(D) これから操作が簡単になっていくから

(87) 従来の指紋検出方法の問題点は何でしたか。

　(A) 設置費用が高かった。

　(B) 画像が鮮明でない場合がよくあった。

　(C) 誤作動で止まってしまう場合が多かった。

　(D) カメラで指紋を撮るのに時間がかかりすぎた。

(88) 本文の内容と合っているものはどれですか。

　(A) 非接触型の指紋センサーは既に製品化されている。

　(B) 従来の指紋検出も照会装置に指紋を押し当てないで読み取っていた。

　(C) 非接触型の指紋センサーは湿った指や手荒れの指でも指紋検出ができる。

　(D) 非接触型の指紋センサーには離れていては指紋検出ができないという短所がある。

(89〜92)

10数年前に『食べるな、危険』という本が出版された。この本によると、ヤクルトの容器からスチレンが溶け出す、そのスチレンに発癌性があるという。勿論、(1)＿＿＿＿＿＿。「重大な事実誤認があり、信用を著しく傷付けられた」として、増刷・改訂時に記事や写真を削除するよう求めている。これに対して、この本の著作者である日本子孫基金は「国際癌研究機関が、人に対して発癌性を示す可能性がかなり高いと評価している」という。不思議なのは双方が同じ研究機関に分析を依頼している(2)＿＿＿＿＿＿、その結果が全く異なるということである。ヤクルト側はこの容器について、食品衛生法の規格基準も満たしているから問題はないという。私には「規格を満たしているから大丈夫」という論理にはあまり説得性を感じない。過去に国が許可した化学物質で健康に害を与えたものの例などいくらでも挙げることができる。食品を扱う企業としてはこのような情報には敏感に対応するのが企業に求められる倫理ではないだろうか。しかしながら、この議論はどちらが正しいという結論が出るようなものではないのかもしれない。

(89) 本文の内容から見て、(1)＿＿＿＿＿＿に入る最も適当な文章はどれですか。

　　(A) ヤクルト側は黙っているしかなかった

　　(B) 証拠がないため、うやむやになってしまった

　　(C) ヤクルト側はどんな反応も見せようとしなかった

　　(D) このようなことを書かれてヤクルト側も黙ってはいなかった

(90) 本文の内容から見て、(2)＿＿＿＿＿＿に入る最も適当な表現はどれですか。

　　(A) と共に

　　(B) かたわら

　　(C) からといって

　　(D) にもかかわらず

(91) この人が出したヤクルト容器の議論に対する結論は何ですか。

　　(A) 結論が出るようなものではない。

　　(B) 本を出版した日本子孫基金の方が正しい。

　　(C) ヤクルトと日本子孫基金、両方とも正しくない。

　　(D) 食品衛生法の規格基準を満たしているヤクルトが正しい。

(92) 本文の内容と合っているものはどれですか。

　　(A) 日本子孫基金はヤクルトの研究所の一つである。

　　(B) 日本子孫基金とヤクルトは、同じ研究機関に分析を依頼した。

　　(C) ヤクルトの容器は全く発癌性がないため、安全であると言える。

　　(D) この人はどんなものでも規格を満たしているなら、大丈夫であると思っている。

(93 〜 96)

　　風呂に入った時、体の表面や毛に気泡が付いているが、この気泡は一体何なのだろうか。結論から言うと、気泡の正体は(1)＿＿＿＿＿。お湯に限らず、液体には空気をある程度溶け込ませる能力があり、その溶け込ませることのできる量は液体の温度によって違う。お風呂の温度はある程度高温なので、お風呂のお湯にはあまり空気が溶け込んでいない状態と言える。しかし、高圧の配管を通り、湯沸かし器を通りながら多くの空気と混ざった状態になる。要するに、お風呂のお湯はあまり空気を溶け込ませないのに、無理に溶け込んでいる状態なのである。これを「過飽和状態」と言うが、「過飽和状態」の水の中の空気は、一見溶けているように見えるが、きっかけさえあれはすぐに空気へと戻る。「過飽和状態」から気体に戻るきっかけになるのが(2)＿＿＿＿＿である。あなたが湯船に浸かることであなたの体の表面の水の温度が少し変わり、体毛などに水がぶつかる衝撃が生じる。この温度の変化と衝撃で溶け込んでいた空気が気体へと戻っていく。これがあの気泡の正体である。

(93) 本文の内容から見て、(1)＿＿＿＿＿に入る最も適当な文章はどれですか。

　　(A) あなたの周りにある空気である
　　(B) あなたの汗から出る空気である
　　(C) あなたの体の中から出る空気である
　　(D) あなたの体の汚れから出る空気である

(94) 本文の内容から見て、液体に空気を溶け込ませる量に影響を与えるのは何ですか。

　　(A) 水の量
　　(B) 周りの気圧差
　　(C) 液体の温度差
　　(D) 急激な気温の変化

(95) 本文に出ている「過飽和状態」とは何ですか。

　　(A) 空気の量が激しく変動する状態
　　(B) 多くの空気が一カ所に集まっている状態
　　(C) 本来の溶解量よりも多い空気が溶けている状態
　　(D) 急に液体の中に含まれている空気が外部に出る状態

(96) 本文の内容から見て、(2)＿＿＿＿＿に入る最も適当な言葉はどれですか。

　　(A) 風呂場の大きさ
　　(B) お湯の量の多さ
　　(C) 一定の温度の維持
　　(D) 温度のちょっとした変化や衝撃

最近、山梨県にインド料理店が急増しているという。その数が全国2位に踊り出た山梨県に一体何が起きているのだろうか。山梨では人口10万人当たりのインド料理店の数が東京の3.6軒に次いで2.51軒であり、愛知や大阪などを押さえて全国2位の多さであるという。この10年間の増加を見ても全国平均が4倍なのに対し、山梨は何と7倍で驚異的な伸びを見せている。地元の人たちのインド料理への関心は昔とさほど変わっていない(1)＿＿＿＿＿、このようにインド料理店が増えている理由は、インド人が多く住んでいるからであり、その人たちのほとんどは宝石商であるという。では、多くのインド人はどうしてわざわざ遠く離れた山梨に事務所を構えるのだろうか。山梨の甲府は水晶の産地として栄えた街で、江戸時代末期には土産物として水晶工芸が花開き、今でも受け継がれているのが宝石の加工技術である。現在も山梨の宝飾品出荷額はおよそ300億円で日本一を誇っている。要するに、日本の高い技術に魅了されて多くのインド人が山梨に集まっているのである。山梨は今、(2)＿＿＿＿＿。

(97) 山梨県のインド料理店についての説明の中で、正しいものはどれですか。

(A) この10年間の増加は全国平均を大きく上回る。
(B) インドとの文化交流の拡大も大きな原因の一つである。
(C) 地元の人の中でもインド料理を食べる人が急増している。
(D) 人口10万人当たりのインド料理店の数は全国1位である。

(98) 本文の内容から見て、(1)＿＿＿＿＿に入る最も適当な表現はどれですか。

(A) が故に
(B) だけあって
(C) にもかかわらず
(D) のはもちろんのこと

(99) 本文の内容から見て、山梨県にインド料理店が多い理由は何ですか。

(A) インド料理に適する食材が揃っているから
(B) まだ宝石を採掘できる所が多く残っているから
(C) 食生活の変化で外国料理への関心が高まったから
(D) 宝石の加工技術に惹かれた多くのインド人が集まっているから

(100) 本文の内容から見て、(2)＿＿＿＿＿に入る最も適当な文章はどれですか。

(A) 国際色豊かに様変わりしている
(B) 地元商圏の衰退に悩まされている
(C) 宝飾品出荷額減少に危機感を感じている
(D) 宝石の加工技術の伝承に力を入れている

□ 減る 줄다	□ 得る 얻다	□ 脱ぐ 벗다	□ 来る 오다
□ 歩く 걷다	□ 売る 팔다	□ 残る 남다	□ 拾う 줍다
□ 似る 닮다	□ 結ぶ 묶다, 잇다	□ 驚く 놀라다	□ 煮る 삶다
□ 凍る 얼다	□ 掘る 파다	□ 違う 다르다	□ 欺く 속이다
□ 腐る 썩다	□ 植える 심다	□ 超える 넘다	□ 朽ちる 썩다
□ 助ける 돕다	□ 酔う 취하다	□ 響く 울리다	□ 彫る 새기다
□ 負ける 지다	□ 描く 그리다	□ 憤る 성내다	□ 侮る 깔보다
□ 習う 배우다	□ 渡る 건너다	□ 狂う 미치다	□ 覆す 뒤집다
□ 閉まる 닫히다	□ 輝く 빛나다	□ 向く 향하다	□ 養う 양육하다
□ 捨てる 버리다	□ 学ぶ 배우다	□ 割る 나누다, 깨뜨리다	□ 催す 개최하다
□ 経つ 경과하다	□ 刻む 새기다	□ 盗む 훔치다	□ 募る 모집하다
□ 貸す 빌려주다	□ 借りる 빌리다	□ 陥る 빠지다	□ 唆す 부추기다
□ 覚える 기억하다	□ 断る 거절하다	□ 叫ぶ 외치다	□ 耕す 경작하다
□ 続ける 계속하다	□ 巡る 둘러싸다	□ 臨む 임하다	□ 営む 경영하다
□ 倒れる 쓰러지다	□ 足りる 충분하다	□ 光る 빛나다	□ 挑む 도전하다
□ 踏む 밟다, 딛다	□ 覗く 들여다보다	□ 好む 즐기다	□ 返す 돌려주다
□ 費やす 소비하다	□ 類する 비슷하다	□ 加える 더하다	□ 慌てる 당황하다
□ 冷える 차가워지다	□ 鍛える 단련하다	□ 兼ねる 겸하다	□ 蓄える 저장하다
□ 分かれる 나누어지다	□ 設ける 설치하다	□ 偏る 치우치다	□ 携わる 종사하다
□ 防ぐ 막다, 방지하다	□ 渇く 목이 마르다	□ 占める 차지하다	□ 省みる 반성하다
□ 建つ 건물이 들어서다	□ 抱く 마음속에 품다	□ 漏らす 누설하다	□ 凌ぐ 참고 견디다
□ 運ぶ 옮기다, 운반하다	□ 表す 나타내다, 표현하다	□ 阻む 막다, 저지하다	□ 襲う 덮치다, 습격하다

Ⅴ. 下の線の言葉の正しい表現、または同じ意味のはたらきをしている言葉を (A) から (D) の中で
一つ選びなさい。

(1) 私の家の近くには古い池があります。

(A) ふるい
(B) あかい
(C) あおい
(D) わかい

(2) 今日の試験は、午後1時から始まります。

(A) しけん
(B) じけん
(C) しかん
(D) じかん

(3) 老人を敬うのは礼儀の基本中の基本である。

(A) やしなう
(B) うやまう
(C) きそう
(D) よそおう

(4) ご商売繁盛で、何よりです。

(A) はんせい
(B) ばんせい
(C) はんじょう
(D) ばんじょう

(5) 暑いと言っても、もう秋の気配が感じられる。

(A) けはい
(B) きはい
(C) けくばり
(D) きくばり

(6) 私が慰めてあげても、彼女は泣いてばかり
いた。

(A) あつめて
(B) ちぢめて
(C) いましめて
(D) なぐさめて

(7) 受験番号が早いほど、緊張感の漲った教室で
受験できるそうだ。

(A) みなぎった
(B) まかなった
(C) ねばった
(D) いきどおった

(8) この説明書さえ持っていれば、あの機械の
操作はいたって簡単にできます。

(A) 減って
(B) 至って
(C) 通って
(D) 辿って

(9) 彼は妹の仇をうつために、敵地へ乗り込ん
でいった。

(A) 射つ
(B) 討つ
(C) 打つ
(D) 撃つ

(10) 明日、国会では新年度予算のせっしょうのた
め、会議が開かれる。

(A) 折衝
(B) 折衡
(C) 切衝
(D) 切衡

(11) その資料を<u>見せていただきたい</u>のですが、よろしいでしょうか。

  (A) 見たい

  (B) 見せたい

  (C) 見られたい

  (D) 見せられたい

(12) どんなふうに彼女を慰めてあげたらいいのか、<u>適当な</u>言葉が思い浮かばなかった。

  (A) 斬新な

  (B) 意地悪な

  (C) 独創的な

  (D) 相応しい

(13) <u>旅行に先立ち</u>、大きな鞄を買いました。

  (A) 旅行の前に

  (B) 旅行してから

  (C) 旅行した後

  (D) 旅行するうちに

(14) 彼は彼女に振られて、ずっと<u>落ち込んでいた</u>。

  (A) ゆったりしていた

  (B) ぐったりしていた

  (C) たっぷりしていた

  (D) がっくりしていた

(15) <u>しめて</u>10万円を越えると、予算オーバーなんです。

  (A) 最大

  (B) 多くて

  (C) 少なくとも

  (D) 合計して

(16) 正直に言って、今度の仕事は私には<u>役不足</u>だと思う。

  (A) 与えられた役目が重すぎる

  (B) 与えられた役目が軽すぎる

  (C) 与えられた役目が多すぎる

  (D) 与えられた役目が自分とは関係ない

(17) 年齢を重ねる<u>ごと</u>に、固い食べ物はだんだん食べられなくなった。

  (A) これは皮<u>ごと</u>煮て食べてもいい。

  (B) 彼は、俯いたまま考え<u>ごと</u>をしていた。

  (C) 都会では月<u>ごと</u>の出費もばかにならない。

  (D) 大きいトマトをまる<u>ごと</u>食べるなんて、すごい。

(18) 会社側は組合の要求に<u>こたえて</u>賃上げに踏み切った。

  (A) 彼女の最後の一言が胸に<u>こたえて</u>ならない。

  (B) いくら慣れたとはいえ、この暑さは本当に<u>こたえる</u>。

  (C) 先生の問いかけに<u>こたえられた</u>生徒は一人もいなかった。

  (D) 顧客の要望に<u>こたえて</u>すべての商品を10パーセント割引することにした。

(19) さっきの発言から見ると、彼は<u>そうとう</u>自信家のようだ。

  (A) 暗殺は死に<u>そうとう</u>する罪である。

  (B) こちらもそれ<u>そうとう</u>のお礼はするつもりだ。

  (C) 今度の旅行は国賓<u>そうとう</u>の待遇で申し分なかった。

  (D) 手術までするとは、<u>そうとう</u>ひどい傷だったに違いない。

(20) 長引いている不況で失業者の数は増える<u>一方</u>だ。

  (A) 彼は金儲け<u>一方</u>の学者にすぎない。

  (B) この道路は<u>一方</u>通行だから、ここから入れない。

  (C) 山田君は会社に勤める<u>一方</u>、本も書いている。

  (D) 彼女の意見は、<u>一方</u>からみれば当たっているとも言える。

VI. 下の_____線の A, B, C, D の中で正しくない言葉を一つ選びなさい。

(21) 私が住んでいる町の近くにはきれいな川があまりあります。
　　　　　(A)　　　　　(B)　　　(C)　　　　(D)

(22) 最近仕事で 忙しくて、新聞を読むことだけろくにできない。
　　　　　(A)　　(B)　　　　　　　　(C)　　　　(D)

(23) 東京までは 2 時間以上かかると聞くのですが、思ったより早く着きました。
　　　　(A)　　　　　　　　　　　(B)　　　　　　　　(C)　　　(D)

(24) 月曜日から木曜日まではいい天気でした。では、金曜日は雨が降って寒かったです。
　　　　　　　　(A)　　　　　　(B)　(C)　　　　　　　　(D)

(25) 朝から歯の痛くて何も食べたくないですが、飲み物は何か 飲みたいです。
　　　　(A)　　　　　(B)　　　　　　　　(C)　(D)

(26) これ、ちょうど 大きいですね。もう少し小さいのはありませんか。
　　　　(A)　(B)　　　　　(C)　　　(D)

(27) 京都と大阪と東京の中で、食べ物が一番美味しい所は何ですか。
　　　(A)　　(B)　　　(C)　　　　(D)

(28) 今度の彼の映画はキャラ設定だけではなく、ストーリーの進歩も前作と全く同じなのだから、
　　　　　　　　　　　　　　(A)　　　　　　　　(B)　　　　　(C)

あまり見たくない。
　(D)

(29) 昨日デパートで買い物せずに 急いで帰っていれば、面白い番組が見た。
　　　　　　　　(A)　(B)　　(C)　　　　　(D)

(30) 学校の授業などでは面白くなくても、じっと座っていなければならないので、白昼夢に落ちたり、
　　　　　　　　(A)　　(B)　　　　　　　　　　　　　　(C)

本当に寝てしまったりすることがある。
　　(D)

(31) この廊下の突き当たりにある応接室は、確かな禁煙だったと思います。
     (A)   (B)   (C)   (D)

(32) 彼は日本に留学して、日本経済に対して 研究している。
          (A)   (B)   (C)   (D)

(33) 先月、新幹線が脱線した際に事故処理が難航し、また事故原因も多数見つかった。しかし、未だに
                  (A)   (B)   (C)
原因が解明しない部分もたくさんある。
      (D)

(34) 何回も引き続いて同じことが起こった時、私たちは強調のつもりで、ないし不注意に「いつも」
         (A)   (B)   (C)
という言葉を使ってしまうのではないだろうか。
                        (D)

(35) 子供が生まれるやら課長に昇進するやら、今年は本当にいいことだらけだね。
              (A)   (B)   (C)   (D)

(36) あの会社は海外での業績好調をきっかけに、新規採取を大幅に増やす見込みだそうだ。
                  (A)   (B)   (C)   (D)

(37) 注目のアジア対決は、メジャー 8 年目の先輩である鈴木選手に軍配が下がった。
     (A)   (B)   (C)   (D)

(38) 彼はいくら厄介なことであっても、いつも一つ返事で引き受けてくれるので、私にとっては本当に
              (A)   (B)   (C)
心強い存在だ。
     (D)

(39) 彼女と言えば、腹が据わった名物女将として地元では知る人に知る存在である。
                  (A)   (B)   (C)   (D)

(40) マルチ商法は友達などの誘いだとなかなか断れないという人の弱みに押し付け、高額の商品を
                              (A)   (B)
販売し続けることによって利益を上げるのが目的である。
              (C)   (D)

VII. 下の＿＿＿＿＿線に入る適当な言葉を (A) から (D) の中で一つ選びなさい。

(41) 今日の会議は午後 1 時＿＿＿＿＿始まります。

    (A) の

    (B) と

    (C) まで

    (D) より

(42) 鈴木さんは、果物の中で＿＿＿＿＿が一番好きですか。

    (A) どこ

    (B) なに

    (C) いつ

    (D) どの

(43) 机の上に本や雑誌＿＿＿＿＿があります。

    (A) と

    (B) や

    (C) など

    (D) ごろ

(44) 午後お客が来るので、部屋を＿＿＿＿＿掃除しておいてください。

    (A) きれいだ

    (B) きれいに

    (C) きれいで

    (D) きれいな

(45) 今日は雨が降っている＿＿＿＿＿、風も強いです。

    (A) が

    (B) し

    (C) とも

    (D) ので

(46) 彼女はいつも約束時間に遅れて、彼を＿＿＿＿＿。

    (A) 待たせる

    (B) 待たれる

    (C) 待たされる

    (D) 待たせられる

(47) 鈴木さんの話_____、今度の社員旅行はキャンセルだそうです。

    (A) では

    (B) には

    (C) なら

    (D) とは

(48) 今日はその店の定休日です。_____、閉まっているでしょう。

    (A) それに

    (B) だから

    (C) もっとも

    (D) その上

(49) すみませんが、暑いので窓を_____。

    (A) 閉めましょうか

    (B) 開けてあります

    (C) 開けてください

    (D) 閉めてください

(50) 飲み物はコーヒーだけ_____いいですか。

    (A) に

    (B) を

    (C) で

    (D) も

(51) 「高田さん、これからどうなさいますか。」「あ、私は一度家に帰ってから_____。」

    (A) まいります

    (B) いただきます

    (C) おいでになります

    (D) お見えになります

(52) 各人の違いを無視した画一的な教育は、この才能を殺し_____。

    (A) にかたくない

    (B) かねない

    (C) かねる

    (D) にすぎない

(53) 彼女は今年を＿＿＿＿＿＿＿芸能界から引退するという。

    (A) 限りに

    (B) 除いて

    (C) 問わず

    (D) よそに

(54) たまには音楽を聞きながら＿＿＿＿＿＿＿一人でいる時間も楽しい。

    (A) まさしく

    (B) ぼうっと

    (C) 予て

    (D) 何だか

(55) WHO の専門家たちは、中国の衛生防疫関係者の仕事＿＿＿＿＿＿＿を高く評価しているらしい。

    (A) ぎみ

    (B) ぶり

    (C) もの

    (D) こと

(56) この図書館では、全ての資料を自由に＿＿＿＿＿＿＿できる。

    (A) 用心

    (B) 脈略

    (C) 合図

    (D) 閲覧

(57) 先日はお忙しいところ、時間を＿＿＿＿＿＿＿いただき、誠にありがとうございました。

    (A) 割って

    (B) 割いて

    (C) 切って

    (D) 切らして

(58) 登校してくる子供たちは、毎朝＿＿＿＿＿＿＿笑顔で挨拶をしながら校門を通り過ぎていく。

    (A) さかんな

    (B) あやふやな

    (C) うつろな

    (D) さわやかな

(59) 高橋君はベルが鳴る_____早いか、机の中のお弁当を取り出した。

    (A) に

    (B) が

    (C) の

    (D) か

(60) 彼は青雲の_____を抱いて大学に進学した。

    (A) 心

    (B) 夢

    (C) 志

    (D) 意

(61) 先週のテストは山が_____悲惨な結果を招くことになった。

    (A) 崩れて

    (B) 当たって

    (C) 被って

    (D) 外れて

(62) 申請書類は商業登記規則に_____作成し、登記所に提出してください。

    (A) もとにして

    (B) ついて

    (C) もとづいて

    (D) めぐって

(63) 昨日、40度まで熱があった彼だったが、今日は嘘のように_____している。

    (A) ゆらゆら

    (B) ずるずる

    (C) うようよ

    (D) ぴんぴん

(64) 決勝戦に臨む彼には、闘志が_____と全身に漲っていた。

    (A) めらめら

    (B) でこぼこ

    (C) だぶだぶ

    (D) がたがた

(65) 私は今まで幽霊なんか_____だと割り切ってきた。

    (A) 出鱈目

    (B) 上出来

    (C) 無邪気

    (D) 千秋楽

(66) 正直なところ、友達のアドバイスに_____来ることもあった。

    (A) きゅんと

    (B) かちんと

    (C) がらっと

    (D) ぎょっと

(67) 教授は学校内の暴力事件が増えているのは_____ことと語った。

    (A) ゆゆしき

    (B) あたらしき

    (C) いさましき

    (D) はなはだしき

(68) 山田君の質問は、明らかに僕の気持ちを_____するのが目的だと思えるものだった。

    (A) 閉口

    (B) 偽物

    (C) 逆撫で

    (D) 道連れ

(69) 彼女は突然夫が体を壊し、一家の_____になった。

    (A) 曲者

    (B) 不摂生

    (C) 二枚目

    (D) 大黒柱

(70) ひどい風邪を引いた息子は、熱にうなされて_____まで言った。

    (A) うわ言

    (B) 耳寄り

    (C) 貸し渋り

    (D) 売り惜しみ

Ⅷ. 下の文を読んで、後の問いにもっとも適当な答えを (A) から (D) の中で一つ選びなさい。

(71 〜 74)

「今日の夕飯は何？」私は学校から帰るとすぐ母に尋ねます。6時間授業の日は帰ってくるのも遅いので、お腹が(1)＿＿＿＿＿。私の父は今アメリカに住んでいるので、夕飯は母と弟、そして私の三人で食べています。学校に行く日は部活や習い事があって忙しいので、(2)三人でもあまり寂しくありません。でも、土曜日や日曜日は、三人だととても寂しい気がします。

父が日本にいた時は、土日は仕事に行っても早く帰ってきて、家族みんなで鍋料理や焼肉を食べてわいわいやっていました。父がいないと、同じ料理を食べても何だか物足りない気分になります。我が家の夕飯は毎日大体6時頃です。うちの家族はみんな美味しいものが大好きで他の家よりたくさん食べるので、「食費がかかる！」といつも母は言っています。母はなるべくいろんなものを手作りしてくれます。

(71) この人が学校から帰ってきて最初にすることは何ですか。

    (A) テレビを付けること
    (B) すぐシャワーを浴びること
    (C) 母に夕飯のメニューを聞くこと
    (D) 自分の部屋に行って宿題をすること

(72) 本文の内容から見て、(1)＿＿＿＿＿に入る最も適当な言葉はどれですか。

    (A) きらきら
    (B) からから
    (C) ごろごろ
    (D) ぺこぺこ

(73) (2)三人でもあまり寂しくありませんの理由として正しいものはどれですか。

    (A) 三人で食事をすることにもう慣れたから
    (B) 父がいた時よりたくさん食べることができるから
    (C) 学校に行く日は部活や習い事があって忙しいから
    (D) もともと家族みんなで食事をするのがいやだったから

(74) この人の家の夕飯についての説明の中で、正しくないものはどれですか。

    (A) 毎日大体 6 時頃食べる。
    (B) 他の家よりたくさん食べる。
    (C) この人の母はなるべくいろんなものを手作りしてくれる。
    (D) 家族みんなが少なめに食べるため、食費はあまりかからない。

(75 ～ 77)

　　私は大きな怪我をしたことはないが、とても痛い怪我をしたことはある。それは小学3年生の秋の出来事で、私は15分間の昼休憩を人工芝でドッチボールをして過ごしていた。先生の笛の合図で、私は約50センチほどの段差がある学校の非常口を通ろうとしていた。その瞬間、「ガツッ」と何かぶつかったような鈍い音がした。自分の足を見てみると、膝の辺りがはれているのに(1)＿＿＿＿＿が、その部分があまり痛くはなかった。しかし、教室に行ってもう一度その膝を見てみると、そこから血が出てきていた。私は痛みを感じながら保健室に急行し、応急措置をしてもらった。母にも私と似たような経験があるそうだ。それは母が小さかった時のことで、当時、母は自転車に母の妹と一緒に乗っていた。突然、母の背後から巨大なトラックが走ってきたので、母の妹は危険を感じて自転車が走っているにもかかわらず道に下りた。そのため、母の自転車はバランスを崩し、母と一緒に川へ落ちてしまった。幸いなことに、かすり傷で済んだが、その後、母は二度と自転車に乗れなくなったそうだ。

(75) この人の小学3年生の時の怪我についての説明の中で、正しくないものはどれですか。

　　(A) 最初はあまり痛くなかった。
　　(B) 膝から血が出る怪我だった。
　　(C) 足の骨が折れた怪我だった。
　　(D) 保健室に行って手当てしてもらった。

(76) 本文の内容から見て、(1)＿＿＿＿＿に入る最も適当な表現はどれですか。

　　(A) 気を付けた
　　(B) 気が合った
　　(C) 気が付いた
　　(D) 気にかかった

(77) この人の母の小さかった時の怪我についての説明の中で、正しくないものはどれですか。

　　(A) 自転車に乗っていた時の事故だった。
　　(B) 走ってくるトラックとぶつかる事故だった。
　　(C) 川へ落ちたが、幸いなことにかすり傷で済んだ。
　　(D) 事故の影響で、二度と自転車に乗れなくなった。

(78 ～ 80)

　「休日はお客さんの8割が家族連れです」と話すのは、有名自動車会社のチーフマネージャーである鈴木さん。(1)この店は、バンパーを換えたり内装をいじったりして自分ならではの車を作るカスタマイズ専門店である。友達と訪れたある男性は、「かわいくしたい」と白いシートカバーとマットを買った。これまでにもエンブレムを付けたりして車本体の価格の1割に当たる12万円をかけた人や、カスタマイズにはまっており、「他人と同じなのはいやだ。ちょっと違うおしゃれ感を出したい」と言って6万円の皮革風のシートカバーを選んだ主婦もいた。同店によると、3年前は男性の一人客が6割を占めていたが、客層がじわじわと拡大したという。また、以前は馬力を上げ、足周りをよくといった機能面の注文が中心であったが、最近は「目立ちたい」という(2)＿＿＿＿重視の注文が増え続けている。月500万円ほどであった売り上げも3倍に伸びており、「男性があれこれ迷っているのを、女性がぱっと決めてしまう場面も目に付き始めた」と鈴木さんは話す。

(78) (1)この店についての説明の中で、正しいものはどれですか。
　　(A) 未だに客層は男性に限られている。
　　(B) 最近、売り上げが落ち込んでいる。
　　(C) 注文に応じて車を作り替える店である。
　　(D) 最近、機能面の注文が急激に増えている。

(79) 本文の内容から見て、(2)＿＿＿＿に入る最も適当な言葉はどれですか。
　　(A) 性能
　　(B) 中身
　　(C) 見た目
　　(D) 機能性

(80) 最近のカスタマイズの動向として、正しいものはどれですか。
　　(A) 頑丈な車を求める人が増えている。
　　(B) 値段の安い地味な車を求める人が増えている。
　　(C) 最先端の機能を追加しようとする人が増えている。
　　(D) 車の外見で自分をアピールしようとする人が増えている。

(81 ～ 84)

　昔は日本のことを「技術立国」と呼ぶ人が多かった。その名の通り、日本は世界に安くて品質の良い製品を輸出し続けてきた。しかし、その代表格は今や中国に置き換わっている。中国の政治に問題があるとか何とか思っている人もいるだろうが、経済に関しては(1)_____。上海のような経済特区がこれからもどんどん広がりを見せれば、中国はまもなく世界の日用品工場になるに違いない。(2)_____、かつて技術立国と言われた日本の将来は暗い。学生たちは理系から離れており、技術者の待遇も決してよくはない。油に塗れて機械を組み立てたりする仕事は今や学生たちにとっては面倒くさく、苦労も多い3K職場と思われている。これは全て日本のマスコミと教育のせいではないだろうか。マスコミと教育の現場の人のほとんどは文系である。学校で理科を教えている人も基本的には人に教えることが本来の仕事であるから、結局、文系の部類ではないか。日本の子供はそのような環境に囲まれて育つ。どこにも理系の雰囲気がない。テレビをつけても理系の情報は皆無に近いと言える。

(81) 本文の内容から見て、(1)_____に入る最も適当な文章はどれですか。

　(A) 政治と全く別のようである
　(B) 政治と密接に関係がある
　(C) 政治を重視する国である
　(D) 政治の役割に疑問が残る

(82) 本文の内容から見て、(2)_____に入る最も適当な表現はどれですか

　(A) つまり
　(B) これに対して
　(C) だからといって
　(D) にもかかわらず

(83) 本文の内容から見て、日本における技術者の待遇はどうですか。

　(A) あまりよくない。
　(B) かなりいい方である
　(C) 現在の状況ではよくわからない。
　(D) どちらかと言うと、いい方である。

(84) 本文の内容と合っていないものはどれですか。

　(A) 日本では理系を軽視する雰囲気がある。
　(B) 相変わらず日本は品質の良い製品の輸出の代表格である。
　(C) この人は技術者の待遇がよくないのはマスコミや教育のせいだと思っている。
　(D) この人はこれから中国が世界の日用品生産の中心になるだろうと思っている。

(85 〜 88)

　　よくマスコミに出てくる官庁関係の事件では、必ず○○省とか、○○警察が不祥事を起こしたとか○○学校で○○が起きたなどと、組織名が発表される。これらのニュースを聞いていると、(1)＿＿＿＿。しかし、組織というのは人の集まりであり、大きな組織であれば、その中に小さい組織が存在する。またそれぞれの組織には責任と権限を持った責任者という人が存在する。組織は必ずその中にいる人が動かしている。この意味からすると、外務省が不祥事を起こした場合、その中にいる人の責任と権限で不祥事を起こしたにもかかわらず、マスコミが発表する時は「外務省が…」などとなる。これは同じ外務省で真面目に仕事をしている人にとって(2)＿＿＿＿。また、よく訴訟裁判でも国や県、市などを相手取って裁判を起こしたりしているが、こういった公共団体相手の裁判は不利である。団体を相手にすると、その中にいる人間が見えず、所属している人の責任感も薄れてしまう。(3)赤信号みんなで渡れば怖くない。まして、裁判で負けても自分が損害を被るわけでもなく、弁護士費用は公費持ちとなれば、全く他人事である。

(85) 本文の内容から見て、(1)＿＿＿＿に入る最も適当な文章はどれですか。

　　(A) 組織の責任逃れであると言わざるを得ない

　　(B) 組織の規模がどのぐらいなのか聞きたくなる

　　(C) 組織の具体的な構成について調べてみたくなる

　　(D) まるでその組織に人格があるような錯覚に陥ることがある

(86) 本文の内容から見て、(2)＿＿＿＿に入る最も適当な文章はどれですか。

　　(A) 甚だ迷惑なことである

　　(B) とても役に立つことである

　　(C) 全く関係のないことである

　　(D) 非常にありがたいことである

(87) 本文の内容から見て、(3)赤信号みんなで渡れば怖くないとはどういう意味ですか。

　　(A) 一人でできないことはみんなでやってもできない。

　　(B) 人が集まると、他人に対する興味がなくなってしまう。

　　(C) みんなで何かをすると、よく協力し合うため、成果が上がる。

　　(D) 個人ではなく、団体で何かをすると、その責任感が薄れてしまう。

(88) 何か事件が起きた時、この人はどうすべきであると主張していますか。

　　(A) 組織が全責任を負うべきである。

　　(B) 組織ではなく、その中の個人が責任を負うべきである。

　　(C) 事件とは関係のない人も同じ組織だから、責任を負うべきである。

　　(D) 組織がまず責任を負って、その後、個人も責任を負うべきである。

　　大阪の値切り文化が「シャッター商店街」に人を呼ぶ起爆剤になるのだろうか。大阪にある「新世界市場」は普段は人通りがほとんどない、いわゆる「シャッター商店街」であるが、毎週日曜日に開催されている(1)マーケットにはお客さんが殺到し、一気に活気を取り戻しているという。このマーケットの最大の特徴と言えば、全ての商品に値札がついていないところであろう。これについて会長を務めている鈴木さんは、「値段交渉というちょっとしたエンターテインメントも楽しみながら物を買う体験ができれば、インターネットなどでは感じられない新しい価値も生まれると思います。また、お客さんにとっては交渉がうまくいった時の満足感も大きいと思います」と話す。マーケットには様々な(2)＿＿＿＿＿＿があってほとんどの店に値切り交渉を始める時の目安になる参考価格が表示されている。また、表には「これ、なんぼ？」、裏には「ちょっと負けて」と書かれた札があってシャイな人の値段交渉を助けている。ちなみに、店の出店料は1日7千円であり、ブースの設備は無料でレンタルできる。

(89) 本文の内容から見て、「シャッター商店街」とはどんなところですか。

　(A) 他の店より開店時間が早い商店街

　(B) シャッターの付いていない店が多い商店街

　(C) 他の店が閉まる時間帯に営業を始める商店街

　(D) ほとんどの店が閉店し、寂しい雰囲気の商店街

(90) (1)マーケットについての説明の中で、正しくないものはどれですか。

　(A) 店の出店料は1日7千円である。

　(B) 毎週日曜日に開かれ、お客で溢れる。

　(C) ブースの設備は無料で借りることができる。

　(D) 恥ずかしがり屋の人が行くにはちょっと決まりが悪い。

(91) マーケットに出店する店が値札をなくした理由ではないものはどれですか。

　(A) お客さんにとっても交渉がうまくいった時の満足感も大きい。

　(B) 決まった値段で売る時に生じるトラブルを防ぐことができる。

　(C) 値段交渉というちょっとしたエンターテインメントを楽しんでほしい。

　(D) インターネットなどでは感じられない新しい価値が生まれるかもしれない。

(92) 本文の内容から見て、(2)＿＿＿＿＿＿に入る最も適当な言葉はどれですか。

　(A) 仕掛け

　(B) 顔触れ

　(C) 目論見

　(D) 裏付け

(93 ～ 96)

　「ミューゼスC」とは日本の宇宙科学研究所が(1)＿＿＿＿＿＿予定の小惑星探査機で、目標の小惑星に着陸し、そこで資料を採取して地球に持って帰るのを目的としている。「ミューゼスC」は小惑星に着陸する時に「ターゲットマーカー」というものを利用するが、これを小惑星の上に置いたままにして「ミューゼスC」は帰ってしまうため、「ターゲットマーカー」は半永久的に小惑星に残る。実は今年の9月に「ミューゼスC」に搭載された「ターゲットマーカー」の中には2枚の薄い(2)メタル箔が包み込まれており、そのメタル箔には登録した87万人の名前が印字されている。ちなみに、「ターゲットマーカー」の大きさはソフトボールぐらいだから、すごい印字の技術であると言える。打ち上げは12月を予定にしていたが、再点検のため、来年の5月に延期されている。宇宙科学研究所は日本の組織だから、てっきり日本人が最も多いだろうと思っていたが、1位はアメリカ人であった。

(93) 本文の内容から見て、(1)＿＿＿＿＿＿に入る最も適当な言葉はどれですか。

(A) 受け持つ
(B) 切り捨てる
(C) 差し支える
(D) 打ち上げる

(94) ターゲットマーカーのメタル箔に印字されているのは何ですか。

(A) ミューゼスＣを作った人の名前
(B) ミューゼスＣに乗った人の名前
(C) ミューゼスＣに残った人の名前
(D) ミューゼスＣに登録した人の名前

(95) (2)メタル箔についての説明の中で、正しいものはどれですか。

(A) すごい印字の技術で印刷されている。
(B) 太いメタルでできているため、非常に重い。
(C) 小惑星の探査が終わると、再び地球に持って帰る。
(D) 来年の5月に「ミューゼスC」に搭載される予定である。

(96) 本文の内容と合っていないものはどれですか。

(A)「ミューゼスＣ」とは、小惑星探査機のことである。
(B) 打ち上げは再点検のため、来年の５月に延期された。
(C)「ターゲットマーカー」を小惑星の上に置いたまま「ミューゼスＣ」は帰ってくる。
(D) この人は最初から名前の登録者数が最も多いのはアメリカ人であると思っていた。

(97 ～ 100)

大学入試センター試験の改革が着々と進んでいる。高校も大学も塾も、その準備に追われてとても大変になることは(1)_____。1992年に200万人を超えた(2)18歳人口は、2008年に120万人台まで減り続け、その後今年までは横ばいで推移した。しかし、去年の出生数は100万人を切っているため、おおよそ来年には20万人以上が減ることになる。大学進学率が現在の55％前後で変わらず推移すると仮定すれば、大学進学者は10万人以上減ることになり、入学定員500人の大学が200校以上消えてしまう計算なのだ。現実に、この10年で廃止された大学は10校を超える。今年の段階で、定員割れしている大学数は250校に上り、そのうち定員の充足率が80％未満の大学が114校である。充足率が低下すれば、文部科学省からの補助金の減額幅が大きくなり、経営は苦しくなる。いつ破綻してもおかしくなかった大学も、幼稚園から高校を含めた学園全体で辻褄を合わせて赤字の大学を支えている場合もある。しかし、公立の中高一貫校の登場などで市場環境が変化し、高校以下の安定経営すらも難しくなっている。また地方では、私立大学の公立化が繰り広げられ、(3)_____。

(97) 本文の内容から見て、(1)_____に入る最も適当な文章はどれですか。

(A) 想像に難くない
(B) 想像したことがある
(C) あまり想像したくない
(D) 想像しても仕方がない

(98) (2)18歳人口についての説明の中で、正しくないものはどれですか。

(A) 2008年以降は右肩上がりである。
(B) 2008年に120万人台まで減り続けた。
(C) 来年には20万人以上が減る見込みである。
(D) 18歳人口の減少は大学の経営に大きな打撃を与える。

(99) 本文の内容から見て、(3)_____に入る最も適当な文章はどれですか。

(A) 安定的な学生数の維持を図っている
(B) 受験競争の緩和に繋がる可能性が高まっている
(C) ますます既存の私立大学は窮地に追いやられている
(D) 公立大学に対する文部科学省からの補助金はもう期待薄である

(100) 現在の日本の大学の現状として、正しくないものはどれですか。

(A) この10年で廃止された大学は10校を超える。
(B) 今年、定員割れしている大学数は250校に上る。
(C) 今年、定員の充足率が80％未満の大学は114校ある。
(D) 今年、入学定員500人の大学が200校以上消えてしまった。

□ 押す 밀다	□ 救う 구하다	□ 降る 내리다	□ 生える 자라다
□ 結う 묶다, 머리를 땋다	□ 耐える 참다	□ 騒ぐ 떠들다	□ 彩る 채색하다
□ 握る 쥐다	□ 望む 바라다	□ 慎む 삼가다	□ 勧める 권하다
□ 苛む 괴롭히다	□ 育てる 키우다	□ 傷む 상하다	□ 記す 기록하다
□ 削る 깎다	□ 争う 경쟁하다	□ 誇る 자랑하다	□ 塞がる 막히다
□ 弾む 튀다	□ 嫌う 싫어하다	□ 枯れる 시들다	□ 控える 삼가다
□ 傾く 기울다	□ 拒む 거부하다	□ 経る 경과하다	□ 示す 보여주다
□ 偽る 속이다	□ 飾る 장식하다	□ 弔う 조문하다	□ 悼む 애도하다
□ 蕩ける 녹다	□ 雇う 고용하다	□ 迷う 망설이다	□ 測る 측정하다
□ 移す 옮기다	□ 避ける 피하다	□ 誓う 맹세하다	□ 繕う 수선하다
□ 競う 경쟁하다	□ 招く 초대하다	□ 沈む 가라앉다	□ 払う 지불하다
□ 燃える 불타다	□ 困る 곤란하다	□ 教わる 배우다	□ 富む 풍부하다
□ 伴う 동반하다	□ 貫く 관철하다	□ 導く 안내하다	□ 仰ぐ 올려다보다
□ 疑う 의심하다	□ 謝る 사과하다	□ 操る 조종하다	□ 支える 지지하다
□ 並ぶ 늘어서다	□ 預ける 맡기다	□ 遮る 차단하다	□ 慕う 그리워하다
□ 集める 모으다	□ 占う 점을 보다	□ 含む 포함하다	□ 崩れる 무너지다
□ 誤る 잘못하다	□ 裂ける 찢어지다	□ 逃げる 도망치다	□ 消える 사라지다
□ 祝う 축하하다	□ 求める 요구하다	□ 奏でる 연주하다	□ 染める 염색하다
□ 果たす 완수하다	□ 飢える 굶주리다	□ 報いる 보답하다	□ 妨げる 방해하다
□ 眺める 바라보다	□ 壊れる 부서지다	□ 語る 이야기하다	□ 迎える 맞이하다
□ 揺れる 흔들리다	□ 訪れる 방문하다	□ 扇ぐ 부채질하다	□ 衰える 쇠약해지다
□ 免れる 피하다, 면하다	□ 培う 가꾸다, 재배하다	□ 重ねる 겹치다, 포개다	□ 許す 용서하다, 허락하다

Ⅴ. 下の線の言葉の正しい表現、または同じ意味のはたらきをしている言葉を (A) から (D) の中で一つ選びなさい。

(1) 明日は友達と<u>演劇</u>を見に行くつもりです。

    (A) えんかく
    (B) えんがく
    (C) えんけき
    (D) えんげき

(2) この時間ならこの道は<u>空いて</u>いるよ。

    (A) あいて
    (B) まいて
    (C) かいて
    (D) すいて

(3) 生産者と消費者を結ぶアクセスとして重要な<u>役割</u>を担っているのが農業組合である。

    (A) えきかつ
    (B) えきわり
    (C) やくかつ
    (D) やくわり

(4) この果物は、<u>地元</u>に住む母が送ってくれたものだ。

    (A) ちげん
    (B) じげん
    (C) ちもと
    (D) じもと

(5) 時間は神様が唯一私たち人間に<u>平等</u>に与えてくれたものだ。

    (A) へいとう
    (B) へいどう
    (C) ひょうどう
    (D) びょうどう

(6) いつも真面目な息子のことだから、何の<u>懸念</u>もない。

    (A) けねん
    (B) けんねん
    (C) げんねん
    (D) がんねん

(7) 手垢のついていない<u>斬新</u>な作品を見ると、何だか気持ちがよくなる。

    (A) さんしん
    (B) ざんしん
    (C) せんしん
    (D) ぜんしん

(8) よく理解できないところは、もう一度<u>しらべて</u>みてください。

    (A) 調べて
    (B) 比べて
    (C) 並べて
    (D) 学べて

(9) 彼は業務上のミスが多かったため、結局<u>かいこ</u>された。

    (A) 解雇
    (B) 回顧
    (C) 開校
    (D) 開講

(10) 近所に犬を<u>かって</u>いる家が多くて、夜になると犬の鳴き声でとてもうるさい。

    (A) 買って
    (B) 刈って
    (C) 飼って
    (D) 狩って

(11) あのレストランは<u>美味しいですが、高いです。</u>

   (A) 美味しいです。それで、高いです。

   (B) 美味しいです。でも、高いです。

   (C) 美味しいです。それから、高いです。

   (D) 美味しいです。<u>その上</u>、高いです。

(12) たった一点差で敗れるなんて、悔しくて<u>たまりません</u>。

   (A) 我慢できません

   (B) 気が進みません

   (C) とても残念です

   (D) 怒りがちです

(13) 息子は父親の言い付けに<u>背いた</u>。

   (A) 戸惑った

   (B) 同意した

   (C) 逆らった

   (D) 従った

(14) 今更予定を<u>変更するわけにはいかない</u>。

   (A) 早く変更すべきだ

   (B) 変更せざるを得ない

   (C) 変更するのは難しくない

   (D) 変更するのはかなり無理がある

(15) 今の私の日本語力と彼の日本語力は<u>雲泥の差</u>だ。

   (A) 月とすっぽん

   (B) 紙一重の差

   (C) 雀の涙

   (D) 二階から目薬

(16) ゲームに関しては、<u>彼の右に出る者がいない</u>。

   (A) 彼が最高に優れている

   (B) 彼は本当に下手である

   (C) 彼はあまり関心がない

   (D) 彼がしない日は一日もない

(17) 最近、田中君は飲み<u>すぎる</u>きらいがある。

   (A) 台風が<u>すぎた</u>後、夏の暑さが戻ってきた。

   (B) そんなに働き<u>すぎる</u>と体が持たないよ。

   (C) あっという間に夏休みが<u>すぎて</u>しまった。

   (D) 小学生に<u>すぎない</u>子供がこんな文章を書くとは。

(18) 子供がやりたいように<u>させる</u>のもたまにはいいと思う。

   (A) それでは、お先に食べ<u>させて</u>いただきます。

   (B) そこは今までの疲労を全部忘れ<u>させて</u>くれた。

   (C) 興奮を鎮め<u>させて</u>もうちょっと冷静になってください。

   (D) 彼なりの考えがあると思うから、自由に<u>させて</u>ください。

(19) 暴雨のため、すべての試合は<u>流れて</u>しまった。

   (A) どうしたの？膝から血が<u>流れて</u>いるよ。

   (B) その事件から 10 年という歳月が<u>流れた</u>。

   (C) 5 人以上集まらなければ、今度の旅行は<u>流れる</u>そうだ。

   (D) みんな頑張ったおかげで、作業は順調に<u>流れて</u>いるようだ。

(20) 彼女がその話を聞いたら、<u>ただ</u>では済まないだろう。

   (A) 友達から本を<u>ただ</u>でもらった。

   (B) どう見てもあの二人は<u>ただ</u>の仲ではないらしい。

   (C) みんな賛成したが、<u>ただ</u>彼一人それに反対した。

   (D) 息子の話を聞いていた母は<u>ただ</u>泣いてばかりいた。

Ⅵ. 下の＿＿＿＿線の A, B, C, D の中で正しくない言葉を一つ選びなさい。

(21) 私は休日には音楽を聞くながら本を読んだり勉強したりしている。
　　　　　　　　　　　　(A)　　　　　(B)　　　　(C)　　　　　　(D)

(22) 昨日は 8 時になるまで寝坊してしまって、朝ご飯も食べなくて会社までタクシーで出勤した。
　　　(A)　　　　　　(B)　　　　　　　　　　　　　　(C)　　　　　　　　　　(D)

(23) かばんの中には 簡単の洗面道具や書類、服などが入っていました。
　　　　　　　　(A)　(B)　　　　　　　　　(C)　　　(D)

(24) 我々の願いは、この地球の美しい自然を子孫のために守らなければならない。
　　　(A)　　　　　　　　　(B)　　　　　(C)　　　　　　(D)

(25) 本当はカレーライスが食べたいでも、「ラーメン」しか言えなくて食べたくもないラーメンを食べる
　　　　　　　　　　　　(A)　　　　　　　(B)　　　　　　　(C)

なんてこともあった。
(D)

(26) 一度でもテニスを打ったことがある人なら、ボールを思い通りに返すことがいかに難しいか
　　　　　　　　　(A)　　　　　　　　　　　　　(B)　　　　　　　(C)

おわかりでしょう。
　　　　(D)

(27) 景気回復の兆しは見え始めているが、失業率が下がらないのがちょっと気配りだ。
　　　　　　(A)　(B)　　　　　　　　　　(C)　　　　　　　　　(D)

(28) 先日は色々お世話になりました。機会がありましたら、是非またお目にかけたいと思っております。
　　　　　　(A)　　　　　　　　　　　(B)　　(C)　　　　　　(D)

(29) 今年は猛暑で需要が多かったため、国産牛肉の小売価格が下落している。
　　　　　(A)　　　　(B)　　　　　(C)　　(D)

(30) 彼は銀行に勤める かたわらで、週末には保育園でボランティア活動もしている。
　　　　　　　(A)　　(B)　　　　　　　(C)　　　　(D)

(31) この未曾有の大震災に際して大学としても足を拱いているわけにはいきません。
　　　　　(A)　　　　　　　　(B)　　　　　　　　(C)　　　　　　　　　　　　(D)

(32) ここまで歩いていらっしゃったのですか。電話をくだされば車でお迎えに参りましたはずを。
　　　　　　　　　(A)　　　　　　　　　　　　　　(B)　　　(C)　　　　　　(D)

(33) 真実を告げず、国民たちに嘘ばかり吐く政治家に嫌気が起きた。
　　　　　(A)　　　　　　　　　　　(B)　　　　(C)　　　(D)

(34) 受動喫煙の被害がテレビに報道された。これでますます喫煙者の面目が狭くなるだろう。
　　　(A)　　(B)　　　　　　　　　　　　　　　　(C)　　　　　(D)

(35) 遠い目で見ても、日本経済はどんどん縮小しており、景気の後退局面に入ったようだ。
　　　(A)　　　　　　　　　　　　　(B)　　　　　　(C)　　　(D)

(36) いくつもの矛盾と紛争の火の粉をはらみながら、被害者救済策の申請が締め切られた。
　　　　　　(A)　　(B)　　(C)　　　　　　　　　　　　　　(D)

(37) そうした独り善がりな言い分が、社会運動においてどれほど支持者を失望させ、マイナスに働く
　　　　　　(A)　　　　　　　　　(B)　　　　　　　(C)
ものか。
　(D)

(38)「この仕事はあなたにはとても無理です」と言われた彼は、顔を真っ赤にしてぴりぴり怒っていた。
　　　　　　　　　　(A)　　　　(B)　　　　　　(C)　　　　(D)

(39) 彼ときたら、人の煽てに乗りやすく、つい調子に乗って羽目を離れてしまうタイプである。
　　　(A)　　　　　　(B)　　　　　　(C)　　(D)

(40) その会社は利用者の流出が止まらず、巻き返しを図るため、通信料の値下げに初めて押し切った。
　　　　　　(A)　　　　(B)　　　　　　　　　(C)　　　　　(D)

Ⅶ. 下の_____線に入る適当な言葉を (A) から (D) の中で一つ選びなさい。

(41) 山田さんは英語_____話せますか。

    (A) か

    (B) が

    (C) で

    (D) の

(42) 彼はお父さん_____似ています。

    (A) を

    (B) へ

    (C) に

    (D) から

(43) すみません_____、この近くに郵便局がありますか。

    (A) か

    (B) に

    (C) が

    (D) まで

(44) 彼は日本の食べ物の中で特に納豆_____嫌いだそうだ。

    (A) が

    (B) で

    (C) を

    (D) に

(45) 去年の夏は暑かったが、今年の夏は去年ほど_____。

    (A) 暑い

    (B) 暑いだろう

    (C) 暑くなかった

    (D) 暑いかもしれない

(46) 体を使って覚えた仕事_____確かなものはないだろう。

    (A) ほど

    (B) だけ

    (C) ぐらい

    (D) ばかり

(47) 久しぶりに会った友達は_____変わっていなかった。

    (A) ちっとも

    (B) そのまま

    (C) たまたま

    (D) かなり

(48) 最初は一日で完成できると思ったのに、三日間もかかって_____出来上がった。

    (A) けっして

    (B) やっと

    (C) じょじょに

    (D) ずっと

(49) 両親と話しているうちに、今までの誤解が全て_____。

    (A) 抜けた

    (B) 解けた

    (C) 消えた

    (D) 飛んだ

(50) 彼女は感情の_____が激しくて付き合いにくい。

    (A) 上昇

    (B) 調節

    (C) 下落

    (D) 起伏

(51) 私は「ローマの休日」に_____恋愛映画はないと思う。

    (A) まさる

    (B) かなえる

    (C) そこなう

    (D) まぎれる

(52) 私はポップソングよりは_____クラシックの方が好きです。

    (A) むしろ

    (B) きゅうに

    (C) もしかすると

    (D) まえもって

(53) お客様に対してはいつも＿＿＿＿接しなければなりません。

    (A) にこやかに

    (B) いじわるに

    (C) ななめに

    (D) ろこつに

(54) 本当に＿＿＿＿考えるほど人間は不思議な存在である。

    (A) 考えたら

    (B) 考えれば

    (C) 考えると

    (D) 考えても

(55) ここは車が＿＿＿＿通っているので、交通事故が多発している。

    (A) だっしり

    (B) べっとり

    (C) 引っ切り無しに

    (D) 知らず知らずのうちに

(56) 最近、「内向き」と言われてきた日本の若者の目が海外に向きつつ＿＿＿＿という。

    (A) なる

    (B) する

    (C) ある

    (D) くる

(57) 日雇い派遣は、ワーキングプア問題の＿＿＿＿とされてきた。

    (A) 一同

    (B) 一向

    (C) 一因

    (D) 一新

(58) 今度の事件の＿＿＿＿は、未だに見つかっていない。

    (A) 仕組み

    (B) 献立

    (C) 本場

    (D) 手掛かり

(59) 保育園に通っている息子を見て「去年より_____伸びたなあ」と思った。

    (A) ぐっと

    (B) なにしろ

    (C) むしょうに

    (D) とやかく

(60) 彼女は私について根も葉もない悪口を_____いた。

    (A) 言い合って

    (B) 言い明かして

    (C) 言い触らして

    (D) 言い返して

(61) この辺は先週_____空き巣に荒らされた。

    (A) おして

    (B) 軒並み

    (C) 一散に

    (D) 絶えず

(62) 今週から梅雨らしい_____とした日が続くそうだ。

    (A) ぞくぞく

    (B) ぎしぎし

    (C) てかてか

    (D) じめじめ

(63) 取引先との忘年会なので、気が_____のが正直な気持ちです。

    (A) する

    (B) 合う

    (C) 重い

    (D) 利く

(64) 猛暑を_____ため、教室に冷房を設置する公立学校が増えている。

    (A) 乗り切る

    (B) 乗り換える

    (C) 乗り出す

    (D) 乗り遅れる

(65) この地域で取った魚は、原発事故による＿＿＿＿＿＿被害で価格が通常よりも大幅に下がった。

 (A) 肝心

 (B) 面目

 (C) 風評

 (D) 漏洩

(66) その両親は息子の＿＿＿＿＿＿な行動に振り回されてばかりいた。

 (A) 腕白

 (B) 心得

 (C) 横目

 (D) 会釈

(67) 中国からの引き合いが減り始めたので、化学メーカーは＿＿＿＿＿減産に動き始めた。

 (A) もじって

 (B) こぞって

 (C) よろって

 (D) ちばしって

(68) 領土紛争で、両国はもう＿＿＿＿＿＿状況になっている。

 (A) 見るに見かねる

 (B) 待ちに待った

 (C) 取るに足りない

 (D) 引くに引けない

(69) 会社と戦えば時間もお金もかかるから、おかしいと思っても＿＿＿＿＿する人が多いはずだ。

 (A) 切り捨て

 (B) 皮算用

 (C) 寄せ集め

 (D) 泣き寝入り

(70) 私が返した言葉に一瞬彼女は＿＿＿＿＿＿ようになった。

 (A) おさめた

 (B) ささやいた

 (C) はなじろんだ

 (D) きしんだ

VIII . 下の文を読んで、後の問いにもっとも適当な答えを (A) から (D) の中で一つ選びなさい。

(71 ～ 74)

もうすぐ、1年生が終わります。この1年間色々なことがありましたが、一番嬉しかったことは、友達がいっぱいできたことだと思います。山田君と鈴木君は私にこまや剣玉の技、紙飛行機の作り方などを教えてくれました。中村君は、私と一緒で虫がとても好きです。この間、私がかぶと虫をたくさん捕まえたので、中村君に15匹あげました。中村君は、「わぁ、すごい」と言って喜んでくれました。今度一緒に虫を採りたいと思いました。最後は、私が一番好きな友達の渡辺君です。どうしてかと言うと、渡辺君は私が困っている時に助けてくれるからです。音楽の授業で歌のテストの時に私が緊張していたら、渡辺君が、「(1)_____」と言ってくれました。その言葉を聞いた私は、「よしっ」と言って大きな声で歌って先生に褒められました。2年生になったらクラス替えがあるし、中村君は静岡県に引っ越してしまうけれど、みんなずっと友達でいたいと思いました。

(71) この人が1年生の生活の中で、一番嬉しかったと思ったことは何ですか。

(A) 遅くまで遊んだこと
(B) 友達がいっぱいできたこと
(C) 学校の秘密を見つけたこと
(D) 紙飛行機の作り方を教えてもらったこと

(72) 本文の内容から見て、(1)_____ に入る最も適当な言葉はどれですか。

(A) 頑張れ！
(B) もう諦めて！
(C) もう駄目だよ！
(D) いい加減にして！

(73) 中村君についての説明の中で、正しくないものはどれですか。

(A) 虫がとても好きだ。
(B) この人があげた虫をもらって喜んでくれた。
(C) 来年、静岡県に引っ越すことになっている。
(D) この人と一緒に虫を採りに行ったことがある。

(74) この人が渡辺君が好きな理由は何ですか。

(A) 同じ趣味を持っているから
(B) よくお手玉をして見せてくれるから
(C) 困っている時に助けてくれるから
(D) 紙飛行機の作り方を教えてくれたから

(75 〜 77)

私はお正月で楽しみなことが三つある。まずは、年賀状だ。年末に年賀状をいっぱい書いたから、いっぱい来ると思ったけど、4枚しか年賀状が来なかった。だから、年賀状がまだ友達に届いていないと思った。去年は受験勉強で年賀状を出さなくてあまり来なかったから、今年はたくさん来てほしいと思った。二つ目は、美味しいご飯だ。お正月の朝ご飯はいつもより美味しい。いつもの朝ご飯は、パン、目玉焼き、ソーセージ、牛乳だが、お正月はご飯、お雑煮、栗きんとん、きんぴらごぼうだ。お正月だけは普段食べられない料理でいっぱいになるから、(1)まるで別の人が作ってくれた料理のようだった。三つ目は、お年玉だ。去年のお年玉が1万円だったから、今年は少しでもお金を増やしてほしいと思った。母に「明けましておめでとう。これ、お年玉」と言われてお年玉を渡された時、お年玉をすぐ手に取って中を覗いてみたら、お札が入っていた。去年より多い1万2千円が入っていたので、とても嬉しかった。

(75) 去年、この人にあまり年賀状が来なかった理由は何ですか。

(A) すっかり送るのを忘れていたから
(B) 年賀状を送るところが少なかったから
(C) 受験勉強で年賀状を出さなかったから
(D) いつもよりちょっと遅く年賀状を出したから

(76) (1)まるで別の人が作ってくれた料理のようだったと思った理由は何ですか。

(A) あまり好きではない料理が多かったから
(B) いつもの朝ご飯より美味しくなかったから
(C) 忙しい時に簡単に食べられる料理が多かったから
(D) お正月だけは普段食べられない料理でいっぱいになるから

(77) この人がお正月で楽しみなことと思っていることではないものはどれですか。

(A) お年玉
(B) 年賀状
(C) 伝承遊び
(D) 美味しいご飯

(78 ~ 80)

　　人間は、長所短所を両方とも持っている。しかし、長所が短所だったり、短所が長所だっ
たりもする。私の短所の一つは、普段の生活に落ち着きがなく、軽率なことをするところ
だ。私のもう一つの欠点は、自分の好きなこと以外は何もしないことだ。私は、料理が大好
きで、大体毎日やっている。また、料理のことにおいては計画も立てる。しかし、算数のよう
に嫌いなことは何もしないのだ。私は母に短所のことについて聞いてみた。母は「早とち
り」するところだと言っていた。確かにそうだ。ちなみに、私の長所も聞いてみた。やっぱ
りそれは明るいところ、好きなことに集中するところ、何事にもポジティブなところだと言
われた。私もそう思う。私は日頃から人を笑わせるようにユーモアな表現を身に付けている
つもりだ。私はこの自分の美点を伸ばしていきたい。しかし、「(1)＿＿＿＿＿」という言葉
がある。だから、この長所も短所にならないように頑張ろうと思う。欠点が多くて落ち込む
ことはない。短所を長所に変えていけばいいのだ。私もそのようにして欠点を美点にし、も
っと良い人間になっていきたい。

(78) この人が自分の短所と思っていることではないものはどれですか。

　　(A) 軽率なことをするところ
　　(B) すぐ落ち込んでしまうところ
　　(C) 普段の生活に落ち着きがないところ
　　(D) 自分の好きなこと以外は何もしないところ

(79) この人が自分の長所と思っていることではないものはどれですか。

　　(A) 明るいところ
　　(B) 好きなことに集中するところ
　　(C) 何事にもポジティブなところ
　　(D) 最後まで絶対に諦めないところ

(80) 本文の内容から見て、(1)＿＿＿＿＿に入る最も適当な表現はどれですか。

　　(A) 長所は短所
　　(B) 長所を伸ばせ
　　(C) 短所は忘れよう
　　(D) 短所もたまには役に立つ

(81 〜 84)

　　人間は誰にでもある時期、特に青春期には何かに「はまる」ものだと思う。そういう時は
はまったもの以外は何も見えなくなってしまうものだ。(1)わき目も振らずに突き進むと言
えば聞こえはいいが、実際のところ、決して見栄えのいいものではないし、そのような状況
で困るのは大体自分だ。大多数の人は成績という例を挙げれば納得してくれるだろうと思
う。あの時費やした時間は、お金は何だったんだと後悔することも多い。そしてほろ苦い思
い出だけが残る場合が多い。そういう私はまだ高校生、青春期ど真ん中である。そう、私は
はまっている。ほろ苦い思い出しか残らないと知りながら。なぜなら、それが「はまる」と
いうことだからだ。誰もが持っている、または持つことになる思い出。それは確かにほろ苦
いが、そこにいる人にはそれが全てなのだ。はまっているもののことを考えるだけで、至極
の喜びを得ることができるのだ。それはそこにいる人のみが持つことができる特権であり、
そこを通り過ぎてしまった人は、二度と(2)＿＿＿＿＿＿ことはできない。

(81) (1)わき目も振らずにとはどういう意味ですか。

　　(A) よそ見もせず
　　(B) 自分を信じて
　　(C) 全てを考慮して
　　(D) 他人に頼らずに

(82)「はまること」についてのこの人の考えとして、正しくないものはどれですか。

　　(A) 後で後悔することも多い。
　　(B) 決して見栄えのいいものではない。
　　(C) 後の人生に役に立つ経験になり得る。
　　(D) ほろ苦い思い出だけが残る場合が多い。

(83) 本文の内容から見て、(2)＿＿＿＿＿＿に入る最も適当な表現はどれですか。

　　(A) 手に余る
　　(B) 手に乗る
　　(C) 手に入れる
　　(D) 手に負えない

(84) 本文の内容と合っていないものはどれですか。

　　(A) この人は青春期を過ぎた大人である。
　　(B) この人は青春期には誰でも何かにはまるものだと思っている。
　　(C) この人は何かにはまったらそれ以外は何も見えなくなると思っている。
　　(D) この人ははまっているもののことを考えるだけで至極の喜びを得ることができると思っている。

(85 ～ 88)

　　私も厚生年金に入っているので、いつかは年金をもらう年になるだろう。しかし、今、年金制度が破綻しそうだと厚生労働省は次々と危機感を煽るような情報を出してきている。これは全て厚生労働省の作戦のように思えてならない。何しろ、こちらは素人だから、「年金がこうなります」と言われれば(1)_____。また、役人は一枚も二枚も上手で、まず何も知らないマスコミを利用して悪い情報をリークする。そして、世論が諦めモードになる頃合を見計らって関係法案などを実現していくという作戦を取ってきている。
　　私は年金に関してよくわからない。だからこそ、シンプルに考えることができるのである。年金というのは私の解釈では将来、年を取って仕事ができなくなった時のためにお金を積み立てておき、年を取って収入がなくなった時、このこつこつと貯めたお金で生活するというものではないか。従って、(2)_____。このビジネスモデルが国の年金制度でも守られていれば、今のように破綻するなどという危機はあり得ない。老人が増えても、働く世代が減ったとしても、とにかく自分が貯めた以上のお金をもらうことはできないのである。

(85) 本文の内容から見て、(1)_____に入る最も適当な文章はどれですか。

(A) それに従うしかない
(B) 納得できるとは思えない
(C) 受け入れるわけにはいかない
(D) もう一度正確に計算してみるだろう

(86) この人の役人に対する態度として正しいものはどれですか。

(A) 批判的
(B) 消極的
(C) 中立的
(D) 肯定的

(87) 本文の内容から見て、(2)_____に入る最も適当な文章はどれですか。

(A) 老後の楽な生活のために、年金制度は欠かせない
(B) 自分が貯めたお金を上回る金額をもらうことも可能になる
(C) いくら玄人であれ、自分が貯めたお金をすぐ計算することは難しい
(D) 自分が貯めたお金と、その間の利子以上にお金をもらうことはできない

(88) 本文の内容と合っていないものはどれですか。

(A) この人は年金制度について専門的な知識を持っている人である。
(B) この人は年金制度が破綻しそうだということを厚生労働省の作戦だと思っている。
(C) この人は役人が何も知らないマスコミを利用して悪い情報をリークしていると思っている。
(D) この人は貯めたお金とその間の利子だけをもらえば年金制度は破綻しないと思っている。

最近、健康志向の人の間でサラダチキンがブームになっているという。サラダチキンはカロリーが低く、高たんぱく質、更に味も美味しいということで、ダイエット中の女性や筋トレをしている男性に人気を集めている。サラダチキンの市場規模は再来年には300億円まで膨らむと予測されている。ところで、このブーム、(1)＿＿＿＿＿＿。サラダチキン売り場の横にある商品には「サラダフィッシュ」という文字が書かれているが、この商品の登場にはわけがある。実は「かまぼこ」「ちくわ」などの練り物商品の主な購買層は50代以上であるという。市場が年々縮小する中、若い人たちへのアピールが生き残りに欠かせないのである。業界の関係者は、「サラダチキンの力を借りて「サラダフィッシュ」という商品が一つのカテゴリーとして認められれば」と話す。この狙いは的中し、練り物売り場にしか置かれなかったものがサラダ売り場にも販路が広がったのである。発売直後は売り上げが目標の2.5倍となった。ただ、豚肉を「サラダポーク」として売り出すメーカーも出るなど、ライバルも次々と現れており、今後この状態が続くかどうかは今の状況では何とも言えないだろう。

(89) 本文に出ている「サラダチキン」についての説明の中で、正しくないものはどれですか。

(A) 手軽に食べられるというのが人気の秘訣である。
(B) カロリーが低くてダイエット中の女性に人気がある。
(C) 市場規模は再来年には300億円まで膨らむと予測されている。
(D) 高たんぱく質に味も美味しくて筋トレをしている男性にも人気がある。

(90) 本文の内容から見て、(1)＿＿＿＿＿＿に入る最も適当な文章はどれですか。

(A) 他の業界も見逃すわけにはいかない
(B) 一時的なブームに過ぎなく、すぐ衰えてしまいかねない
(C) これからどんなふうに展開されていくのか、全く予測できない
(D) 現在のところ、他の業界には何の影響も与えていないようである

(91) 練り物業界の現状として正しくないものはどれですか。

(A) 市場は年々縮小している。
(B) 今までは若い世代より年配の世代に人気があった。
(C) 主な購買層を対象にした新たな試みが始まっている。
(D) サラダチキンの力を借りた工夫で、販路が広がっている。

(92) 本文に出ている「サラダフィッシュ」についての説明の中で、正しいものはどれですか。

(A) 現在も練り物売り場にしか置かれていない。
(B) 発売直後の売り上げは目標に達していなかった。
(C) これからの売り上げは落ち込んでしまう可能性が高い。
(D) 様々なライバルの参戦で、これからの展望ははっきりわからない。

20世紀の初め、シベリアは独立を夢見て反乱を企てて捕らえられたポーランド人の流刑地であった。1919年、ポーランドがソ連から独立した頃には約10数万人のポーランド人がシベリアにいたと言われる。その人々は餓死と疫病の中で、苦しい生活を送っていた。特に親を失った孤児たちは極めて悲惨な状態であった。そんな中、ポーランドとソ連の間で戦争が起きた。シベリアに住むポーランド人は飢えに苦しむ子供たちだけでも祖国に送り届けたいと考えたが、(1)_____。そこで、彼らは欧米諸国に援助を求めたが、尽く拒否され、最後に日本政府に援助を要請した。これに対して日本の外務省はわずか17日後にシベリアのポーランド人孤児救済を決定した。当時、日本と国交もないポーランドとは外交官の交換もしていなかったにもかかわらず、(2)_____。これが日本では大きな話題となり、全国から慰問品や寄付金が送られ、多くの人たちがボランティアに参加したという。この救済事業は数回に渡り、合計765名に及ぶポーランド人孤児たちは日本で病気治療や休養した後、ポーランドに送り返された。このシベリア孤児救済の話はポーランド国内でも有名で、謝意を忘れないポーランド人により、阪神大震災の後、日本の被災児30名がポーランドに招かれ、歓待を受けたことがある。

(93) 本文の内容から見て、(1)_____に入る最も適当な表現はどれですか。

(A) よりを戻した
(B) 明るみに出た
(C) ままならなかった
(D) 辻褄が合わなかった

(94) 本文の内容から見て、(2)_____に入る最も適当な文章はどれですか。

(A) 驚くべき迅速な決断であった
(B) 日本政府は援助しようがなかった
(C) 決断が非常に遅くて外交問題になってしまった
(D) 早く決断するよう国際社会からの圧力があった

(95) 阪神大震災の後、日本の被災児30名がポーランドに招かれた理由は何ですか。

(A) 国交がなかったポーランドと国交関係を結んだから
(B) ポーランド人孤児たちが日本で大きな話題となったから
(C) 欧米諸国へのポーランドの援助要請が尽く拒否されたから
(D) 昔、日本がポーランド人孤児たちの救済事業を行ったから

(96) 本文の内容と合っていないものはどれですか。

(A) シベリア孤児救済の話はポーランド国内でも有名である。
(B) 20世紀の初めまでシベリアはポーランド人の流刑地であった。
(C) 欧米諸国はポーランドのシベリア孤児救済の要請を快く受け入れてくれた。
(D) ポーランドがロシアから独立した頃には約10数万人のポーランド人がシベリアに住んでいた。

(97 〜 100)

> 　　11日開かれた政府の特殊法人等改革推進本部参与会議で、10月に独立行政法人化する32の特殊法人に関する経費削減目標の内、事業費以外の「一般管理費」が議論になった。しかし、12法人が一般管理費から人件費を除いた上での削減目標を設定したため、「ふざけている。民間企業では考えられない」と、会議のメンバーを呆れさせた。会議では、各法人が3〜5年かけて達成する中期目標案の内、一般管理費について集中的に議論した。いずれも参与会議が求める「1〜2割削減」の水準をクリアしていたが、中身を見ると、人件費や退職手当、事務所貸借料など控除項目が(1)_____であった。例えば、文部科学省所管の理化学研究所の削減目標は26%と32法人の中で最も高いが、人件費などを含む一般管理費全体に占める割合はわずか2%にすぎなかった。議長の飯田さんは「(2)_____」と分析した。同会議は4、5両日、理化学研究所や外務省所管の国際協力機構など4法人を呼んで集中的にヒアリングを実施し、目標の見直しなどを求める予定である。

(97) 本文の内容から見て、(1)_____に入る最も適当な表現はどれですか。

　　(A) ばらばら
　　(B) ふらふら
　　(C) からから
　　(D) ちらちら

(98) 理化学研究所の削減項目が最も高かった理由は何ですか。

　　(A) 本文には出ていない。
　　(B) 分母を大きくしていたから
　　(C) 分母を小さくしていたから
　　(D) 分子と分母を同じくしていたから

(99) 本文の内容から見て、(2)_____に入る最も適当な文章はどれですか。

　　(A) 削減目標が低いためだろう
　　(B) 削減目標が高いためだろう
　　(C) 目標の数字を小さく見せるためだろう
　　(D) 目標の数字を大きく見せるためだろう

(100) 本文の内容と合っているものはどれですか。

　　(A) 各法人は1〜2割削減の水準を全然クリアしていなかった。
　　(B) 改革推進本部参与会議で議論になったのは予算編成である。
　　(C) 全ての法人が人件費を含めた上での削減目標を設定していた。
　　(D) 文部科学省所管の理化学研究所の場合、ある操作をして削減目標を高くした。

□ 歩む 걷다	□ 練る 다듬다	□ 覆う 덮다	□ 問う 묻다
□ 育つ 자라다	□ 写す 베끼다	□ 至る 이르다	□ 働く 일하다
□ 耽る 몰두하다	□ 収める 거두다	□ 老ける 늙다	□ 弾く 연주하다
□ 決める 정하다	□ 定める 정하다	□ 尋ねる 묻다	□ 退く 물러나다
□ 黙る 침묵하다	□ 供える 바치다	□ 映える 빛나다	□ 埋める 파묻다
□ 混ぜる 뒤섞다	□ 届く 도착하다	□ 損なう 부수다, 손상하다	□ 装う 치장하다
□ 労る 위로하다	□ 怠る 방심하다, 게을리하다	□ 潤う 촉촉하다	□ 明かす 밝히다
□ 炊く 밥을 짓다	□ 捗る 진척되다	□ 味わう 맛보다	□ 悩む 고민하다
□ 脅かす 위협하다	□ 憎む 증오하다	□ 補う 보충하다	□ 譲る 양보하다
□ 戒める 타이르다	□ 図る 도모하다	□ 妬む 질투하다	□ 担う 짊어지다
□ 率いる 인솔하다	□ 改まる 개선되다	□ 冒す 무릅쓰다	□ 恨む 원망하다
□ 外れる 빗나가다	□ 隔てる 멀리하다	□ 捉える 파악하다	□ 納める 납입하다
□ 添える 첨부하다	□ 染みる 스며들다	□ 構える 대비하다	□ 整える 조절하다
□ 長ける 뛰어나다	□ 辞める 그만두다	□ 抑える 억제하다	□ 栄える 번영하다
□ 交わす 교환하다	□ 企てる 계획하다	□ 秀でる 뛰어나다	□ 化ける 둔갑하다
□ 茂る 무성해지다	□ 急かす 재촉하다	□ 暮らす 생활하다	□ 訴える 호소하다
□ 賑わう 북적거리다	□ 破れる 찢어지다	□ 冴える 맑아지다	□ 連なる 늘어서다
□ 甘える 응석부리다	□ 弛む 느슨해지다	□ 赤らむ 붉어지다	□ 滑る 미끄러지다
□ 乱れる 흐트러지다	□ 煽てる 치켜세우다	□ 訪ねる 방문하다	□ 謙る 겸손해하다
□ 恥じらう 부끄러워하다	□ 確かめる 확인하다	□ 劣る 뒤떨어지다	□ 辿る 더듬어 가다
□ 群がる 떼 지어 모이다	□ 恐れる 무서워하다	□ 照る 비치다, 빛나다	□ 述べる 말하다, 진술하다
□ 蘇る 소생하다, 되살아나다	□ 負う 업다, 짊어지다	□ 荒らす 황폐하게 하다	□ 粘る 끈기 있게 버티다

V. 下の線の言葉の正しい表現、または同じ意味のはたらきをしている言葉を (A) から (D) の中で一つ選びなさい。

(1) 来年留学するために、少しずつ<u>貯金</u>している。
(A) ちょきん
(B) ちょうきん
(C) しょきん
(D) しょうきん

(2) コンピューターの<u>普及</u>で、我々の生活はとても楽になった。
(A) ふきゅう
(B) ふうきゅう
(C) ほきゅう
(D) ほうきゅう

(3) 私ももう 80 歳を過ぎたので、店を息子に任せて<u>隠居</u>することにした。
(A) いんきょ
(B) おんきょ
(C) いんじょ
(D) おんじょ

(4) 汚染された井戸のせいで、たくさんの<u>病人</u>が出た。
(A) びょうじん
(B) びょうにん
(C) やみびと
(D) やまいびと

(5) ただ今<u>留守</u>にしております。ピーと鳴ったらメッセージをお入れください。
(A) るす
(B) るしゅ
(C) りゅうす
(D) りゅうしゅ

(6) この資料なら、部長も<u>頷</u>かざるを得ないだろう。
(A) とどか
(B) しりぞか
(C) うなずか
(D) かたむか

(7) 新聞の求人欄や人材募集などを見ると、年齢制限のない場合はきわめて<u>稀</u>である。
(A) かて
(B) まれ
(C) あらし
(D) いしずえ

(8) 今のところ、<u>いじょう</u>はないそうですから、心配は要りません。
(A) 以上
(B) 移譲
(C) 異常
(D) 幻想

(9) 昔、日本に中国が攻めてきた時、台風がやってきて全ての敵船を<u>しずめた</u>。
(A) 静めた
(B) 沈めた
(C) 鎮めた
(D) 撃めた

(10) 当時、日本は石油危機のため、物価が<u>こうとう</u>していた。
(A) 口頭
(B) 後頭
(C) 高等
(D) 高騰

(11) 行きたくなかったら、行かなくてもいいです。

 (A) 行くしかないでしょう

 (B) 行こうとするでしょう

 (C) 行ってはいけません

 (D) 行く必要はありません

(12) こちらは日本語の授業を担当する田中先生です。

 (A) 受け持つ

 (B) 打ち切る

 (C) 片付ける

 (D) 取り扱う

(13) その閣僚は不正がばれて、辞退する羽目になった。

 (A) 辞退するとは限らなかった

 (B) 辞退を余儀なくされた

 (C) 辞退せずにはいられなかった

 (D) 辞退に当たらなかった

(14) 私は今1万円はおろか1円も持っていない。

 (A) どころか

 (B) 当たり

 (C) いかんによって

 (D) にとどまらず

(15) 彼女は悩んだ挙げ句、進学を諦めることにした。

 (A) 末

 (B) とはいえ

 (C) ところで

 (D) かのように

(16) 今度の事故で、新市場の開拓に遅れを取ることになった。

 (A) 口火を切る

 (B) 前に一歩進める

 (C) 他人に先を越される

 (D) 有利な位置に立つ

(17) 始めたばかりにしてはずいぶん上手だなあ。

 (A) 彼女は芸能人にして有名な小説家でもある。

 (B) この年にして初めて人生の果敢なさを悟った。

 (C) 教えている先生にして答えがわからないとは。

 (D) このマンションは駅の近くにしては家賃が安いね。

(18) いくら考えてみても、こんなあらい計画はできっこないよ。

 (A) 妹は金遣いがあらくていつも母に文句を言われる。

 (B) 今日は朝から波がすごくあらいから、船を海に出すのは難しいだろう。

 (C) あんなあらい言葉遣いでは周囲の反感を買うことになるよ。

 (D) あの商品は細工があらいから、いい値段で売ることは難しいだろう。

(19) 人間は法律のもとから離れては生きられない。

 (A) 読み終わったら、もとの場所に戻しておいてね。

 (B) 彼女は親のもとでちやほやされながら育った。

 (C) いくら儲けられても、もとのかかる商売はあまりしたくない。

 (D) 口は災いのもとと言うじゃない？もうちょっと言葉を慎んだ方がいいよ。

(20) その程度の実力者は世の中にごろごろいるよ。

 (A) 朝から雷がごろごろ鳴っていた。

 (B) 休日にはいつも家でごろごろしている。

 (C) 子供が空き缶をごろごろ転がしながら遊んでいる。

 (D) 英語が上手な人はごろごろいるから、自慢してばかりいちゃ駄目だよ。

VI . 下の＿＿＿＿線の A, B, C, D の中で正しくない言葉を一つ選びなさい。

(21) これからテストをしますので、本やノートは机の上に置かないでかばんの中に入ってください。
　　　　　　　(A)　　　　　　(B)　　　　　　　　　(C)　　　　　　　　　(D)

(22) 隣の家に住んでいるおばあさんは 80 歳で少し足が悪い。それではとても元気だ。
　　　　　　(A)　　　　　　　　　(B)　　　　(C)　　(D)

(23) 今日はせっかくの休日なので、彼女と一緒に映画を見て行った。
　　　　　(A)　　　(B)　　　(C)　　　　(D)

(24) 若いの時、何でも経験しておいた方が後の人生にいろいろ役に立つと思います。
　　　(A)　　(B)　　　　　　　　(C)　　　　　　(D)

(25) スマホがほしかったですが、高くて買ったことができませんでした。
　　　　　　(A)　　　(B)　　　(C)　　　　　　(D)

(26) この道をまっすぐ行って角を 曲がると、大きい銀行が出る。
　　　　　　(A)　　　(B)　(C)　　　　(D)

(27) この先の道はかなりでこぼこしているので、運転を気を付けてください。
　　　　　(A)　　　　　　(B)　　　　　　(C)　　(D)

(28) 昨日、先生が突然出張が決まったと申しましたから、今日の授業はないはずです。
　　(A)　　　　(B)　　　　　　(C)　　　　　　　　　(D)

(29) こんなに業務上のミスが多くては、私としてももう首にせざるを得る。
　　　　　(A)　　　　　　　　(B)　　　　(C)　(D)

(30) 冷蔵庫の中に牛肉や野菜が入れてありますから、調整して 食べてください。
　　　　　(A)　　　　　　　　　(B)　　　　(C)　　(D)

(31) 夕方、空を見上げると、鳥が群れを集めて 飛んでいた。
　　　 (A)　　　　　　 (B)　　　　　　 (C)　　　　 (D)

(32) 本調査は暴力的に番組の視聴と児童の逸脱行動の関連という問題を検討することを目的として
　　　　　　　 (A)　　　　　　　　　　　 (B)　　　　　　　 (C)　　　　　 (D)
いる。

(33) 毎日、育児と家事に明け暮れている自分に嫌気が差し、仕事がしたくてたまれなくなってきた。
　　　　　　　　 (A)　　　　　 (B)　　 (C)　　　　　　　 (D)

(34) このままでも別に問題はないと思うけれど、やはり一抹の期待が残る。
　　　 (A)　　 (B)　　　　　　　　　　 (C)　　 (D)

(35) 国民の血税を、議員ともあろう者が交遊費に当てるなんて、許しまじきことである。
　　　　　　　 (A)　　　 (B)　　 (C)　　 (D)

(36) 勝利者に授与される盾は出したっぱなしで埃に塗れて倉庫の中に転がっていた。
　　　　　　 (A)　　　　 (B)　　　　　　 (C)　　　　 (D)

(37) 昨日の新年度最初の会議で、部長はこれからの営業方角について、詳細に説明しました。
　　　 (A)　　 (B)　　　　　　　　　　 (C)　　　　 (D)

(38) たとえ親不孝な息子だったとしても、掛け替えのない自分の子供を亡くした親の悲しみは察すると
　　　　 (A)　　　　　　　　　　 (B)　　　　　　 (C)　　　　　 (D)
難くない。

(39) ペーパーテストで決められてきた基準を、自分の仕事や人生に当てはめるような恩を犯しては
　　　　　　　 (A)　　　 (B)　　　　　　　　　　 (C)　　 (D)
ならない。

(40) 勉強というのは、ただやみくもに机に向かったからといって、確実に成果が表れるということでは
　　　　　　　 (A)　　　　　 (B)　　　　　　 (C)　　 (D)
ない。

Ⅶ. 下の_____線に入る適当な言葉を (A) から (D) の中で一つ選びなさい。

(41) 私は朝 6 時に家_____出ます。

    (A) で

    (B) が

    (C) を

    (D) に

(42) 木村君は韓国のサッカー選手の写真を 200 枚_____持っている。

    (A) が

    (B) に

    (C) で

    (D) も

(43) 申し訳ありませんが、ここで写真を_____ください。

    (A) いかないで

    (B) すわないで

    (C) つかないで

    (D) とらないで

(44) すみませんが、電話を_____よろしいでしょうか。

    (A) かりる

    (B) かりても

    (C) かりなくて

    (D) かりないで

(45) 今朝、電車の中で財布_____とられてしまった。

    (A) に

    (B) を

    (C) が

    (D) と

(46) 肉は好きですが、魚はあまり_____。

    (A) 好きです

    (B) 好きでした

    (C) 好きではありません

    (D) 好きなはずがありません

(47) 朝から喉が痛いし、咳も止まらない。どうやら風邪を_____しまったようだ。

    (A) うけて

    (B) ひいて

    (C) とって

    (D) ひっぱって

(48) 中村さんも_____はずだったのですが、急用ができてしまったそうです。

    (A) 来る

    (B) 来て

    (C) 来た

    (D) 来ない

(49) 苦しい時の友達_____が真の友達である。

    (A) さえ

    (B) こそ

    (C) ゆえ

    (D) ばかり

(50) そういう噂は、全く_____。

    (A) 聞くでしょう

    (B) 聞いたようだ

    (C) 聞くかもしれない

    (D) 聞いたことがない

(51) 何回も復習したのに、_____うまく書けなかった。

    (A) どうも

    (B) なるほど

    (C) ぎっしり

    (D) のっぺり

(52) 日本のマスコミは、当たり障りのない_____意見だけを報道する場合が多い。

    (A) 無茶な

    (B) 利口な

    (C) 月並みな

    (D) ユニークな

(53) この資料は全部＿＿＿＿によって分類されているので、本当に便利です。

    (A) カタログ

    (B) カテゴリー

    (C) エチケット

    (D) ストライキ

(54) ご遠慮なくお＿＿＿＿ください。

    (A) 上がり

    (B) 上がる

    (C) 上がれ

    (D) 上がらないで

(55) 天気＿＿＿＿によると、九州地方は明日から梅雨に入るそうです。

    (A) 予防

    (B) 予測

    (C) 予感

    (D) 予報

(56) 最後まで＿＿＿＿というのは、何をするにしても大変な時間と努力を要します。

    (A) 取り替える

    (B) 持ち帰る

    (C) 見舞う

    (D) やり遂げる

(57) 父は深夜に帰宅した弟の顔を＿＿＿＿なり、怒鳴り付けた。

    (A) 見

    (B) 見る

    (C) 見た

    (D) 見よう

(58) 生活費を切り詰めて＿＿＿＿とお金を貯める。

    (A) すらすら

    (B) ぱくぱく

    (C) さんざん

    (D) こつこつ

(59) 昨日見た映画の感動的な台詞やシーンに胸を＿＿＿＿＿＿＿。

　　(A) 打たれた
　　(B) 突かれた
　　(C) 巻かれた
　　(D) 追われた

(60) あの人は何が面白いのか、大きな声で＿＿＿＿＿＿＿笑っている。

　　(A) くねくね
　　(B) くどくど
　　(C) ぶるぶる
　　(D) げらげら

(61) 住宅建設は増加の傾向にあるものの、個人消費は＿＿＿＿＿＿＿の状態である。

　　(A) 上等
　　(B) 上の空
　　(C) 売り切れ
　　(D) 横這い

(62) いつも宝くじなんか当たり＿＿＿＿＿＿＿と言っていた彼が、今日はなぜかロトを買って来た。

　　(A) っこない
　　(B) やすい
　　(C) はずがない
　　(D) わけがない

(63) この辞書は、電子辞書＿＿＿＿＿＿＿の多彩な検索機能を搭載しております。

　　(A) ともすれば
　　(B) なしには
　　(C) ならでは
　　(D) なくしては

(64) 大学新設問題は、文部科学相が方針を撤回してひとまず＿＿＿＿＿＿＿した。

　　(A) 敬遠
　　(B) 収束
　　(C) 彷徨
　　(D) 終焉

(65) 妹はいつも小遣いが少ないと母に＿＿＿＿＿いた。

    (A) まねて

    (B) こねて

    (C) ごねて

    (D) くすぐって

(66) 鈴木君は＿＿＿＿＿ことからIT企業にインターンで働くことになったそうだ。

    (A) いかなる

    (B) きたる

    (C) たんなる

    (D) ひょんな

(67) 人は誰でも怒りの感情に＿＿＿＿＿時、冷静な判断ができないものだ。

    (A) もられた

    (B) かわれた

    (C) つられた

    (D) かられた

(68) 大阪市内は、平日にも多くの観光客で＿＿＿＿＿いる。

    (A) ひしめいて

    (B) とまどって

    (C) うごめいて

    (D) さまよって

(69) 調査結果＿＿＿＿＿、この会社の未来は暗いと言える。

    (A) からすると

    (B) にしては

    (C) のきわみ

    (D) ともなると

(70) ガン相談センターは相談者の影もなく、＿＿＿＿＿いた。

    (A) 踵を返して

    (B) 下駄を預けて

    (C) 爪に火をともして

    (D) 閑古鳥が鳴いて

Ⅷ. 下の文を読んで、後の問いにもっとも適当な答えを (A) から (D) の中で一つ選びなさい。

(71 〜 74)

私は雨を見るたびにいつも気分が悪くなってしまいます。外に出るとびしょ濡れになる
し、洗濯物も干せないし、室内の空気も湿ってしまうから、あまり好きではありません。学
校の昼休みに私はいつも運動場で友達とサッカーをしたり、いろんなことをしています。で
も、雨の時は外に出られないから、学校内のカフェテリアで友達とおしゃべりをしますが、
退屈でした。私は、雨の日のいやな思い出があります。それは去年の話ですが、学校の最後
の日の放課後にクラブのみんなで遊園地に行くことになりました。なのに、雨のせいで行け
なくなり、(1)とてもがっかりしました。でも、そんな雨でもいいところもあります。雨の
降った後、水の滴が葉っぱに残り、まるで宝石のように輝いてとてもきれいな景色になりま
す。私はそんな景色を見るのが大好きです。

(71) この人が雨をいやがる理由として、正しくないものはどれですか。

(A) 外がびしょ濡れになるから
(B) 洗濯物が干せないから
(C) 室内の空気が湿ってしまうから
(D) 傘を持って外に出なければならないから

(72) 雨の時、この人は学校の昼休みに何をしますか。

(A) 何もしないで教室の中で休む。
(B) 運動場で友達とサッカーをする。
(C) 運動場で友達とおしゃべりをする。
(D) 学校内のカフェテリアで友達とおしゃべりをする。

(73) (1)とてもがっかりしましたの理由として、正しいものはどれですか。

(A) 遊園地が定休日だったから
(B) クラブのみんなが集まらなかったから
(C) 雨のせいで遊園地に行けなくなったから
(D) 友達が約束の日を間違えて来なかったから

(74) この人が思っている雨のいいところは何ですか。

(A) 勉強に集中できるところ
(B) 植物に水をやらなくてもいいところ
(C) 一人でゆっくり過ごすことができるところ
(D) 水の滴が葉っぱに残ってとてもきれいな景色になるところ

(75 〜 77)

高校1年生の時、部活と勉強に追われていた私は、コンビニやスーパーで売っているお弁当や加工食品ばかり口にしていた。そんな私の食生活を変えてくれたのは、2年生の時の家庭科の先生である。先生はとにかく手作り料理のよさを伝えることにこだわっていた。実習ではみそやキムチ、パンなど普段はお店でしか購入できないものを、私たち高校生でも作れると教えてくださった。この出会いをきっかけに、私は毎日のように家で手作り料理に挑戦してみた。ある日、私が作ったハンバーグを食べた父が一言、「すごいな。お店のハンバーグよりも美味しい」と言った。私はこの時、手作りすることの本当の大切さを初めて実感した。手作り料理には、人々を幸せにし、生活を豊かにする力があると思う。今、私の夢は、先生のような家庭科の先生になることだ。なぜなら、子供たちに料理を手作りする楽しさ、大切さを伝えたいからだ。

(75) 高校1年生の時、この人がお弁当や加工食品ばかり食べていた理由は何ですか。

(A) 部活と勉強に追われていたから
(B) 手作り料理に比べて安かったから
(C) 一人で食事をするのがいやだったから
(D) 手作り料理があまり好きではなかったから

(76) この人はいつ手作りすることの本当の大切さを初めて実感しましたか。

(A) お弁当や加工食品を食べた時
(B) 自分が作った料理を父に褒められた時
(C) 2年生の時、家庭科の授業を聞いた時
(D) なかなか食べられない料理を手作りして食べた時

(77) 今、この人が家庭科の先生になることを夢見る理由は何ですか。

(A) あまり大変ではない仕事だと思ったから
(B) もともと学校の先生になることが夢だったから
(C) 母が一人でやっている家事を手伝いたいから
(D) 子供たちに料理を手作りする楽しさ、大切さを伝えたいから

(78 ～ 80)

　　私は外国に行くのも初めてで、行く前は不安が多かったが、アメリカのホストファミリー
に会って、(1)＿＿＿＿＿＿不安がなくなりました。午前中の英語の授業は難しかったけど、先
生が面白くて楽しく勉強できました。午後からの活動は全てが楽しかったです。見たことの
ない、経験したことのないことばかりで全部が新鮮でした。観光も楽しかったけど、私が一
番印象に残っているのは、施設に行ってボランティア活動をしたことです。施設の女の子た
ちに会う前、とても緊張しました。でも、会ってみると、明るい子たちでみんな周りに寄っ
てきてくれて、話しかけてくれて嬉しかったです。日本に帰ってから手紙を送ろうと思って
います。ホストファミリーは本当の家族のようにしてくれて離れたくなかったです。絶対に
また会いに行きます。今回のホームステイで、私はたくさん刺激を受けたし、色々体験でき
たし、日本に帰ってもっと英語を勉強したいと思えるようになりました。

(78) 本文の内容から見て、(1)＿＿＿＿＿＿に入る最も適当な言葉はどれですか。

(A) 頻りに
(B) 前以て
(C) 一気に
(D) さぞかし

(79) この人が一番印象に残っていると思っていることは何ですか。

(A) 午後からの活動に参加したこと
(B) ホストファミリーが親切にしてくれたこと
(C) 午前中の英語の授業は難しかったこと
(D) 施設に行ってボランティア活動をしたこと

(80) この人についての説明の中で、正しくないものはどれですか。

(A) 外国に行くのは今回が初めてだった。
(B) 今回のホームステイでたくさん刺激を受けた。
(C) アメリカのホストファミリーに何度も手紙を送った。
(D) 今回のホームステイをきっかけに、もっと英語を勉強したいと思えるようになった。

(81 ～ 84)

　人の考えていることは、行動に現れるという。今回は、鼻を触る人の心理や、鼻を触るのが癖になりやすい人の性格について紹介する。目の前にいる人が会話中に鼻を触るのは、何かやましいことがあり、それを隠そうとしているサインである。また、相手をいいなと思っている時に、自分の本音を隠そうとして鼻を触る場合もある。嘘をつくような場面ではなかったり、相手が笑顔で話している場合は、「(1)＿＿＿＿＿」と受け取っても良さそうである。なかなか言いたいことが言えない、揉め事を起こしたくないという時に、無意識に鼻を触ってしまうことがある。要するに、相手の話に同調しなきゃいけない、でも自分はまた別の意見を持っているなどの葛藤をしている時に、鼻を触って自分を落ち着かせようとする。鼻を触るのは、自分の顔を見られたくない、顔を隠したいという心理の表れなので、この行為が癖になっている人は、普段からシャイで、人前で話すことをあまり得意としていない場合が多い。他の部位よりも出っ張っている鼻は、攻撃を受けた際にダメージを受けやすい場所である。その部分を触るということで、攻撃から身を守りたいという心理が働いていると言える。普段から気が弱い、もしくは会話している相手に何らかの恐怖心を抱いているという可能性が高そうである。

(81) 鼻を触る人の心理として、本文に出ていないものはどれですか。

(A) 揉め事を起こしたくない。

(B) 自分の本音をさらけ出したい。

(C) なかなか言いたいことが言えない。

(D) 何かやましいことがあり、それを隠そうとしている。

(82) 本文の内容から見て、(1)＿＿＿＿＿に入る最も適当な表現はどれですか。

(A) 脈がある　　　　　　　　　　　　(B) ピリオドを打つ

(C) 取るに足らない　　　　　　　　　(D) 取り付く島がない

(83) 鼻を触るのが癖になりやすい人の特徴として、本文に出ていないものはどれですか。

(A) 普段から気が弱い。

(B) 目の前にいる相手を攻撃しやすい。

(C) 人前で話すことをあまり得意としていない。

(D) 会話している相手に何らかの恐怖心を抱いている。

(84) 本文のタイトルとして最も相応しいものはどれですか。

(A) よく鼻を触る人と触らない人との違い

(B) 人の考えていることは本当に行動に現れるのか

(C) 鼻を触るのが癖になりやすい人の性格とその心理

(D) 頻繁に鼻を触る人の心理とその癖を効果的に直す方法

(85 〜 88)

　　職場での悩み事として、一番大きいのが人間関係である。この人間関係が悪くなってしまった場合にどう対処すれば良いのか。上司や同僚に不愉快なことを言われた際、なんでそんなことを言われないといけないんだろうなどと、不満な顔をしてはいないか。相手が悪意で言っていたとしても、自分の改善点を見つけるいいきっかけとして捉えてしまおう。そうすれば自然と、(1)_____。指摘されたことをどうしたら改善できるのか、ポジティブに考えることで、周囲からの評価も上がり、人間関係が円滑になり得る。次に、ストレスがたまっている時や何か嫌なことを言われた時など、つい言ってしまいたくなる悪口である。しかし、それを聞いている周りの人は、(2)_____。たとえ自分の周りの人が誰かの悪口を言っていたとしても、あまり同意せず、軽く流そう。最後に、人によって様々な失敗があると思うが、ここで注意してほしいのは、いつまでもそのことを引きずらないことである。いつまでもくよくよしていたら、周りの人たちは気疲れしてしまう。失敗をバネにして、次は同じ失敗をしないようにしようと割り切ってしまおう。

(85) 本文の内容から見て、(1)_____に入る最も適当な文章はどれですか。

　　(A) 相手への反感は高まりつつあるだろう

　　(B) あなたも相手のことを嫌に思わなくなるかもしれない

　　(C) 相手の立場になって考えてみても結果は変わらないだろう

　　(D) 陰で悪口を言うことがいかに悪い癖であるかを実感するだろう

(86) 本文の内容から見て、(2)_____に入る最も適当な文章はどれですか。

　　(A) 直ちにあなたの意見に同意するに違いない

　　(B) 過去にあなたに悪口を言ったことを後悔するだろう

　　(C) 多少嫌な気持ちになるかもしれないが、それは仕方ない

　　(D) 自分の悪口も裏で言っているのではないかと不安に思ってしまいかねない

(87) 職場での人間関係が悪くなった時の対処法として、本文に出ていないものはどれですか。

　　(A) 誰かの悪口を言わない。

　　(B) どんな仕事でも周りの人と連携を取る。

　　(C) 今日の失敗をいつまでも引きずらない。

　　(D) いつも相手の意見をポジティブに捉える。

(88) この人の考えと合っていないものはどれですか。

　　(A) 失敗をいつまでも引きずることはよくない。

　　(B) 職場での悩み事として、一番大きいのが人間関係である。

　　(C) 相手が完全に悪意で言ったことまで肯定的に考える必要は全くない。

　　(D) 周りの人が誰かの悪口を言った場合は、あまり同意しないで軽く流した方がいい。

司法試験に合格すると、司法修習学校に入り、そこで判事、検事、弁護士と分かれていくシステムになっている。つまり、裁判所でお互いが争う相手とそのレフリーはみんな(1)_____ということだろう。司法修習学校を卒業してから判事と検事はあまりマスコミに登場しないので、その実態が見えない。去年、大阪地検が大阪高検の三井公安部長を逮捕した。理由は競売マンションの売買をめぐり暴力団関係者と共謀し、区役所にうその書類を提出したという告発があったからだそうだ。しかし、逮捕のタイミングが絶妙であった。三井検事は検察の調査活動費の不正流用について正に内部告発する寸前であった。水際で検察が阻止したというところか。この逮捕劇について検察も法務省も(2)_____いて、適切な捜査であったと話している。しかし、この後、検察の使用する調査活動費は明らかに落ちたし、この三井検事の逮捕も大した罪ではないものである。普通なら揉み消す程度のものであろう。これほど慌てて内部の人間を逮捕するくらいだから、裏には(3)_____。検察官という職種は自分たちが人を裁くのであって、自分たちは決して裁かれる者ではないという自信過剰な信念があるようである。司法試験に合格したことで、まるで人間の格が上がったとでも思っているのであろう。

(89) 本文の内容から見て、(1)_____に入る最も適当な表現はどれですか。

(A) 火の車
(B) 仏の顔も三度
(C) 同じ穴のむじな
(D) 石の上にも三年

(90) 本文の内容から見て、(2)_____に入る最も適当な表現はどれですか。

(A) 笠に着て
(B) 白を切って
(C) 自腹を切って
(D) 濡れ衣を着て

(91) 本文の内容から見て、(3)_____に入る最も適当な文章はどれですか。

(A) 完全無欠であることは間違いないだろう
(B) 大した不正はないとみる方が正しいのではないだろうか
(C) 検察官の職業意識をつくづく感じられる部分があると思う
(D) かなり大きな不正が隠されているように勘ぐられても仕方ない

(92) 本文の内容と合っていないものはどれですか。

(A) 判事と検事は頻繁にマスコミに登場するので、その実態がよく見える。
(B) この人は大阪高検の三井公安部長逮捕のタイミングに疑問を抱いている。
(C) この人は検察官という職種に対してあまりいいイメージを持っていないようである。
(D) 司法試験に合格すると、司法修習学校に入り、そこで判事、検事、弁護士と分かれていく。

(93 ～ 96)

　　冷却、消火作業中の連続爆発で7人の死傷者を出した三重県のごみ固形燃料(RDF)の貯蔵槽事故で、三重県警は2日、施設を管理する富士電機の計15カ所に対し、業務上過失死傷容疑で(1)＿＿＿＿＿家宅捜索を始めた。これで今回の爆発事件は刑事事件へと発展することになった。RDF貯蔵槽は、不良RDFの発酵により7月末から異常発熱が続いた。8月14日の爆発で冷却作業中の富士電機の下請け会社従業員4人が2～3週間の火傷、19日の爆発で消火作業中の消防士2人が死亡、作業員1人が重傷を負った。発酵により可燃性ガスを出したRDF自体の特性の認識や消火作業の安全性の確保、危険性が予見できなかったかが捜査の焦点となる。三重県企業庁は施設の設立者として、また県環境部は担当部としての責任が問われると見られる。県警は県庁の他、発電所の設計・建設や運転管理を請け負った富士電機からも契約書や付随書類を押収する方針である。一方、実際に消火作業を行った消防本部には消火方法の決定過程などを時間ごとに示させ、安全対策が十分であったのかどうかを調べる。

(93) 本文の内容から見て、(1)＿＿＿＿＿に入る最も適当な言葉はどれですか。

　　(A) 我先に

　　(B) 一斉に

　　(C) 前以て

　　(D) 折り入って

(94) 8月14日と19日の爆発事故による被害状況として正しくないものはどれですか。

　　(A) 作業員1人が重傷を負った。

　　(B) 消火作業中の消防士2人が死亡した。

　　(C) 監督中の三重県の役人2人が死亡した。

　　(D) 富士電機の下請け会社従業員4人が2～3週間の火傷を負った。

(95) 本文の内容から見て、三重県警の捜査の焦点となることではないものはどれですか。

　　(A) 危険性は予見できなかったのか。

　　(B) RDF自体の特性を認識していたのか。

　　(C) 消火作業の安全性の確保はできたのか。

　　(D) 富士電機の管理および監督は適切であったのか。

(96) 本文の内容と合っているものはどれですか。

　　(A) 三重県企業庁と環境部は責任を問われないそうだ。

　　(B) RDF貯蔵槽は爆発事故以前から異常発熱を続けていた。

　　(C) まだ爆発事故が刑事事件へ発展する可能性はあまりない。

　　(D) 家宅捜索の対象は爆発事故が起きた富士電機1カ所のみである。

闇金融対策として貸金業規制法などの改正を今国会で目指している与野党は26日、現行法よりも大幅に罰則を強化する方向で最終調整に入った。また、業者の手法が悪質になり、被害者も増加していることから、罰則については改正法成立後1カ月程度を目処に時期を繰り上げて実施する方針だという。貸金業者や無登録業者による違法行為への罰則をめぐっては、無登録者への罰金を最大1億円に引き上げる他、登録業者による悪質な貸し付けも最大3千万円まで引き上げることに合意した。当初の案に比べて大幅な引き上げとなるが、抑止力を発揮するには(1)_____罰則強化が不可欠と判断した。また、改正法の施行は来年の春になる見通しであるが、罰則だけは成立後1カ月程度を目処にして施行する考えである。大阪府で今月14日、金融業者に(2)_____を迫られていた夫妻ら3人が心中したと見られる事件が起きるなど、被害が悲惨さを増していることを踏まえた。また、野党の一部は「貸金業を許可制にすべきだ」と主張していたが、行政の負担が極端に増加することなどを考慮し、現状通り登録制にすることでまとまる見通しである。

(97) 本文の内容から見て、罰則を前倒しで実施する理由は何ですか。

(A) 罰金が政府の重要な収入源になるから

(B) 最終調整の時に与野党の意見が合わなかったから

(C) 業者の手法が悪質になり、被害者も増加しているから

(D) 貸金業者や無登録業者による違法行為がなかなか見つからないから

(98) 本文の内容から見て、(1)_____に入る最も適当な言葉はどれですか。

(A) 思い出した

(B) 思い余った

(C) 思い切った

(D) 思い込んだ

(99) 本文の内容から見て、(2)_____に入る最も適当な言葉はどれですか。

(A) 返却

(B) 返済

(C) 返信

(D) 返答

(100) 改正法についての説明の中で、正しくないものはどれですか。

(A) 実施は来春になる見通しである。

(B) 無登録業者への罰金は現行法のまま維持される。

(C) 貸金業は現状通り登録制とすることでまとまる見通しである。

(D) 登録業者による悪質な貸し付けの罰金も大幅に引き上げられる。

□ 寝る 자다	□ 履く 신다	□ 掃く 쓸다	□ 握る 쥐다
□ 盛る 담다	□ 書く 쓰다	□ 剃る 깎다	□ 絞る 짜다
□ 張る 펴다	□ 泣く 울다	□ 畳む 개다	□ 巻く 말다
□ 笑う 웃다	□ 抜く 빼다	□ 離す 떼다	□ 吹く (바람이) 불다
□ 出す 내다, 제출하다	□ 撮る 찍다	□ 背く 어기다	□ 拭く 닦다
□ 脱ぐ 벗다	□ 座る 앉다	□ 漂う 감돌다	□ 実る 여물다
□ 組む 짜다, 끼다, 꼬다	□ 貼る 붙이다	□ 束ねる 묶다	□ 従う 따르다
□ 直す 고치다	□ 入れる 넣다	□ 忌む 꺼리다	□ 殴る 때리다
□ 閉じる 닫다	□ 通じる 통하다	□ 尽きる 다하다	□ 及ぶ 미치다
□ 熟れる 여물다	□ 償う 보상하다	□ 惜しむ 아끼다	□ 詰める 채우다
□ 見える 보이다	□ 祈る 기도하다	□ 賄う 조달하다	□ 貫く 관통하다
□ 嘆く 큰 소리로 외치다	□ 売れる 팔리다	□ 司る 관장하다	□ 診る 진찰하다
□ 動く 움직이다	□ 禁じる 금지하다	□ 渡す 건네주다	□ 募る 심해지다, 모집하다
□ 担ぐ 짊어지다	□ 欠ける 결여되다	□ 迫る 다가오다	□ 暴れる 날뛰다
□ 聞こえる 들리다	□ 報いる 보답하다	□ 稼ぐ 돈을 벌다	□ 外す 떼어내다
□ 下りる 내려오다	□ 轟く 울려퍼지다	□ 努める 노력하다	□ 弱まる 약해지다
□ 勤める 근무하다	□ 咎める 책망하다	□ 傾げる 갸웃하다	□ 広まる 넓어지다, 퍼지다
□ 受かる 합격하다	□ 強いる 강요하다	□ 紛れる 헷갈리다	□ 廃れる 쇠퇴하다
□ 更ける 깊어지다	□ 止む 그치다, 멎다	□ 苦しめる 괴롭히다	□ 滅びる 멸망하다
□ 伸びる 늘다, 신장하다	□ 連れる 데리고 가다(오다)	□ 乾く 마르다, 건조하다	□ 奏でる 연주하다
□ 触れる 닿다, 접촉하다	□ 願う 바라다, 원하다	□ 滞る 정체되다, 밀리다	□ 託す 맡기다, 부탁하다
□ 犯す 저지르다, 범하다	□ 選ぶ 고르다, 선택하다	□ 済む 끝나다, 해결되다	□ 侵す 침해하다, 침범하다

Ⅴ. 下の線の言葉の正しい表現、または同じ意味のはたらきをしている言葉を (A) から (D) の中で一つ選びなさい。

(1) 来月長男の和夫に勉強部屋を作ってやるつもりだ。

   (A) ちょうなん
   (B) ちょうじょ
   (C) ちょなん
   (D) ちょじょ

(2) あまり時間が残っていませんので、そろそろ行きましょうか。

   (A) のこって
   (B) たまって
   (C) くさって
   (D) あまって

(3) 韓国は礼儀作法を重視する国である。

   (A) さほう
   (B) さくほう
   (C) さぼう
   (D) さくぼう

(4) 何度も繰り返して教わるよりも、たった一度でも実際に見る方がずっとよくわかるものだ。

   (A) おしわる
   (B) おそわる
   (C) かかわる
   (D) いつわる

(5) トラックが勾配のきつい坂を登ってくる。

   (A) こうばい
   (B) けはい
   (C) けいしゃ
   (D) かくど

(6) 外が暗くなったので、提灯に明かりをつけた。

   (A) ていちん
   (B) ていとう
   (C) ちょうちん
   (D) ちょうとう

(7) 一階の台所から芳ばしい匂いがした。

   (A) けばけばしい
   (B) よろこばしい
   (C) かんばしい
   (D) こうばしい

(8) 彼は恋人をしたってはるばるヨーロッパまで行った。

   (A) 模って
   (B) 募って
   (C) 慕って
   (D) 暮って

(9) 駅前の自転車は通行のぼうがいになる。

   (A) 方害
   (B) 妨害
   (C) 防害
   (D) 肪害

(10)「てんちむよう」と書いてあったのに、箱の中の物は壊れていた。

   (A) 転地無用
   (B) 転置無用
   (C) 展示無用
   (D) 天地無用

(11) どのくらいでそこに着きますか。

    (A) 何時間で

    (B) 何時まで

    (C) いくつで

    (D) 何に乗って

(12) 久しぶりに会った彼女は大分痩せていました。

    (A) 小さくなっていました

    (B) 細くなっていました

    (C) 少なくなっていました

    (D) 細かくなっていました

(13) 昨夜は隣の部屋がうるさくてよく眠れなかった。

    (A) ぐっすり

    (B) さっぱり

    (C) がっかり

    (D) すっかり

(14) 今度の件は事実を十分に考証してから決定してほしい。

    (A) ふまえてから

    (B) まぎれてから

    (C) おいてから

    (D) もってから

(15) 彼の作品は若いわりにはいい出来だと思う。

    (A) にとっては

    (B) にしては

    (C) によっては

    (D) においては

(16) 中村さんは本当に気の置けない友達である。

    (A) 油断できない友達

    (B) 付き合いにくい友達

    (C) 気楽に付き合える友達

    (D) いつもせかせかする性格の友達

(17) 8時をもって今日の営業を終了させていただきます。

    (A) このプロジェクトは今日をもって解散いたします。

    (B) 君の力をもってすればできないこともないと思いますよ。

    (C) 留学していた時、地震の恐ろしさを身をもって体験しました。

    (D) 誠意をもって交渉に臨んだら、きっと契約を取り付けられると思います。

(18) もし明日雨が降るなら、試合は中止します。

    (A) 君も読みたいなら貸してあげるよ。

    (B) 彼ならもうとっくに家に帰ってしまったよ。

    (C) 韓国を旅行するなら、済州道はどうかな。

    (D) 彼なら今度の仕事は難なくこなせるだろう。

(19) それでは、会場には何時頃いらっしゃる予定ですか。

    (A) 部長、お客様がいらっしゃいました。

    (B) ご健康でいらっしゃって、何よりです。

    (C) もしもし、鈴木さんでいらっしゃいますか。

    (D) 用事があるとおっしゃいましたので、もう家にはいらっしゃらないと思いますが。

(20) 昨日も友達と昔話で夜をあかした。

    (A) 失恋した彼は毎晩飲みあかす毎日だった。

    (B) 先生に彼との出来事を全てあかした。

    (C) こうなった以上、自分で身の潔白をあかすしかない。

    (D) あの家はさすがお金にあかして建てただけのことはある。

VI．下の＿＿＿＿線の A, B, C, D の中で正しくない言葉を一つ選びなさい。

(21) あの店は広いだし、料理の味もすごくいいから、よく行っている。
    (A)   (B)   (C)   (D)

(22) 来週試験があるから、明日は朝早く図書館に行って勉強するところである。
    (A)   (B)   (C)   (D)

(23) 彼はお父さんよりお母さんと 似るとよく言われている。
              (A)   (B) (C)   (D)

(24) 妹は去年母からマフラーをもらったので、私は今年手袋を買ってあげたつもりです。
            (A)   (B)   (C)   (D)

(25) 私はどんなに忙しくても朝食だけはきちんと食べることになっている。
        (A)   (B)   (C)   (D)

(26)「子供の頃は九州にある田舎の家によく遊びに行きました。」「あの家にはお祖父さんが住んで
                    (A)   (B)   (C)   (D)
    いたんですか。」

(27) 事態がこうなってしまった以上、もう彼にも話しなければならない。
                    (A)   (B) (C)   (D)

(28) 窓を開けると、鳥の鳴き声が遠くから聞こえていく。
        (A)   (B)   (C)   (D)

(29) こちらを差し上げますので、お時間がよろしければ、是非 拝見してください。
            (A)   (B)   (C)   (D)

(30) この薬を飲むさえすれば、大丈夫です。ご安心ください。
        (A)   (B)   (C)   (D)

(31) 日々の努力を怠けずに、練習に励んだので、優勝できたと思います。
　　 (A)　　　　　　 (B)　　　　　 (C)　　　　　 (D)

(32) こんなに体の調子が悪いのに、一日中仕事なんで もってのほかだ。
　　　　　　 (A)　　　 (B)　　　　　 (C)　　 (D)

(33) 現在、地球上の生物の数は、大急ぎで減少しつつあるとのことだ。
　　　　 (A)　　　　　　 (B)　　　 (C)　　 (D)

(34) ここに荷物を置かせてもらう場合、お金は全く要りますが、名前を聞かれます。
　　 (A)　　 (B)　　　　　　　　　　　 (C)　　　　 (D)

(35) 最近韓国では大学を卒業したものの、就職せずにがらがらしている若者が増えている。
　　　　　 (A)　　　　　 (B)　　　 (C)　　　　　 (D)

(36) 私を一番支えてくれたのはどんなに大変な時でもすっと手を握ってくれた子供だったのかも
　　　　　　　　 (A)　　　　　　　 (B)　　　　 (C)
しれません。
　 (D)

(37) 学業が低い女性ほど専業主婦になることで、家庭内での自分の社会的地位が下がると心配し
　　 (A)　　　 (B)　　　　　　　 (C)　　　　　 (D)
ているという。

(38) 流行語の過度な使用で伴う問題点としては、以下のようなものが挙げられる。
　　　 (A)　 (B)　　 (C)　　　　　　　　 (D)

(39) 今からいくら急いで行くところで、到底間に合いそうもない。
　　　 (A)　 (B)　　 (C)　　 (D)

(40) 今度の出来事は法律上の不備もさることだが、国民全体のマナーの悪さも原因の一つと痛感して
　　　 (A)　　　　　 (B)　　　　　　　　　 (C)　　　　 (D)
おります。

Ⅶ. 下の＿＿＿＿線に入る適当な言葉を (A) から (D) の中で一つ選びなさい。

(41) 山田君のお母さんはいつも＿＿＿＿いいですね。

 (A) 元気な
 (B) 元気だ
 (C) 元気の
 (D) 元気で

(42) 3人＿＿＿＿同じ服を着ていてびっくりした。

 (A) でも
 (B) にも
 (C) とも
 (D) まで

(43)「田中さんは本当に英語が上手ですね。」「いいえ、＿＿＿＿ことありませんよ。」

 (A) こんな
 (B) そんな
 (C) あんな
 (D) どんな

(44) 今度の冬休みにアメリカへ行くことを＿＿＿＿しています。

 (A) みらい
 (B) けいかく
 (C) しゅっちょう
 (D) けんぶつ

(45) 仕事も早く終わったし、1杯飲みに＿＿＿＿。

 (A) 行くでしょう
 (B) 行かないでしょう
 (C) 行きませんでした
 (D) 行きませんか

(46) 実は高校を卒業＿＿＿＿から一度も彼に会っていない。

 (A) して
 (B) した
 (C) なって
 (D) なった

(47) 私は友達に旅行の写真を見せて＿＿＿＿＿＿＿。

 （A）あげた

 （B）くれた

 （C）さしあげた

 （D）くださった

(48) 今日の会議は、午後1時小会議室＿＿＿＿＿＿＿行われます。

 （A）が

 （B）から

 （C）にて

 （D）をも

(49) 貴重品はホテルの＿＿＿＿＿＿＿にお預けくださいませ。

 （A）ペット

 （B）フロント

 （C）ブラック

 （D）レストラン

(50) 乗馬用の馬5＿＿＿＿＿＿＿を輸送していたトラックが横転した。

 （A）匹

 （B）羽

 （C）個

 （D）頭

(51) 父または母の兄弟・姉妹の子を＿＿＿＿＿＿＿という。

 （A）姪

 （B）甥

 （C）孫

 （D）従兄弟

(52) ダイエットを成功させるためには、食べ物の＿＿＿＿＿＿＿を減らす必要がある。

 （A）カロリー

 （B）タスク

 （C）メリット

 （D）ビタミン

(53) 山田君は中学生なのに、まだ掛け算＿＿＿＿＿＿ろくにできない。

    (A) すら

    (B) だに

    (C) こそ

    (D) だけ

(54) できる＿＿＿＿＿＿のことは全部やったから、結果を待ってみよう。

    (A) だけ

    (B) まで

    (C) から

    (D) ばかり

(55) 母に大切な写真を捨てられてしまって、＿＿＿＿＿＿。

    (A) 譲った

    (B) 困った

    (C) 助かった

    (D) 喜んだ

(56) 報告は以上でございますが、＿＿＿＿＿＿このことについての感想を少し申し述べます。

    (A) そこで

    (B) どうりで

    (C) ちなみに

    (D) それはさておき

(57) あら、靴下に＿＿＿＿＿＿が空いているよ。

    (A) 糸

    (B) 表

    (C) 裏

    (D) 穴

(58) 昨日から続いた胃もたれが薬を飲んだので＿＿＿＿＿＿しました。

    (A) すっと

    (B) はっと

    (C) ぱっと

    (D) がくんと

(59) 今や日本は日米関係においても経済的に強い立場にあると言っても_____ではない。

    (A) 過言

    (B) 事実

    (C) 真実

    (D) 本音

(60) 彼の話は一見_____ように聞こえるが、全部出鱈目だ。

    (A) まんまるい

    (B) こころぼそい

    (C) もっともらしい

    (D) つつましい

(61) 誉めるつもりで言った言葉が、相手には_____のように聞こえる場合もある。

    (A) お礼

    (B) お世辞

    (C) お辞儀

    (D) お祝い

(62) まるで恋人との別れの時のように、_____とした表情だった。

    (A) 断然

    (B) 呆然

    (C) 平然

    (D) 依然

(63) 激しい雨だったので、本屋の前でちょっと_____をした。

    (A) 雨傘

    (B) 雨漏り

    (C) 雨宿り

    (D) 雨上がり

(64) 戦後の日本は、世界にも_____を見ない著しい経済の成長と発展を遂げた。

    (A) るい

    (B) すがた

    (C) きざし

    (D) まなざし

(65) あと1点を取れなくて優勝を逃してしまいました。＿＿＿＿＿＿＿＿でなりません。

    (A) 無論

    (B) 無口

    (C) 無念

    (D) 無闇

(66) 世界レベルの技術と生産能力を持ちながら、風力発電の国内での導入は＿＿＿＿＿＿＿＿が続いている。

    (A) 値踏み

    (B) 足踏み

    (C) 目論見

    (D) 足並み

(67) 現在、医療保険者は先行きが見通せない不安の中で、正に＿＿＿＿＿＿＿＿に立たされていると言える。

    (A) きし

    (B) かわら

    (C) のはら

    (D) がけっぷち

(68) 首相は「どんな叱責も、＿＿＿＿＿＿＿＿受ける。」と国民向けの談話を自ら読み上げた。

    (A) よじれて

    (B) まみれて

    (C) あまんじて

    (D) とろけて

(69) 夏休みに子供が楽しめるアニメや特撮の映画が、今年も＿＿＿＿＿＿＿＿だ。

    (A) 寄せ集め

    (B) 持ち腐れ

    (C) 目白押し

    (D) 語呂合わせ

(70) 映画祭に参加したその監督の作品は無冠に終わり、最高賞監督の誕生は先に＿＿＿＿＿＿＿＿。

    (A) 差し控えられた

    (B) 持ち越された

    (C) 切り詰められた

    (D) 落ち込まれた

Ⅷ．下の文を読んで、後の問いにもっとも適当な答えを (A) から (D) の中で一つ選びなさい。

(71 ～ 74)

4月6日、春休みが終わって新しい1年の始まりです。先生もクラスも変わります。始めはクラス替えです。わくわくしながら体育館へ入りました。私は3年4組になりましたが、とても親しかった田中君と鈴木君も同じクラスになったから、(1)ラッキーなクラスだなと思いました。しばらく3年4組の列に座って友達とおしゃべりをしていると、先生が「始業式があります。出席番号順に並んでください。それと、始業式で担任の先生が決まります。静かに聞いていてくださいね。」と言いました。私はあまり怒らない優しい先生がいいと思っていました。体育館で校長先生が「みんなこんにちは。元気ですか。」と聞きました。みんな一斉に「はい、元気です。」と答えました。私も大きな声で言いました。校長先生が「さすがみんな、大きな声ですね。」と褒めてくれました。そしてとうとう3年4組の番が来ました。わくわくしながらしっかりと聞いていました。「3年4組は村山先生」。私は(2)心の中でやったと叫びました。どうしてかと言うと、お母さんが「村山先生はとてもいい先生だよ。」と言っていたからです。

---

(71) (1)ラッキーなクラスだなと思いましたの理由として、正しいものはどれですか。

  (A) 新しい友達がたくさんできると思ったから
  (B) とても親しかった友達と同じクラスになったから
  (C) あまり宿題を出さない先生が担任になったから
  (D) 放課後、新しい部活動をすることができるから

(72) 始業式では何が決まりましたか。

  (A) クラス
  (B) 担任の先生
  (C) 学校の行事
  (D) 春休みの日程

(73) (2)心の中でやったと叫びましたの理由として、正しいものはどれですか。

  (A) いい先生が担任になったから
  (B) 始業式の後は授業をしないから
  (C) 新しい友達がたくさん増えたから
  (D) 嫌いな先生が担任にならなかったから

(74) 本文の内容と合っているものはどれですか。

  (A) この人は今、小学校 1 年生だ。
  (B) とても親しかった田中君と鈴木君とは違うクラスになった。
  (C) この人はあまり怒らない優しい先生が担任になってほしいと思った。
  (D) この人はどんな先生が新しい担任になるか、あまり期待しなかった。

(75 〜 77)

　　何を読むかと言う前に、まず何はともあれ、夢中で読むという体験を一度味わう必要がある。一度読む楽しさを知った人は後は放っておいても、読者の本能ともいうべきものによって自分にぴったりの本を求めていくものだ。だから、読書の楽しさを知るということが、私たちが最初に体験しなければならないことになるのだ。読書を続けるためには、途中で投げ出してしまわないで、最後まで頑張ろうという意志を持つことが大切だ。自分は読書が苦手だと思っている人も、取り敢えず何かの本を手に取ってみるといいだろう。そして、手に取った本を、とにかく最後まで読んでみることだ。また、読書をうまくするためには集中できるような環境を整えることも必要だ。家で読みたいなら、学校にいる間に宿題を片付けておいたり、家に帰ってきてからは、すぐにお風呂に入ったりしてまとまった時間を作ることが大切だ。最後に、1日数ページでもいいから、毎日読書を続けるということだ。毎日決まった時間に読書をすることで、それが習慣となり、自然に読書をするようになっていくだろう。

(75) この人が読書をうまくするために最初に体験するべきだと主張していることは何ですか。

(A) 活字に慣れること
(B) 読書の楽しさを知るということ
(C) 色々な種類の本を買っておくこと
(D) 読書をするための時間を確保しておくこと

(76) この人が読書をうまくするために主張していることではないものはどれですか。

(A) 毎日読書を続けるということ
(B) 自分の好きなジャンルから読むこと
(C) 読書に集中できるような環境を整えること
(D) 途中で諦めないで、最後まで頑張ろうという意志を持つこと

(77) 本文のタイトルとして最も適当なものはどれですか。

(A) 読書のコツ
(B) 体験の重要性
(C) 自分に合う本の選び方
(D) 読書を通じて得られる知識

(78 ～ 80)

　　ボランティアとして(1)ごみ拾いをしたのは小学校4年生の時で、月曜日から金曜日まで全ての学年でごみ拾いが行われた。それぞれの登校班で、自分たちの使う通学路をほうきできれいにしていくというものだった。ポイ捨てをするのはよくないという意見がある。もし、皆がポイ捨てをどんどんしたら、至るところがごみだらけになり、ごきぶりやねずみなどがいっぱいに広がることになるだろう。更に、最近までたくさんいたはずの人間たちが寄り付かなくなってしまうのだ。そうなると、(2)＿＿＿＿＿＿。しかし、やってはいけないとわかっているポイ捨ても、ついやってしまうということもある。玉手箱を開けては駄目だと思いつつも、その封印を解いてしまった昔話の浦島太郎のように、やってはいけないとわかっていても、ついポイ捨てをやってしまう時がある。例えば、そのごみを捨てにごみ箱まで行くのは面倒な時、小さいごみは迷惑にならないと思った時、どうしても今すぐごみを手放したい時などがそうだ。確かに、ポイ捨てをしたくなることもあるが、「家とは、外から見るためのものではなく、中で住むためのものである」という名言があるように、ごみの落ちていない住み良い社会を作っていくことが大切だ。

(78) (1)ごみ拾いについての説明の中で、正しくないものはどれですか。

　(A) 週末もごみ拾いを行った。
　(B) 全ての学年でごみ拾いが行われた。
　(C) 小学校 4 年生の時にボランティアでやった。
　(D) 自分たちの使う通学路をほうきできれいにしていくというものだった。

(79) 本文の内容から見て、(2)＿＿＿＿＿＿に入る最も適当な文章はどれですか。

　(A) 徐々に人々が集まるようになる
　(B) 話題になり、地域の名所になり得る
　(C) もっと人が来なくなるという悪循環を招く
　(D) いくらごみ箱をたくさん設置しても効果はない

(80) ついポイ捨てをやってしまう時として本文に出ていない時はどれですか。

　(A) どうしても今すぐごみを手放したい時
　(B) 近くにごみ箱が設置されていない時
　(C) 小さいごみは迷惑にならないと思った時
　(D) ごみを捨てにごみ箱まで行くのが面倒な時

　　景気後退、格安航空の台頭による価格競争などで、最近の航空業界は難局に直面しているという。こうした状況を(1)＿＿＿＿＿するため、全日空は記者会見で女優「吉永さゆり」が客室乗務員として主演した「大空に乾杯」を全ての国際線で上映することを発表した。この映画はテレビや映画館でも最近は見られず、未だにビデオやDVD化されていないことから、「機内限定鑑賞」という形で海外旅行客にアピールしているのである。この試みは、海外旅行客の4割を50代以上が占めているため、「敢えて乗るなら、吉永さゆりが主演した映画が上映される飛行機を」というのが狙いであるという。かつての(2)サユリストから「本当に見られるんですか」という問い合わせが殺到したというから、全日空の狙いは的中したようである。別の見所としては、今は引退したジェット機であるB727の姿が見られることである。全日空の関係者は、今後も熟年好みのものを発掘し続け、搭乗率上昇に繋げたいという。

(81) 本文の内容から見て、(1)＿＿＿＿＿に入る最も適当な言葉はどれですか。

　　(A) 打開

　　(B) 非難

　　(C) 拡張

　　(D) 妥協

(82) 本文の内容から見て、(2)サユリストとはどんな人ですか

　　(A) 映画マニア

　　(B) 海外旅行客

　　(C) 50 代以上の人たち

　　(D) 吉永さゆりのファン

(83) 全日空が国際線で映画「大空に乾杯」を上映することにした理由は何ですか。

　　(A) 海外旅行客の数が減っているから

　　(B) 50 代以上の搭乗率を上げたいから

　　(C) 吉永さゆりのファンから強い要請があったから

　　(D) 引退したジェット機であるB727を復活させたかったから

(84) 本文の内容と合っていないものはどれですか。

　　(A) B727 は今は運行していない飛行機である。

　　(B) 全日空の利用客の中、7 割は国内旅行客である。

　　(C) 吉永さゆりは昔、多くのファンを持っていた女優である。

　　(D) 映画「大空に乾杯」はまだビデオや DVD では見られない。

(85 〜 88)

りそなホールディングスは傘下のりそな銀行の子会社で、東証1部上場の(1)コスモ証券の売却に向けて具体的な検討に入った。りそなグループへの公的資金注入を契機に、細谷会長ら新経営陣は関連会社約50社について、売却や清算を含めて抜本的に関係を(2)＿＿＿＿方針を示していた。コスモ証券は関連会社では唯一の上場企業で、旧大和銀行の子会社であった。ちなみに、去年の決算では一般企業の売上高に当たる営業収益が125億であった。しかし、株価低迷による顧客減などで56億円の期損失を計上し、2期連続赤字となるなど業績不振が続いていた。りそなホールディングスの幹部らは「今期は株価の回復などで業績は改善傾向にあるが、証券会社を抱えることは(3)＿＿＿＿＿」との判断から全株売却の検討に入った。りそなホールディングスは7月下旬、関連会社のうち、朝日銀行など2社を融資業務から撤退させる方針を決めた。りそな銀行の大口融資先であると言われる関連不動産会社についても、売却・清算の方向で検討に入っている。

(85) (1)コスモ証券についての説明の中で、正しくないものはどれですか。

　(A) 今期の業績も赤字である。

　(B) りそな銀行の子会社である。

　(C) 去年の決算では営業収益が125億であった。

　(D) りそなホールディングスの傘下の会社の中で、唯一の上場企業である。

(86) 文の内容から見て、(2)＿＿＿＿に入る最も適当な言葉はどれですか。

　(A) 見破る

　(B) 見直す

　(C) 見届ける

　(D) 見極める

(87) 本文の内容から見て、(3)＿＿＿＿に入る最も適当な文章はどれですか。

　(A) 絶対に赤字にならないだろう

　(B) 利益を上げるいい方法に違いない

　(C) グループの経営に非常に有効であろう

　(D) グループ経営の黒字化にとってリスク要因になる

(88) 本文の内容と合っていないものはどれですか。

　(A) コスモ銀行はりそな銀行の子会社である。

　(B) 証券会社の営業収益とは、一般企業の売上高に当たるものである。

　(C) りそなホールディングスは関連不動産会社を売却・清算しようとしている。

　(D) りそなホールディングスの幹部らがコスモ証券の全株式売却の検討に入ったのは、業績改善が原因である。

(89 〜 92)

> 　我々人間は情報を子孫に伝えることができるために、これだけの文明を持つことができた。しかし、最近の若者にはうつ病や引き籠もり、欠落感が蔓延し、無気力や暴力といった人間の負の側面が噴き出ているという。我々がこのような状態に陥ったのは、「情報の毒」にやられたからではないだろうか。「(1)＿＿＿＿＿＿＿」。始めは自分に欠けているものをメディアを享受することで満足していたが、次第に満足し切れなくなった。非現実はあくまで非現実でしかない。その現実に我々は気付いてしまった。その非現実を現実にするために、みんながもがき始めている。しかし、ほとんどの場合うまくいかず、(2)＿＿＿＿＿＿＿。要するに、世の中がいやになり、無気力や暴力といったものに走ってしまう。情報の毒に耐えられない人間は次第に人として死んでいく。我々は情報によって栄え、情報によって食われている。理想の国であったラピュタも古代人のおごりで食われていった。人間の末路は、自らが生み出した情報で自らを滅ぼすのかもしれない。

(89) 本文の内容から見て、(1)＿＿＿＿＿＿＿に入る最も適当な表現はどれですか。

　　(A) 後の祭り
　　(B) 知らぬが仏
　　(C) 言わぬが花
　　(D) 仏の顔も三度

(90) 本文の内容から見て、(2)＿＿＿＿＿＿＿に入る最も適当な文章はどれですか。

　　(A) 諦めずに頑張る
　　(B) 他人を恨むようになる
　　(C) そんな自分が好きになる
　　(D) そんな自分に愛想が尽きる

(91) 情報に対するこの人の論調として正しいものはどれですか。

　　(A) 冷笑的な態度で捉えている。
　　(B) 肯定的な態度で捉えている。
　　(C) 中立的な態度で捉えている。
　　(D) 感動的な態度で捉えている。

(92) 本文の内容と合っていないものはどれですか。

　　(A) この人は我々が知りすぎたと思っている。
　　(B) 始めから人間はメディアに満足することはなかった。
　　(C) この人は人間は自らが生み出した情報で自らを滅ぼしかねないと思っている。
　　(D) 人間が素晴らしい文明を持つことができたのは、情報を子孫に伝えられるからである。

(93 〜 96)

　　私は法令の最後に付いている罰則規定を見ていると、いつも不思議に思ってしまう。その金額が明記されていることが理解できない。懲役についてはある程度仕方がないのかもしれないが、罰金を明記しておく必要が果たしてあるのかどうか甚だ疑問なのである。例えば、同じ罪を犯した金持ちと貧乏人がいるとしよう。罰金10万円の判決が出た場合、金持ちにとって、10万円など自分の財産が一日に増加する金額以下の人もいるだろう。しかし、貧乏人にとって10万円と言えば(1)＿＿＿＿＿＿もある。法の下には平等であると言いつつ、物理的に同じ罰金刑を受けたとしても、受ける人の経済力によってその影響力は(2)＿＿＿＿＿＿になってしまう。これはとても不平等だし、矛盾している。これが個人ではなく、法人であった場合、どうだろうか。ある不正を行うことにより、法人が1億の収入を得ることができるとする。たまたま見つかり有罪となって罰金10万円を払うことになってしまったとした場合、その企業は喜ぶのではないか。勿論、社会的な制裁という問題もあるだろうが、純粋に法律だけを考えた場合、犯罪が見つかる時に被る被害と見つからない時に得る利益、それぞれの期待値を考えたら「悪い」と知っていてもやってしまうということが起こるのではないだろうか。

(93) 本文の内容から見て、(1)＿＿＿＿＿＿に入る最も適当な文章はどれですか。

　　(A) すぐ用意できる金額である場合
　　(B) 何の意味もない金額である場合
　　(C) 自分が努力すればすぐ稼げる金額である場合
　　(D) 明日から食っていけるかどうかという大金である場合

(94) この人は法令の何を不思議に思ってしまうと言っていますか。

　　(A) 金持ちにだけ不利な規定が多すぎること
　　(B) 経済力に関係なく、全ての人に一律に罰金を課すること
　　(C) 罪を犯しても金持ちが罰せられる比率が一般人より低いこと
　　(D) 軽い犯罪でも場合によっては懲役刑を受けることがあり得ること

(95) 本文の内容から見て、(2)＿＿＿＿＿＿に入る最も適当な表現はどれですか。

　　(A) 豚に真珠　　　　　　　　　　　(B) 雲泥の差
　　(C) 高嶺の花　　　　　　　　　　　(D) 二階から目薬

(96) 罰金の金額明記に対するこの人の考えとして正しいものはどれですか。

　　(A) 色々問題があるから、なくすべきである。
　　(B) 利益を得る場合も多いから、決してなくしてはならない。
　　(C) 物理的に同じ罰金刑は平等だから、何の問題もない。
　　(D) 貧乏人にだけ不利だから、当分の間は持続すべきである。

(97 〜 100)

　　15日の終戦記念日(1)＿＿＿＿＿、各党が声明や談話を発表した。与党は国際平和構築への積極的貢献を主張しているのに対し、野党は戦争を支持した政府・与党の姿勢などを批判、予防外交や国連中心主義の徹底を訴えた。自民党は党声明で、中東地域の大量破壊兵器の脅威を指摘し、「今後ともテロ撲滅をはじめ平和構築への責務を果たしていく」と述べた。公明党は「国際社会の一員としての責務を(2)＿＿＿＿＿」とし、国際社会の平和構築で積極的に貢献する姿勢を示した。野党側は民進党が代表の談話を発表し、「平和への構想も戦略もない政府の外交・安保政策に強い危機感を抱いている」と強調、「予防外交や軍縮などで主体的外交を展開し、国連中心の平和構築を目指す」と述べている。日本維新の会も「国連の平和活動への積極的な参加」を表明した。中東地域への自衛隊派遣には、日本共産党が「歴史的暴挙だ。アメリカと共に日本を世界から孤立させる」とする談話を発表した。自由党も「戦後平和の国として勝ち取ってきた信頼が地に落ちる」と批判した。

---

(97) 本文の内容から見て、(1)＿＿＿＿＿に入る最も適当な表現はどれですか。

(A) に即して
(B) に対して
(C) にひきかえ
(D) に当たって

(98) 本文の内容から見て、(2)＿＿＿＿＿に入る最も適当な文章はどれですか。

(A) 果たしかねない
(B) 果たすはずがない
(C) 果たさねばならない
(D) 果たさないわけではない

(99) 自由党はどういう場合に戦後平和の国として勝ち取ってきた信頼が地に落ちると主張していますか。

(A) アメリカに従わない場合
(B) アメリカと日本が世界から孤立する場合
(C) 日本が中東地域に自衛隊を派遣する場合
(D) 平和構築に国際社会と協力して積極的に貢献する場合

(100) 本文の内容と合っていないものはどれですか。

(A) 野党側は国連との緊密な協力を強調している。
(B) 日本はまだ中東地域に自衛隊を派遣していない。
(C) 自民党は自衛隊派遣を可能にする法律を成立させようとしている。
(D) 日本共産党と自由党は自衛隊を派遣すると戦争が起きると主張している。

□ 立ち退く 떠나다	□ 上回る 웃돌다	□ 長引く 지연되다
□ 似合う 어울리다	□ 見習う 견습하다, 본받다	□ 取り組む 몰두하다
□ 寄り掛かる 기대다	□ 取り出す 꺼내다	□ 見直す 다시 보다
□ 張り合う 경쟁하다	□ 取り消す 취소하다	□ 込み上げる 복받치다
□ 途絶える 두절되다	□ 食い違う 어긋나다	□ 引き揚げる 철수하다
□ 見落とす 간과하다	□ 立ち直る 회복하다	□ 目指す 목표로 하다
□ 追い抜く 앞지르다	□ 繰り返す 반복하다	□ 見合わせる 보류하다
□ 掛け合う 교섭하다	□ 振り出す 출발하다	□ 付け加える 덧붙이다
□ 打ち切る 중지하다	□ 引き取る 물러나다, 인수하다	□ 見せ付ける 과시하다
□ 払い込む 불입하다, 납입하다	□ 見計らう 가늠하다	□ 思い余る 갈팡질팡하다
□ 飲み込む 이해하다	□ 乗り出す 개입하다	□ 受け入れる 받아들이다
□ 乗り越える 극복하다	□ 差し掛かる 다다르다	□ 引き付ける 마음을 끌다
□ 思い止まる 단념하다	□ 引き受ける 인수하다	□ すれ違う 스쳐 지나가다
□ 言い付ける 명령하다	□ 切り詰める 절약하다	□ 差し引く 빼다, 공제하다
□ 間い合わせる 문의하다	□ 取り付ける 설치하다	□ 取り立てる 거두어들이다
□ 差し支える 지장이 있다	□ 打ち明ける 고백하다	□ 待ち兼ねる 학수고대하다
□ 見入る 넋을 잃고 보다	□ 仕向ける 하게 만들다	□ 受け取る 받다, 수취하다
□ 仕組む 연구하여 만들다	□ 見合う 균형을 이루다	□ 立て替える 대신 지불하다
□ 見舞う 재난 등을 만나다	□ 巻き込む 말려들게 하다	□ 落ち込む 나쁜 상태가 되다
□ 開き直る 정색하다	□ 見込む 기대하다, 예상하다	□ 取り締まる 감독하다, 단속하다
□ 座り込む 주저앉다, 농성하다	□ 差し控える 삼가다, 보류하다	□ 割り込む 끼어들다, 새치기하다
□ 押し付ける 떠넘기다, 강요하다	□ 押し切る 강행하다, 무릅쓰다	□ 取り寄せる 주문해서 가져오게 하다

◀ 해석 확인하기

Ⅴ. 下の線の言葉の正しい表現、または同じ意味のはたらきをしている言葉を (A) から (D) の中で
　　一つ選びなさい。

(1) 家の近くにいつもいい香りが漂う花屋がある。

　　(A) かおり

　　(B) かえり

　　(C) たより

　　(D) すんなり

(2) 事故の原因はまだはっきりしていない。

　　(A) けんじん

　　(B) げんじん

　　(C) けんいん

　　(D) げんいん

(3) 彼女は両親に反発して、家出してしまった。

　　(A) かしゅつ

　　(B) がしゅつ

　　(C) うちで

　　(D) いえで

(4) 酒を飲みすぎて彼女に醜い姿を見せてしまった。

　　(A) かしこい

　　(B) みにくい

　　(C) けわしい

　　(D) とぼしい

(5) その家は庭の一本の木が一層風情を添えていた。

　　(A) ふぜい

　　(B) ふうぜい

　　(C) ふじょう

　　(D) ふうじょう

(6) 首相の戦争支持発言は、国会でも非難の的となっている。

　　(A) まと

　　(B) こつ

　　(C) むら

　　(D) きり

(7) この紅茶は飲む人の心を清らかにしてくれそうな不思議な魅力を備えている。

　　(A) なめらか

　　(B) ほがらか

　　(C) きよらか

　　(D) なだらか

(8) 先生のこうぎは面白いので、学生にけっこう人気があります。

　　(A) 広義

　　(B) 抗議

　　(C) 講義

　　(D) 好技

(9) 百万ドルの賞金のかかったこの試合にみんな注目している。

　　(A) 係った

　　(B) 掛かった

　　(C) 架かった

　　(D) 懸かった

(10) ニュースによると、来週からお盆のきせいラッシュが始まるそうだ。

　　(A) 規制

　　(B) 帰省

　　(C) 規模

　　(D) 帰国

(11) 彼にレポートを出したかどうか聞いてみて
ください。

(A) 出したにもかかわらず
(B) 出したといえども
(C) 出したか出さなかったか
(D) 出してからというもの

(12) 食事が終わったら、そのままにしておいて
ください。

(A) 片付けないで
(B) 全部捨てて
(C) ゆっくり休んで
(D) お皿を洗って

(13) この品物の持ち運びには十分に気を付けて
ください。

(A) 心配して
(B) 確認して
(C) 注意して
(D) 配慮して

(14) 無理な事業拡大でその会社は、結局、倒産
してしまった。

(A) 潰れて
(B) 破れて
(C) 叩いて
(D) 渡れて

(15) 今朝、駅前で山田さんに偶然会いました。

(A) きっと
(B) うっかり
(C) たまたま
(D) せっかく

(16) もう全部覚えたなんて、彼の暗記力には舌
を巻いてしまった。

(A) 困惑して
(B) 憤慨して
(C) 肯定して
(D) 感心して

(17) さっきから目覚まし時計がなっているのに、
彼は起きようとしない。

(A) 彼は一生懸命勉強して弁護士になった。
(B) 「なせばなる」という言葉を肝に銘じて
生活している。
(C) 終了ベルがなるが早いか、皆教室を飛び
出していった。
(D) 今の失敗はいつかいい薬になるから、諦
めないで頑張ってよ。

(18) これほど目を引く商品なら、自ずと手が伸
びてしまう。

(A) 私は日本に留学して以来、和食には目が
ない。
(B) 中村君は物事を見抜く目を持っている人
である。
(C) 彼はいつも近所の目を気にしすぎるきら
いがある。
(D) 思い通りにならなかったのか、彼はすご
く怖い目をしていた。

(19) この商品は値段のわりには品質があまりよ
くなかった。

(A) 彼ときたら、金持ちのわりにけちで、評
判が悪い。
(B) こんなわりのいい仕事はないから、もう
一度考えてみてよ。
(C) 彼はいくら面白くてもわりに合わない仕
事はやらない主義だそうだ。
(D) みんないい加減にやっていたのに、一人
だけ正直にやってわりを食ってしまった。

(20) 天気予報では明日晴れると言ったが、本当
かどうかは怪しい。

(A) 当時、怪しい人物を見たという証言が出た。
(B) 10 時までに来ると言ったけど、怪しい
ものだ。
(C) 怪しい手つきからして、彼は新人に違い
ない。
(D) そんな怪しい英語で自慢している場合
じゃないよ。

Ⅵ. 下の＿＿＿＿線の A, B, C, D の中で正しくない言葉を一つ選びなさい。

(21) この間のお礼に何がプレゼントしたいんですが、ほしい物がありますか。
　　　(A)　　　(B)　(C)　　　　　　　　　　　　(D)

(22) 両親と妹の写真を書いてアメリカに住んでいる弟に送りました。
　　　(A)　　　　　　(B)　　　　　　　(C)　　　　(D)

(23) 子供の頃の私は、体も小さかったし声もあまり 小さくなかった。
　　　(A)　　　　　(B)　　　　　　(C)　　(D)

(24) 彼ときたらサッカーのことは何もわからない。基本的なルールでして知らないのだ。
　　　(A)　　　　　　(B)　　　(C)　　　　　　　　(D)

(25) 医者でもない私がいくらがんばって、私の力では病気そのものを治せるわけではない。
　　　(A)　　　　　　(B)　　　　　(C)　　　　　　　　(D)

(26) 日曜日は早起きして家の近くの公園を散歩することが 習慣にしています。
　　　　(A)　　　　　(B)　　　　　　　(C) (D)

(27) 今回彼女が事故を起こしてしまったことは十分な注意を払わなかった からである。
　　　　　　　(A)　　　　　(B)　　　　　(C)　　　(D)

(28) たばこを買いたいんですが、小さいお金があったら、貸してくれませんか。
　　　　　　(A)　　　　　(B)　　(C)　　　(D)

(29) 週末に特に予定がなかったら、映画でも 一編見に行きませんか。
　　　(A)　(B)　　　　　　(C) (D)

(30) 最近、働くように東南アジアから韓国にやって来る人が増えているが、その中には不法滞在する
　　　　　(A)　　　　　　　　　(B)　　　　　　　　　　(C)
人もかなりいるそうだ。
　　　(D)

(31) 先生、午後に 折り入ってご相談になりたいことがありますが、お時間大丈夫でしょうか。
　　　　　 (A)　　　 (B)　　　　　　　 (C)　　　　　　　　　　　　 (D)

(32) 日本語の敬語は相手との人柄 によって変わるから、十分な注意を要する。
　　　　　　　　　　　　 (A)　　 (B)　　　　　　 (C)　　　　　 (D)

(33) 服を買えば、この店よりデパートで買った方がお得ですよ。
　　　 (A)　　　　 (B)　　　　　 (C)　　 (D)

(34) たとえ努力したとはいえ、思いままにならないのが人生の醍醐味だと思う。
　　 (A)　　　　 (B)　　　　 (C)　　　　　　　　 (D)

(35) 日本は四季節がある国だから、旅行する時には季節の要素を無視できない。
　　　　 (A)　　　　　　 (B)　　　 (C)　　　　　 (D)

(36) 今大会の開催にもって、主催者の代表としてご挨拶申し上げます。
　　 (A)　　　 (B)　　　　　　　　 (C)　　　 (D)

(37) 二人は前半に互角の勝負を演じたが、後半には抜きつ抜かせつの接戦となった。
　　　　　 (A)　　　 (B)　　　　　　 (C)　　　 (D)

(38) 今の体の状態を考えず、無理なダイエットで体を壊してしまっては元も子供もないよ。
　　　　 (A)　　　　　　 (B)　　 (C)　　　　　　 (D)

(39) 死者が出ようが、気に入ることもなく武器を造り続けるアメリカに憤りを覚える。
　　　 (A)　　 (B)　　　　　　 (C)　　　　　　　 (D)

(40) 最近、あちらこちらで不明瞭な会計処理が問題になっておりますが、襟を直して 取り組まねばと
　　　　　　　　　　 (A)　　 (B)　　　　　　　　　　　　　　 (C)　　 (D)
痛感しております。

Ⅶ. 下の_____線に入る適当な言葉を (A) から (D) の中で一つ選びなさい。

(41) あなたはすいかとみかん_____どちらが好きですか。

　　(A) と

　　(B) に

　　(C) で

　　(D) から

(42) 今日はお酒を飲まないでそのまま家に_____つもりです。

　　(A) 帰る

　　(B) 帰り

　　(C) 帰った

　　(D) 帰っている

(43) いくら聞いても彼女は_____いる理由を話してくれない。

　　(A) 悲しく

　　(B) 悲しかった

　　(C) 悲しくて

　　(D) 悲しがって

(44) 私の息子と友達の息子さんの年は_____です。

　　(A) 同じ

　　(B) さまざま

　　(C) 違い

　　(D) きれい

(45) 先生のお宅を訪問しました。_____あいにく留守でした。

　　(A) そして

　　(B) だから

　　(C) ようするに

　　(D) ところが

(46) 優勝して故郷に帰ると、_____人々が歓迎してくれました。

　　(A) 多い

　　(B) 多くの

　　(C) たくさん

　　(D) おおぜい

(47) 一度は彼女と二人＿＿＿＿＿＿＿の旅行をしてみたい。

    (A) こそ

    (B) だに

    (C) きり

    (D) とも

(48) 毎日猫にえさをやる＿＿＿＿＿＿＿。これだけは守ってください。

    (A) ほど

    (B) だけ

    (C) もの

    (D) こと

(49) すやすや寝ている赤ちゃんにそっと布団を＿＿＿＿＿＿＿やった。

    (A) かけて

    (B) しめて

    (C) かいて

    (D) とって

(50) 今試験の＿＿＿＿＿＿＿ですので、関係者以外の出入りはできません。

    (A) 時期

    (B) 最中

    (C) 間に

    (D) 真ん中

(51) ドライバーは歩行者優先で運転しなければならないが、やはり歩行者も＿＿＿＿＿＿＿を守るべきだ。

    (A) マッチ

    (B) マインド

    (C) マナー

    (D) マイルド

(52) 毎日＿＿＿＿＿＿＿ばかりいないで、たまには勉強もしなさい。

    (A) 遊ぶ

    (B) 遊び

    (C) 遊んで

    (D) 遊んだ

(53) 店長に用事があって電話を＿＿＿＿＿ところ、あいにく留守だった。

    (A) する

    (B) した

    (C) しよう

    (D) している

(54) 円滑な人間関係を築いていきたいという考えが＿＿＿＿＿にあるから、プレゼントをするのだろう。

    (A) 根拠

    (B) 根気

    (C) 根性

    (D) 根底

(55) 友達の車を借りて傷を付けてしまった。こうなってしまった以上、お金で＿＿＿＿＿するしかない。

    (A) 売却

    (B) 賃貸

    (C) 弁解

    (D) 弁償

(56) その大臣は「＿＿＿＿＿ことは全くございません」という答えを繰り返した。

    (A) どんな

    (B) それほどの

    (C) さCA うな

    (D) それくらいの

(57) 子供の時から家庭での＿＿＿＿＿は大事です。

    (A) 躾

    (B) 手順

    (C) 仕返し

    (D) 手頃

(58) 次から次に仕事が入ってきて、今日は本当に＿＿＿＿＿が回る一日だった。

    (A) 頭

    (B) 体

    (C) 目

    (D) 耳

(59) その床屋を探す時、何か＿＿＿＿＿＿になる建物はありませんか。

    （A）まなざし

    （B）めじるし

    （C）めやす

    （D）みため

(60) 彼女の機嫌があまりよくない時には、＿＿＿＿＿＿しておくのがいい。

    （A）そっと

    （B）つんと

    （C）がばっと

    （D）ざっと

(61) この論文はおよそ2年にわたる血と涙の＿＿＿＿＿＿である。

    （A）結託

    （B）結集

    （C）結成

    （D）結晶

(62) 彼女は日に焼けることも＿＿＿＿＿＿砂浜に寝そべった。

    （A）かまわずに

    （B）そばから

    （C）もとより

    （D）さることながら

(63) ＿＿＿＿＿＿100円でつべこべ言うのはちょっとみっともないね。

    （A）たかが

    （B）少なくとも

    （C）度々

    （D）思い切り

(64) この間君に＿＿＿＿＿＿もらったお金、明日までには返すから心配しないでください。

    （A）引き付けて

    （B）落ち込んで

    （C）見入って

    （D）立て替えて

(65) 子供の教育において、前後の事情を聞かずに＿＿＿＿＿＿に叱り付けるのはよくない。

    (A) あたまうち

    (B) あたまごなし

    (C) あたまかくし

    (D) あたまごし

(66) この地域は野原や森が多く、虫を観察するには＿＿＿＿＿＿の場所です。

    (A) 顔触れ

    (B) 持って来い

    (C) 神隠し

    (D) 色とりどり

(67) 噂は小耳に＿＿＿＿＿＿いたけど、こんなにきれいな方だとは思っていませんでした。

    (A) 入って

    (B) 入れて

    (C) 挟んで

    (D) 差し入れて

(68) 「日本のラーメンは美味しい」と言われても、食べたことがないので、何か＿＿＿＿＿＿来ない。

    (A) どんと

    (B) ぴんと

    (C) がんと

    (D) ぱたっと

(69) わずか1分＿＿＿＿＿＿の間に、彼女はそれを全部書いてしまった。

    (A) いかん

    (B) たらず

    (C) ぎれ

    (D) みどろ

(70) 一応全ては無事に終わったが、まだ＿＿＿＿＿＿とした気持ちを晴らせない。

    (A) もやもや

    (B) べたべた

    (C) ほかほか

    (D) ひりひり

Ⅷ. 下の文を読んで、後の問いにもっとも適当な答えを (A) から (D) の中で一つ選びなさい。

(71 〜 74)

私には小学4年生の弟がいる。弟はすごく頑固で、何かあるとすぐ干渉してくる。この間も寝る前に弟と喧嘩をした。その時私は、布団の上でうつ伏せになって寝ようとしていた。なのに、弟が背中に乗ってきて、私の背中をひっかいてきたのだ。私はものすごく機嫌が悪くなり頭に来て、「(1)＿＿＿＿＿＿＿」と蹴り返した。そうしたらちょうど私の足が弟のお腹に当たったみたいで、弟はわーんわーんとサイレンのように泣き始めた。私は少し「やった！」と思ったのだが、いつものパターンだと弟は、反撃に出てくるか、母に言い付けるかだ。でも、今日はどっちのパターンでもなく、ただぶすっとしているだけだ。後で弟は母にうるさいと怒られた後、何もなかったかのようにすやすやと寝ていた。私は兄弟には喧嘩は付き物だと思う。喧嘩するほど仲が良いと言うように、兄弟は喧嘩すればするほど仲がよくなると思う。

(71) この人の弟についての説明の中で、正しくないものはどれですか。

   (A) 今、小学 4 年生だ。
   (B) この人に何でも譲ってくれる。
   (C) 何かあるとすぐ干渉してくる性格だ。
   (D) 他人の意見をあまり聞こうとしない性格だ。

(72) 本文の内容から見て、(1)＿＿＿＿＿＿＿に入る最も適当な文章はどれですか。

   (A) 一緒に遊ぼう！
   (B) いい加減にして！
   (C) もっとやってみて！
   (D) 諦めないで頑張って！

(73) この人の弟はこの人と喧嘩をした時、今まではどうしましたか。

   (A) いつも母に言い付けた。
   (B) 一人で静かに泣いていた。
   (C) 全く反撃しようとしなかった。
   (D) 自分の悪いところをすぐ反省した。

(74) この人は兄弟喧嘩についてどう思っていますか。

   (A) 兄弟喧嘩を通じて仲よくなれる。
   (B) 兄弟喧嘩は何の役にも立たない。
   (C) 正直なところ、まだよくわからない。
   (D) 兄弟喧嘩は絶対にしてはいけない。

(75 〜 78)

友達ができないという理由の中で、一番大きいものは最初から自分は人に好かれないタイプだと思い込む劣等感ではないだろうか。他人から尊重されるには、まず自分を尊重することが第一である。友情というものはまずこちらから何かを、しかも何らかの報酬を期待することなしに与えることによって成り立つ。与えるものが乏しい人は自分は何を無償で人に与えることができるかを考える時、(1)＿＿＿＿＿。

友達を作るためには、何よりも自分に自信を持つことが大切だ。自分に自信がないと、友達ともうまく会話ができなくなり、暗くなってしまう。自分に自信がない人よりも自信のある人の方が明るく、いきいきしていてそんな人と友達になりたいと思える。私の学校でもやはり、いつでも明るくて元気な子にはたくさんの友達がいる。友達はたくさんいた方が学校生活も楽しくなる。勿論、自分に自信を持つということは難しいことだと思う。しかし私は、自分に自信を持ち、たくさんの友情を築いていきたいと思う。

(75) この人は友達ができないという理由の中で、一番大きいものは何だと思っていますか。

(A) 自分は他の人より優れているという優越感
(B) 親しくなるまで待ち切れないせっかちな性格
(C) 初めて会う人とはなかなか親しくなれない性格
(D) 最初から他人が自分を嫌うのではないかと思い込む劣等感

(76) この人が考えている「友情」についての説明の中で、正しいものはどれですか。

(A) 何らかの報酬を期待する心を持つこと
(B) 怒るべきことがあってもずっと我慢すること
(C) 何の期待もなしに、まず自分が何かを与えること
(D) いつも反対しないで相手の意見をそのまま受け入れること

(77) 本文の内容から見て、(1)＿＿＿＿＿に入る最も適当な文章はどれですか。

(A) 良い友達は自ずと作られるに違いない
(B) いつも周りの人からからかわれるかもしれない
(C) 友達との仲はますます悪くなってしまうかもしれない
(D) 友達はたくさんできても、何の意味もないことになる

(78) この人は友達を作るためには何が大切だと言っていますか。

(A) 人の意見を最後まで聞くこと
(B) 何よりも自分に自信を持つこと
(C) できるだけ自己主張をしないこと
(D) 会話をうまく進められるコツをつかむこと

(79 〜 81)

　　私は、毎朝姫路城を見ています。晴れには晴れの、雨には雨の、そして朝も夕も、それぞれに違った姿を見せてくれます。特に私が好きなのは桜の季節です。姫路城は桜の名所でもあります。満開の桜の中の姫路城は華やかで一際美しく、何度見ても飽きることはありません。もう一つ姫路城が魅力的なのは、違った角度から見ると全く違った姿が現れ、そのそれぞれが美しいということです。国宝姫路城は、平成5年に法隆寺と共に日本で初の世界文化遺産となりました。世界遺産に登録された理由の一つが「その美的完成度が我が国の木造建築の最高の位置にあり、世界的にも他に類のない優れたものであること」だそうです。

　　築城400年以上経った姫路城は、平成21年から、大天守保存修理が行われています。そのため、現在は外から姫路城の姿を見ることはできませんが、内部の修理の様子を見学することができます。私も一度見学をし、屋根の修理の様子を間近で見ることができました。築城から長い年月、こうやって多くの人の力で守ってきたからこそ、今の美しい姫路城があるのだと改めて気付かされました。

(79) この人が姫路城を魅力的に思っている理由として、本文に出ているものは何ですか。

　　(A) 日本で最も大きい城であるから
　　(B) いつも同じ姿を見せてくれるから
　　(C) 違った角度から見ても美しいから
　　(D) 今まで一度も修理したことがないから

(80) 本文の内容から見て、姫路城が世界遺産に登録された理由は何だと思われますか。

　　(A) 美的完成度が非常に優れているから
　　(B) 花見をするのにもってこいの場所だから
　　(C) 現在、残っている木造で作られた唯一の城だから
　　(D) 築城400年以上が経った日本で最も古い城だから

(81) 本文に出ている姫路城についての説明の中で、正しいものはどれですか。

　　(A) 現在、外から姫路城の姿を見ることはできない。
　　(B) 法隆寺に続いて2番目の世界文化遺産となった。
　　(C) 平成5年から、大天守保存修理が行われている。
　　(D) 現在、内部の修理の様子を見学することは禁じられている。

朝、出社した社員たちが向かうのは自分のデスクではなく、食堂。まるで給食のように会社で朝ご飯を食べるのである。ずらりと並んでいる健康メニューが毎日日替わりで、しかも無料である。最近、朝の時間を従業員に有効に活用してもらおうと、こうして朝食を導入する会社が増えているという。今、「働き方改革」のもと、どうにか働く時間を減らす「労働の時短」が叫ばれている。そこで今度は「食の時短」というニーズが生まれているのである。お昼、ある航空会社の控え室にあったのは「お総菜の自動販売機」である。同様のサービスは既に1000社に広がっているという。夜、家庭でも取り入れられている時短もある。都内に住む小寺さん夫婦は共働き世帯で、家に帰るのはいつも夜9時頃と遅いため、最近ある物を取り入れた。それは「お弁当」丸ごとの冷凍食品である。事実、今、冷凍食品の人気は高まっていて消費量は去年過去最高を記録した。調査では大きな理由の一つに共働き世帯の増加による「時短ニーズ」があるという。ただ、冷凍でお弁当を作るのはそう簡単ではない。例えば、野菜は解凍すると水っぽくなるため、素揚げして水分を飛ばすなどのちょっとした工夫が必要である。それでも、これも時代の流れなのか、食を巡る時短は今後ますます進みそうである。

(82) 最近、朝食を導入する会社が増えている理由は何ですか。

(A) 多くの従業員から要望があったから
(B) 朝食の提供が経費削減に繋がるから
(C) 朝の時間を従業員に有効に活用してほしいから
(D) 朝食を食べると、仕事の能率が上がるという報告があるから

(83) 今、冷凍食品の消費量が増えている大きな理由は何ですか。

(A) 夕食を抜く世帯が多くなったから
(B) 共働き世帯の増加による時短ニーズがあるから
(C) 冷凍食品メーカー同士の低価格競争が激しくなったから
(D) 核家族化が進み、家族水入らずの食事の時間が減ったから

(84) 本文の内容と合っているものはどれですか。

(A) 冷凍でお弁当を作るには手間が要る。
(B) 食を巡る時短に対する反発運動も既に起きている。
(C) 冷凍食品の消費量は去年から横這いの状態が続いている。
(D) お総菜の自動販売機の普及には思ったより時間がかかっている。

(85 ～ 88)

　　最近、中国大陸から台湾へ売春を目的にした女性の密航者が激増している。3日間で女性ばかり73人の密航者が摘発された異常事態を受け、総統は中国側の(1)＿＿＿＿＿＿＿が不十分であると非難した。台湾の海上保安局によると、26日未明、中西部の沖合で不審船2隻を調べようとしたところ、船から女性が海に落ちたという。収容された中国人女性たちは、密航が見つかったので船長ら4人の男に突き落とされたと供述している。この(2)女性たちは2日前に中国の漁船に乗り込み、台湾海峡の中間で台湾の快速艇2隻に乗り換えた。この間、女性たちには食事も与えられなかったという。密航を仕組むのは台湾で活動している暴力団体で、彼女らから台湾への3日がかりの船旅で1人当たり10万台湾ドルを受け取ったことも明らかになった。捕まった女性たちは(3)＿＿＿＿＿＿＿「お金が儲かると騙された」と主張し、売春についてはみんな否定している。総統は「こうした悲劇は暴力団体と売春業者が責任を負うべきであるが、人民の命と安全を重視せずに密航を防がない北京の当局も責任を負うべきである」と批判した。

(85) 本文の内容から見て、(1)＿＿＿＿＿＿＿に入る最も適当な言葉はどれですか。

(A) 取り立て
(B) 取り上げ
(C) 取り入れ
(D) 取り締まり

(86) (2)女性たちについての説明の中で、正しくないものはどれですか。

(A) 売春についてはみんな否定していた。
(B) 船を乗り換えて台湾へ密航しようとした。
(C) 密航の途中、きちんとした食事が提供された。
(D) 台湾への3日がかりの船旅で1人当たり10万台湾ドルを出した。

(87) 本文の内容から見て、(3)＿＿＿＿＿＿＿に入る最も適当な文章はどれですか。

(A) 仕上げたように
(B) 考え直したように
(C) 落ち込んだように
(D) 教え込まれたように

(88) 本文の内容と合っていないものはどれですか。

(A) 総統は北京の当局も責任があると批判した。
(B) 収容された中国人女性たちは密航が見つかって自ら海に落ちた。
(C) 密航を仕組んだ暴力団体は中国人女性たちからお金を受け取った。
(D) 最近、中国大陸から台湾へ売春を目的にして女性の密航者が急増している。

(89 ～ 92)

　　東京都内で行われたギャンブル依存症の講演会で証言者と当事者らはギャンブル依存症は病気であり、回復はしても完治は難しいと訴えている。また、周りの家族を巻き込むことがギャンブル依存症の最大の問題点であるとも主張した。ちなみに、借金を(1)＿＿＿＿＿＿したことがある家族が8割を超えるとの調査結果もある。ギャンブル依存症患者の治療を目的とする施設を運営するNPO法人の代表は、まず家族がギャンブル依存症を知ることが回復に向けての第一歩であると指摘する。政府は今年4月、カジノ解禁を含む総合型リゾートの整備法案を閣議で決定した。法案では入場回数を制限したり入場料6000円を徴収したりするなど、一定の対策を取っていると強調する。しかし、ギャンブル依存症の当事者からはもっと依存症対策に力を入れるべきであるという声が多く上がっている。ギャンブル依存症対策の基本法案も先月衆議院で可決し、参議院に送られたが、当事者らの団体はまだ内容が不十分と訴えている。ギャンブル依存症について正しい知識を得ることの重要性が高まっている。

(89) ギャンブル依存症の講演会で出た話として、正しいものはどれですか。

　　(A) ギャンブル依存症は決して病気ではない。
　　(B) ギャンブル依存症の完治は容易ではない。
　　(C) 思ったより家族が巻き込まれることは少ない。
　　(D) いくら努力しても、ギャンブル依存症は回復できない。

(90) 本文の内容から見て、(1)＿＿＿＿＿＿に入る最も適当な言葉はどれですか。

　　(A) 返却
　　(B) 取り消し
　　(C) 肩代わり
　　(D) 受け持ち

(91) NPO 法人の代表はギャンブル依存症について何と言っていますか。

　　(A) 負けを取り戻そうとする欲求は人間の自然な感情である。
　　(B) まず家族がギャンブル依存症について知ることが重要である。
　　(C) 被害額が少ない場合は、そのまま見守ってあげることも必要である。
　　(D) ギャンブルによって引き起こされた絶望的な経済状況からは免れない。

(92) ギャンブル依存症の当事者らは政府の総合型リゾートの整備法案について何と言っていますか。

　　(A) もっとギャンブル依存症対策に力を入れるべきであると主張している。
　　(B) 入場回数の制限や入場料の徴収は止めるべきであると主張している。
　　(C) 内容が十分であるため、一刻も早く施行すべきであると主張している。
　　(D) 政府の規制だけでもギャンブル依存症は完全に治せると主張している。

(93 ～ 96)

(1)加熱式たばこは火を使わずニコチンを含んだ蒸気を吸い込むもので、煙が出ず、においが少ないとされている。今やたばこの売り上げの1割を超えるなど、急速に普及している。この加熱式たばこについて厚生労働省は受動喫煙対策として規制の対象とする新たな規制案を検討中だという。(2)紙巻きたばこは学校や病院の屋内は完全禁煙とした上で飲食店でも原則禁煙にしている。一方、加熱式たばこについては一定規模以上の飲食店では煙が漏れない専用の部屋を設けた場合には飲食しながら吸うことを認めるとしている。ただ今回の規制は施行するとしてもあくまで当面の措置とする見通しである。なぜなら、加熱式たばこによる受動喫煙の健康への影響が確立していないためである。加熱式たばこを吸って息を吐くと、口から出た蒸気はすぐ見えなくなるが、この蒸気に特殊な光を当てると、実は1.5メートル先まで広がっていくのがわかる。また、厚労省研究班の調査で、加熱式たばこを吸った人が吸い込む主流煙には紙巻きたばこと比べてニコチンが同程度、ホルムアルデヒドなどの発癌性物質が10分の1程度含まれていることも確認された。

(93) (1)加熱式たばこについての説明の中で、正しくないものはどれですか。

(A) 今やたばこの売り上げの1割を超えている。
(B) 紙巻きたばこ同様、既に規制の対象になっている。
(C) 紙巻きたばこに比べて煙が出ず、においが少ない。
(D) 火を使わずニコチンを含んだ蒸気を吸い込む仕組みである。

(94) (2)紙巻きたばこについての説明の中で、正しいものはどれですか。

(A) 学校や病院の屋内では完全禁煙である。
(B) 規模の小さい飲食店で喫煙はまだ可能である。
(C) 加熱式たばこより値段の面においてはまだメリットがある。
(D) 業界ではにおいが少ないたばこの開発に力を入れている。

(95) 加熱式たばこに対する今回の規制が当面の措置となる理由は何ですか。

(A) 紙巻きたばこを売っている販売店からの圧力があったから
(B) 加熱式たばこが国の税収に大きな役割を果たしているから
(C) 度が過ぎる規制でたばこ全体の売り上げが落ち込んでいるから
(D) 加熱式たばこによる受動喫煙の健康への影響が確立していないから

(96) 本文の内容と合っているものはどれですか。

(A) 加熱式たばこを吸って口から出た蒸気は周囲にほとんど広がらない。
(B) 加熱式たばこの中の発癌性物質は紙巻きたばこと同程度含まれている。
(C) 加熱式たばこを吸った人が吸い込む主流煙には紙巻きたばこと比べてニコチンが少ない。
(D) 加熱式たばこは煙が漏れない専用の部屋を設けた場合には飲食しながら吸うことが可能である。

(97 〜 100)

最近、大手が力を入れる国産ウイスキー。かつて市場は縮小の一途を辿っていたが、ハイボールブームや海外での人気も(1)＿＿＿＿＿し、今では貴重な成長市場である。でも、国産ウイスキー熱の高まりすぎで皮肉にもウイスキー不足に陥ってしまったのである。サントリーは人気の「白州12年」と「響17年」が販売休止に追い込まれた。ウイスキーは熟成に10年以上の歳月がかかるため、足りなくなったからといって(2)すぐには生産を増やせないのである。更に悩みの種がある。品薄の国産ウイスキーが驚くような高値で取引されているのである。ネット上では販売休止が決まったウイスキーが希望小売価格の5倍以上に急上昇し、中には10万円を超える物まであるという。こうした中、賑わうのが不要になったお酒を買い取り、欲しい人に売る「買取販売専門店」である。棚には品薄の国産ウイスキーがずらりと並んでいる。値段が高騰する中、売りに来る人が急増している。その一方で、投機を目的とした外国人による売り買いが更に値段の高騰を煽り立てているのである。愛好家を悩ます国産ウイスキーバブルはいつまで続くのだろうか。

(97) 本文の内容から見て、(1)＿＿＿＿＿に入る最も適当な言葉はどれですか。

(A) 空回り

(B) 後押し

(C) たらい回し

(D) 泣き寝入り

(98) 最近の国産ウイスキー熱の高まりはウイスキー産業にどんな影響を与えましたか。

(A) ウイスキー不足に繋がってしまった。

(B) ウイスキー業界全体を活気付けた。

(C) 国内の酒類市場が大きく拡大した。

(D) 新たなウイスキーの開発に火を付けた。

(99) (2)すぐには生産を増やせない理由として、正しいものはどれですか。

(A) 季節ごとの需要が異なるから

(B) ウイスキー需要の変動が激しいから

(C) 生産施設を大幅に増やす必要があるから

(D) ウイスキーの熟成に長い時間を要するから

(100) 国産ウイスキー値段の高騰に拍車をかけているのは何ですか。

(A) ネット上での活発な取引

(B) 国産ウイスキー市場の縮小

(C) 投機を目的とした外国人による売り買い

(D) 不要になったお酒を売りに来る人の減少

☐ 遠い 멀다	☐ 薄い 얇다	☐ 苦い 쓰다
☐ 暑い 덥다	☐ 憎い 밉다	☐ 辛い 맵다
☐ 長い 길다	☐ 黒い 검다	☐ 若い 젊다
☐ 短い 짧다	☐ 白い 희다	☐ 大きい 크다
☐ 明るい 밝다	☐ 安い 싸다	☐ 速い (속도가) 빠르다
☐ 厚い 두껍다	☐ 狭い 좁다	☐ 遅い 느리다
☐ 重い 무겁다	☐ 易しい 쉽다	☐ 青い 푸르다
☐ 近い 가깝다	☐ 小さい 작다	☐ 眠い 졸리다
☐ 弱い 약하다	☐ 少ない 적다	☐ 親しい 친하다
☐ 熱い 뜨겁다	☐ 暗い 어둡다	☐ 厳しい 엄하다
☐ 難しい 어렵다	☐ 細い 가늘다	☐ まずい 맛없다
☐ 苦しい 괴롭다	☐ 軽い 가볍다	☐ ひどい 심하다
☐ 悲しい 슬프다	☐ 強い 강하다	☐ 新しい 새롭다
☐ だるい 나른하다	☐ かゆい 가렵다	☐ 緩い 느슨하다
☐ ずるい 교활하다	☐ 冷たい 차갑다	☐ 堅い 딱딱하다
☐ 美味しい 맛있다	☐ 嬉しい 기쁘다	☐ 温い 미지근하다
☐ 寂しい 쓸쓸하다	☐ 古い 오래되다	☐ 危ない 위험하다
☐ 暖かい 따뜻하다	☐ 恐ろしい 무섭다	☐ 面白い 재미있다
☐ うるさい 시끄럽다	☐ 細かい 세세하다, 잘다	☐ おかしい 이상하다
☐ 涼しい 시원하다	☐ 柔らかい 부드럽다	☐ 甘い 달다, 무르다
☐ 正しい 올바르다	☐ 高い 높다, 비싸다	☐ 甚だしい 정도가 심하다
☐ 激しい 격렬하다	☐ めでたい 경사스럽다	☐ 優しい 다정하다, 상냥하다

Ⅴ. 下の線の言葉の正しい表現、または同じ意味のはたらきをしている言葉を (A) から (D) の中で一つ選びなさい。

(1) 夫は日曜日なのに、仕事の都合で朝早く出かけた。

    (A) おと
    (B) おっと
    (C) いとこ
    (D) しゅじん

(2) 今度の作文テストはいい点が取れそうだ。

    (A) さくふん
    (B) さくぶん
    (C) さふん
    (D) さぶん

(3) 久しぶりの休暇だから、ゆっくり休みたい。

    (A) きゅうか
    (B) きゅうよう
    (C) きゅうけい
    (D) きゅうそく

(4) 来週の連休には一家で温泉旅行をするつもりです。

    (A) いっか
    (B) ひといえ
    (C) ひとうち
    (D) いちいえ

(5) その国は猛烈な勢いで変化を続けている元気な国である。

    (A) すごい
    (B) せい
    (C) たましい
    (D) いきおい

(6) 明日は彼女との思い出の場所を辿ってみるつもりだ。

    (A) たどって
    (B) さかのぼって
    (C) つのって
    (D) いきどおって

(7) もともと会社員でしたが、今は教育関係の仕事に携わっています。

    (A) さわって
    (B) くわわって
    (C) いつわって
    (D) たずさわって

(8) この小説は構成がとてもちみつで、最後まで読まないとどんな結末になるかわからない。

    (A) 致密
    (B) 致窓
    (C) 緻密
    (D) 緻窓

(9) 双方の主張は平行線を辿っていて、未だに事態のしゅうそくが図れない。

    (A) 終息
    (B) 収息
    (C) 終束
    (D) 収束

(10) 外国でしっかりと根を下ろして生きていくことは難しい。遠く離れた外国であればなおさらのことだ。

    (A) 直更
    (B) 治皿
    (C) 直皿
    (D) 尚更

(11) 私は姉よりは背が高いですが、妹ほどでは
ありません。

    (A) 姉は3人の中で一番背が高いです。
    (B) 妹は3人の中で一番背が高いです。
    (C) 私と妹の背の高さは同じくらいです。
    (D) 姉と妹の背の高さは同じくらいです。

(12) 今から会議をするところです。

    (A) 会議を終えます
    (B) 会議をしています
    (C) 会議をしてもいいです
    (D) 会議をしようとしています

(13) 最近のテレビは子供の教育的な面から考え
ると、あまりよくない番組が多いと思う。

    (A) 教育上
    (B) 教育をおいて
    (C) 教育にかかわらず
    (D) 教育とはいうものの

(14) 彼は漫画が好きで、暇さえあれば漫画ばか
り読んでいる。

    (A) 暇だとはいえ
    (B) 暇だとしたら
    (C) 暇なのにかかわらず
    (D) 暇ができれば

(15) 英語が上手な彼も鈴木君には一目置いた。

    (A) びっくりした
    (B) 力を認めた
    (C) 勝負が付かなかった
    (D) 負けるわけにはいかなかった

(16) うちの子ときたら、部屋を片付けておくそ
ばから、散らかしてしまう。

    (A) 片付けるや否や
    (B) 片付けてからでないと
    (C) 片付けるのをかわきりに
    (D) 片付けたにもかかわらず

(17) 今日、大切なお客さんが家に来るので、家
中をきれいに掃除した。

    (A) 彼は仕事で世界中を回っている。
    (B) 遅くても来月中には結論が出ると思う。
    (C) 今度のことは本当に不幸中の幸いでした
ね。
    (D) 会議中に友達から電話がかかってきてび
っくりした。

(18) 最近、忙しくて旅行に行く間などは全くない。

    (A) こんな時に来るなんて、本当に間がいい
ですね。
    (B) 窮屈そうに見えるから、少し間を置いた
方がいい。
    (C) 賢く見えるけど、彼はいつも間が抜けた
返事をする。
    (D) お腹が空いたのか、彼はあっという間に
それを食べてしまった。

(19) 何も君だけが悪いわけではないから、そん
なに責めないでください。

    (A) 私がそばにいるから、何も心配すること
はない。
    (B) 自分でもよくわかっていることだから、
何も言わないでほしい。
    (C) もう既に終わったことだし、何もそんな
に泣かなくてもいいだろう。
    (D) 最近、買い物を全然しなかったので、冷
蔵庫の中には何もない。

(20) その高校生は成績を悲観して自殺をはかった。

    (A) 銭湯に行って体重をはかってみた。
    (B) 相手の心中をはかるのはなかなか難しい
ものだ。
    (C) 色々と便宜をはかっていただき、誠にあ
りがとうございます。
    (D) 彼ときたら悪事ばかりはかっているか
ら、みんなに嫌われている。

Ⅵ. 下の＿＿＿＿線のA, B, C, D の中で正しくない言葉を一つ選びなさい。

(21) 先生に頼まれた仕事なのだから、今日中に やらなくてもならない。
　　　　　　(A)　　　　　　　　(B)　　　(C)　　　　(D)

(22) 春をもうすぐ迎えるというこの時期が一番寒いだと思いますが、どうか風邪などにはお気を
　　　　　　　(A)　　　　　　　　　　　　(B)　　　　　　　(C)

　　付けください。
　　　　(D)

(23) その人がなかなかうまく答えれて指摘すべき問題点が見当たらなかった。
　　　　　　　　　(A)　　　　(B)　　　(C)　　　　　(D)

(24) 彼の説明を聞いて言い通りに全部やったのに、その機械はぴくりともしなかった。
　　　(A)　　　　(B)　　　　　　(C)　　　　　　　(D)

(25) たとえ自分が好きなことであれ、他人にそれを押し付けるのは止めたほしい。
　　　(A)　　　　　　　(B)　　　　　　　　(C)　　　(D)

(26) 大地震のために空港が使えなくなってしまい、出張から帰れなかったのがあります。
　　　　　(A)　　　(B)　　　　　　　　　(C)　　　　(D)

(27) 中村さんは興奮したり緊張したりすると、すぐ態度に表れるタイプなので、いつも私たちに
　　　　　　(A)　　　　(B)　　　　　　　(C)

　　からかわせている。
　　　(D)

(28) 近頃、日本ではプロ野球におきるトレーニングの効果について活発な研究が行われている。
　　　　　　　　　　(A)　　　　(B)　　(C)　　　　　(D)

(29) 温めて飲むと風味は増しましたが、どちらかといえば、寒くして飲んだ方がおいしかったです。
　　　(A)　　　　　　　　　　(B)　　(C)　　　　　　(D)

(30) もう少し時間がかかりそうですが、仕事が終わる次第、そちらにお伺いします。
　　　(A)　　(B)　　　　　　　(C)　　　　　(D)

354

(31) どんな子供でもゲームに夢中になるが最後、他のことはやりたくなくなる。
　　　　　(A)　　　　　　　　　　　　(B)　　　　　　(C)　　　　　(D)

(32) まもなく電車がいらっしゃいます。危ないですから、黄色い線の後ろまでお下がりください。
　　　　　　　　(A)　　　　　　　　　　(B)　　　　(C)　　　(D)

(33) あのスタジアムは立地がよくないに限らず、多くの観客を集めている会場と言える。
　　　　　　　　(A)　　　　　　(B)　　　　　　　(C)　　　　　(D)

(34) 修正は再登録という形になりますので、ご手数ですがはじめから入力し直してください。
　　　　　　　　　　(A)　　　　　　　(B)　　　(C)　　　　(D)

(35) 日本の中小企業は色々な国からの外国人労働者を雇うことによって 人力不足を凌いでいる。
　　　　　(A)　　　　　(B)　　　　　　　　　　　(C)　　(D)

(36) 原子力発電所の建設でめぐって様々な意見があったが、まだ結論は出ておらず、議論は空回りし
　　　　　　　　(A)　　　　　　　　(B)　　　　　　　　(C)　　　　(D)

　　　続けている。

(37) 生徒たちは終了ベルが鳴るか鳴らないかの際、一斉に教室を飛び出していった。
　　　　　　　　　　(A)　　　　　　(B)　(C)　　　(D)

(38) 一日中歩き続けたので、空腹と疲れで頭がすらすらして目眩に襲われた。
　　　(A)　　　　　　(B)　　　　(C)　　　　　(D)

(39) 何とか政府が手を打たないと、中小企業の基盤が絶滅してしまう恐れがある。
　　　(A)　　(B)　　　　　　　(C)　　　　(D)

(40) 人の話にけちばかりついて いないで、もっと聞く耳を持ってほしいものだ。
　　　　　　　(A)　　(B)　　　　　(C)　　　(D)

Ⅶ. 下の_____線に入る適当な言葉を (A) から (D) の中で一つ選びなさい。

(41) あそこに出口_____書いてあります。

    (A) で

    (B) に

    (C) と

    (D) から

(42) 今日はちょっと用事がある_____、お先に失礼します。

    (A) ので

    (B) より

    (C) のに

    (D) ほど

(43) その角を左_____曲がると、銀行があります。

    (A) を

    (B) で

    (C) に

    (D) の

(44) 公園で子供たちが_____そうに遊んでいます。

    (A) たのし

    (B) たのしい

    (C) たのしく

    (D) たのしくて

(45) 夏休みの_____どこかへ花火を見に行くつもりです。

    (A) 間に

    (B) ところ

    (C) きり

    (D) ないうちに

(46) 東京に行った時、友人の家に_____もらいました。

    (A) 泊まって

    (B) 泊まられて

    (C) 泊まらせて

    (D) 泊まらせられて

(47) 大事なものは机の＿＿＿＿＿の中に入れておいてください。

    (A) ひきだし

    (B) ほんだな

    (C) たんす

    (D) おしいれ

(48) 眼鏡をかけたまま眠ってしまったので、目が覚めたら眼鏡が＿＿＿＿＿いた。

    (A) いどんで

    (B) ゆがんで

    (C) はげんで

    (D) のぞんで

(49) テレビゲームは目が疲れ＿＿＿＿＿ので、遊び過ぎないように気を付けてください。

    (A) やすい

    (B) にくい

    (C) がたい

    (D) やさしい

(50) 貸出図書は、貸出期間内に＿＿＿＿＿しなければならない。

    (A) 返済

    (B) 弁償

    (C) 還元

    (D) 返却

(51) 彼のお金の使い方を見ると、まるで金銭感覚が＿＿＿＿＿しているように見える。

    (A) 麻酔

    (B) 麻痺

    (C) 苦労

    (D) 疲労

(52) 二人は周囲の反対を＿＿＿＿＿、1年前に結婚した。

    (A) 溶け合って

    (B) 投げ出して

    (C) 押し切って

    (D) 鳴り響いて

(53) 個人的にはゲームも_____にすれば別に問題はないと思う。

    （A）適度

    （B）親愛

    （C）順応

    （D）厳密

(54) 渡辺さんはいつも仕事について_____をこぼす。

    （A）不満

    （B）愚痴

    （C）悪口

    （D）文句

(55) 禁酒を強制した結果、闇の売買が_____。

    （A）ちかった

    （B）こだわった

    （C）はびこった

    （D）いきどおった

(56) 関西人の期待_____、阪神は日本シリーズで負けてしまった。

    （A）を問わず

    （B）に対して

    （C）に応えて

    （D）に反して

(57) 道で_____女性からいい香りがした。

    （A）引き揚げた

    （B）巻き込んだ

    （C）待ち兼ねた

    （D）すれ違った

(58) 猿は人間の模倣を_____のみならず、互いに協力して協同作業をする場合もあるという。

    （A）して

    （B）する

    （C）せず

    （D）しよう

(59) 暑い夏、若者が_____のがペットボトルである。

　(A) 手放せない

　(B) 座り込まない

　(C) 寄り掛からない

　(D) 盛り上がらない

(60) トイレで顔見知りの患者に会ってお互いにちょっと_____。

　(A) 紛らわしかった

　(B) 心地よかった

　(C) 馴れ馴れしかった。

　(D) 決まりが悪かった

(61) 天然資源を節約しようと叫ばれて_____が、未だにこれといった対策がない。

　(A) 久しい

　(B) 凄まじい

　(C) 芳ばしい

　(D) 物足りない

(62) 昨日は本当に_____の手も借りたいほど忙しかったです。

　(A) 兎

　(B) 鹿

　(C) 猫

　(D) 鼠

(63) 彼ときたら、いつも聞いている相手が_____していることにも気付かずに悪口を言い続ける。

　(A) 満開

　(B) 達者

　(C) 辟易

　(D) 勘弁

(64) 部長に「_____しているから、ミスばかりするんだ！」と言われてしまった。

　(A) うかうか

　(B) へろへろ

　(C) のそのそ

　(D) もじもじ

(65) 政治家の中には、暴力団に対する捜査に手心を＿＿＿＿＿よう警察に圧力をかける人もいる。

    (A) 取る

    (B) 得る

    (C) 引く

    (D) 加える

(66) 「悪事千里を＿＿＿＿＿」という言葉のように、彼の仕業であることがすぐ判明した。

    (A) 行く

    (B) 走る

    (C) 逃げる

    (D) 超える

(67) ちゃかすような友人の電話に照れながらも、誰かに祝ってもらうのは＿＿＿＿＿でもない。

    (A) ますます

    (B) びっしょり

    (C) ずらりと

    (D) 満更

(68) 彼はいつもしっかりした人で、いくらお酒に酔っても＿＿＿＿＿にはならない。

    (A) なよなよ

    (B) ぐでんぐでん

    (C) めりめり

    (D) ぎこぎこ

(69) ＿＿＿＿＿稀な才能や天賦の運の強さを持った人の話は人々の心を打たない。

    (A) 類

    (B) 境

    (C) 暁

    (D) 盃

(70) 今回の誤認逮捕の最大の原因は、捜査の基本を＿＿＿＿＿にしたことだ。

    (A) 駄目押し

    (B) 太鼓判

    (C) 蔑ろ

    (D) 無い物ねだり

Ⅷ. 下の文を読んで、後の問いにもっとも適当な答えを (A) から (D) の中で一つ選びなさい。

(71 ~ 74)

私は、よく近所の店までのお使いを頼まれます。よく行く店は、自然食品を売っている店です。その店には、会員番号のような番号を会計の時にレジで言うとポイントがたまり、たくさんたまると割引をしてもらえるというサービスがあります。前にその店でこのようなことがありました。私は買い物をしに行く時、母に教えてもらった会員番号のような番号を忘れないように掌に油性のマジックで書いて行きました。そうしたら、それを見た店員さんが、まるで漫才師の漫才を聞いた人のように(1)＿＿＿＿＿＿。それを聞いて私は「そこまで笑わなくてもいいのに」と思いました。私が初めて一人でお使いに行ったのは、小学1年生の時です。それは、生まれたばかりの妹がいたので、母が買い物に行けなかったから代わりを頼まれました。買ってきてと言われたものは木綿豆腐でした。私は母に「お豆腐には色々な種類があるからちゃんと「木綿」って書いてあるのを買ってきてね」と念を押されました。今でも買い物に行く時にたびたび念を押されます。

(71) この人がお使いでよく行く店はどんな店ですか。

(A) 雑貨を売っている店
(B) 自然食品を売っている店
(C) 器や食器などを売っている店
(D) 服やアクセサリーなどを売っている店

(72) この人がよく行く店にはどんなサービスがありましたか。

(A) たまったポイントで割引してもらえるサービス
(B) 買った商品を自宅まで配達してもらえるサービス
(C) 商品のカタログを自宅まで送ってもらえるサービス
(D) 今まで購入した商品の項目を見せてもらえるサービス

(73) 本文の内容から見て、(1)＿＿＿＿＿＿に入る最も適当な文章はどれですか。

(A) けらけらと笑い出しました
(B) 突然私を見て怒り出しました
(C) とても険しい顔をしていました
(D) 何も言わないで泣き始めました

(74) 小学 1 年生の時、この人が初めて一人でお使いに行った理由は何ですか。

(A) 母の体の調子があまりよくなかったから
(B) もう一人で行っても大丈夫だと思ったから
(C) 妹の出産のため、母が病院に入院していたから
(D) 生まれたばかりの妹のため、母が買い物に行けなかったから

　私は3月10日まで宿泊学習に行ってきました。一番楽しかったのはバーベキューです。な
ぜかというと、私は食事係で、焼いたりするのが楽しかったからです。焼く材料は色々あり
ましたが、ししゃもやソーセージなど、ほとんどの材料がちょっと焦げてしまいました。私
は焦げた食べ物は嫌いだったから、あまり食べられませんでしたが、私の友達はちょっと焦
げていてもよく食べました。夜はとても暑くて布団をかけないで寝たため、クーラーで冷え
て風邪を引いてしまいました。だから、次の日の朝は体の調子がよくなくて保健室に行って
ちょっと寝ました。昼ご飯を食べたら元気になると思って、食堂に行って昼ご飯を食べよう
としたら、気持ちが悪くなって食べられませんでした。もう1回保健室に行って寝たら、よ
うやく元気になりました。とても低いと思われるかもしれませんが、この宿泊学習に点数を
つけると大体40点ぐらいです。風邪を引いていなかったら、たぶん80点以上だったと思い
ます。

(75) この人はどうしてバーベキューが一番楽しかったと思いましたか。

　　(A) 焼いたりするのが楽しかったから

　　(B) 一人で食べる食べ物ではなかったから

　　(C) 普段あまり食べられない食べ物だったから

　　(D) 一番好きな食べ物がバーベキューだったから

(76) この人はどうしてバーベキューがあまり食べられませんでしたか。

　　(A) 焦げた食べ物が嫌いだったから

　　(B) 風邪であまり食欲がなかったから

　　(C) 自分が好きな材料ではなかったから

　　(D) 料理をするのに時間がかかってしまったから

(77) この人が宿泊学習の点数をとても低くつけた理由は何ですか。

　　(A) 風邪を引いてしまったから

　　(B) 一日中とても暑かったから

　　(C) 何も面白いことがなかったから

　　(D) あまり勉強にならない宿泊学習だったから

現在のところ、どうして動物は眠るのかということははっきりわかっていません。この眠りのメカニズムについては、大脳の血液循環が悪くなるためとか、脳細胞の樹状突起が縮んだりして神経の伝達が妨害されるとか、特殊な疲労物質がたまるためであるとか、色々と考えられていました。(1)＿＿＿＿最近、夜になると眠くなるのは松果体で起こるメカニズムのためではないかという研究が発表されたのです。夜、暗くなると、目に光は入ってきません。すると、脳の中央にある松果体と言われる部分でセロトニンという物質がメラトニンに変わります。反対に昼間あるいは夜でも電気を点灯したままにすると、光が神経に伝わって松果体に信号が行ってセロトニンが増えることになります。こうして松果体の中でセロトニンとメラトニンが交互にできることによって人間の体のリズムができ、夜になると眠くなるわけです。これを生物学的時計と言いますが、このリズムを狂わせないように(2)＿＿＿＿、このリズムの変調が早く老ける原因になってしまうそうです。

(78) 本文の内容から見て、(1)＿＿＿＿に入る最も適当な言葉はどれですか。

  (A) その上
  (B) それで
  (C) ところが
  (D) あるいは

(79) 本文の内容から見て、(2)＿＿＿＿に入る最も適当な文章はどれですか。

  (A) 夜は暗くして寝るべきで
  (B) 夜は明るくして寝るべきで
  (C) 昼は暗くして仕事をするべきで
  (D) 昼は明るくして仕事をするべきで

(80) 本文の内容と合っていないものはどれですか。

  (A) 未だにどうして動物は眠るのかということははっきりわかっていない。
  (B) 目に光が入ってこないと、松果体でメラトニンがセロトニンに変わる。
  (C) 生物学的時計のリズムの変調が早く老ける原因になってしまうそうだ。
  (D) セロトニン、メラトニンが交互にできることによって人間の体のリズムができる。

(81 〜 84)

　　急増する外国人観光客の受け皿として期待されている民泊は、今日から自治体に届け出れば年間180日まで営業できるようになった。ところが、課題も多いように見える。まず、届け出番号の書かれた標識や消防設備の設置などの義務に加え、ハードルとなっているのが (1)＿＿＿＿＿である。届け出には消防関連など、およそ20種類の書類が必要であり、しかも3カ月以上待たなければならない。更に、自治体によっては営業できる期間やエリアを条例で制限している。この法律の規制に加え、更に独自の規制を設けた理由について自治体側は「騒音問題やごみの捨て方などに対する地域住民からの苦情が多くなっている。厳しすぎない条例で策定したつもりでいる」と説明している。しかし、結果として東京・新宿区では民泊はおよそ4000カ所あると言われているが、届け出があったのはわずか100件ほどであった。民泊仲介の最大手「Air bnb」でも届け出をしていない施設の掲載を取り止めるなど、対策に腐心しているという。住民の不安と観光立国、今、そのバランスが求められている。

(81) 本文の内容から見て、(1)＿＿＿＿＿に入る最も適当な文章はどれですか。

　　(A) 手続きの煩雑さ
　　(B) 地域住民の反対
　　(C) 外国人観光客の急増
　　(D) サービスに対する懸念

(82) 届け出があった民泊の件数が少なかった理由として、正しくないものはどれですか。

　　(A) 書類を提出して3カ月以上待たなければならないから
　　(B) 届け出によって営業できる期間がぐっと増えてしまうから
　　(C) 消防関連など、およそ20種類の書類が必要であるから
　　(D) 自治体によっては営業できる期間やエリアを条例で制限しているから

(83) 自治体が民泊の営業について独自の規制を設けた理由は何ですか。

　　(A) 安定した税収源を確保したいから
　　(B) 違法の民泊施設が急激に増えているから
　　(C) 地域住民からの苦情が多くなっているから
　　(D) 法律の規制が甘すぎるとの意見が多くなっているから

(84) 本文の内容と合っていないものはどれですか。

　　(A) 今、新宿区には約数千件の民泊施設があると言われている。
　　(B) 自治体の独自の規制で、届け出の件数は急激に増えている。
　　(C) 自治体に届け出た民泊は、年間180日まで営業できるようになる。
　　(D) 民泊は急増する外国人観光客を受け入れるための施設として期待されている。

(85 ～ 88)

　　あの違法駐車の列、何とかなりませんか。どんな街でも聞かれる嘆き節である。事故は誘発されるし、救急車や消防車の行く手を阻む。狭い道路をより狭くして平気な運転者諸君は「運が悪かった。駐車場があればそこに止めるさ」という(1)＿＿＿＿であろうが、心すべきは公共への思慮である。違法駐車は道路交通法違反である。反則金で(2)＿＿＿＿犯罪は犯罪である。だから、警察が取り締まる。これを刑事犯とせず、行政処分の対象とする。道路交通法改正を伴うが、行政措置なら民間にも監視業務は可能である。その際、車の所有者の責任も追及し、制裁金収入は駐車場整備などに使う。ざっとこういう提案が市民からも届いている。他方、違法駐車の日常的な取り締まりから解放される警察はその分悪質な犯罪の捜査に力を注ぐ。ひき逃げ犯の検挙率がわずか27%という不名誉もこの問題の背景にあるからである。規制改革の柱の一つは「官から民へ」である。その趣旨には沿うが、課題も多い。民間人に委ねて情実が働かないか、摘発情報が漏れないか、トラブルに巻き込まれないか。身近な光景に改革の風が吹く。市民一人一人に公共を見つめ直すきっかけとなってほしいものだ。

(85) 本文の内容から見て、(1)＿＿＿＿に入る最も適当な言葉はどれですか。

(A) 達弁　　　　　　　　　　　　　(B) 言い分
(C) 話し合い　　　　　　　　　　　(D) 打ち合わせ

(86) 本文の内容から見て、(2)＿＿＿＿に入る最も適当な表現はどれですか。

(A) 板に付いても
(B) 足が付いても
(C) けりが付いても
(D) 意表を突いても

(87) 規制改革が官から民へ移った場合、考えられる課題として本文に出ていないものはどれですか。

(A) 情実が働く恐れがある。
(B) 摘発情報が漏れる恐れがある。
(C) トラブルに巻き込まれる恐れがある。
(D) 制裁金収入が激減する恐れがある。

(88) 本文の内容と合っていないものはどれですか。

(A) 現在、ひき逃げ犯の検挙率は低いと言える。
(B) 違法駐車は救急車や消防車の邪魔になる。
(C) 違法駐車は道路交通法違反ではあるが、犯罪とは言えない。
(D) この人は違法駐車問題を民間人に委ねても問題はあると思っている。

　　とても画期的な判決が名古屋高裁で出た。もんじゅ建設の原子炉設置許可は無効であるという住民による行政訴訟で、何と国側が敗訴した。知らない人はあまり驚かないかもしれないが、今まで日本では国の根幹施設に関する行政訴訟で国が負けたことは一度もなかった。中には(1)不戦勝もいくつかある。今回の行政訴訟も地裁で当然のごとく国が勝ち、第2ラウンドの高裁も楽勝と思っていたはずである。しかし名古屋高裁の裁判長は国に対して正論を最後まで押し通した。普通、学校の教科書では三権独立などと習い、行政と司法はお互いに独立していると言われるが、実態は独立などしていないと思う。今回の判決で、国と政治家らは裁判長に対して何らかの報復に出る可能性もあるのではないかとも思う。にもかかわらず、裁判長はこの報復を覚悟の上で判決を下した。裁判官の中にも(2)＿＿＿＿＿＿がいると見直した。しかも、高裁である。勿論、今後最高裁で争われるだろうが、最高裁で国が負けることは恐らくないだろう。とにかく、この裁判で、私は国のプレッシャーにも負けず、司法が正論を押し通したことに感動しているのである。

(89) 本文の内容から見て、(1)不戦勝とはどんな意味ですか。

　　(A) 苦戦してから国側が行政訴訟で勝つ。

　　(B) 裁判まで行かずに行政訴訟が取り消される。

　　(C) 裁判で争ったが、住民側が最後まで諦めないで戦う。

　　(D) 最初の訴訟は住民側が勝ったが、最高裁で引っ繰り返される。

(90) 本文の内容から見て、(2)＿＿＿＿＿＿に入る最も適当な言葉はどれですか。

　　(A) 間抜け

　　(B) 几帳面な人

　　(C) 気骨のある人

　　(D) 優柔不断な人

(91) この人は高裁の裁判長の判決についてどう思っていますか。

　　(A) 正直なところ、あまり興味がない。

　　(B) 偉そうに威張っていると思っている。

　　(C) 最後まで自分の信念を押し通したから、立派だと思っている。

　　(D) どうせ最高裁で国が負けるわけがないから、余計なことをしたと思っている。

(92) 本文の内容と合っているものはどれですか。

　　(A) 地裁での判決がでたらめであったことが明らかになった。

　　(B) この人はもんじゅ建設に対して中立的な態度を取っている。

　　(C) この人は日本では本当の意味での三権分立が実現されていると思っている。

　　(D) もんじゅ建設の原子炉設置許可は地裁の判決が高裁で引っ繰り返され、無効になった。

(93 〜 96)

　　先日、東京都杉並区の建築現場で女性の白骨遺体が見つかった。この事件で警察はある男を34年前に女性と1歳の娘を殺して埋めたとして書類送検した。ところで、殺人の時効が15年であるため、このケースも当然時効は見事に成立している。男は「いずれは警察が来ると思っていた。事件のことはずっと頭から離れなかった」と言っている。(1)既にゲームに勝っているから、「忘れていた」なんてゲームに負けて悔しがっている警察官を前にとても言えなかっただろう。(2)_____「時効」というシステムが何だか私にはゲームのように感じられて仕方がない。社会生活にはルールが必要である。しかし、罪を犯した者に対してもルールがあるのはやはりおかしいと思う。人を殺した犯罪者の第一目標は、「15年」ということになる。「15年逃げられれば無罪だ」と自分に目標を設定する。この目標を与えてしまうのは、犯罪者に対して逃げることの強い動機付けになるのではないだろうか。犯罪を犯した時点で時計がスタートし、犯罪者には15年という「殺人者時効隠れん坊ゲーム大会」が華々しく開催される。「どんなことをしても絶対に逃げ延びるぞ！」と目標を設定する。

(93) 本文の内容から見て、(1)既にゲームに勝っているとはどんな意味ですか。

(A) 34 年前に人を殺してしまった。
(B) 34 年ぶりに逮捕されてしまった。
(C) もう刑務所に行っても仕方がない。
(D) 34 年間も逮捕されずにうまく隠れられた。

(94) 本文の内容から見て、(2)_____に入る最も適当な表現はどれですか。

(A) そもそも
(B) 遅かれ早かれ
(C) 見かけによらず
(D) 考えに考えた末

(95) この人は「15 年」という殺人の時効についてどう思っていますか。

(A) ちょっと長すぎるのではないかと思っている。
(B) 定められたルールなので仕方がないと思っている。
(C) 時効というシステム自体が間違っていると思っている。
(D) 素人である自分には何が何だかさっぱりわからないと思っている。

(96) 本文の内容と合っているものはどれですか。

(A) 殺人をした男は警察によって逮捕された。
(B) 殺人をした男は絶対逮捕されないとずっと思っていた。
(C) 警察内部でも殺人の時効について激論が起きている。
(D) 今の法律では人を殺した犯人でも 15 年間捕まらないと無罪となってしまう。

(97 〜 100)

　たばこの値段が増税で7月から上がる。これによってたばこの値段の63%を税金が占めるようになる。不足する税収の穴埋めと健康のための喫煙抑制というのが理由である。財務省にとってたばこは(1)＿＿＿＿＿＿。税をかけすぎて喫煙者が減れば税収も落ち込んでしまう。ほどほどにして税資源の枯渇を防がなければならない。たばこの増収は今回の値上げで年間2兆4千億円が見積もられる。これに代わる税収となれば、消費税なら1%ぐらい上げなければならない。厚生労働省はこういう財務省の姿勢に大いに不満である。傘下の厚生科学審議会は昨年暮れに「喫煙率を引き下げ、国民の健康に与える悪影響を低減させていくことが必要である」と意見具申をしている。(2)＿＿＿＿＿＿、財務省傘下のたばこ事業分科会は、「たばこがある種の病気の誘引になることは認めながらもアルコールなどと共に合法的な個人の嗜好品であり、自己責任で喫煙の判断ができるようにすることが重要である」と反対の答申をしている。たばこに対して国が断固とした態度が取れないもう一つの理由がある。日本たばこが事実上の国有会社である上、2万の葉たばこ農家や30万の販売店の政治力を気にしているからである。政府税制調査会でもたばこ税について激論になるが、結論はいつも歯切れが悪い。

(97) 本文の内容から見て、(1)＿＿＿＿＿＿に入る最も適当な文章はどれですか。

(A) 役に立たないものである

(B) 何とも言えないものである

(C) 漁業資源のようなものである

(D) 目の上のこぶのようなものである

(98) 本文の内容から見て、(2)＿＿＿＿＿＿に入る最も適当な言葉はどれですか。

(A) しかし　　　　　　　　　　　(B) だから

(C) あるいは　　　　　　　　　　(D) それから

(99) たばこに対して国が断固とした態度が取れないもう一つの理由は何ですか。

(A) 一般的に消費削減や禁止を求めるべきではないから

(B) アルコールなどと共に合法的な個人の嗜好品であるから

(C) たばこがある種の病気の誘引になることは認めざるを得ないから

(D) 2万の葉たばこ農家や30万の販売店の政治力を気にしているから

(100) 本文の内容と合っていないものはどれですか。

(A) 政府税制調査会での激論も、結論はいつも曖昧である。

(B) 今度のたばこの値上げで年間2兆4千億円の税収が見積もられる。

(C) 財務省は厚生労働省のたばこ増税について大いに不満である。

(D) 7月からの増税で、たばこの値段の63%を税金が占めるようになる。

□ 恋しい 그립다	□ 情けない 한심하다	□ 鈍い 둔하다
□ 思わしい 바람직하다	□ 騒がしい 시끄럽다	□ 幼い 어리다
□ 根強い 끈질기다	□ 息苦しい 숨막히다	□ 重たい 무겁다
□ くだらない 시시하다	□ ぎこちない 어색하다	□ 偉い 위대하다
□ はしたない 상스럽다	□ 淡い 엷다, 희미하다	□ 快い 상쾌하다
□ 好ましい 바람직하다	□ 危なっかしい 위태롭다	□ 怪しい 수상하다
□ 恨めしい 원망스럽다	□ 思いがけない 뜻밖이다	□ 著しい 현저하다
□ 頼もしい 믿음직하다	□ 後ろめたい 뒤가 켕기다	□ 青白い 창백하다
□ 手強い 힘겹다, 벅차다	□ 等しい 같다, 동일하다	□ 大人しい 얌전하다
□ 面倒くさい 몹시 귀찮다	□ 険しい 험하다, 험악하다	□ 騒々しい 시끄럽다
□ みっともない 꼴불견이다	□ 空しい 공허하다, 헛되다	□ 愛しい 사랑스럽다
□ きつい 심하다, 꽉 끼다	□ 心細い 마음이 불안하다	□ 疑わしい 의심스럽다
□ 惜しい 아깝다, 애석하다	□ 悔しい 분하다, 억울하다	□ 図々しい 뻔뻔스럽다
□ 鋭い 날카롭다, 예리하다	□ 卑しい 천하다, 비열하다	□ 煙たい 냅다, 거북하다
□ 粗い 엉성하다, 조잡하다	□ 賢い 현명하다, 영리하다	□ 詳しい 자세하다, 상세하다
□ 切ない 안타깝다, 애절하다	□ 痛ましい 가엾다, 애처롭다	□ 恭しい 공손하다, 정중하다
□ 煩わしい 번거롭다, 귀찮다	□ 何気ない 아무렇지도 않다	□ 労しい 측은하다, 애처롭다
□ 羨ましい 부럽다, 샘이 나다	□ あくどい 지독하다, 악랄하다	□ 貧しい 가난하다, 부족하다
□ 浅ましい 비참하다, 비열하다	□ しつこい 끈질기다, 집요하다	□ 青臭い 미숙하다, 유치하다
□ 相応しい 어울리다, 적합하다	□ 潔い 맑고 깨끗하다, 결백하다	□ くすぐったい 간지럽다, 멋쩍다
□ 得難い 구하기 어렵다, 귀중하다	□ 慌ただしい 분주하다, 어수선하다	□ 清々しい 상쾌하다, 시원하다
□ うっとうしい 울적하고 답답하다	□ 遠慮深い 조심성이 많다, 신중하다	□ 夥しい 엄청나다, 굉장히 많다

Ⅴ. 下の線の言葉の正しい表現、または同じ意味のはたらきをしている言葉を (A) から (D) の中で一つ選びなさい。

(1) 車がないからといって、赤信号で<u>横断</u>するのは危ないよ。

(A) おだん
(B) おうだん
(C) よだん
(D) ようだん

(2) みなさん、<u>集まり</u>ましたか。それでは、そろそろ始めます。

(A) あつまり
(B) かたまり
(C) はじまり
(D) たかまり

(3) 見た目はあまり美味しくなさそうですが、どんな<u>味</u>がしますか。

(A) あじ
(B) あし
(C) あご
(D) あな

(4) <u>眼球</u>に何か入ったのか、目がちくちくする。

(A) がんきゅう
(B) あんきゅう
(C) めたま
(D) めだま

(5) 彼女はまるで子供のように<u>無邪気</u>に笑っていた。

(A) むしき
(B) ぶじゃき
(C) むしやけ
(D) むじゃき

(6) その国は資本主義を導入してから、<u>著しい</u>発展を遂げた。

(A) めざましい
(B) わずらわしい
(C) いちじるしい
(D) うっとうしい

(7) 人との付き合いは<u>一期一会</u>で臨むと、後で後悔はしないだろう。

(A) いちごいちえ
(B) いっきいちえ
(C) いっきいっかい
(D) いちぎいっかい

(8) たとえ子供がしたことであれ、こうなった以上<u>わびる</u>しかない。

(A) 寂びる
(B) 誤びる
(C) 詫びる
(D) 謝びる

(9) 苦労したのが実を結んで彼は<u>かんむりょう</u>の面持ちだった。

(A) 感無量
(B) 簡無料
(C) 干無量
(D) 幹無量

(10) 国民はみんな税金を納める<u>ぎむ</u>がある。

(A) 義務
(B) 意務
(C) 議務
(D) 儀務

(11) 私の仕事は英語を<u>使う機会がない</u>。

    (A) 使わなくてはいけない

    (B) 使うはずがない

    (C) 使うことがない

    (D) 使ったことがない

(12) 昨日、私は彼に本を<u>貸してあげました</u>。

    (A) 渡しました

    (B) 取りました

    (C) 作りました

    (D) 返しました

(13) 世の中には薄情な人ばかりではなく、<u>思いやりのある人</u>もいるものだ。

    (A) きれいな人

    (B) 真面目な人

    (C) 自分勝手な人

    (D) 情け深い人

(14) 今度の旅行は<u>年齢を問わず</u>、誰でも参加できる。

    (A) 年齢において

    (B) 年齢として

    (C) 年齢によって

    (D) 年齢に関係なく

(15) 冗談も<u>ほどほど</u>にしておかないと、またひどい目に遭うかもしれないよ。

    (A) みっちり

    (B) ずいぶん

    (C) さんざん

    (D) いい加減

(16) この事業の成功は<u>彼抜きで</u>語れない。

    (A) 彼によって

    (B) 彼にとって

    (C) 彼なしで

    (D) 彼をよそに

(17) 駅まで迎え<u>に</u>行きますので、電話してください。

    (A) 私は遅くても 10 時<u>に</u>は寝るようにしている。

    (B) 信号が青<u>に</u>変わって車が一斉に動き出す。

    (C) 雨の中を歩いたせいか、ズボン<u>に</u>泥が付いていた。

    (D) 今日はせっかくの休日だから、彼女と映画を見<u>に</u>行くつもりだ。

(18) 日が暮れる<u>前</u>にさっさと帰りましょう。

    (A) その記事は三日<u>前</u>の朝刊で読んだ。

    (B) 家の<u>前</u>に大きなスーパーがあってとても便利だ。

    (C) そこに行く<u>前</u>に色々ときちんと調べておいてください。

    (D) お腹が空いていたのか、彼は二人<u>前</u>の食事を一人で食べてしまった。

(19) もう一度実験してみた<u>ところ</u>、違う結果が出た。

    (A) 実は私もちょうど出かける<u>ところ</u>です。

    (B) この辺はどこにも休める<u>ところ</u>がない。

    (C) にこにこしている<u>ところ</u>を見ると、合格したに違いない。

    (D) 評判を聞いてその店に行った<u>ところ</u>、あいにく定休日だった。

(20) ちょっと緩いから、紐<u>かなんか</u>で結んでおこう。

    (A) 最近、食事<u>なんか</u>はどうしていますか。

    (B) お前<u>なんか</u>が今の私の気持ちをわかるもんか。

    (C) ご飯を食べたばかりなのに、また<u>なんか</u>食べたいね。

    (D) 彼は今日初めて会ったのに、<u>なんか</u>怖い感じがする。

Ⅵ. 下の＿＿＿線の A, B, C, D の中で正しくない言葉を一つ選びなさい。

(21) 日本全国で来た多くのファンが何時間も待っていたのに、結局その歌手は現れなかった。
   (A)   (B)   (C)   (D)

(22) 中村と申しますが、これからどうも よろしくお願いいたします。
    (A)   (B) (C) (D)

(23) 私の父は去年勤めている会社を辞めて今は建設関係の仕事をしている。
   (A)   (B)   (C)   (D)

(24) よく 聞きませんので、もっと 大きな声で話して くださいませんか。
  (A) (B)   (C)   (D)

(25) 書き終わった書類は担当者に渡ってからお帰りください。
    (A)   (B) (C)   (D)

(26) ここでは工場直送ならではの出来たての生ビルを購入していただけます。
       (A)   (B) (C)   (D)

(27) 子供向かいに書いたやさしい文章というのは、実は子供の興味を引かない場合が多い。
   (A)   (B)   (C)   (D)

(28) 高校を卒業した以来、仕事一筋で定年を迎えましたので、長い間勉強は全然していません。
    (A)   (B)   (C)   (D)

(29) 最近は、「私があなたを幸せでしてあげる」と、女性からアプローチするカップルも増えて
        (A)   (B)   (C)

きました。
 (D)

(30) 全く意味の通らないところや様々不出来なところがあると思いますが、長い目に見てください。
 (A) (B)   (C)   (D)

(31) 20日に<u>上陸</u>した台風第15号は、九州から東北地方に<u>かけて</u><u>各地</u>で大きな<u>障害</u>をもたらしました。
　　　　　(A)　　　　　　　　　　　　　　　　　　　(B)　　　　　(C)　　　　　　(D)

(32) カードはサインした<u>ご本人以外</u>はご<u>利用できません</u>。ご家族の方にも<u>お貸し</u>にならない<u>よう</u>お願い
　　　　　　　　　　(A)　　　　　　(B)　　　　　　　　　　　　(C)　　　　　　(D)
　します。

(33) 現在、日本経済は<u>下落</u>しているにも<u>かかわらず</u>、私たち日本人の生活は<u>決して</u>貧しいとは<u>言えない</u>
　　　　　　　　　(A)　　　　　　(B)　　　　　　　　　　　　　　　(C)　　　　　　(D)
　と思う。

(34) 彼と<u>きたら</u>、何も知らない<u>くせに</u>何でもいちい<u>手</u>を出すのだから、むかつく<u>といったらない</u>。
　　　　(A)　　　　　　　　　(B)　　　　　(C)　　　　　　　　　　　　　　(D)

(35) 私は<u>筆無精</u>なので、休みの日は<u>たいがい</u>掃除と洗濯だけ<u>事務的</u>にしてしまい、後は<u>ごろごろ</u>している。
　　　　(A)　　　　　　　　　　(B)　　　　　　(C)　　　　　　　　　　　(D)

(36) 人の話の真意を<u>つかむ</u>には、相手の話を<u>遮らず</u>、全て話して<u>もらう</u>ことに<u>収まる</u>。
　　　　　　　　(A)　　　　　　　　(B)　　　　　(C)　　　　(D)

(37) 団体旅行は<u>お得</u>で楽だが、気の<u>向ける</u>まま予定を変えてしまうこともできる<u>個人</u>旅行の魅力も
　　　　　　　(A)　　　　　　(B)　　　　　　　　　　　　　　　(C)
　<u>捨てがたい</u>。
　　(D)

(38) 組織の<u>歯車</u>となる個人にそれなりの権限を<u>与えなかったら</u>、<u>いざとなった</u>時、卑怯で<u>臆病</u>な
　　　　(A)　　　　　　　　　　　　　　　(B)　　　　　(C)　　　　　　(D)
　対応しかできなくなる。

(39) 彼女がダンスを始めた<u>の</u>は、<u>内気</u>で人と<u>手頃</u>にしゃべれない自分の性格を変えたかった<u>から</u>である。
　　　　　　　　　　　(A)　(B)　　　(C)　　　　　　　　　　　　　　　(D)

(40) インターネットの発達で、世の中に自分と全く<u>感性</u>の異なる人たちが住んでいるのだという事実を
　　　　　　　　　　　　　　　　　(A)　　　　　　　　　(B)
　<u>否応</u>ことに認識させ<u>られる</u>ようになった。
　　(C)　　　　　　(D)

Ⅶ. 下の_____線に入る適当な言葉を (A) から (D) の中で一つ選びなさい。

(41) 出版したばかり_____本がよく売れて嬉しい。

    (A) で

    (B) に

    (C) か

    (D) の

(42) 友達が病気になったので、_____に行きました。

    (A) おせわ

    (B) おいわい

    (C) おみまい

    (D) おしまい

(43) 彼は能力はあるが、時々口が_____場合がある。

    (A) かぶる

    (B) いきる

    (C) なおる

    (D) すぎる

(44) 何かいいことでもあった_____、彼はずっと笑っている。

    (A) ので

    (B) のを

    (C) のか

    (D) のも

(45) 先生が私に貴重な本を貸して_____。

    (A) やった

    (B) あげた

    (C) いただいた

    (D) くださった

(46) 明後日から試験なのに、彼は_____勉強しようとしない。

    (A) いっこうに

    (B) ことに

    (C) かろうじて

    (D) しめて

(47) 最近、その国では＿＿＿＿＿運動が注目を浴びている。

    (A) リハビリ

    (B) テキスト

    (C) リサイクル

    (D) キャラクター

(48) 共同記者会見などの大役を無難にこなした彼の顔は、終始＿＿＿＿＿した表情だった。

    (A) リラックス

    (B) アドバイス

    (C) トラブル

    (D) アナウンス

(49) 連日猛暑が続き、家電製品メーカーは注文が殺到して＿＿＿＿＿悲鳴を上げている。

    (A) たのしい

    (B) うれしい

    (C) はげしい

    (D) けわしい

(50) 彼の授業は単語を語源から教えてくれるので、目からうろこが＿＿＿＿＿ことが多い。

    (A) 散る

    (B) 破る

    (C) 打つ

    (D) 落ちる

(51) アメリカは夏時間を採用している国で、その期間中は1時間時計が＿＿＿＿＿いる。

    (A) 進んで

    (B) 行って

    (C) 走って

    (D) 向かって

(52) 金融機関窓口に出向いて手続き用紙を書くなどの＿＿＿＿＿手続きは不要です。

    (A) 羨ましい

    (B) 用心深い

    (C) 厚かましい

    (D) 煩わしい

(53) 接客業務をする人には、_____配慮が必要だ。

    (A) 意地悪な

    (B) きめ細かな

    (C) 快適な

    (D) 安らかな

(54) 検索時に使用するキーワードがサイトを通じて公開されるようなことは_____ありません。

    (A) いっさい

    (B) あまねく

    (C) かつて

    (D) こぢんまり

(55) 彼は_____しているようだが、まだ精神的に脆い面がある。

    (A) みっちり

    (B) しっかり

    (C) うっそり

    (D) しんみり

(56) これは息子を_____かばう母の愛を描いた新作映画です。

    (A) ひたすら

    (B) つとめて

    (C) まんいち

    (D) のっそり

(57) 強い地震で、木造二階建ての家が_____揺れ出した。

    (A) よぼよぼ

    (B) むしむし

    (C) もぐもぐ

    (D) ぐらぐら

(58) 自信のない_____した態度では、うまく行くものもうまく行かなくなります。

    (A) もじもじ

    (B) ぞろぞろ

    (C) つべこべ

    (D) さわさわ

(59) 社長は朝から＿＿＿＿＿＿＿が悪く、ずっと恐い顔をしている。

    (A) 気

    (B) 気兼ね

    (C) 機嫌

    (D) 気持ち

(60) 最近、異常なほどに原油価格が＿＿＿＿＿＿＿している。

    (A) 沸騰

    (B) 高価

    (C) 高騰

    (D) 削減

(61) 彼は音楽について何もわからない＿＿＿＿＿＿＿、いつも口を挟む。

    (A) くせに

    (B) におうじて

    (C) ばかりか

    (D) のみならず

(62) 調べた資料＿＿＿＿＿＿＿、レポートを作成してください。

    (A) とあって

    (B) にわたって

    (C) にひきかえ

    (D) にもとづいて

(63) 彼は「到底納得できる結論ではなかった。」と不満を＿＿＿＿＿＿＿にした。

    (A) みじめ

    (B) あわれ

    (C) あらわ

    (D) かなめ

(64) 一度失敗があった＿＿＿＿＿＿＿、諦めてしまうのはよくないです。

    (A) かわりに

    (B) とばかりに

    (C) からといって

    (D) にもかかわらず

(65) バスが来るまで＿＿＿＿＿だったので、となりの人に話しかけてみた。

    (A) 退屈

    (B) 仰天

    (C) 見栄

    (D) 出来

(66) 苦しい闘病生活の中で健康の大切さが＿＿＿＿＿に染みた。

    (A) 身

    (B) 手

    (C) 首

    (D) 頭

(67) 事業に失敗した彼は、＿＿＿＿＿な日々を送っている。

    (A) 自堕落

    (B) 利口

    (C) 青二才

    (D) 調子者

(68) 今日は朝から仕事の＿＿＿＿＿で、新宿まで行ってきました。

    (A) 醍醐味

    (B) 正念場

    (C) 瀬戸際

    (D) 打ち合わせ

(69) 幼馴染みのマイケルは、3年前の負けをまだ＿＿＿＿＿に持っていた。

    (A) 根

    (B) 幹

    (C) 枝

    (D) 木

(70) 9回裏、そのチームは相次いだヒットで勝ち越し、8対6と＿＿＿＿＿で逆転した。

    (A) 土壇場

    (B) 千秋楽

    (C) 効き目

    (D) 天下り

Ⅷ. 下の文を読んで、後の問いにもっとも適当な答えを (A) から (D) の中で一つ選びなさい。

(71 ～ 74)

　　人は何か趣味を持っていると思います。サッカーが好きな人もいれば、バスケットボール
が好きな人もいます。ちなみに私の趣味は歌とマジックと卓球です。子供の時の夢は卓球選
手になることでした。しかし、学校が忙しくなって卓球をやる機会も少なくなりました。も
う一つの趣味は18歳から始めた歌です。週に1回母と一緒に歌のクラスに行きます。先生は
厳しい方ですが、歌は面白いです。私はだんだん歌が好きになって韓国語の歌のコンテスト
に参加したこともあります。ステージの上で歌うのは初めてだったので緊張しましたが、と
ても楽しかったです。私はマジックも大好きです。私のマジックの先生はカナダから来まし
た。去年の9月には先生とマジックコンテストに参加しました。たくさんのマジシャンがい
てとても緊張しましたが、運よく3等賞をもらいました。機会があれば、外国に行って色々
なマジシャンに会ってマジックを教えてもらいたいです。私の今の夢は、プロのマジシャン
になることです。

---

(71) この人の子供の時の夢は何でしたか。

　　(A) 卓球選手になること
　　(B) 学校の先生になること
　　(C) 歌を教える先生になること
　　(D) 有名なマジシャンになること

(72) この人が卓球をやる機会が少なくなった理由は何ですか。

　　(A) 学校が忙しくなったから
　　(B) 新しい趣味ができたから
　　(C) 卓球への興味がなくなったから
　　(D) 一緒に卓球をする人がいなかったから

(73) この人の趣味である歌についての説明の中で、正しくないものはどれですか。

　　(A) 歌のクラスの先生は厳しい方だ。
　　(B) 週に１回一人で歌のクラスに行く。
　　(C) 韓国語の歌のコンテストに参加したことがある。
　　(D) ステージの上で歌うのはコンテストの時が初めてだった。

(74) この人の今の夢は何ですか。

　　(A) 有名な歌手になること
　　(B) プロの卓球選手になること
　　(C) プロのマジシャンになること
　　(D) 一流のスポーツマンになること

(75 ～ 77)

　　私は今度の夏休みに祖父母の家に泊まりました。祖父母の家に行った時はいつも床屋に連れて行ってもらったり、日帰り温泉に行ったりスーパーで買い物をしたりします。スーパーでは時々祖父母に見つからないようにお菓子をこっそりかごの中に入れて買ってもらいます。そういう時、祖父は、「あら、入れちゃったの？」と言います。祖父母の家で一番楽しいのは、車で連れて行ってもらうゴルフです。ゴルフクラブは私の7歳の誕生日に祖父からもらいました。私が得意なクラブは7番アイアンとドライバーとパターです。私は祖父とゴルフ練習場によく行きます。私は練習場でドライバーで打つと、150ヤード以上は飛ばせます。ちゃんと飛んだ時は、「まるでプロゴルファーのようだね。」と父が言ってくれました。私と祖父はゴルフコースにも行きますが、全部で9ホールのコースをいつも2回回ります。祖父はくたくたですが、私はもう1回やりたいくらいです。もし祖父がゴルフが嫌いだったら、私はゴルフができなかったでしょう。私は祖父母の家に行くと楽しいことがいっぱいあっていいなと思います。

(75) この人が祖父母の家に行ってすることではないものはどれですか。

　　(A) 海に遊びに行く。
　　(B) 日帰り温泉に行く。
　　(C) スーパーで買い物をする。
　　(D) 床屋に連れて行ってもらう。

(76) この人が祖父母の家で一番楽しいと思っていることは何ですか。

　　(A) 温泉に行ってゆっくり休むこと
　　(B) 美味しい料理を作ってもらうこと
　　(C) 車でゴルフに連れて行ってもらうこと
　　(D) スーパーに行ってお菓子を買ってもらうこと

(77) 本文の内容と合っていないものはどれですか。

　　(A) この人は祖父とゴルフ練習場によく行く。
　　(B) この人はドライバーで150ヤード以上は飛ばせる。
　　(C) この人は7歳の誕生日に祖父からゴルフクラブをもらった。
　　(D) この人は9ホールのコースを2回回るのは無理だと思っている。

(78 〜 80)

よくひげあるいは毛は、剃れば剃るほど濃くなると言われています。しかし、これは俗説で、ひげの太さ、一日に伸びる長さは60代まで増え続けるために、濃くなったと錯覚したことから起きた迷信なのです。これはちょっと考えればわかることです。もし剃ってひげが濃くなるのならば、頭の毛の薄くなった人は剃れば濃くなることになり、はげないということになるわけです。現実には頭の毛の薄い人もはげの人もいます。このひげの伸び方、風や湿度には関係ありませんが、温度には左右され、高いほどよく伸びます。1年で言うと、夏は冬の1.8倍ほどよく伸び、毛が防寒用となる動物とは(1)＿＿＿＿＿＿となっています。また一日のうちでも、夜よりも昼、特に午前6時から10時によく伸び、夜中の3倍も伸びます。だから、この時間帯が過ぎた後にひげ剃りを行えば、きれいでつるつるな状態を長く維持することができます。とは言っても、普通のサラリーマンの方が朝10時までひげ剃りのために会社に行かないのは難しいので、出社ぎりぎりにひげを剃るのがベストだと言えます。ひげの成長は、遺伝の影響を大きく受けやすいです。ひげが伸びやすい家系であれば、子供は高確率でひげが伸びやすいです。親がひげもじゃなのに、子供がつるつるということはほとんどないと言えます。

(78) 本文の内容から見て、ひげの伸び方と関係があるものはどれですか。

(A) 風
(B) 温度
(C) 湿度
(D) 人種

(79) 本文の内容から見て、(1)＿＿＿＿＿＿に入る最も適当な言葉はどれですか。

(A) 正比例
(B) 反比例
(C) 全く同じ
(D) 全く反対

(80) 本文の内容と合っていないものはどれですか。

(A) ひげは夜よりも昼、冬よりも夏によく伸びる。
(B) ひげの成長は遺伝の影響を大きく受けやすい。
(C) ひげの太さや一日に伸びる長さは60代まで増え続ける。
(D) 朝起きてからすぐひげ剃りを行えば、きれいでつるつるな状態を長く維持することができる。

(81 ～ 84)

　　私は博物館と美術館が好きだ。博物館に行けば、普段見慣れないものをたくさん見ることができる。また、博物館では誰にも邪魔されないで落ち着いた時間が過ごせる。雑音の多い状況に慣れている私たちも(1)＿＿＿＿＿。そして、博物館に行く自分が知的に見えるような気がする。最後に、こんな貴重なものが見られて良い時間を過ごしたというお得感が味わえるのも欠かせない。このように挙げてみると、どうも私にとって博物館とは一種の逃げ場になっているようだ。「癒し」という題目が付いたCDなどがあるが、私にとっては博物館で(2)＿＿＿＿＿過ごす時間の方が遥かに満足感があり、癒される。

　　次に、美術館の魅力は何と言ってもきれいであることだ。作品も館内も売っているグッズもすべてきれいだ。特に、最近の美術館の中にあるショップにはこんな小物が似合う部屋に住みたいと思わせるものばかりで、いつ行っても気分がよくなる。

(81) この人が思っている博物館の魅力ではないものはどれですか。

(A) お得感が味わえる。
(B) 普段見慣れないものが見られる。
(C) 色々勉強になるから、すぐ知的になれる。
(D) 誰にも邪魔されないで落ち着いた時間が過ごせる。

(82) 本文の内容から見て、(1)＿＿＿＿＿に入る最も適当な文章はどれですか。

(A) 博物館に行くと、すぐ退屈になってしまう
(B) ある程度の騒音は役に立つと思うだろう
(C) たまには静かに過ごしたい時もあるわけだ
(D) 博物館の静かさは堪えられないに違いない

(83) 本文の内容から見て、(2)＿＿＿＿＿に入る最も適当な言葉はどれですか。

(A) ほっと
(B) ぱっと
(C) ざっと
(D) ぼうっと

(84) この人が思っている美術館の魅力とは何ですか。

(A) 自分にとって一種の逃げ場になる。
(B) 貴重なものが見られて良い時間を過ごしたと思える。
(C) 作品、館内、売っているグッズなどすべてがきれいだ。
(D) 雑音がなく、静かな雰囲気の中で作品が鑑賞できる。

(85 〜 88)

秋田県の鳥海山の北側にある仁賀保高原風力発電所には15基の風車が並び、1万5千世帯の消費を賄う2万5千キロワットを供給している。当初、2列30基を予定していたが、事前にコンピューターグラフィックスを使い、設置後の景観について13の方向からチェックした結果、(1)＿＿＿＿＿＿1列15基に減らした。クリーンエネルギーと言っても設置場所は意外に制約されるのだ。北海道のウィンビラ発電所では風の状況から日本海側の尾根に19基の風車を設けた。この組み立てには大型重機が必要だが、狭い登山道を通れない。このため、わざわざ仮設道路を設け、重機を分解して運び、設置場所で再び組み立ててそれを使って風車を取り付けたのである。風力発電と言うと、牧歌的にさえ聞こえるが、我が国では場所によってはこれほど建設に苦労するのだ。デンマークで列車に乗った時、沿線の畑の中に風車が(2)＿＿＿＿＿＿並んでいるのを見て驚いた。この国は最も高い所でも標高百数十メートルとなだらかで、地理的制約が少ない。風力発電が普及するはずだと実感した。風力発電の導入は今後も進め、原子力発電への依存を少しでも減らすべきだが、100万キロワットの電力を得るのに山手線の内側面積の3〜4倍の設置スペースが要る。風力発電に過度な期待をかけるのではなく、日本の地理的条件から来る限界を踏まえておくことも必要である。

(85) 本文の内容から見て、(1)＿＿＿＿＿＿に入る最も適当な文章はどれですか。

(A) 鳥海山に人が入れないように
(B) 鳥海山の登山道を作るために
(C) 鳥海山の眺望を妨げないように
(D) 鳥海山の動植物を保護するために

(86) 本文の内容から見て、(2)＿＿＿＿＿＿に入る最も適当な言葉はどれですか。

(A) ぐんと
(B) ちらりと
(C) ずらりと
(D) ふわりと

(87) 本文のタイトルとして最も適当なものはどれですか。

(A) 風力発電所の維持方法
(B) 風力発電所の効用と限界
(C) 各地の風力発電所とその影響
(D) 風力発電所と設置場所との関係

(88) 本文の内容と合っていないものはどれですか。

(A) 日本では場所によって風力発電所の建設に色々苦労している。
(B) デンマークに風力発電所が多いのは地理的制約が少ないからである。
(C) ウィンビラ発電所では風の状況から日本海側の尾根に 19 基の風車を設けた。
(D) 日本はこれから制約の多い風力発電より原子力発電に取り替えていくべきである。

(89 ～ 92)

　　まもなく4歳になる息子の発音がおかしいので気になっている。ラ行やサ行がほとんど言えない。例えば、「せんせい」は「へんへい」になってしまう。舌や耳に問題があるのだろうか。しかし、心配することはない。サ行、ザ行、ラ行は複雑な口の動きで音を作るので、(1)＿＿＿＿＿。「ツ」も同じで、うまく発音できるようになるのは6歳から6歳半にかけてである。従って、小学校に入った直後でもおかしく聞こえる場合がある。4歳の子供はカ行やガ行、ダ行やナ行、ワ行に加え「チ」の音も完成途上である。子供にとっては「せんせい」も「へんへい」と同じものなのかもしれない。発音はまず「アイウエオ」の母音が2歳半まではっきりしてくる。続いて唇を使う口唇音、そして喉に息を当てて出す口蓋音が発達する。サ行やラ行のように舌と上顎を使う舌音は、そもそも難しい音なのである。子供の発音が大人と違っていてもすぐ怒るのは絶対いけないことである。お子さんが「へんへいがね」と一生懸命にしゃべりかけようとしている時に「『せんせい』ときちんと話しなさい」ときつく言うことはしゃべる気力をなくさせる。「せんせいがどうしたの」と優しく尋ねてあげ、会話する中で(2)＿＿＿＿＿正しい音を獲得していくものである。

(89) 本文の内容から見て、4歳児が一番発音しにくい音はどれですか。

(A) ア　　　　　　　　　　　　　　　　(B) オ
(C) ゾ　　　　　　　　　　　　　　　　(D) イ

(90) 本文の内容から見て、(1)＿＿＿＿＿に入る最も適当な文章はどれですか。

(A) 子供には非常に難しい音である
(B) 大人は簡単に発音できる音である
(C) どんな子供でもすぐ発音できる音である
(D) 特別な訓練さえすれば発音できる音である

(91) 本文の内容から見て、(2)＿＿＿＿＿に入る最も適当な言葉はどれですか。

(A) さほど
(B) 次第に
(C) まるっきり
(D) にわかに

(92) 本文の内容と合っていないものはどれですか。

(A) 口唇音は口蓋音より先に発達する。
(B) 母音の発音は2歳半までにはっきりしてくる。
(C) サ行、ザ行、ラ行は口を動かなくても発音できる音である。
(D) 子供の発音がちょっとおかしいからといって怒るのはよくない。

(93 〜 96)

　　我が家には比較的間違い電話が多い。その半分ぐらいは単純な番号の押し間違いのようであるが、残り半分はちょっと違う。それらは決まって「A健康飲料」という会社と間違って、私のところにかけてくるのである。しかも、私が受話器を取ってまだ「はい」としか言っていないにもかかわらず、「営業の○○さん、お願いします」とか「○○です。○○の件なのですが…」と、(1)自信満々でいきなり話し出すのが大半だ。相手を断定し、確信を持ったその話しっぷりは時に「もしや、私が住み間違いをしているのではないか」と思わせる迫力があることさえままある。私が現住所に住み着いてもう2年以上は経っている。NTTによると、一つの電話番号が使われなくなり、次の人に渡されるまでには最低半年間は空けるのが通例であるという。すると、「A健康飲料」がこの番号を使わなくなってから現在まで(2)＿＿＿＿＿は経っていることになる。こうなると、考えられるのはこの番号を使っていた会社はあったが、今はないということである。まだはっきりわからないが、とにかく何かいやな予感がする。

(93) 本文の内容から見て、(1) 自信満々でいきなり話し出す理由は何ですか。

(A) 比較的間違い電話が多いから
(B) 電話をかけた人が自信満々な人であるから
(C)「A 健康飲料」であると信じ込んでいるから
(D) この人が住み間違いをしていることを知っているから

(94) 本文の内容から見て、(2)＿＿＿＿＿に入る最も適当な言葉はどれですか。

(A) 1 年
(B) 2 年
(C) 半年
(D) 2 年半

(95) この人は自分の家に間違い電話が多い理由は何だと思っていますか。

(A) 現住所に引っ越したばかりだから
(B) いたずら電話が多くなっているから
(C)「A 健康飲料」という会社がなくなったから
(D) 誰かが自分の家の電話番号を悪用しているようだから

(96) 本文の内容と合っているものはどれですか。

(A) この人は以前「A 健康飲料」という会社で働いたことがある。
(B) この人は「A 健康飲料」という会社は今は存在しないと思っている。
(C) この人は間違い電話のため、正式に警察に捜査を依頼しようとしている。
(D) この人の家にかかってくる間違い電話のほとんどは単純な番号の押し間違いである。

日本人の感覚からすると「ジハード」という言葉はぴんと来ない。何となく卑怯な気がするが、アラブ諸国ではこれが常識なのだろうか。自分の部下は何人殺されても、自分さえ生き延びればということも「ジハード」の一環なのだろうか。私はどうもこの「ジハード」という言葉の意味がわからない。そこで色々と調べてみた。

もともとイスラム教で「ジハード」とは、「神のために生命も財産もなげうって戦うことで、神に最も近い位置に行ける」ということらしい。しかし、また別の章にはキリスト教と同様、「自らを殺してはならない。自殺した者は地獄の火にさらされる」という。この(1)＿＿＿＿＿についてイスラムの宗教学者たちは色々な理屈を付けているようである。ある学者は「自爆テロも神のためならいい」と主張している。しかし、別の学者は「自爆というのはイスラム法の観点からジハードとは関係なく、違法」と主張している。このように(2)＿＿＿＿＿。イスラム社会の指導者はみんな自分に都合のいい解釈のみを採用してイスラム教を利用している気がする。しかし、いつも犠牲になるのは真面目に宗教を受け止めている信仰心の深い人たちである。ビン・ラディンにしろフセインにしろ、イスラム教を信じる人にとって神聖なものを利用して自分たちの欲望を満たそうとする行為は決して許せない。

(97) 本文の内容から見て、(1)＿＿＿＿＿に入る最も適当な表現はどれですか。

    (A) 自己矛盾   (B) 起死回生

    (C) 優柔不断   (D) 四面楚歌

(98) 本文の内容から見て、(2)＿＿＿＿＿に入る最も適当な文章はどれですか。

    (A) イスラム教徒の意見は全て同じである

    (B) 単なる表現の違いにすぎないのである

    (C) 同じイスラム教徒の意見でも全く異なるのである

    (D) 違うように見えても、内容自体はそれほど変わらないのである

(99) 「ジハード」に対するこの人の意見として、正しいものはどれですか。

    (A) 自分本意で解釈して使うのは卑怯である。

    (B) 神のためなら、自爆も許される行為である。

    (C) イスラム教とキリスト教の解釈は似たようなものである。

    (D) 決まった意味がないため、解釈は個人に任せるしかない。

(100) 本文の内容と合ってるものはどれですか。

    (A) キリスト教でも神のための犠牲は許している。

    (B) 「ジハード」という言葉について、決まった解釈はないようである。

    (C) この人は「ジハード」という言葉の意味をはっきり理解したようである。

    (D) 信仰心の深い人ほど「ジハード」によって犠牲になる可能性が低い。

☐ 塩辛い 짜다	☐ 血腥い 참혹하다	☐ 蒸し暑い 무덥다
☐ 愛くるしい 매우 귀엽다	☐ 艶かしい 요염하다	☐ 眩しい 눈부시다
☐ 渋い 떫다, 떨떠름하다	☐ でかい 크다, 엄청나다	☐ 粘り強い 끈질기다
☐ えぐい 아리다, 얼얼하다	☐ 生臭い 비린내가 나다, 건방지다	☐ 根深い 뿌리 깊다
☐ いかがわしい 의심스럽다	☐ だらしない 단정하지 않다	☐ 妬ましい 샘이 나다
☐ うざい 성가시다, 귀찮다	☐ 辛抱強い 참을성이 많다	☐ 微笑ましい 흐뭇하다
☐ 興味深い 매우 흥미롭다	☐ 執念深い 집념이 강하다	☐ 細長い 가늘고 길다
☐ 危うい 위태롭다, 위험하다	☐ 我慢強い 참을성이 많다	☐ 見苦しい 보기 흉하다
☐ 疎い 소원하다, 잘 모르다	☐ 容易い 손쉽다, 용이하다	☐ 儚い 덧없다, 허무하다
☐ 忌々しい 분하다, 화가 나다	☐ わざとらしい 부자연스럽다	☐ ほこりっぽい 먼지가 많다
☐ 素早い 재빠르다, 민첩하다	☐ 馴れ馴れしい 친한척하다	☐ 惨い 비참하다, 잔인하다
☐ 薄暗い 어둑하다, 침침하다	☐ 生々しい 생생하다, 새롭다	☐ 忍耐強い 인내심이 강하다
☐ さもしい 천박하다, 비열하다	☐ 倹しい 검소하다, 알뜰하다	☐ 久しい 오래다, 오래되다
☐ 怒りっぽい 걸핏하면 성내다	☐ 輝かしい 빛나다, 훌륭하다	☐ 紛らわしい 혼동하기 쉽다
☐ 凄まじい 굉장하다, 엄청나다	☐ 敢えない 덧없다, 어이없다	☐ 侘しい 쓸쓸하다, 적적하다
☐ 訝しい 수상하다, 의심스럽다	☐ 照れ臭い 멋쩍다, 겸연쩍다	☐ 勿体ない 아깝다, 과분하다
☐ 味気ない 재미없다, 시시하다	☐ 飽き足りない 성에 차지 않다	☐ 胡散臭い 어쩐지 미심쩍다
☐ 軽々しい 경솔하다, 경박하다	☐ 凛々しい 늠름하다, 씩씩하다	☐ 憎らしい 얄밉다, 밉살스럽다
☐ 芳しい 향기롭다, 바람직하다	☐ 猛々しい 사납고 용맹스럽다	☐ 馬鹿馬鹿しい 몹시 어리석다
☐ 勇ましい 용감하다, 용맹스럽다	☐ 慎ましい 얌전하다, 검소하다	☐ 華々しい 화려하다, 찬란하다
☐ けばけばしい 요란하다, 야하다	☐ 名残惜しい 헤어지기 섭섭하다	☐ 果てしない 끝없다, 한없다
☐ 子供っぽい 어린애 같다, 유치하다	☐ 用心深い 조심성이 많다, 신중하다	☐ みずみずしい 윤기가 있고 싱싱하다

V . 下の線の言葉の正しい表現、または同じ意味のはたらきをしている言葉を (A) から (D) の中で 一つ選びなさい。

(1) 妹は今大学に通っています。

 (A) たいかく
 (B) たいがく
 (C) だいかく
 (D) だいがく

(2) お乗りになる際は、足元にご注意ください。

 (A) あしもと
 (B) そくもと
 (C) あしげん
 (D) そくげん

(3) どうしたんですか。顔色が真っ青ですよ。

 (A) まっか
 (B) まっしろ
 (C) まっあお
 (D) まっさお

(4) こういう非常時には、迅速な対処が要求される。

 (A) しんそく
 (B) じんそく
 (C) しんぞく
 (D) じんぞく

(5) 大きな雪崩で山小屋がつぶされてしまった。

 (A) なごり
 (B) なだれ
 (C) せっぽう
 (D) ゆきくずれ

(6) 民・官・軍が三位一体となって難局を乗り切った。

 (A) さんいいったい
 (B) さんみいったい
 (C) さんいいちだい
 (D) さんみいちだい

(7) 物事の重要なことを表す時に「肝心要」という表現を使う。

 (A) かんしんよう
 (B) かんじんよう
 (C) かんしんかなめ
 (D) かんじんかなめ

(8) やはり女性は結婚というものに対して一種のげんそうを抱いていると思う。

 (A) 幻想
 (B) 幼想
 (C) 幻象
 (D) 幼像

(9) 最近、日本では学校を卒業しても定職につかず、アルバイトを転々としている人が多い。

 (A) 付かず
 (B) 着かず
 (C) 突かず
 (D) 就かず

(10)「豚に真珠」という言葉は、聖書から来たことわざの一つである。

 (A) 礎
 (B) 公
 (C) 諺
 (D) 源

(11) 今、食事をしているところです。

    (A) 食事中です

    (B) 食事をしたと言えます

    (C) 食事をしたばかりです

    (D) 食事をしようとしています

(12) この本は今日中に読んでしまおう。

    (A) 読み終えよう

    (B) 読んでやろう

    (C) 読みにくいだろう

    (D) 読みやすいだろう

(13) こちらの席はきんえんです。

    (A) たばこを吸わなければなりません

    (B) たばこを吸ってください

    (C) たばこを吸ってもいいです

    (D) たばこを吸ってはいけません

(14) 初めての記者会見なので、彼女はちょっと緊張していた。

    (A) あがって

    (B) おどろいて

    (C) おこって

    (D) からかって

(15) 彼は自腹を切ってパソコンなどの備品を購入した。

    (A) お金を借りて

    (B) 自分の金を出して

    (C) 一切お金をかけずに

    (D) 他の人と一緒に金を出して

(16) 完全に包囲されているのにまだ抵抗しているなんて、全く往生際の悪いやつだね。

    (A) 卑怯な

    (B) 気味悪い

    (C) 几帳面な

    (D) なかなか諦めない

(17) そんなことは世間によくあることで、決して珍しいことではない。

    (A) 彼は全ての逆境をよく切り抜けたと思います。

    (B) どんな変化が起きるのか、よく観察してください。

    (C) 薬を飲んだおかげで、風邪も大分よくなりました。

    (D) 昔はその公園によく行きましたが、今は忙しくてあまり行きません。

(18) あついもてなしまでしていただき、誠にありがとうございます。

    (A) 今日は朝から大変あついですね。

    (B) 二人はあつい友情を育んでいた。

    (C) 机の上にはあつい本が一冊置いてあった。

    (D) 文学へのあつい思いもいつの間にか消えてしまいました。

(19) これが考え抜いた末に出した結論なんです。

    (A) 実はこの会社の社長に引き抜かれたんです。

    (B) 彼女について知り抜いている人は彼しかいない。

    (C) その試合は抜きつ抜かれつの接戦となっていた。

    (D) その選手は怪我を負いながらも、最後まで走り抜いた。

(20) 彼女の生意気な態度に、腹の虫が納まらない。

    (A) 虫にさされたのか、さっきから背中がかゆい。

    (B) どう考えてみても、山田君は虫が好かない人だ。

    (C) 彼は学問の虫だから、こんな問題には疎いと思う。

    (D) 部長の虫の居所が悪い時は、何も言わない方がいいよ。

Ⅵ. 下の＿＿＿＿＿線の A, B, C, D の中で正しくない言葉を一つ選びなさい。

(21) 学校が<u>終わった</u>後、<u>すぐに</u>運動場<u>で</u>サッカーをしません<u>です</u>か。
　　　　　　(A)　　　　　　(B)　　　　(C)　　　　　　　　　　(D)

(22) 昨日はみんな<u>に</u>一緒に家<u>の近くの</u>居酒屋<u>で</u>お酒を<u>飲みました</u>。
　　　　　　(A)　　　　　　　　(B)　　　　(C)　　　(D)

(23) <u>約束の</u>時間に 1 時間<u>も</u> <u>遅れて</u>彼女<u>を</u>怒られました。
　　　(A)　　　　　　　　(B)　 (C)　　　 (D)

(24) 会社が<u>休むの</u>時は、公園<u>を</u>散歩したり家<u>で</u>本を読んだりして<u>います</u>。
　　　　　　(A)　　　　　　　(B)　　　　　　(C)　　　　　　　　　(D)

(25) 私の姉はいつも夕食を<u>食べる</u>から<u>すぐに</u>お風呂に<u>入る</u>のが<u>習慣</u>です。
　　　　　　　　　　　(A)　　　　　　(B)　　　　　　　(C)　　 (D)

(26) <u>あの店</u>、<u>高いそうに</u> <u>見えます</u>から、他の店に<u>しましょう</u>。
　　　(A)　　 (B)　　　 (C)　　　　　　　(D)

(27) 人生には楽しいことも<u>あれば</u>、また苦しいこと<u>もあり</u>、一概には<u>言い切れる</u>。
　　　　　　　　　　　(A)　　　　　　　(B)　　　　　　(C)　　　　　　(D)

(28) 一昨日から <u>降り続いて</u>いた雨がやっと<u>止まって</u>、朝から<u>からり</u>と晴れている。
　　　　　　　(A)　　　　　　　　　　(B)　　　　　(C)　　　　　(D)

(29) 今年は新年早々から<u>風邪気味</u>で休む<u>こと</u>が多く、みなさんに<u>大分</u>ご迷惑を<u>おかけになりました</u>。
　　　　　　　　　　(A)　　　　　　　(B)　　　　　　　　　　(C)　　　　　　(D)

(30) どんな<u>ささいな</u>ことでも、集中して<u>一つのことだけ</u>を考えると、自分でも<u>驚くべき</u>能力を<u>発明する</u>
　　　　　　(A)　　　　　　　　　　　　　(B)　　　　　　　　　　　(C)　　　　　　(D)

ことができる。

390

(31) <u>もともと</u>黒板に書かれた文字を声に出して<u>読んだ</u>からでないと、筆記は<u>うまくできない</u>です。
　　　(A)　　　　　　　　　　　　　　　　　(B)　　　　(C)　　　　　　　　　　　(D)

(32) <u>近年</u>は、厳しい競争と不況下<u>での</u>人員削減、賃金抑制などで、<u>サービス残業</u>は増える<u>方</u>だという。
　　　(A)　　　　　　　　　　　(B)　　　　　　　　　　　　　　　　(C)　　　　　　　(D)

(33) 夜間の<u>気温</u>が高いと、人の活動を<u>高める</u>交感神経が<u>緩む</u>ため、よく<u>眠り</u>ことができる。
　　　　　　(A)　　　　　　　　　　　　(B)　　　　　　(C)　　　　　　(D)

(34) 私が元気なのは<u>たとえ</u>一回の食事でも<u>疎か</u>にせず、総菜はもちろん<u>のもの</u>、間食も全部母が
　　　　　　　　　　(A)　　　　　　　　(B)　　　　　　　　　　　　(C)
<u>手作り</u>で作ってくれたおかげだ。
　　(D)

(35) <u>生活習慣病</u>は食生活、運動などの生活の<u>あり方</u>を<u>見守り</u>、改善することにより<u>防止</u>できる。
　　　(A)　　　　　　　　　　　　　　　　　(B)　　　(C)　　　　　　　　　　(D)

(36) 最近日本では、<u>インターネット</u>の<u>新たな</u>可能性<u>として</u>電波の利用が大きな注目を<u>集まっている</u>。
　　　　　　　　　(A)　　　　　(B)　　　　(C)　　　　　　　　　　　　　　(D)

(37) 最初は未熟<u>でも</u>、経験を重ねること<u>において</u>上達するのはどういう作業でも<u>同様</u>だから、まず自分
　　　　　　　(A)　　　　　　　　　　　(B)　　　　　　　　　　　　　　(C)
のできることから実行<u>してほしい</u>。
　　　　　　　　　(D)

(38) 自分で決めた仕事は不思議な<u>もの</u>で、たとえ1日18時間働いても<u>苦にならない</u>。しかも、
　　　　　　　　　　　　　　(A)　　　　　　　　　　　　　(B)
「<u>働かせる</u>」という<u>被害意識</u>も起きない。
　　(C)　　　　　　(D)

(39) 紙に文章を書く時はじっくり文面を<u>練って</u>いた人でも、ネット世界になった<u>とたんに</u>感情の<u>通る</u>
　　　　　　　　　　　　　　　(A)　　　(B)　　　　　　　　　　　　(C)　　　　　(D)
ままにキーボードを叩く場合がある。

(40) 高校時代、ロック音楽に<u>はまって</u>勉強は<u>もっての</u>ほかだったので、母に<u>注意された</u> <u>ものだ</u>。
　　　　　　　　　　　　(A)　　　　　　(B)　　　　　　　　　　　(C)　　　　(D)

VII. 下の_____線に入る適当な言葉を (A) から (D) の中で一つ選びなさい。

(41) この町では子供の健康_____ために、健康診断や育児相談などを行っています。

(A) に

(B) を

(C) が

(D) の

(42) 彼女が説明会に来るか_____よくわかりません。

(A) どうか

(B) 何か

(C) どれか

(D) どちらか

(43) 週末には弟と一緒に図書館に_____と思っています。

(A) 行き

(B) 行く

(C) 行った

(D) 行こう

(44) 私は加藤先生に推薦状を_____いただきました。

(A) 書いて

(B) 書かせて

(C) 書かれて

(D) 書かされて

(45) 台風の接近で激しい雨が降っている。_____夜であるから、歩きにくい。

(A) しかも

(B) それで

(C) しかし

(D) だから

(46) 大変申し訳ありませんが、ただ今在庫が_____おります。

(A) ふえて

(B) きれて

(C) かくれて

(D) のびて

(47) ライバルに企業秘密を_____某会社が提訴した。

    (A) 盗んだ

    (B) 盗ませた

    (C) 盗まれた

    (D) 盗んでくれた

(48) いつの時代にも、大人も間違いはする_____だ。

    (A) もの

    (B) こと

    (C) ところ

    (D) つもり

(49) 今、彼に必要なことは心の_____慰めの一言だろう。

    (A) こもった

    (B) こった

    (C) おくった

    (D) こまった

(50) その件は_____考えてから決めた方がいいだろう。

    (A) じっくり

    (B) もっさり

    (C) うっとり

    (D) ばっちり

(51) 是非みなさんの率直なご意見を_____したいのですが。

    (A) お越し

    (B) お伺い

    (C) ご覧

    (D) お話

(52) 彼はとことん人を_____にするのが好きなようだ。

    (A) こけ

    (B) ひま

    (C) こま

    (D) からかい

(53) これは毎日の学習に刺激を与え、＿＿＿＿＿＿＿に陥るのを防ぐのに役に立ちます。

    (A) ストレス

    (B) デザイン

    (C) マンネリ

    (D) プレッシャー

(54) 実際に合格された方の＿＿＿＿＿＿＿を見ると、本当にやる気が出ます。

    (A) コメント

    (B) ピリオド

    (C) ダメージ

    (D) バランス

(55) 彼は人をばかにするにも＿＿＿＿＿＿＿があるとぷりぷりと怒っていた。

    (A) こと

    (B) ほど

    (C) もの

    (D) ところ

(56) その番組の問題はとても簡単で、一般常識についての知識が＿＿＿＿＿＿＿私でもたまに当てている。

    (A) あさい

    (B) あらい

    (C) にくい

    (D) のろい

(57) この調査に協力するかしないかは自由です。＿＿＿＿＿＿＿はいたしませんので、ご安心ください。

    (A) 強制

    (B) 圧力

    (C) 催促

    (D) 圧迫

(58) 酢豚はソースの＿＿＿＿＿＿＿がすごく難しい。2回くらい作ってみたが、2回とも失敗だった。

    (A) 具合

    (B) 都合

    (C) 調子

    (D) 加減

(59) 1000メートルから成る＿＿＿＿＿＿＿山の周りにはたくさんの温泉があります。

    (A) ゆたかな

    (B) なだらかな

    (C) てがるな

    (D) ひややかな

(60) 学生時代、＿＿＿＿＿＿＿しなかった彼が芸能人になったなんて、信じられない。

    (A) ばしっと

    (B) すんと

    (C) ぱっと

    (D) がばっと

(61) 遠慮＿＿＿＿＿＿＿彼のことだから、早く結論を出そうとは思わないだろう。

    (A) 固い

    (B) 長い

    (C) 細い

    (D) 深い

(62) いいお天気に恵まれ、今日は正にピクニック＿＿＿＿＿＿＿ですね。

    (A) まと

    (B) ずき

    (C) びより

    (D) とおり

(63) ここからは道が＿＿＿＿＿＿＿と曲がっているので、運転に気を付けてください。

    (A) ぬるぬる

    (B) ぽとぽと

    (C) しこしこ

    (D) うねうね

(64) 毎日10時間以上の練習という強行軍でみんな＿＿＿＿＿＿＿になった。

    (A) どうどう

    (B) いきいき

    (C) ずかずか

    (D) へとへと

(65) 彼は今度の映画で弟や妹の＿＿＿＿＿＿を見る長兄の役を演じた。

(A) 手数

(B) 成り立ち

(C) 面倒

(D) 間柄

(66)「＿＿＿＿＿＿は罰せず」という言葉のように、確証もない人を罰することはできない。

(A) 疑わしい

(B) 疑わしき

(C) 疑わしく

(D) 疑わず

(67) 発電室は発電所の運転業務を＿＿＿＿＿＿います。

(A) 受け付けて

(B) 受け取って

(C) 受け持って

(D) 受け伝えて

(68) メールを処理しきれず、大切な用件を＿＿＿＿＿＿しまった。

(A) 見上げて

(B) 見下ろして

(C) 見落として

(D) 見かねて

(69) 会場は100人以上のマスコミでもう＿＿＿＿＿＿状態になっていた。

(A) すし詰め

(B) 割り込み

(C) 仕返し

(D) 大詰め

(70) お中元シーズンの＿＿＿＿＿＿なのに、体調が悪くてろくに仕事ができなかった。

(A) 潮騒

(B) 窓際

(C) のほほん

(D) 書き入れ時

VIII. 下の文を読んで、後の問いにもっとも適当な答えを (A) から (D) の中で一つ選びなさい。

(71 ～ 74)

　　私の好きな科目は体育と算数です。なぜなら、両方とも他の教科より得意だし、それなり
に楽しく思えるから、好きになりました。体育が好きな理由はまず、体を動かせるのが楽し
いからです。私は座ってじっとしているのは苦手です。それでも、普通の科目は(1)＿＿＿＿
＿。しかし、体育の場合、先生の話を聞く時以外は運動をしていますし、授業の内容は遊び
のような楽しくできることがほとんどです。私はこのように楽しめるような科目が好きなの
です。次に、算数が好きな理由は、問題を解いた時に達成感を感じられることが嬉しいから
です。例えば、こんなことがありました。4年生の頃、計算の50問テストがあり、そのテス
トを一番に終わらせました。更に点数は何と100点でした。この時から問題を全て解いた時
の達成感が忘れられなくなり、算数が好きになりました。勉強自体がつまらないという人も
いるでしょうが、自分の好きな科目を見つければ、いずれ勉強も楽しくなってくると思いま
す。勉強が苦手な人は、自分の長所を見つけてみましょう。そうしたら、きっと勉強が楽し
くなると思います。

(71) この人が体育が好きな理由は何ですか。

　　(A) 頭を使わなくてもいいから　　　　　(B) みんなと一緒にできるから
　　(C) 体を動かせるのが楽しいから　　　　(D) 先生の話を聞かなくてもいいから

(72) 本文の内容から見て、(1)＿＿＿＿＿に入る最も適当な文章はどれですか。

　　(A) いつも先生が面白い話をしてくれます
　　(B) 教科書があるから、復習しやすいです
　　(C) なぜか授業の途中に眠くなる時が多いです
　　(D) 椅子にずっと座って先生の話を聞くのが常です

(73) この人が算数が好きな理由は何ですか。

　　(A) もともと計算するのが好きだったから
　　(B) 誰でも簡単に解ける問題が多いから
　　(C) 算数が上手だと何度も先生に褒められたから
　　(D) 問題を解いた時に達成感を感じられることが嬉しいから

(74) この人は勉強が苦手な人は何をすればいいと言っていますか。

　　(A) 勉強の面白さを感じてみる。
　　(B) 自分の長所を見つけてみる。
　　(C) 上手になるまで何度も挑戦する。
　　(D) 嫌いな科目より好きな科目の勉強に集中する。

(75 〜 77)

　　私は4月21日に全校遠足に行きました。全校遠足では、久良岐公園という所に行きました。久良岐公園に行く途中に、私の家が見える坂があります。私はその坂が近付くと、「家に帰りたい」と思いました。どうしてかと言うと、その日はとても暑かったので、家に帰ると涼しそうだったからです。久良岐公園に着いてみんなで四つ葉のクローバーを探しました。しかし、一つも見つかりませんでした。次は竹の子を三つ探すことになりました。今度は池の近くにあってすぐ見つかりました。その時、4年生の健太君が1回迷子になりました。健太君は森の中にいたそうですが、4年生が迷子になったので、私は(1)びっくりしました。いよいよお弁当の時間になりました。外でクラスのみんなと一緒に食べるお弁当は、学校の給食より美味しく感じられました。帰りは、みんなまるでリレーのように坂を下っていきました。来年の全校遠足はどんな遠足になるか、とても楽しみです。

(75) この人が家に帰りたいと思った理由は何ですか。

　　(A) とても暑かったから
　　(B) 体の調子があまりよくなかったから
　　(C) 全校遠足はつまらないと思ったから
　　(D) 遠足より家で一人で遊ぶのが好きだったから

(76) (1) びっくりしましたの理由として、正しいものはどれですか。

　　(A) 4年生が迷子になったから
　　(B) 竹の子が池の近くにあったから
　　(C) 健太君が最初に竹の子を見つけたから
　　(D) 四つ葉のクローバーがたくさんあったから

(77) この人にお弁当が学校の給食より美味しく感じられた理由は何ですか。

　　(A) 静かな所で食事ができたから
　　(B) 外でクラスのみんなと一緒に食べたから
　　(C) 給食より美味しい食べ物が多かったから
　　(D) 時間に関係なく、ゆっくり食事ができたから

　　高校1年生の時の体育祭は、入学して1カ月ちょっとしか経っていなくて、クラスの人に
もあまり慣れていなかった。学級対抗の種目でも、いい結果を残せなかった。2年生の時
は、クラス替え後の新しいクラスだったが、高校の生活に慣れてきたおかげで、とても楽
しい体育祭だった。そして、3年生の体育祭は、最後の体育祭ということもあり、どのクラ
スもよく団結していた。私は学級対抗リレーのアンカーになってちょっと緊張していたが、
バトンを1位でもらったら、絶対に抜かれないようにしようとだけ考えていた。もしアンカ
ーで抜かれたら、せっかくクラスのみんなが広げてくれたリードが(1)_____になってし
まうからだ。いよいよ私の番が回ってきた。私は1位で渡されたバトンを手に握って全力で
走った。しかし、半周を過ぎたところで後ろを見ると、あと3メートルぐらいのところに他
のアンカーが迫ってきた。とても焦り、必死に足を動かした。ゴールまで後5メートルぐら
いの時、同じクラスの田中君がガッツポーズをしているのを見て(2)_____。ゴールする
と、肩の力が抜け、ほっとした。同時に、クラスのみんなに感謝でいっぱいになった。なぜ
なら、みんなが作ってくれたリードがなければ、抜かされていたからだ。高校最後の体育祭
にいい思い出ができてよかったと思う。

(78) この人が2年生の時の体育祭をとても楽しい体育祭だったと思った理由は何ですか。

　　(A) 面白い種目が多かったから
　　(B) 高校の生活に慣れてきたから
　　(C) 参加できる種目が多かったから
　　(D) どのクラスもよく団結していたから

(79) 本文の内容から見て、(1)_____に入る最も適当な言葉はどれですか。

　　(A) 台無し　　　　　　　　　　　　　(B) 仲間入り
　　(C) 駄目押し　　　　　　　　　　　　(D) 寄せ集め

(80) 本文の内容から見て、(2)_____に入る最も適当な文章はどれですか。

　　(A) 1位だと確信した
　　(B) もう駄目だと思った
　　(C) 結果は気にしないことにした
　　(D) 抜かれてしまったことに気が付いた

(81) この人についての説明の中で、正しいものはどれですか。

　　(A) 1年生の時の体育祭でいい結果を残した。
　　(B) 2年生の時の体育祭はあまり面白くなかった。
　　(C) 3年生の時、体育祭のリレーで逆転勝ちした。
　　(D) 3年生の時、体育祭でリレーの最後の走者として走った。

　　歌というものは扱いが難しいものであるが、その中でも「適性」というものの存在はとりわけ難しいと思う。誰が何を歌うかは勝手であるが、「歌ってはいけない」というものも確実に存在する。Aさんは歌い手としてなかなかの人だとは思うが、「神田川」を歌うべき人ではない。「神田川」における彼女の何がいけないのかと言ったら、絶対的な若さ、あどけなさという、普段の彼女がむしろ武器にしているような部分である。時折大人の表情が見られても、彼女にはまだ「過去」を想像させる「バックボーン」というべきものが決定的に欠けていると(1)＿＿＿＿。そして「神田川」という曲に最も大切なのがその点にあるのである。「神田川」という曲の歌詞は思い出の羅列である。その羅列されるものに対する歌い手から匂い立つものの重さが均等以上になった時、思い出の羅列は「過去」として生きてくる。特にこの曲とAさんのように時代性に完全なる錯誤や断絶が生じている場合にそれは顕著になる。言うまでもなく、Aさんは現代を生きている人である。そこからは「横町の風呂屋」も「3畳1間の小さな下宿」も見渡せないのではないだろうか。どうも私にはこの歌詞の持つ「何気なかった日常」というものが滑稽という味付けをされているように見えて仕方がない。

(82) 本文の内容から見て、(1)＿＿＿＿に入る最も適当な文章はどれですか。

(A) 言うわけがない
(B) 言うべきではない
(C) 言わざるを得ない
(D) 言わない方がいい

(83) Aさんが「神田川」を歌うことに対するこの人の態度として正しいものはどれですか。

(A) 批判的
(B) 同情的
(C) 肯定的
(D) 逆説的

(84) 本文の内容と合っていないものはどれですか。

(A) この人はAさんを歌い手としてはなかなかの人であると認めている。
(B)「神田川」という曲において最も大切なのは若さとあどけなさである。
(C) この人は人によっては歌ってはいけない歌も確実に存在すると思っている。
(D) Aさんと「神田川」という曲は時代性に完全なる錯誤や断絶が生じている。

(85 〜 88)

ちょっとおかしい話で、医者は認めないかもしれないが、私には「小言アレルギー」というのがある。これは私の造語であるが、実際に存在する。つまり、小言を言われそうになると、それを感知してくしゃみが出るという立派な小言アレルギーなのである。友達にいつも都合のいい症状じゃないかと言われるが、花粉症の人は花粉のせいでくしゃみが出るのと同じで、私の場合は(1)_____。不可抗力である。だが、どうして小言という目に見えないものでくしゃみが出てしまうのか。それはきっと小言を言おうとしている人の発する微妙な心境の変化などに、私の鋭敏な神経と鼻孔の粘膜が反応するからであろう。私の鋭敏さも時には困ったことを引き寄せるものである。(2)_____、花粉症というのはある日突然なるらしい。今まで蓄積された花粉がその人の中である点に達すると、花粉症になる。とすると、小言アレルギーは(3)_____とも考えられる。私が小言アレルギーを発症したのは高校1年の時であった。それまで、そんなに蓄積した覚えはないのであるが、私の許容量が少なかったのだろう。現在、この疾病に関する薬はないようであるが、できれば、これからも医者や研究者は無視していってほしい問題である。

(85) 本文の内容から見て、(1)_____に入る最も適当な文章はどれですか。

(A) アレルギー反応が全く現れない
(B) やはり小言のせいでくしゃみが出てしまう
(C) やはり花粉のせいでくしゃみが出てしまう
(D) 知らず知らずのうちに小言が言いたくなる

(86) 本文の内容から見て、(2)_____に入る最も適当な言葉はどれですか。

(A) それで   (B) その上
(C) ところで   (D) それから

(87) 本文の内容から見て、(3)_____に入る最も適当な文章はどれですか。

(A) 自分の神経が鋭敏である
(B) 小言を言う人の責任である
(C) 小言の蓄積量に関わっている
(D) 小言を言う状況に関わっている

(88) 本文の内容と合っているものはどれですか。

(A) この人は鋭敏な人のようである。
(B) この人は小言を言うと、くしゃみが出る。
(C) この人は小言アレルギーは努力すれば治ると思っている。
(D) 花粉症はもともとアレルギーを持っている人だけがかかる病気である。

(89 〜 92)

公的資金を投入しながら銀行の経営責任には甘かった金融再生策への反省は当然である。過剰債務を抱えるゼネコン、不動産、流通などの企業の再編整理を目指す構造改革路線は、銀行の不良債権の最終処理を促すことにも繋がる。日本が経済の低迷から抜けられない原因は、政治の弱さにあるとも言われている。だから、経済の再建は国政に対する国民の信頼を回復することでもある。直言型の発言は今の総理の持ち味であるが、憲法9条改正や靖国神社への公式参拝を巡る諸問題には懸念せざるを得ない。日本はアジア諸国の安定と繁栄を図るために率先してリーダーシップを取らねばならない。(1)そのためにはアジア諸国および人々の信頼を得る必要があるのは言うまでもない。先の大戦では日本は敗戦国として戦争の悲哀を舐め尽くした。被爆国ともなった。しかし中国、韓国、その他の国々へは加害者の立場にあった。憲法9条改正や靖国神社公式参拝は国論を二分するだろう。威勢はいいが、中国、韓国などアジアの人々はどう(2)＿＿＿＿だろうか。

(89) (1)そのためにが指しているものは何ですか。

(A) 企業の再編整理を目指すために
(B) 不良債権の最終処理を促すために
(C) アジア諸国の安定と繁栄を図るために
(D) 国政に対する国民の信頼を回復するために

(90) 本文の内容から見て、(2)＿＿＿＿に入る最も適当な言葉はどれですか。

(A) 取り消す
(B) 持ち直す
(C) 取り締まる
(D) 受け止める

(91) 本文のタイトルとして最も適当なものはどれですか。

(A) これから日本経済はどうなるのだろうか
(B) 効果のない金融再生策を全面的に見直そう
(C) 日本の経済対策はこのままで大丈夫なのだろうか
(D) アジア諸国の安定と繁栄を図るのためにアジアの信頼を得よう

(92) 本文の内容と合っているものはどれですか。

(A) 日本の金融再生策はうまくいったと言える。
(B) 憲法９条改正と靖国神社公式参拝は国論の統一に役立つ。
(C) 政治の弱さは経済が低迷から抜けられない原因にはならない。
(D) 経済の再建は国政に対する国民の信頼を回復することでもある。

(93 ～ 96)

　　去年、日本のA市では約半数の小学校の通知表に「国を愛する心情」「日本人としての自覚」という評価項目が設けられていたという。これは一体何を目的にしているのだろうか。国のためにどの程度、貢献する気があるかどうかを測定しているのだろうか。確かに我々が日本という一つの共同体の中で生活している以上、愛国心は必要だろう。しかし、その愛国心を評価し、煽るような行為は日本の歴史を考えると、第2次世界大戦の時の日本を連想してしまい、どうも好きになれない。あの戦争の動機付けこそ愛国心だったのではないだろうか。そういう意味で日本人として愛国心は(1)_____と考えるが、A市ではそれを学校が積極的にやろうとしているのである。憲法には思想の自由があると書いてあるにもかかわらず、愛国心を評価対象にするのは(2)_____と思われる。いくら考えてみても、理解に苦しむ。最近、文部科学省でも和楽器を音楽の授業に取り入れる方向にあるという。なぜ国はそんなに愛国心を押し売りするのだろうか。そんなに愛してほしかったら、愛される国にすることを考えるべきではないだろうか。

(93) 本文の内容から見て、(1)_____に入る最も適当な文章はどれですか。

　　(A) 必要ではないから、教育する意味がない

　　(B) 必要ではないから、統制、管理する必要がある

　　(C) 必要であるが、それを統制、管理する必要はない

　　(D) 必要であるが、それを統制、管理する必要がある

(94) 本文の内容から見て、(2)_____に入る最も適当な文章はどれですか。

　　(A) 八方塞がりである

　　(B) 正に苦肉の策である

　　(C) とても望ましいことである

　　(D) ちょっと常識を外れている

(95) 本文のタイトルとして最も適当なものはどれですか。

　　(A) 愛国心の大切さ

　　(B) 愛国心の評価方法

　　(C) 第 2 次世界大戦の原因

　　(D) 何だか不思議な教育都市 A 市

(96) この人についての説明の中で、正しいものはどれですか。

　　(A) すごい愛国心に燃えている。

　　(B) 愛国心など要らないと思っている。

　　(C) A 市は国を愛する都市であると思っている。

　　(D) 愛国心を評価すること自体が無理であると思っている。

　スーパーの売れ残りを心配する人たちが意外と多いが、スーパーたるもの、売れ残らないことを前提に商売しているため、まずは売れ残りがないと言ってもいいだろう。具体的に精肉から説明してみると、最も鮮度の高いのはそれぞれの部位を示したブロックで売っているカット肉である。各スーパーには鮮度に対する社内基準というのが必ずあるが、この基準日は保健所が指導する期間よりも(1)_____。つまり、スーパーでは鮮度が落ちる前にケースから回収し、その店ごとにひき肉、南蛮浸けなど加工食品に変える。鮮魚も同様、刺身用から始まって焼き魚、フライなどになる。キャベツや白菜など、一皮剥けるものは最高3回ほど皮を剥がす。その度に(2)_____、文字通り、一皮剥くごとに売値は下がっていく。果物は傷みやすい商品で、殊に桃などはお客の手に触れる度に黒く変色してしまう。このようなものはその日のうちに回収、翌日はワゴンに乗せて別の場所で見限り商品として安く売る。従って、どんな大きなスーパーでも生鮮品に関するロスは毎朝回ってくる清掃車の処理能力だけで十分なのである。洋品類は日本列島が幸い東西に長く横たわっているため、気候の地域差がかなりある。例えば、東京が冷夏にたたられていても、沖縄、九州地区は盛夏という場合が多いので、その地に夏物を送ることができる。

(97) 本文の内容から見て、(1)_____に入る最も適当な文章はどれですか。

　　(A) より甘いものである
　　(B) より細いものである
　　(C) より短いものである
　　(D) より長いものである

(98) 本文の内容から見て、(2)_____に入る最も適当な文章はどれですか。

　　(A) 量感が薄れていくので
　　(B) あまり目を引かなくなるので
　　(C) 見た目がきれいになるので
　　(D) 貴重な商品になっていくので

(99) 本文のタイトルとして最も適当なものはどれですか。

　　(A) スーパーの一日
　　(B) 売れ残り商品の加工過程
　　(C) スーパーの鮮度維持方法
　　(D) スーパーの売れ残り商品の行方

(100) 本文の内容と合っているものはどれですか。

　　(A) 洋品類は日本で気候の地域差がほとんどない商品である。
　　(B) 傷みやすい商品は、その日のうちに回収して翌日安く売っている。
　　(C) スーパーは売れ残っても仕方がないということを前提にして商売している。
　　(D) 各スーパーの鮮度に対する基準は、保健所の指導に全面的に従っている。

□ 嫌だ 싫다

□ 変だ 이상하다

□ 平気だ 태연하다

□ 暇だ 한가하다

□ 楽だ 편안하다

□ 自由だ 자유롭다

□ 好きだ 좋아하다

□ 素敵だ 멋지다

□ 莫大だ 막대하다

□ 静かだ 조용하다

□ ソフトだ 부드럽다

□ 公平だ 공평하다

□ 安全だ 안전하다

□ 幸せだ 행복하다

□ 単純だ 단순하다

□ 元気だ 건강하다

□ 確かだ 확실하다

□ 立派だ 훌륭하다

□ 十分だ 충분하다

□ 嫌いだ 싫어하다

□ 当然だ 당연하다

□ 丈夫だ 튼튼하다

□ 素直だ 솔직하다

□ 正当だ 정당하다

□ 親切だ 친절하다

□ 健全だ 건전하다

□ 熱心だ 열심이다

□ 簡単だ 간단하다

□ 便利だ 편리하다

□ 無事だ 무사하다

□ 有名だ 유명하다

□ 格別だ 각별하다

□ 切実だ 절실하다

□ 不便だ 불편하다

□ 心配だ 걱정이다

□ 平和だ 평화롭다

□ 複雑だ 복잡하다

□ 残念だ 유감이다

□ 優秀だ 우수하다

□ 有益だ 유익하다

□ 結構だ 훌륭하다

□ 適当だ 적당하다

□ 正直だ 정직하다

□ 必要だ 필요하다

□ 深刻だ 심각하다

□ 大丈夫だ 괜찮다

□ 重要だ 중요하다

□ 有効だ 유효하다

□ ハンサムだ 잘생기다

□ 自然だ 자연스럽다

□ 貴重だ 귀중하다

□ 駄目だ 소용이 없다, 안 되다

□ シンプルだ 단순하다

□ 独特だ 독특하다

□ 苦手だ 서툴다, 싫어하다

□ 無駄だ 소용이 없다

□ 真面目だ 성실하다

□ 綺麗だ 예쁘다, 깨끗하다

□ 大変だ 힘들다, 큰일이다

□ 当たり前だ 당연하다

□ 大事だ 소중하다, 중요하다

□ 上手だ 잘하다, 능숙하다

□ 邪魔だ 방해가 되다

□ 大切だ 소중하다, 중요하다

□ 得意だ 잘하다, 능숙하다

□ 可哀想だ 불쌍하다, 가엾다

Ⅴ. 下の線の言葉の正しい表現、または同じ意味のはたらきをしている言葉を (A) から (D) の中で一つ選びなさい。

(1) このスカート、デザインはいいけど、丈がちょっと<u>短い</u>。
   (A) にがい
   (B) ながい
   (C) おもしろい
   (D) みじかい

(2) 何があっても君に<u>辛い</u>思いはさせないよ。
   (A) からい
   (B) にくい
   (C) あさい
   (D) つらい

(3) 彼はみんなの意見を無視して、<u>強引</u>に押し通そうとしていた。
   (A) きょうじん
   (B) ごうじん
   (C) きょういん
   (D) ごういん

(4) 事件の<u>発端</u>は彼の不用意な発言だった。
   (A) はったん
   (B) はつだん
   (C) ほったん
   (D) ほつだん

(5) 全然知らない問題が出たら<u>潔く</u>諦め、次の問題へ行くのも一つの作戦です。
   (A) きよく
   (B) うつくしく
   (C) こころよく
   (D) いさぎよく

(6) <u>身分</u>証明とは、法律上の行為能力を具備しているのかを公の機関が証明するものだ。
   (A) みぶん
   (B) しんぶん
   (C) みふん
   (D) しんふん

(7) これは基本的に薬と併用されても<u>差し支え</u>はありません。
   (A) さしささえ
   (B) さしこえ
   (C) さしつかえ
   (D) さしかえ

(8) これから必要に応じてはまた、色々<u>きょうぎ</u>を重ねていかなければならない。
   (A) 教義
   (B) 協議
   (C) 競技
   (D) 狭義

(9) <u>えんちょうせん</u>はこちらのホームページにてご覧ください。
   (A) 伸長戦
   (B) 延長戦
   (C) 伸張戦
   (D) 延張戦

(10) 選手生活 10 年の間、彼は体を<u>いたわる</u>暇もなかった。
   (A) 偽る
   (B) 祈る
   (C) 労る
   (D) 被る

(11) 娘は今出掛けています。

　(A) 今家にいます

　(B) 今家にいません

　(C) 家を出ようとしています

　(D) 家にいるとは限りません

(12) このままでも十分に使えるとは思うが、まだ
検討の余地はある。

　(A) 使えやしない

　(B) 使えないことはない

　(C) 使えるに違いない

　(D) 使えるしかない

(13) 山田さん、本当にお久しぶりですね。お元
気でしたか。

　(A) まもなく

　(B) しばらく

　(C) とにかく

　(D) おそらく

(14) 田中先生の主張は、流れに棹さす発言だった。

　(A) 曖昧で、よくわからなかった

　(B) 勢いを増すような発言だった

　(C) 全然関係がない発言だった

　(D) 本当に的を射ている発言だった

(15) 来年のワールドカップはこれからが正念場
である。

　(A) 最終段階である

　(B) やり直す時点である

　(C) 重要な局面である

　(D) 準備段階に入るところである

(16) 堅物で真面目な彼が人気モデルと付き合っ
ているなんて、彼も隅に置けないなあ。

　(A) 優れない

　(B) 見くびれない

　(C) 取り付く島がない

　(D) 埒が明かない

(17) 彼の言い方は何が言いたいのか、さっぱり
わからない時がよくある。

　(A) この料理、意外とさっぱりした味だね。

　(B) 売れ行きもさっぱりで、お金に困っている。

　(C) 一週間にわたる試験がようやく終わって
さっぱりした。

　(D) 仕事で忙しいのか、最近さっぱり便りを
よこさない。

(18) 昨日は一日中弟の宿題を手伝ってやった。

　(A) 毎日植物に水をやるのは面倒くさい。

　(B) 今度の仕事はぜひ私にやらせてくださ
い。

　(C) 小学校に入る長男に勉強部屋を作ってや
った。

　(D) やると言ってしまったからには、何があ
っても最後までやるしかない。

(19) いくら時間があっても、その問題は解けな
かっただろう。

　(A) これは全部でいくらですか。

　(B) ここに引っ越してからいくらもならない
そうだ。

　(C) あまりないと思いますが、残りはいくら
ありますか。

　(D) いくら遅くても明日までには出来上がる
から、心配しないでください。

(20) 近頃のスポーツ新聞は暴露記事が多くて読
むにたえません。

　(A) 彼は不幸にたえなくて自殺してしまいま
した。

　(B) 彼の書いた小説は読むにたえない内容で
した。

　(C) このような言葉をいただき、感謝の念に
たえません。

　(D) この製品は40度以上の高温にはたえら
れません。

Ⅵ. 下の＿＿＿＿＿線の A, B, C, D の中で正しくない言葉を一つ選びなさい。

(21) 朝<u>から</u>雨が降るだろうと<u>思って</u>いましたが、<u>ぜひ</u>雨が<u>降り</u>始めました。
    (A)   (B)   (C)   (D)

(22) 彼は 18 歳<u>の時に</u>世界水泳大会<u>で</u>新記録を<u>二つに</u> <u>達成</u>した。
           (A)   (B)   (C)   (D)

(23) 床が<u>汚れて</u>しまう<u>ので</u>、ここ<u>からは</u>靴を<u>履いて</u>から入ってください。
       (A)   (B)   (C)   (D)

(24) <u>あの</u>神社はいつも人の姿も<u>あまりなく</u>、飾り付けだけが<u>妙に</u>寂しい<u>見えます</u>。
   (A)   (B)   (C)   (D)

(25) あのレストランは味<u>は</u>いいけど、値段<u>が</u>とても<u>高いし</u>、<u>でも</u>サービスも悪い。
              (A)   (B)   (C)   (D)

(26) 私は 2 年間こつこつと<u>お金を</u><u>加えて</u>、<u>とうとう</u>新しい<u>パソコン</u>を買った。
               (A)   (B)   (C)   (D)

(27) <u>実際に</u>これを<u>利用できる</u>人はあの企業<u>で</u>勤めている人<u>だけ</u>です。
    (A)   (B)   (C)   (D)

(28) <u>身分証明</u>のためには運転免許証<u>それでは</u>パスポートが<u>必要</u>ですので、ご<u>持参</u>ください。
    (A)   (B)   (C)   (D)

(29) <u>とんとんと</u>窓を叩く物音が<u>鳴って</u>行ってみると、窓の<u>そばに</u>赤色のばらが<u>置かれて</u>いた。
      (A)   (B)   (C)   (D)

(30) 当日集まった人<u>全く</u>に景品が<u>配られる</u> <u>そうだ</u>から、私と一緒に<u>行ってみない</u>。
               (A)   (B)   (C)   (D)

(31) 久しぶりに父に会いましたが、話もろくに できずに父はお帰りになりました。
　　　　　(A)　　　　　　　　　　　　(B)　　(C)　　　　　(D)

(32) 誠に恐縮ながら車でお越しのお客様にのアルコール類の提供は控えさせていただきます。
　　　　(A)　　　　　(B)　　　　　(C)　　　　　　　　　(D)

(33) 先生は少ない予算で若い人が取り組めるような仕組みがほしいと主張し、約1時間にかける記念
　　　　　(A)　　　　　　　　(B)　　　　　　(C)　　　　　　　　　　　　　　(D)
講演を終えた。

(34) 初めて見た交通事故の現場写真は、見るにたえるものばかりだった。
　　　(A)　　　(B)　　　　　　　　(C)　　　(D)

(35) いくらいいシステムを導入しても、それを使いこなせなければ 絵の餅となる。
　　　(A)　　　　　　　(B)　　　　　　(C)　　　(D)

(36) こちらは私が単なる趣味として収集しているもので、お目にかかるほどのものではございません。
　　　　　　　(A)　　　　(B)　　　　　　(C)　　　　　　　(D)

(37) 食品メーカーでは、いかに消費者の求める味に合った食品を作り出すか、開発競争にしのぎを
　　　　　　　　　　(A)　　　　　　　(B)　　(C)
切っている。
　(D)

(38) 「成功すること」の分かれ目は、ぶくぶくしていないで最初の一歩を踏み出すことが出来るかどうか
　　　　　　　　　(A)　　(B)　　　　　　　　　　　　(C)　　　　　　(D)
である。

(39) 楽しいはずの家族スキーが子供の悲惨な事故死に見舞う とは、何とも名状しがたい。
　　　(A)　　　　　　　　　　　　　(B)　(C)　　　　(D)

(40) この映画は幸いなのに、各国の映画祭で既に評判になっていたので、メディアが好意的に
　　　　　　(A)　　　　　　　　　　(B)　　　　　　　　　(C)
取り上げてくれた。
　(D)

Ⅶ．下の＿＿＿＿＿線に入る適当な言葉を (A) から (D) の中で一つ選びなさい。

(41) 3月 10 日から 16 日までの＿＿＿＿＿旅行していました。

    (A) 1 年間
    (B) 1 週間
    (C) 1 時間
    (D) 1 カ月

(42) 病気にかかった時は早く＿＿＿＿＿に診てもらった方がいい。

    (A) いしゃ
    (B) けいさつ
    (C) がくしゃ
    (D) けいびいん

(43) うちの子供は魚が＿＿＿＿＿し、肉もあまり食べません。

    (A) きらい
    (B) きらいで
    (C) きらいな
    (D) きらいだ

(44) 若年層である＿＿＿＿＿、自分のやりたい仕事を重視する傾向があると言われる。

    (A) ほど
    (B) だけ
    (C) ばかり
    (D) ぐらい

(45) 彼女は赤ワイン＿＿＿＿＿好んで飲んでいるそうだ。

    (A) が
    (B) を
    (C) から
    (D) しか

(46) ＿＿＿＿＿を選んだらいいのか、今迷っています。

    (A) どの
    (B) どんな
    (C) どのぐらい
    (D) どちら

(47) 「伊丹」＿＿＿＿＿＿観光地を知っていますか。

    (A) という

    (B) といった

    (C) というと

    (D) といえば

(48) いらっしゃいませ。＿＿＿＿＿＿中の方へお上がりください。

    (A) どうも

    (B) どうぞ

    (C) どうやって

    (D) どうしても

(49) この間の試験は＿＿＿＿＿＿難しくなかったので、けっこういい点が取れそうだ。

    (A) すこし

    (B) ときどき

    (C) あまり

    (D) かならず

(50) 加藤先生は海外出張中です。＿＿＿＿＿＿、明日の授業はないということです。

    (A) つまり

    (B) しかし

    (C) そして

    (D) しかも

(51) 昨日新しく買った＿＿＿＿＿＿の音はどうでしたか。

    (A) コップ

    (B) イミテーション

    (C) ステレオ

    (D) コーナー

(52) 雨が＿＿＿＿＿＿場合、試合は中止になるから、僕の部屋で遊ぼう。

    (A) 降り

    (B) 降った

    (C) 降って

    (D) 降ろう

(53) ミスをした当人が＿＿＿＿しているね。

    (A) ずっしりと

    (B) ぷつりと

    (C) するりと

    (D) けろりと

(54) 高めの球は危ないと注意し＿＿＿＿も、つい投げてしまった。

    (A) よう

    (B) ない

    (C) つつ

    (D) けれど

(55) 学校は放課後のせいか、人影も全くなく、辺りは＿＿＿＿していた。

    (A) 更に

    (B) べったり

    (C) しんと

    (D) ばっさり

(56) あの人は気に入らないことがあると、すぐに＿＿＿＿を言う。

    (A) 雑談

    (B) 嫌悪

    (C) 冗談

    (D) 文句

(57) 人を恨むのは失敗についての一時的な＿＿＿＿に過ぎないと思う。

    (A) 諺

    (B) 噂

    (C) 談話

    (D) 言い訳

(58) この二つの建物は主要構造が違うから、＿＿＿＿比較できない。

    (A) 決まって

    (B) 至って

    (C) 極めて

    (D) 一概に

(59) 空が曇っていて土星は肉眼では＿＿＿＿＿見える程度だった。

    （A）微かに

    （B）軽やかに

    （C）強情に

    （D）生真面目に

(60) 彼の小説は未だにその国で＿＿＿＿＿人気があります。

    （A）凛々しい

    （B）根強い

    （C）心強い

    （D）酸っぱい

(61) 私には私＿＿＿＿＿やり方があるのよ。好きにさせて。

    （A）ごとき

    （B）なりの

    （C）だけ

    （D）どおりの

(62) 私たちの感情の変化＿＿＿＿＿表情の変化や生理的変化も生じる。

    （A）にとって

    （B）において

    （C）にかぎって

    （D）におうじて

(63) 読書は人間として真実に生き＿＿＿＿＿エネルギーを身に付ける一つの有効な方法である。

    （A）ための

    （B）んがための

    （C）ようの

    （D）んばかりの

(64) 今回の決定には＿＿＿＿＿に落ちない部分があるので、もう一度詳しい事情を聞いてみよう。

    （A）額

    （B）肘

    （C）脚

    （D）腑

(65) 私は学校代表＿＿＿＿＿弁論大会に参加したが、結果はあまりよくなかった。

(A) として

(B) ともなれば

(C) によって

(D) にしたがって

(66) そんなに威張ってばかりいると、周りの反感を＿＿＿＿＿ことになる。

(A) 引く

(B) 買う

(C) もらう

(D) 集める

(67) 外国の新しい概念を＿＿＿＿＿時、適切な日本語がない場合もある。

(A) 仕向ける

(B) 張り合う

(C) 取り入れる

(D) 追い抜く

(68) 我が社は品質管理にいつも＿＿＿＿＿おります。

(A) 気に障って

(B) 耳を澄まして

(C) 万全を期して

(D) 終止符を打って

(69) 面接で前の会社や家族のことなど、＿＿＿＿＿聞かれた。

(A) 意気込み

(B) 五十歩百歩

(C) 根掘り葉掘り

(D) 似たり寄ったり

(70) 病気のない世の中が実現すれば、それに＿＿＿＿＿ことはない。

(A) 越す

(B) 越える

(C) 越した

(D) 越えた

Ⅷ. 下の文を読んで、後の問いにもっとも適当な答えを (A) から (D) の中で一つ選びなさい。

(71 ～ 74)

私は小さい時、自転車に乗れませんでした。お正月、祖父の家に行くと、ベランダにピンクで7色の宝石のような飾りが付いている(1)自転車が置いてありました。私は見た時からその自転車が気に入ったので、祖父にお願いしてもらいました。父は私に「よかったね。自転車いっぱい練習しようね」と優しく言ってくれました。私は「こんなにかわいい自転車がもらえるなんて夢みたいだな。この自転車に乗ったらどんな感じかな」と思いました。そしてとうとう自転車に乗る時が来ました。まず、サドルに座ってみました。何だかすごく恐くて倒れないかとおろおろしていました。ペダルをこごうとしたら、重くて回せませんでした。やっと1周ぐらい回せるようになったら、母が何周ぐらいこぐことができたか数えてくれました。母は自転車に乗るのに失敗した時も笑って応援してくれました。私が2年生になった今でも特に心に残っていることは、5歳の時に自転車の練習で転んで膝から血が出てしまったことです。小学校1年生になってその傷跡も少し薄くなってきました。そして2年生になったら、もうその傷跡は消えていました。

(71) (1)自転車についての説明の中で、正しくないものはどれですか。

(A) 7色の宝石のような飾りが付いていた。
(B) この人の祖父の家にあった自転車だ。
(C) 最初見た時はあまり気に入らなかった。
(D) ベランダに置いてあったピンクの自転車だった。

(72) この人が自転車に乗るのに失敗した時、この人の母はどうしましたか。

(A) 何も言わないでただ見ていた。　　　　(B) すぐ怒りながらこの人を叱った。
(C) 笑ってこの人を応援してくれた。　　　(D) 自転車の乗り方をこの人に見せてくれた。

(73) 今でも特にこの人の心に残っていることは何ですか。

(A) お正月、祖父の家に行ったこと
(B) 母と一緒に自転車に乗る練習をしたこと
(C) 自転車のペダルをうまく回せなかったこと
(D) 自転車の練習をしている時、転んで膝から血が出てしまったこと

(74) この人の膝にできた傷跡についての説明の中で、正しくないものはどれですか。

(A) 今もはっきりと残っている。
(B) 5歳の時にできた傷跡だ。
(C) 1年生になって少し薄くなってきた。
(D) 2年生になってからはもう消えていた。

(75 〜 77)

　　私は集中して物事を見たり聞いたりしたい。そのための方法として第一に重要なのは中心
となる人に協力することだ。中学3年生の時、室内楽部の演奏中に(1)周りが突然うるさくなっ
た。私は演奏をしていたので、あまり気付かなかったが、何となく騒がしい感じはしてい
た。後から聞いた友達の話では、「花のワルツ」という曲に合わせてライトを振るのに、ど
うすればいいかずっと話し合っていたらしい。「花のワルツ」は1拍ずつ振るには速いし、
1小節ずつ振るには遅いということだろう。これによって室内楽部の演奏はうまく聴けない
ほどだったそうだ。会場を盛り上げたいのはわかるが、緊張してやっている舞台の中心であ
る演奏者に失礼にならないようにするべきだ。また、第二の方法としては他の観客に対し、
気を配るということだ。この間、室内楽部で定期演奏会を行い、お客さんにアンケートを
書いてもらった。アンケートの中に3歳ぐらいの小さなお子さんがずっとうるさかったとい
う内容のものがあった。子供だと演奏中は静かにするべきだということはわからないだろう
が、親が注意したり外に連れて行くなどすれば、他の観客はまた静かに聴くことができただ
ろう。「(2)＿＿＿＿＿」という名言があるように、周りに迷惑をかけない楽しみ方をするこ
とは大切だと思う。

(75) この人が集中して物事を見たり聞いたりするために、第一に言っていることは何ですか。

(A) 中心となる人に協力すること
(B) 何でも他の人と相談すること
(C) 何でも途中に諦めないで頑張ること
(D) 決めたことは何があっても最後まですること

(76) (1)周りが突然うるさくなっていたの理由は何でしたか。

(A) 観客の子供がうるさかったから
(B) 演奏に集中しない演奏者が多かったから
(C) 演奏の音を合わせることで争いがあったから
(D) 曲に合わせてライトを振ることで争いがあったから

(77) 本文の内容から見て、(2)＿＿＿＿＿に入る最も適当な文章はどれですか。

(A) 仕事の本質とは、集中されたエネルギーである
(B) 人間のまことの性格は、彼の娯楽によって知られる
(C) 世界の半分は、他の半分がどんな生活をしているかを知らない
(D) 私たちの幸福が他の人々の不幸によって支えられているのであってはならない

(78 〜 80)

　　私たちはつい周りに流されてしまうことが多いようだ。しかし、それよりも自分らしく生きていくことの方がより大切なことだと私は思う。だから、人にどう思われるかは(1)_____自分らしく生きていきたいと思う。その方法の一つは、どんな場面でも常に自分らしさを保つことができるように普段から努めることだ。私たちはよく話し合いになると、誰かに頼って誰かの出した意見にすぐに飛び付いてしまうが、こうしては決して自分らしさは保てない。また、第二の方法としては、社会や学校でも予め定められた型を子供たちに与えるのではなく、道理に反しない程度での自由を認める許容範囲を作ることだ。確かに他人のことを全く考えずに行動するのは、周りに迷惑をかけるので望ましくない。私たちは社会という共同体の中で生活をしているため、(2)_____。しかし、「自分が考える通りに生きなければならない。そうでないと、ついには自分が生きた通りに考えるようになってしまう」という言葉があるように、他人に流されずに自分らしく生きることがより大切である。

(78) 本文の内容から見て、(1)_____に入る最も適当な表現はどれですか。

(A) 気にせずに

(B) 気がせずに

(C) 気が付かずに

(D) 気にかからずに

(79) 本文の内容から見て、(2)_____に入る最も適当な文章はどれですか。

(A) 自分らしさをもっと主張しなければならない

(B) ある程度の自由は当然誰にでも許される

(C) 自分らしさを全面に出してばかりはいられない

(D) 他人のことを考えずに行動する人がいても何一つおかしくはない

(80) この人は主張として正しいものはどれですか。

(A) 他人に流されずに自分らしく生きることが大切だ。

(B) 自分が考える通りに生きることはとても難しいことだ。

(C) 社会生活において周りに流されてしまうのは仕方がない。

(D) たまには誰かに頼って誰かの出した意見に従う必要もある。

　　私たちは疲れたら休息を取る。休息を取ることによって、また物事をやり始める時の能率を上げようとする。その休息の時間の過ごし方によって一日が充実するか否かが変わってくる。ただその時の流れの中で何となく休もうとしても、なかなか今までしていた物事のことが頭から離れにくい。だから、一度今までの流れを断ち切ってしまわないと、きちんとした休息が取れない。

　　休息の効果を最大化するためには、まず完全に仕事のスイッチをオフにしなければならない。休息中にたとえ仕事と無関係なことでも意志力や集中力を使う作業をすれば、(1)_____。次に、短い休息を早めに頻繁に取ることも重要である。早めに頻繁に休息を取れば、疲労度の高まりも抑えられ、一日の後半に長い休息を取る必要もなくなる。最後に給湯室や社員食堂で休息を取るのもいいが、ビルの外に出て職場から完全に離れるに越したことはない。休息の時間にオフィスの外に出ることができ、周囲の環境に恵まれていれば、わずか5分歩き回るだけでも、自然からエネルギーを受け取ることができる。

(81) 一日の充実さを決める要因として、この人が言っていることは何ですか。

　　(A) その日の仕事の能率
　　(B) 休息の時間の過ごし方
　　(C) 自分の仕事に対する自信
　　(D) 対人関係の悩みからの解放

(82) きちんとした休息を取るために、この人はどうすべきであると言っていますか。

　　(A) 今までの流れを断ち切ってしまうべきである。
　　(B) 仕事をする時には最後まで集中してすべきである。
　　(C) 場所と時間をじっくり考えてみてから休息を取るべきである。
　　(D) 1分1秒も無駄にしないように自分にプレッシャーをかけるべきである。

(83) 本文の内容から見て、(1)_____に入る最も適当な表現はどれですか。

　　(A) 休息を取る必要はなくなる
　　(B) 逆に疲労度を高めてしまう
　　(C) 休息に最も有効な方法になる
　　(D) 意外に仕事の能率はますます上がる

(84) 休息の効果を最大化するための方法として、本文に出ていないものはどれですか。

　　(A) オフィスから出る。
　　(B) 完全に仕事のスイッチを切る。
　　(C) 短い休息を早めに頻繁に取る。
　　(D) 1日の前半より後半に休息を取る。

(85 ～ 88)

思った通りに散歩をするのはそんなに容易なことではない。(1)＿＿＿＿＿、日差しが暖か
いある日。気分もいいし、仕事も一段落したので、「散歩でもするか」と思い立ったとす
る。この時点で何となく回る場所を夢想しているぐらいはよしとしよう。しかし、「お腹
が減ったな」とか思い付いて「何かついでに買ってくるか」となったら、もう駄目である。
(2)散歩は行く前から終わってしまう。なぜなら、もし仮に散歩の途中でお弁当を買い、家
に戻ったとしよう。その場合、胸を張って「散歩に行ってきたよ」と家の人に言っても「あ
ら、お昼ご飯買ってきたのね」と返されてしまうのがせいぜいである。いくら頑強に「い
や、散歩だ。僕は散歩に行った」と主張しても、「散歩がてらね。でも、メインはお弁当」
と言われてしまう。これでは本人も「そうか。僕は本当はお弁当を買いに出かけたのか。散
歩は『がてら』にすぎないのか」と考えを改めてしまうことになるだろう。なにせ、手元に
はお弁当本体は残っていても、散歩は残っていないのである。このように散歩というのは
(3)＿＿＿＿＿、あっという間に「がてら」にされてしまうのである。

(85) 本文の内容から見て、(1)＿＿＿＿＿に入る最も適当な言葉はどれですか。

(A) まして
(B) むしろ
(C) 例えば
(D) それでも

(86) (2)散歩は行く前から終わってしまうの理由として正しいものはどれですか。

(A) 散歩に行く時間がなくなるから
(B) 散歩は手元に残らないものであるから
(C) 散歩以外の他の目的ができてしまうから
(D) 何かを食べると、体がだるくなって出られなくなるから

(87) 本文の内容から見て、(3)＿＿＿＿＿に入る最も適当な文章はどれですか。

(A) 湖のように美しく
(B) 嵐のように激しく
(C) 鉄のように頑丈で
(D) ガラス細工のように脆く

(88) この人の考えと合っているものはどれですか。

(A) 散歩を問題なく敢行するのはなかなか難しいのである。
(B) 十分に練習さえすれば、散歩する習慣は身に付けられる。
(C) 散歩をするついでに何かをするのは決して悪いことではない。
(D) 一旦散歩しようと決めたら、それはそんなに難しいことではない。

(89 〜 92)

　　私も日本人であるが、日本人の感情がどうも理解できない時がある。どうも弱い者は悪くないという偏見が強い。子供が怪我をしたり被害に遭ったりすると、他の事情はさておいて「かわいそう」という感情が優先されてしまう。たとえ子供でも犯罪者は犯罪者であり、その犯罪行為は許されない。先日、神奈川のある書店で万引きの疑いがあった中学生が任意同行中に逃走し、車にはねられて死亡するという事件があった。事件そのものは非常に痛ましいものであったが、問題はこの書店に対する世間の(1)＿＿＿＿＿＿＿である。この事故の後、書店には市民から「人殺し」だとか「配慮が足りない」といった非難の電話が相次いだという。店主は店頭に謝罪文を貼り出し、事故を悔やんで閉店する意向であるという。私はこのニュースを聞いて(2)＿＿＿＿＿＿＿。なんで犯罪者が事故で死んだのに対して真面目に働いている被害者が廃業に追い込まれなくてはならないのだろう。警察による暴走族の取り締まりの場合でも、その場で暴走族を追い掛けたりせず、その代わりに証拠になる写真を撮り、後で(3)＿＿＿＿＿＿＿と暴走族一人一人を特定して検挙していくという地味な方法を取っている。確かにこれならパトカーが追い掛けて暴走族が逃げるという派手なカーチェイスがないから、事故が起きることもないだろう。しかし、なんでここまでみんな犯罪者の人権や安全に考慮しなくてはならなくなったのだろうか。

(89) 本文の内容から見て、(1)＿＿＿＿＿＿＿に入る最も適当な言葉はどれですか。

(A) 風当たり　　　　　　　　　　(B) 取り沙汰
(C) 太刀打ち　　　　　　　　　　(D) 立ち往生

(90) 本文の内容から見て、(2)＿＿＿＿＿＿＿に入る最も適当な文章はどれですか。

(A) とても嬉しかった
(B) 同感せざるを得なかった
(C) 仁王立ちするしかなかった
(D) 何かが狂っていると思った

(91) 本文の内容から見て、(3)＿＿＿＿＿＿＿に入る最も適当な言葉はどれですか。

(A) ぞくぞく　　　　　　　　　　(B) こつこつ
(C) にやにや　　　　　　　　　　(D) ぶつぶつ

(92) この人の考えと合っているものはどれですか。

(A) 被害者への感情移入はあまりよくない。
(B) 犯罪者の人権は完全に無視してもいい。
(C) 犯罪者に対してもっと厳しく対処する必要がある。
(D) 子供の犯罪は改善の可能性を見て許してあげた方がいい。

(93 〜 96)

　　小学校1、2年生の頃は、学校で日記の宿題がよく出る。日記はうまくやれば楽にできる
が、そうでないと苦しい勉強になってしまう。日記を楽に書くには、価値あることを書こう
とは思わずに、どういう表現を使って書くかを考えるのが非常に大切であると言える。具体
的には会話を入れて書くとか、適切な例えを使って書くとか、「どうしてかというと」とい
うきちんとした理由を入れて書くとかいう方法である。ところで、低学年で日記の宿題に力
を入れるのは、よくないことも多いのである。それは低学年の場合は、文章を書かせれば必
ずと言っていいほど間違いがあるからである。すると、日記の宿題は、(1)＿＿＿＿＿＿。間違
い直しを主な目的にした勉強は、子供にとって面白いはずがない。その解決策として考えら
れるのが読書や音読で力を付けていく方法である。読書や音読で読む力が付いてくれば、会
話の改行や段落などということが漠然とわかってくる。その上で、文章を書く練習をすれ
ば、間違いがあったとしても、それは注意してすぐに直るものであるから、子供にとって大
きな抵抗にはならない。

(93) この人は日記を楽に書くためには何が大切だと言っていますか。

　　(A) 出来事を抽象的ではなく、具体的に書くこと

　　(B) 予めタイトルを付けておいてから内容を考えること

　　(C) 自分にどんな意味があるのかを考えながら書くこと

　　(D) 内容を中心に考えるのではなく、表現を中心に考えること

(94) 日記を楽に書く具体的な方法として、本文に出ていないものはどれですか。

　　(A) 会話を入れて書く。

　　(B) 適切な例えを使って書く。

　　(C) きちんとした理由を入れて書く。

　　(D) 起きた出来事を時間順に書く。

(95) 低学年で日記の宿題に力を入れるのがよくない理由は何ですか。

　　(A) 書く内容に色々な限界があるから

　　(B) 偏った考えを持ってしまう恐れがあるから

　　(C) 文章の中に必ずと言っていいほど間違いがあるから

　　(D) 書き方の間違いを探すのに時間がかかってしまうから

(96) 本文の内容から見て、(1)＿＿＿＿＿＿に入る最も適当な文章はどれですか。

　　(A) 面白い内容で溢れるようになる

　　(B) 書き方の間違いを探すという勉強になってしまう

　　(C) 間違いがあるのは当然であるという心構えが必要になる

　　(D) 文章を書く能力が日に日に上手になるのを実感してもらえる

　デパートの多くが今年は2日から店を開けた。銀座のデパートには福袋を目当てに徹夜の客が並んだという。スーパーは元日も休まず営業するところが珍しくなくなった。初売りを繰り上げたデパートは、前年の3日からの初売りに比べて20％ほど売り上げが増えたという。ただし、こうした初売りの(1)＿＿＿＿＿＿はいずれ来る客を先食いしているだけであるという見方もある。新聞の投稿欄に「お正月なのに、子供たちと家でゆっくり過ごす時間がなくなった」とスーパーで働くパートタイマーのお母さんからの激しい商売を嘆く声が載っていた。子供の頃、お正月というのはお年玉(2)＿＿＿＿＿＿、家族みんなで過ごす大切で楽しい行事であった。でも、最近は日本のお正月文化が経済優先に侵食されているように見えて仕方がない。欧州が統合される前のドイツでは法律によって週末の商店営業が禁止されていた。しかし、論争の末、欧州市場統合による競争政策に合わないとして法律は廃止され、他国と同様、日曜日にも店を開けるようになった。世界を覆う市場経済化はそれによってある種の便利さを生むかもしれないが、お金に結び付かない生活の文化や習慣は急速に捨て去られていく。そうした挙げ句に生まれる「繁栄」で、人々が得るものは何なのだろうか。

---

(97) 本文の内容から見て、(1)＿＿＿＿＿＿に入る最も適当な言葉はどれですか。

    (A) 前倒し

    (B) 立ち直り

    (C) 組み立て

    (D) 見合わせ

(98) 本文の内容から見て、(2)＿＿＿＿＿＿に入る最も適当な表現はどれですか。

    (A) に対して

    (B) をおいて

    (C) にもまして

    (D) もさることながら

(99) 本文のタイトルとして最も適当なものはどれですか。

    (A) 競争が奪ったお正月

    (B) お正月の起源と意味

    (C) 日本のお正月の風景

    (D) 経済政策とお正月の関係

(100) 本文の内容と合っていないものはどれですか。

    (A) 最近、元日も休まず営業するスーパーも珍しくなくなった。

    (B) この人は日本のお正月文化が経済優先に侵食されていると思っている。

    (C) ドイツで週末の商店営業が禁止されたのは昔の文化を守るためであった。

    (D) この人が子供の頃、お正月は家族みんなで過ごす大切で楽しい行事であった。

□ 冷淡だ 냉담하다	□ 安易だ 손쉽다	□ 新ただ 새롭다
□ 無口だ 과묵하다	□ 残酷だ 잔혹하다	□ 最高だ 최고다
□ 地味だ 수수하다	□ 過剰だ 과잉되다	□ 豪華だ 호화롭다
□ 派手だ 화려하다	□ 不幸だ 불행하다	□ 見事だ 훌륭하다
□ 勇敢だ 용감하다	□ 豊富だ 풍부하다	□ 貧弱だ 빈약하다
□ 手頃だ 적당하다	□ 軽率だ 경솔하다	□ 曖昧だ 애매하다
□ 陽気だ 명랑하다	□ 肝心だ 중요하다	□ 上品だ 고상하다
□ 愉快だ 유쾌하다	□ 謙遜だ 겸손하다	□ 円滑だ 원활하다
□ 神聖だ 신성하다	□ 透明だ 투명하다	□ 困難だ 곤란하다
□ 膨大だ 방대하다	□ 完璧だ 완벽하다	□ 快適だ 쾌적하다
□ 敏感だ 민감하다	□ 簡素だ 간소하다	□ 新鮮だ 신선하다
□ 素朴だ 소박하다	□ 活発だ 활발하다	□ 勤勉だ 근면하다
□ 乱暴だ 난폭하다	□ 強烈だ 강렬하다	□ 異常だ 이상하다, 비정상이다
□ 厳重だ 엄중하다	□ 厳密だ 엄밀하다	□ 未熟だ 미숙하다
□ 真剣だ 진지하다	□ 頻繁だ 빈번하다	□ 平等だ 평등하다
□ 純粋だ 순수하다	□ 順調だ 순조롭다	□ 露骨だ 노골적이다
□ 冷酷だ 냉혹하다	□ 円満だ 원만하다	□ お洒落だ 세련되다
□ 特殊だ 특수하다	□ 大胆だ 대담하다	□ 下品だ 품위가 없다
□ 爽やかだ 상쾌하다	□ 鈍感だ 둔감하다	□ 積極的だ 적극적이다
□ 画期的だ 획기적이다	□ 大幅だ 대폭적이다	□ 消極的だ 소극적이다
□ 賑やかだ 떠들썩하다	□ 几帳面だ 꼼꼼하다	□ 無関心だ 무관심하다
□ 勝手だ 제멋대로이다	□ 明らかだ 분명하다, 명백하다	□ 気の毒だ 불쌍하다, 가엾다

Ⅴ. 下の線の言葉の正しい表現、または同じ意味のはたらきをしている言葉を (A) から (D) の中で一つ選びなさい。

(1) 母は今台所で料理を作っています。

    (A) たいところ
    (B) だいところ
    (C) たいどころ
    (D) だいどころ

(2) この餅、冷蔵庫に入れておいたら、固くなってしまった。

    (A) よわく
    (B) かたく
    (C) かるく
    (D) もろく

(3) 今年の夏は去年に比べて若干暑かった。

    (A) わかほし
    (B) わかきり
    (C) しゃっかん
    (D) じゃっかん

(4) あのグループは瞬く間に女の子の間で人気の的になった。

    (A) またたく
    (B) いただく
    (C) しりぞく
    (D) かたむく

(5) 時々自分が不幸せで惨めであるように思われる時がある。

    (A) ひめ
    (B) みじめ
    (C) ななめ
    (D) かなめ

(6) この事業に全財産を費やしたから、必ず成功させるべきだ。

    (A) こやした
    (B) おびやした
    (C) たがやした
    (D) ついやした

(7) 現代は情報の洪水の時代だと言える。

    (A) こうすい
    (B) こうずい
    (C) きょうすい
    (D) きょうずい

(8) みなさんには「日本人はなかなか本音を言わない」というへんけんを持たずに接してほしい。

    (A) 偏見
    (B) 編見
    (C) 便見
    (D) 扁見

(9) これは昨日鈴木さんにもらったおみやげです。

    (A) 土産
    (B) 下産
    (C) 上産
    (D) 行産

(10) 新聞にけいさいされている記事を丸ごと鵜呑みにしてはいけない。

    (A) 掲載
    (B) 挙載
    (C) 登載
    (D) 憩載

(11) 明日図書館は休みます。

    (A) あげています

    (B) あっています

    (C) あっていません

    (D) あいていません

(12) ちょうどご飯を食べようとしているところだったんです。

    (A) 今

    (B) さっき

    (C) この間

    (D) とっくに

(13) 私は彼女に説明をさせました。

    (A) 説明してもらいました

    (B) 説明してあげました

    (C) 説明してくださいました

    (D) 説明させていただきました

(14) 昨日、友達とデパートに行きました。でも、何も買いませんでした。

    (A) それで

    (B) しかし

    (C) それに

    (D) ようするに

(15) あのレストランは味はもとより、雰囲気もすごくよくてよく行っている。

    (A) はもちろん

    (B) はさておいて

    (C) はおろか

    (D) にもかかわらず

(16) 気持ちとは裏腹に、彼女にひどいことを言ってしまった。

    (A) 気持ちに従って

    (B) 気持ちをよそに

    (C) 気持ちに先立って

    (D) 気持ちに反して

(17) きれいなばらを一本ください。

    (A) ご遠慮なくお上がりください。

    (B) 赤いりんごを三つください。

    (C) 授業中には騒がないでください。

    (D) ここはきちんと整理しておいてください。

(18) あまりにも残酷な事件で見るにたえなかった。

    (A) その噂は本当に私も知りませんでした。

    (B) 悪いことでもあったのか、彼はビールを5本も飲んだ。

    (C) その話を聞いた彼女は居ても立ってもいられなかった。

    (D) 誰もがその選手の勝利を信じていたが、あっけなく負けてしまった。

(19) 社長がその話を聞いたら、このままではすまないだろう。

    (A) 鈴木君は高級住宅街にすんでいる。

    (B) 遠くから鐘のすんだ音色が聞こえてくる。

    (C) 彼女の歌を聞いていると、何となく心がすむような気がする。

    (D) 決して金ですむ問題ではないから、慎重に行動してください。

(20) この事業はもう先がないから、この辺で諦めよう。

    (A) その子供の先が本当に思いやられる。

    (B) それでは、届け先はどちらにしましょうか。

    (C) 息子は行列の先に立って行進していた。

    (D) 100メートル先の交差点で右に曲がってください。

VI. 下の＿＿＿＿線の A, B, C, D の中で正しくない言葉を一つ選びなさい。

(21) こんなに 激しい雨が降っている<u>ので</u>、出かける<u>なんて</u> <u>とんでもない</u>。
    (A)   (B)   (C)   (D)

(22) これは<u>去年</u> <u>初めて</u>日本に<u>行く</u>時に<u>買った</u>ものです。
   (A) (B)   (C)   (D)

(23) 親は子供が自分<u>に</u>いずれは離れて<u>いく</u>という<u>事実</u>を受け入れなければ<u>ならない</u>。
       (A)   (B)   (C)   (D)

(24) 誕生日のプレゼント<u>に</u>友達から<u>もらった</u>鞄を駅の<u>近く</u>で<u>取られてした</u>。
         (A)   (B)   (C)   (D)

(25) <u>この</u>ドラマは<u>見ていても</u>演出家が何を<u>言いたい</u>のか<u>あっさり</u>わからない。
  (A)   (B)   (C)   (D)

(26) <u>お</u>注文なさった商品は、明日<u>お</u>届けいたしますので、<u>ご</u>心配なさら<u>ない</u>でください。
  (A)   (B)   (C)   (D)

(27) 国では<u>吸った</u>ことがなかったが、日本に<u>来てから</u>たばこを<u>吸ってきた</u>。
    (A)   (B) (C)   (D)

(28) 会議が始まる<u>前</u>は報告書に<u>抜いている</u>部分が<u>ない</u>ようにいつも<u>気を付けている</u>。
     (A)   (B)   (C)   (D)

(29) <u>ふと</u>手に<u>入れた</u>のだから、役に<u>立つ</u>ように<u>有効</u>に使わなければならない。
  (A) (B)   (C)   (D)

(30) 新聞に<u>よると</u>、ごみ焼却施設の建設<u>をめぐって</u>、その地域<u>では</u>意見が二つに<u>分けている</u>そうだ。
    (A)   (B)   (C)   (D)

(31) <u>一度でもいいから</u>、この小説を書いた人に<u>会って</u><u>色々と</u>話してみたい<u>ことだ</u>。
　　　　(A)　　　　　　　　　　　　　　　　　(B)　　　　　　(C)　　　　　　　(D)

(32) 火事の原因を調べてみた<u>ところ</u>、電子レンジに<u>弱点</u>があった<u>こと</u>が<u>明らか</u>になった。
　　　　　　　　　　　　　(A)　　　　　　　　　(B)　　　　　(C)　　　(D)

(33) いくら辛くないキムチ<u>といえども</u>、<u>全く</u>辛くなかった<u>わけではない</u>。少し<u>がらっと</u>きた。
　　　　　　　　　　　　　(A)　　　(B)　　　　　　　　(C)　　　　　　　(D)

(34) 警察の<u>調査</u>で、販売店員も顧客情報の<u>漏洩</u>に<u>分担</u>していたことが<u>確認</u>された。
　　　　　(A)　　　　　　　　　　　　　　(B)　　(C)　　　　　　　(D)

(35) 労使の対立が<u>延々</u>と続き、北米アイスホッケーリーグは<u>開幕</u>の<u>見積もり</u>が立たない。
　　　　　(A)　　(B)　　　　　　　　　　　　　　　　(C)　　　(D)

(36) 彼は<u>まるで</u>全てがわかった<u>と</u><u>言う</u>ばかりの<u>自信満々</u>な表情だった。
　　　　(A)　　(B)　　　　(C)　　　　　(D)

(37) 会社の不祥事が明るみに<u>出た</u>際、その役員があまりにも<u>世間の常識</u>とは<u>掛け離れた</u>行動をしている
　　　　　　　　　　　　(A)　　　　　　　　　　(B)　　　　　　　　　(C)
のに<u>覆した</u>ことはありませんか。
　　　(D)

(38) 私も<u>小学生時代</u>、ししゅうやパッチワークに<u>いそしんだ</u>思い出があるが、この何十年<u>手持ち無沙汰</u>
　　　　(A)　　　　　　　　　　　　　　　　(B)　　　　　(C)　　　　　　　　　(D)
である。

(39) 彼はもう二度と<u>弱み</u>を吐く<u>まい</u>と心に<u>誓い</u>、朝から晩まで研究に<u>打ち込んで</u>いるという。
　　　　　　　(A)　　　　(B)　　(C)　　　　　　　　　　　　(D)

(40) 経済成長は、市場の<u>求める</u>製品開発や需要に<u>裏返し</u>された設備投資を<u>通じて</u>実現して<u>いく</u>ものである。
　　　　　　　　　(A)　　　　　　　　(B)　　　　　　　　　(C)　　　　　(D)

VII. 下の＿＿＿＿＿線に入る適当な言葉を (A) から (D) の中で一つ選びなさい。

(41) 誰＿＿＿＿＿窓を閉めてくださいませんか。

    (A) が

    (B) か

    (C) と

    (D) から

(42) これを食べる＿＿＿＿＿には、ナイフが必要です。

    (A) まえ

    (B) こと

    (C) もの

    (D) とき

(43) 昨日はとても＿＿＿＿＿。

    (A) さむいです

    (B) さむいでした

    (C) さむかったです

    (D) さむくないです

(44) ご飯を食べる前は、きれいに手を＿＿＿＿＿ましょう。

    (A) とり

    (B) きり

    (C) のり

    (D) あらい

(45) 昨日どうやって家まで帰ったのか、＿＿＿＿＿には覚えていません。

    (A) せいかつ

    (B) しんせつ

    (C) せいかく

    (D) のうりつ

(46) メールアドレスを言いますから、＿＿＿＿＿してください。

    (A) メモ

    (B) バリア

    (C) ノック

    (D) リスク

(47) 今日は朝から風が＿＿＿＿＿でしょう。

    （A）あかい

    （B）しろい

    （C）ふかい

    （D）つよい

(48) 明日の会議に鈴木さんも＿＿＿＿＿しますか。

    （A）しゅっしゃ

    （B）しゅっちょう

    （C）しゅっせき

    （D）しゅっぱん

(49) この川は深いから、泳ぐのは＿＿＿＿＿ですよ。

    （A）さびしい

    （B）きたない

    （C）あぶない

    （D）あかるい

(50) 昨日はスケジュールが＿＿＿＿＿久しぶりにゆっくりできました。

    （A）あいて

    （B）あけて

    （C）ぬいて

    （D）ぬけて

(51)「彼のお父さんは昔、プロサッカー選手だったそうよ。」

    「なるほど、＿＿＿＿＿彼、サッカーがうまいと思ったよ。」

    （A）だが

    （B）どうりで

    （C）ちなみに

    （D）それでも

(52) 昨日、加藤先生に色々役に立つお話を＿＿＿＿＿。

    （A）なさった

    （B）伺った

    （C）参った

    （D）致した

(53) 彼は_____がいいから、どんな服を着てもよく似合う。

    (A) ブランド

    (B) セクハラ

    (C) スタイル

    (D) エピソード

(54) 試験勉強のため昨夜は_____したので、頭がぼやっとしています。

    (A) 夜道

    (B) 夜明け

    (C) 夜更け

    (D) 夜更かし

(55) 鈴木さんは幼馴染みだから、私のことを_____知っている。

    (A) ぎくり

    (B) いつの間にか

    (C) かさねて

    (D) あらいざらい

(56) 彼は反論することもなく、自分の誤りを_____認めた。

    (A) しっぽり

    (B) あっさり

    (C) がっくり

    (D) まったり

(57) デジタルテレビで_____迫力の映像を楽しむことができます。

    (A) ど

    (B) お

    (C) ご

    (D) み

(58) 夜10時過ぎまで待っていたが、_____彼女は現れなかった。

    (A) とうとう

    (B) わずか

    (C) ひとりでに

    (D) 至急

(59) 彼女ならさっき体調が悪いと言っていたから、＿＿＿＿＿＿＿明日来られないかもしれないよ。

    （A）相当

    （B）長らく

    （C）実に

    （D）もしかしたら

(60) 杉原さんは家を＿＿＿＿＿＿＿とたんに、事故に遭ったそうだ。

    （A）出

    （B）出る

    （C）出た

    （D）出よう

(61) その国を完全に再建することが、10年以内に簡単にできる＿＿＿＿＿＿＿。

    （A）わけがない

    （B）ものがない

    （C）べきではない

    （D）ざるを得ない

(62) 過去最悪の台風で、10日もストップしていた電車が今朝＿＿＿＿＿＿＿した。

    （A）復帰

    （B）復旧

    （C）復活

    （D）回復

(63) 彼は目上の人には丁寧だが、目下の人にはとても＿＿＿＿＿＿＿になる。

    （A）弱気

    （B）ぞんざい

    （C）愛想

    （D）平気

(64) 子供＿＿＿＿＿＿＿、まだ両親に頼っているなんてちょっと情けない。

    （A）からして

    （B）をものともせず

    （C）かたがた

    （D）じゃあるまいし

(65) あのパン屋は美味しいので、朝早くから客が雪崩を_____店内に入ってくる。

(A) 打って
(B) 切って
(C) 争って
(D) 起こして

(66) 非常に残念ですが、この掲示板は今日を_____閉鎖させていただきます。

(A) とりまして
(B) もちまして
(C) かぎりまして
(D) はじまりまして

(67) この病気の原因を_____とする努力が続いている。

(A) 引っ張ろう
(B) 見分けよう
(C) 見つめよう
(D) 突き止めよう

(68) 久しぶりに散歩_____図書館にも足を伸ばしてみた。

(A) ながら
(B) がてら
(C) かねて
(D) ごとく

(69) _____こんな大事な試合がある時に彼が来ないとは。

(A) よろこんで
(B) いざしらず
(C) いささか
(D) よりによって

(70) こんなつらい仕事はもう_____だから、辞めた方がいいかもしれない。

(A) わんわん
(B) ふわふわ
(C) すたすた
(D) こりごり

Ⅷ. 下の文を読んで、後の問いにもっとも適当な答えを (A) から (D) の中で一つ選びなさい。

(71 〜 73)

　　先週、家族水入らずで鹿児島へ旅行に行きました。1日目は水族館とボウリング場に行きました。水族館ではイルカショーをしていたので、それをみんなで見ました。次にサメが私の頭の上を泳ぐのも見ました。最後にお土産屋さんであざらしのマスコットを買いました。それから、ボウリング場に行きました。初めてだったので、すごくわくわくしました。いよいよボールを選んで投げました。1回目に投げたら、ピンに当たらなくて2回目はボールと一緒に私もこけました。3回目もピンに当たりませんでした。もう楽しくなかったので、私は止めてただみんなが投げるのを見ていました。でも、また行きたいです。2日目は電車に乗って祖父の家に行きました。祖父の家には子猫が2匹いたので、私はずっと2匹の子猫と遊んでいました。とてもかわいかったです。夜は祖父と花火をしました。3日間泊まってから東京に戻りました。小学生になってから初めての夏休みはすごく楽しく、とてもいい思い出になりました。

(71) この人が水族館で最後にしたことは何ですか。

　　(A) イルカショーを見たこと
　　(B) 家族とたくさんの写真を撮ったこと
　　(C) サメがこの人の頭の上を泳ぐのを見たこと
　　(D) お土産屋さんであざらしのマスコットを買ったこと

(72) この人がボウリング場でただみんなが投げるのを見ていた理由は何ですか。

　　(A) ボールを投げるのが恐かったから
　　(B) もともとボウリングに興味がなかったから
　　(C) ボールがピンに当たらなくて楽しくなかったから
　　(D) 怪我をしてボールを投げることができなかったから

(73) この人についての説明の中で、正しくないものはどれですか。

　　(A) 祖父の家では風邪でろくに遊べなかった。
　　(B) ボウリングをするのは今回が初めてだった。
　　(C) 旅行の初日は水族館とボウリング場に行った。
　　(D) 旅行の 2 日目は電車に乗って祖父の家に行った。

(74 〜 77)

　　私は中学1年で、この間初めての前期中間試験があった。個人的にテストは好きではない
が、良いものだと思う。それには二つの理由がある。一つ目の理由はテストがないと、復習
をしなくなってしまうかもしれないからだ。もしもテストがなかったら授業が終わったらそ
のままにしてしまうかもしれない。そうなったら、勉強の意味がなく、絶対にいつか困るこ
とになると思う。二つ目の理由はテストによって自分がどのぐらいわかっているのかがわか
るからだ。自分ではわかっていたつもりでも、テストをして結果を見たら意外と悪かったと
いうことはよくあることだ。テストで悪かったところを次に復習すればいいのだから、テス
トで弱点を克服することができる。勿論、テストは良いところもあるが、やはり悪いところ
もある。それは(1)_____ことだ。テストは点数だけでなく、どこをどんなふうに間違え
たのかというところが大切なのだから、そこを気にしなければいけない。つまり、テストは
上手く使えば自分がとても成長すると思う。「(2)_____」という名言のように、テスト
を恐れずに色々な勉強法を試して成長することができたら良い。

(74) この人がテストは良いと思っている理由として最初に挙げていることは何ですか。

　　(A) 達成感を味わうことができること

　　(B) いい点が取れると、気持ちがよくなること

　　(C) 自分の知識が増えていくことが実感できること

　　(D) テストがないと、復習をしなくなってしまうかもしれないこと

(75) この人がテストは良いと思っている理由として二番目に挙げていることは何ですか。

　　(A) 結果が状況にあまり左右されないこと

　　(B) 色々な観点から回答の評価ができること

　　(C) テストに出たことを日常生活で実際に使えること

　　(D) テストによって自分がどのぐらいわかっているのかがわかること

(76) 本文の内容から見て、(1)_____に入る最も適当な文章はどれですか。

　　(A) テストの点数ばかり気にしてしまう

　　(B) クラスメートに競争心を持ってしまう

　　(C) あまり役に立たないことばかり覚えてしまう

　　(D) テストのためにたくさんの時間を取られてしまう

(77) 本文の内容から見て、(2)_____に入る最も適当な文章はどれですか。

　　(A) 何事もしない者だけが失敗もしない

　　(B) 好きなものを手に入れることに注力せよ

　　(C) 人生の質は、日常に感じる感情の質である

　　(D) 成功を求める時間もないほど忙しい人のところへ成功は訪れる

待ちに待った文化祭があった。当日の1〜3時間目もずっと文化祭の練習をしていた。今年、私は三味線に挑戦した。本番の2週間ぐらい前から朝早く学校に来てY君と一緒に練習して頑張ってきた。最初は2人でやってもなかなか合わなかったが、休日や家でも練習してだんだん合うようになってきた。(1)その時はすごく嬉しかった。本番の2日前からは体育館で練習をした。聞いていた鈴木先生は「間違っても2人のうちの1人が助けようとするのが伝わってくるよ。いい感じ！」と褒めてくれた。そんなにいい感じだとは思わなかったので、感動した。そしていよいよ舞台に立つと、まだ幕も開いていないのに緊張が高まり、心臓がばくばくだった。でも、Y君や先生方が「(2)＿＿＿＿＿＿」と言ってくれて不安が消えた。放送が終わって幕が開いた。人がいっぱいで一気に手に汗をかいてきた。弾いていると、はじかなくてもいいところをはじいたり止まったりした。何とか最後まで行けたが、練習の時よりいい演奏ができなくて悔しかった。Y君にも申し訳ないと思い、ずっと謝っていた。しかし、Y君は「いいよ。気にしないで。劇も2人で頑張ろうね!」と言ってくれた。

(78) (1)その時が指しているものは何ですか。

(A) 文化祭が始まった時
(B) Y君と休日に練習した時
(C) 鈴木先生が練習を見に来た時
(D) Y君との演奏が合うようになってきた時

(79) この人が鈴木先生に感動した理由は何ですか。

(A) 毎日励ましの電話をかけてくれたから
(B) 鈴木先生だけ三味線の練習に来てくれたから
(C) 間違ったところを優しい言葉で指摘してくれたから
(D) そんなにいい感じだとは思わなかったのに、褒めてくれたから

(80) 本文の内容から見て、(2)＿＿＿＿＿＿に入る最も適当な文章はどれですか。

(A) もういい加減にして！
(B) もう駄目だ。諦めよう！
(C) もうこれ以上は無理だよ！
(D) 大丈夫。きっとうまくいくよ！

(81) この人は何が悔しかったと言っていますか。

(A) 文化祭の順番が最後になっていたこと
(B) 文化祭に来た人がとても少なかったこと
(C) 練習の時よりいい演奏ができなかったこと
(D) いい演奏ができたのに、あまり反応がなかったこと

(82 ～ 84)

　　ファミリーレストランで話をしている女性を見た。髪が長くて眼鏡をかけている女性だった。最初は女性をぼうっと見ているだけだった私だが、それでも彼女が怒っているのはわかった。時々尖り気味のあごを突き出して視線を上下しながら何やら口をぱくぱくさせて喚いているようだった。2、3分ぐらい激しくまくしたてた後、女性は今度はモールスを打つようにあごを上下させて相槌を(1)＿＿＿＿＿。しかし、それは相手の言うことを聞くというより向こうが言い終えたら、言い返してやると身構えているように見えた。私の席から詳しい内容までは聞こえない。(2)＿＿＿＿＿、女性はかなり怒っているらしく、時々「でも、あの時…」「いい。それはね…」などの抗議の言葉が私の席へ聞こえてくる。(3)私は彼女のその様子を10分ぐらい唖然として見ていた。いや、確かにこれはよくある口論なのだろう。だけど、これは…。彼女の向いの席を見ると、コップは置いてあったが、誰も座っていなかった。

(82) 本文の内容から見て、(1)＿＿＿＿＿に入る最も適当な言葉はどれですか。

　　(A) 取った

　　(B) 打った

　　(C) かけた

　　(D) 付けた

(83) 本文の内容から見て、(2)＿＿＿＿＿に入る最も適当な言葉はどれですか。

　　(A) しかし

　　(B) それで

　　(C) そして

　　(D) それから

(84) (3)私は彼女のその様子を10分ぐらい唖然として見ていたの理由は何ですか。

　　(A) なかなか怒らない彼女が不思議に見えたから

　　(B) 何かの事件に巻き込まれるかもしれないと思ったから

　　(C) 彼女は相手もいないのに一人で口喧嘩をしていたから

　　(D) 髪が長くて眼鏡をかけた女性がこの人のタイプだったから

　学校給食の食べ残しが多く、給食費用に余分な負担をかけているというので、236円を払って近くの小学校で試食をしてみた。食べてみると、街の食堂並みに美味しい。栄養士さんは「そうでしょ？朝から豚骨でだしを取ってじゃがいもは近所の農家産です。レトルト食品は使っていません」と(1)＿＿＿＿＿。児童数は400人で学校で調理するので、量を夏前は少なめにするなど子供の食欲に合わせている。この日、食べ残しの比率は数％に止まったという。財務省の財務総合政策研究所の調査では、食べ残しのコストが学校給食全体の費用に占める率は小学校で12％、中学校で19％になっており、「作って捨てる費用＋施設＋人件費」は、子供一人当たり小学校が3万1千円、中学校で5万4千円になるという。これは(2)＿＿＿＿＿である。給食がなければ計算上、給食費は不要であると言える。一食のコストは1回何千食も大量に生産する外部委託の方が安い。反面、味や量が画一的な結果、大規模給食ほど食べ残しが多いと同調査は指摘している。小・中学校で学校給食を受けている子供は約1008万人であり、日々廃棄される食べ残しは実に膨大である。世界で1億7千万人の子供が栄養不足であると言うが、脱脂粉乳給食世代の一人として、この日本の豊かさをどう感じるべきか。

(85) 本文の内容から見て、(1)＿＿＿＿＿に入る最も適当な表現はどれですか。

(A) 胸を張った　　　　　　　　　　(B) 手を焼いた
(C) 肝に銘じた　　　　　　　　　　(D) 口を挟んだ

(86) 本文の内容から見て、(2)＿＿＿＿＿に入る最も適当な文章はどれですか。

(A) 家庭が負担する給食費よりかなり高い数値
(B) 家庭が負担する給食費とは関係のない数値
(C) 家庭が負担する給食費よりはまだ少ない数値
(D) 家庭が負担する給食費とほぼ同じ金額になる数値

(87) 本文のタイトルとして最も適当なものはどれですか。

(A) 給食の活用方法
(B) 日本の給食の長所
(C) 給食の正しい食べ方
(D) 捨てられる日本の給食

(88) 本文の内容と合っていないものはどれですか。

(A) 小・中学校で学校給食を受けている子供は約1008万人である。
(B) 家庭が負担する給食費よりはまだ学校給食のコストが安いと言える。
(C) 大規模給食ほど食べ残しが多いのは味や量が画一的なためである。
(D) この人が試食をした学校では子供の食欲に合わせて量を調節していた。

(89 ～ 92)

　　職場の事故で亡くなったり怪我をする人は年々減っている。企業の安全対策がそれなりに効果を上げているからであろう。好ましい話である。とはいえ、労働災害に遭い、死亡した人は年間で2千人に近い。怪我で4日以上仕事を休んだ人となると、実に12万人を超える。企業努力で労災は減ったとしても大変な数である。加えて最近、気になる動きも出てきた。(1)_____。安全担当者までリストラする。長かった景気低迷の影響らしい。企業のこうした実態を聞くと、安全対策は大丈夫なのか心配になってくる。

　　しかも被害が職場の外に広がって住民を巻き添えにしたり危険な事故を起こしたりする場合もある。(2)_____。そのためか、安全担当者もリストラしようとなりがちである。コスト主義が直ちに安全を脅かすとは思わないが、(3)_____地域社会にも迷惑の及ぶ事故をいつ起こさないとも限らない。危険度ゼロの職場作りには労使の協力が欠かせないが、とりわけ重いのは経営者の強い意志である。苦しい時こそ安全・人命第一で対応してほしい。結果として職場の効率が上がり、地域の信頼も高まろう。

(89) 本文の内容から見て、(1)_____に入る最も適当な文章はどれですか。

　　(A) 安全への投資を後回しにする
　　(B) 企業努力で労災は減っている
　　(C) 社員の安全意識が高まっている
　　(D) 企業の安全対策が効果を上げている

(90) 本文の内容から見て、(2)_____に入る最も適当な文章はどれですか。

　　(A) 安全は地味で投資効果もわかりにくい
　　(B) 安全は投資効果がすぐ出るものである
　　(C) 安全は経営者の強い意志が大切でる
　　(D) 安全は企業の利益と直接に関係がある

(91) 本文の内容から見て、(3)_____に入る最も適当な表現はどれですか。

　　(A) 手を回せば
　　(B) 手を出せば
　　(C) 手を抜けば
　　(D) 手を尽くせば

(92) 本文の内容と合っていないものはどれですか。

　　(A) 怪我で４日以上仕事を休んだ人は年間で２千人に近い。
　　(B) 職場の事故で亡くなったり怪我をする人は年々減っている。
　　(C) 被害が職場の外に広がって住民を巻き添えにする場合もある。
　　(D) 危険度ゼロの職場作りのために大切なのは経営者の強い意志である。

(93 ～ 96)

　　去年、日本の喫煙者率は男性が53.5%、女性が13.7%となっている。男性は微減、女性は横這いの状態が続いていると言える。日本の総人口にすると、およそ3313万人が喫煙していることになる。たばこの販売数量は、年間3245億本で微増微減しながらも(1)＿＿＿＿＿＿であり、外国産のシェアが伸びているのが特徴である。また、若年層や若い女性の喫煙率が上がっているのもこのところの特徴の一つである。

　　たばこに関連する死亡者数は、世界保健機関の推計によると、年間世界で300万人を超えており、日本では10万人弱とされている。最近は禁煙に取り組む人も増えてきたようであるが、中には一旦止めたもののまた吸い始め、意志が弱いからと嘆いている人もいるかもしれない。ただ、米テキサス大学がん研究所のポール博士らの研究によると、脳内の神経伝達物質ドーパミンを受け入れるDRD2という遺伝子のうち、両親から揃ってA2という型を授かった人は(2)＿＿＿＿＿＿のに対し、どちらからでもA1という型を受け継いだ人は再び吸い始める傾向が見られたという。要するに、(3)＿＿＿＿＿＿。

(93) 本文の内容から見て、(1)＿＿＿＿＿＿に入る最も適当な言葉はどれですか。

(A) 急増
(B) 急減
(C) ほぼ横這い
(D) 曖昧な状態

(94) 本文の内容から見て、(2)＿＿＿＿＿＿に入る最も適当な文章はどれですか。

(A) たばこを吸わなかった
(B) たばこをよく吸っていた
(C) 禁煙に成功しにくかった
(D) 禁煙に成功しやすかった

(95) 本文の内容から見て、(3)＿＿＿＿＿＿に入る最も適当な文章はどれですか。

(A) 禁煙は自分の意志が弱いからであると言い切れる
(B) 禁煙に取り組む人も増えたことと深く関係があると言える
(C) 喫煙率と遺伝子の関係についてもっと研究する必要がある
(D) 禁煙失敗も遺伝子が関係している可能性があるわけである

(96) 本文の内容と合っているものはどれですか。

(A) 禁煙失敗と遺伝子とは全く関係がないと言える。
(B) 最近は外国産たばこのシェアが伸びているのが特徴である。
(C) 最近、若年層や若い女性の喫煙率は横這いの状態である。
(D) たばこに関連する死亡者数は世界保健機関の推計によると、日本では10万人を超える。

　　放火によって40人の犠牲者を出した丸山ビルの火災に対して、警視庁は防火管理を怠ったことが惨事を招いたとしてビル所有会社のオーナーや幹部など、計6人について業務上過失致死容疑で逮捕状を取った。放火事件からこの逮捕状発行まで約1年半が経過している。慎重しすぎるというか、(1)＿＿＿＿＿話である。ビルを管理する人なら、消防法という法律を知っているはずだ。この法律には何も特別なことが書かれているわけではない。そこには建築基準法など、色々な規制をクリアした建物を建てる、防火管理者を設ける、階段に物を置いてはいけない、火災報知器を機能しない状態にしてはいけないなど、ごく常識的なことが書かれている。しかし、このビルは先に述べたこと全てが守られておらず、これらのことが被害を拡大させたことは誰でも予見できる。物理的に因果関係を証明しなくても明白な法令違反である。これを1年半にもわたって責任追及しなかったのも非常に変な話である。
　　この間、韓国でも類似している放火事件が発生した。火災事件直後、韓国の警察は犯人を逮捕するのはもちろんのこと、ビルのオーナーもすぐに逮捕してその責任を追及しているという。そのスピードが普通であろう。日本は司法があまりにも複雑になりすぎてこんな簡単なこともできなくなってしまったのだろうか。

(97) 本文の内容から見て、(1)＿＿＿＿＿に入る最も適当な表現はどれですか。

- (A) 気にする
- (B) 気が利く
- (C) 気が長い
- (D) 気が重い

(98) 火災を防止するために、ビルを管理する人がすることとして本文に出ていないものはどれですか。

- (A) 部屋ごとに防火管理者を設けること
- (B) 建築基準法に沿ってビルを建てること
- (C) 階段に物が置いてあったら、それを整理すること
- (D) 火災報知器がきちんと機能しているのかをチェックすること

(99) この人は丸山ビルの火災に対する警視庁の対応をどう思っていますか。

- (A) 非常に迅速な措置が取られた。
- (B) 責任追及までかかった時間が長すぎる。
- (C) 韓国の警察の制度を取り入れるべきである。
- (D) 火災防止のため法律の改定が必要である。

(100) 本文の内容と合っているものはどれですか。

- (A) 丸山ビルの火災は、1年半前に漏電によって起きた事件である。
- (B) 丸山ビルの火災は、法令違反とは言いがたい部分がたくさんある。
- (C) 丸山ビルの火災は、消防法の基準が守られていたために被害を最小限にすることができた。
- (D) 丸山ビルの火災に類似している韓国の放火事件は、警察の対応が日本より非常に速かった。

□ 稀^{まれ}だ 드물다	□ 厄介^{やっかい}だ 귀찮다	□ 平^{たい}らだ 평평하다
□ 億劫^{おっくう}だ 귀찮다	□ 無念^{む ねん}だ 원통하다	□ 虚^{うつ}ろだ 공허하다
□ けちだ 인색하다	□ 頑丈^{がんじょう}だ 튼튼하다	□ 愚^{おろ}かだ 어리석다
□ 不器用^{ぶ きょう}だ 서툴다	□ 不審^{ふ しん}だ 수상하다	□ 密^{ひそ}かだ 은밀하다
□ 婉曲^{えんきょく}だ 완곡하다	□ 呑気^{のん き}だ 태평이다	□ 遥^{はる}かだ 아득하다
□ 厳^{おごそ}かだ 엄숙하다	□ 窮屈^{きゅうくつ}だ 답답하다	□ 惨^{みじ}めだ 비참하다
□ 横柄^{おうへい}だ 건방지다	□ 物騒^{ぶっそう}だ 위험하다	□ 強^{した}かだ 강인하다
□ 余計^{よ けい}だ 쓸데없다	□ 盛大^{せいだい}だ 성대하다	□ 健^{すこ}やかだ 건강하다
□ 細^{こま}やかだ 세세하다	□ 利口^{り こう}だ 영리하다	□ 鮮^{あざ}やかだ 선명하다
□ 真^まっ赤^かだ 새빨갛다	□ 質素^{しっ そ}だ 검소하다	□ 清^{きよ}らかだ 깨끗하다
□ 臆病^{おくびょう}だ 겁이 많다	□ のどかだ 한가롭다	□ 滑^{なめ}らかだ 매끈하다
□ もっともだ 지당하다	□ 柔^{やわ}らかだ 부드럽다	□ 緩^{ゆる}やかだ 완만하다
□ 意地悪^{い じ わる}だ 심술궂다	□ 斜^{なな}めだ 비스듬하다	□ 和^{なご}やかだ 온화하다
□ 無茶^{む ちゃ}だ 터무니없다	□ 生意気^{なまい き}だ 건방지다	□ 朗^{ほが}らかだ 명랑하다
□ おおげさだ 과장되다	□ ささやかだ 아담하다	□ 穏^{おだ}やかだ 온화하다
□ あやふやだ 애매하다	□ なだらかだ 완만하다	□ 速^{すみ}やかだ 신속하다
□ あべこべだ 뒤바뀌다	□ しなやかだ 유연하다	□ 淑^{しと}やかだ 정숙하다
□ きらびやかだ 화려하다	□ おおざっぱだ 엉성하다	□ 華^{はな}やかだ 화려하다
□ 無邪気^{むじゃき}だ 천진난만하다	□ 哀^{あわ}れだ 불쌍하다, 가엾다	□ 疎^{おろそ}かだ 소홀히 하다
□ 多忙^{た ぼう}だ 대단히 바쁘다	□ 豊^{ゆた}かだ 풍부하다, 풍족하다	□ 不思議^{ふ し ぎ}だ 불가사의하다
□ 手軽^{て がる}だ 간편하다, 손쉽다	□ 理不尽^{り ふ じん}だ 도리에 맞지 않다	□ 我^わがままだ 제멋대로이다
□ 面倒^{めんどう}だ 성가시다, 귀찮다	□ 真^まっ青^{さお}だ 창백하다, 새파랗다	□ 微^{かす}かだ 희미하다, 미약하다

Ⅴ. 下の線の言葉の正しい表現、または同じ意味のはたらきをしている言葉を (A) から (D) の中で一つ選びなさい。

(1) <u>必要</u>のない項目は削除してもいいです。

    (A) ひつよう
    (B) ひっしゅ
    (C) ひちよう
    (D) ひつじゅ

(2) 牛乳はもう<u>半分</u>しか残っていません。

    (A) はんふん
    (B) はんぶん
    (C) はんぷん
    (D) はんもん

(3) 申し訳ありませんが、そのような物はこちらでは<u>扱って</u>おりません。

    (A) あつかって
    (B) きまって
    (C) からかって
    (D) うしなって

(4) 木村さんは近くにあった椅子に腰掛けて<u>徐々に</u>口を開いた。

    (A) じょじょに
    (B) ここに
    (C) もろもろに
    (D) さんざんに

(5) 今の私の<u>唯一</u>の願いは彼女の幸せです。

    (A) ゆいち
    (B) ゆいいつ
    (C) ゆういち
    (D) ゆういつ

(6) 運動をする時は、血圧が上昇するような<u>力む</u>運動はなるべく避けてください。

    (A) りきむ
    (B) はさむ
    (C) こばむ
    (D) いどむ

(7) 感情というのを持っているから、人は<u>喜怒哀楽</u>を表現することができる。

    (A) ひのえらく
    (B) きどえらく
    (C) きどあいらく
    (D) ひのあいらく

(8) おかげ様で、昨夜はぐっすり<u>ねむる</u>ことができました。

    (A) 眠る
    (B) 服る
    (C) 寝る
    (D) 眼る

(9) 真実を告げない政府に<u>あいそ</u>が尽きた。

    (A) 哀訴
    (B) 愛想
    (C) 愛疎
    (D) 哀素

(10) その職員は業務上<u>おうりょう</u>の疑いで逮捕された。

    (A) 横領
    (B) 黄領
    (C) 溝鈴
    (D) 黄鈴

(11) あの時、電車に乗ればよかったと思う。

    (A) 電車に乗ってよかった

    (B) 電車に乗ったら楽しかった

    (C) 電車に乗った方がよかった

    (D) 電車に乗れなかったのが残念だ

(12) 鈴木さんは来週日本へ出張することになっている。

    (A) 出張するしかない

    (B) 出張したことがある

    (C) 出張が決まっている

    (D) 出張してもかまわない

(13) 彼女はそんなに美人でもなく、性格も悪そうなのに、魅力的に見えるのはなぜだろう。

    (A) いつも魅力的に見える

    (B) 魅力的に見えるとは限らない

    (C) なぜかひかれるところがある

    (D) 魅力的に見えるわけがない

(14) この品質でこの値段は妥当だと思う。

    (A) 過言だ

    (B) 不当だ

    (C) 適当だ

    (D) 曖昧だ

(15) 子供ではあるまいし、まだ両親に頼っているとは、ちょっと情けない。

    (A) 子供だから

    (B) 子供ではないのに

    (C) 子供とは言えないから

    (D) 子供であるのに間違いないから

(16) 新米社員であれ中途社員であれ、社員研修には参加してください。

    (A) 新米社員といい中途社員といい

    (B) 新米社員にしろ中途社員にしろ

    (C) 新米社員とか中途社員とか

    (D) 新米社員なり中途社員なり

(17) ここは周りに便利な施設が多くて本当に住みやすい。

    (A) そんなこと、おやすいご用ですよ。

    (B) このペン、本当に使いやすいですね。

    (C) この漢字は間違いやすいから、注意してください。

    (D) 自分の考えだけにしがみついていては、独断に陥りやすい。

(18) 予想があたって会場は一日中大盛況だった。

    (A) 天気予報があたっていい天気になった。

    (B) 彼がそんなことをしても、驚くにはあたらない。

    (C) これにあたる単語が日本語にはないようだ。

    (D) さっき食べたのがあたったのか、どうもお腹の調子がよくない。

(19) 今年、この会社は新卒者をとる計画がないそうだ。

    (A) 知らない人に写真をとってもらった。

    (B) 部屋の中では帽子をとってください。

    (C) 結局、その職人も弟子をとることにした。

    (D) 小さい子供を脅して金をとるなんて、ひどすぎる。

(20) 実は彼、小学校しかおさめていないそうよ。

    (A) 来月から剣道をおさめようと思っている。

    (B) みんな一心同体になって勝利をおさめた。

    (C) この揉め事をおさめられるのは彼しかいない。

    (D) 部品は遅くても明日までにはおさめてください。

Ⅵ. 下の_____線の A, B, C, D の中で正しくない言葉を一つ選びなさい。

(21) あなたの質問は<u>とても</u>簡単<u>なので</u>、答えは子供<u>とも</u> <u>わかります</u>。
　　　　　　　　　　(A)　　　　(B)　　　　　　　　(C)　　　(D)

(22) 山田さん<u>に</u>美味しいラーメン<u>屋</u>を<u>教わって</u>もらったので、今日<u>行って</u>みた。
　　　　　　　(A)　　　　　　　(B)　　(C)　　　　　　　　　　(D)

(23) 勉強を<u>始めた</u>ばかりではある<u>が</u>、<u>早く</u>日本語の新聞が<u>読めたい</u>と思っている。
　　　　　　(A)　　　　　　　　(B)　(C)　　　　　　(D)

(24) 今まで<u>ずっと</u>黙っていた彼女は、私の方に<u>向いて</u>何か<u>言い</u><u>始めた</u>。
　　　　　　(A)　　　　　　　　　　　　(B)　　(C)　(D)

(25) 彼はオンラインに苦情を<u>掲載</u>した<u>こと</u>が問題に<u>なり</u>、ある企業が<u>訴えられて</u>しまった。
　　　　　　　　　　(A)　　(B)　　　　　(C)　　　　　(D)

(26) 可能性がゼロに<u>なった</u>わけではない。<u>死んだ</u>ように<u>頑張れば</u>できない<u>もの</u>でもない。
　　　　　　　　(A)　　　　　　(B)　　　(C)　　　　　　(D)

(27) ロシアは<u>基本的に</u>集中暖房なので、暖房がきちんと<u>入って</u>さえいれば、家の<u>内</u>は日本より<u>ずっと</u>
　　　　　　(A)　　　　　　　　　　　　　　　　(B)　　　　　　　(C)　　　　(D)
暖かいです。

(28) 1 年間の農作物の<u>収穫</u>は、気象条件に大きく<u>左右される</u>ので、毎日の天気<u>予報</u>に気に<u>使って</u>いる。
　　　　　　　　　(A)　　　　　　　　(B)　　　　　　　(C)　　(D)

(29) 優秀な彼の<u>もの</u>だから、卒業論文を<u>1 カ月で</u> <u>仕上げた</u>と聞いても驚く<u>には当たらない</u>。
　　　　　(A)　　　　　　　　(B)　　(C)　　　　　　　(D)

(30) 最近、東アジアが世界の脚光を<u>浴びている</u><u>の</u>は、日本を<u>はじめて</u>とするこれら地域の経済成長率が
　　　　　　　　　　　　　(A)　　(B)　　　　(C)
安定的に上昇している<u>から</u>である。
　　　　　　　　(D)

(31) 体と心が一体となった真の元気こそがありのままの困難を突破できるのではないだろうか。
　　　　　　　　　　(A)　　　　　　　(B)　　(C)　　　　　　(D)

(32) 失敗を繰り返しても全然気にする様子はない。あの人は実にしぶい男だ。
　　　　　　　(A)　　　　(B)　　(C)　　　　　　　　　　(D)

(33) 田中さんは頼みにならないと思っていたが、今回の活躍ぶりを見てその考えを改めた。
　　　　　　(A)　　　　　　　　　　　　(B)　　(C)　　　　　　(D)

(34) 退社時間になったからといって、自分に与えられた仕事が済んだら辺りを顧みずせっせと帰って
　　　　　　　　　(A)　　　　　　　(B)　　　　　　　　　　　(C)
しまうのは一人前の組織人と言えない。
　　　　(D)

(35) 年金制度を改正するたびに負担の増加が繰り返されてきたため、国民の間には公的年金制度による
　　　　　　(A)　　　　　(B)　　　　　　　(C)　　　　(D)
不信感が広まっている。

(36) 今回の同窓会をきっかけに全国に散らかっている同級生と 15 年振りに 再会した。
　　　　　　　　(A)　　　　(B)　　　　　　　　　　(C)　(D)

(37) 楽しく愉快な付き合いも大切だが、真剣に悩みを相談したり建前で議論したりできる相手を一人
　　　　(A)　　　　　　　　(B)　　　　　　(C)
くらいは持ちたい。
　　　　(D)

(38) 季節の変わり目は体がだるくなったり、集中力が欠けたりするなど、何かと体調を壊しやすい時期
　　　　(A)　　　　(B)　　　　　　　　(C)　　　　　　　　(D)
である。

(39) 政府が努力しているにもかかわらず、景気回復の源はまだ何一つ見えない。
　　　　　　　(A)　　　　　(B)　(C)　　　(D)

(40) 夢の中では素直に謝れるのに、実際に面と向かうと謝罪の言葉を口にすることはできず、友達との
　　　　　　　(A)　　　　　　(B)　　　　　　　(C)
関係はぼこぼこしたものになるばかりだ。
　　　　(D)

Ⅶ. 下の＿＿＿＿線に入る適当な言葉を (A) から (D) の中で一つ選びなさい。

(41) すみませんが、これ＿＿＿＿使い方を教えてくださいませんか。

    (A) の

    (B) を

    (C) で

    (D) と

(42) ＿＿＿＿1 カ月で子供が生まれます。

    (A) あと

    (B) いつも

    (C) すぐに

    (D) ちょっと

(43) いくら年を取っても＿＿＿＿ままでいたいです。

    (A) きれい

    (B) きれいな

    (C) きれいだ

    (D) きれいだった

(44) とても＿＿＿＿映画を見て泣いてしまいました。

    (A) たのしい

    (B) うれしい

    (C) かなしい

    (D) いそがしい

(45) 昨日、あの店でくつしたを＿＿＿＿買いました。

    (A) 4 台

    (B) 4 枚

    (C) 4 足

    (D) 4 冊

(46) 妹は居間でピアノを＿＿＿＿います。

    (A) さいて

    (B) ひいて

    (C) といて

    (D) まいて

(47) みなさん、それでは静かに目を_____ください。

    (A) とじて

    (B) とめて

    (C) しめて

    (D) やめて

(48) 昨日、道で外国人に道を_____。

    (A) 呼ばれた

    (B) 求められた

    (C) 尋ねられた

    (D) 行かせられた

(49) 朝から頭痛が_____、午後医者に診てもらいました。

    (A) して

    (B) きて

    (C) なって

    (D) よって

(50) 彼の履歴書を見て_____か雇うまいかちょっと迷いました。

    (A) 雇おう

    (B) 雇わない

    (C) 雇い

    (D) 雇える

(51) これから会費を_____いたしますので、何とぞよろしくお願い致します。

    (A) 徴収

    (B) 回収

    (C) 領収

    (D) 収集

(52) 彼は私がいくら_____を向けても一向に乗ってこなかった。

    (A) 水

    (B) 目

    (C) 油

    (D) 箱

(53) チーズはラップで包み、他の食品に匂いが＿＿＿＿＿＿ようにしてください。

    (A) 移る

    (B) 移す

    (C) 移らない

    (D) 移さない

(54) 彼はあまり頼りにならないと思っていたが、今回の活躍ぶりを見てその考えを＿＿＿＿＿＿。

    (A) あらためた

    (B) あずけた

    (C) あきらめた

    (D) あたためた

(55) 不思議なことに、彼女は＿＿＿＿＿＿何かを食べているのに、全然太らない。

    (A) いずれ

    (B) たとい

    (C) すでに

    (D) しょっちゅう

(56) もう少し考える時間をくだされば、＿＿＿＿＿＿。

    (A) やれないこともありませんが

    (B) やらないと思いますが

    (C) やるとは限りませんが

    (D) やってはいけないと思いますが

(57) あの人は日常生活は地味だが、お金が＿＿＿＿＿＿あるという噂だ。

    (A) ふいと

    (B) さっさと

    (C) あたかも

    (D) うんと

(58) 弟は不機嫌そうに部屋のドアを＿＿＿＿＿＿閉めた。

    (A) ざっくりと

    (B) ぴしゃりと

    (C) ぎっくりと

    (D) ぺこりと

(59) メールは特殊なコミュニケーションの方法_____、意図していなかったトラブルに巻き込まれる恐れがある。

    (A) だけに

    (B) とはいえ

    (C) をよそに

    (D) にかかわらず

(60) 最近、元気なシニアをターゲットにしたビジネスが_____だという。

    (A) 花盛り

    (B) 不摂生

    (C) 青二才

    (D) 猪口才

(61) 会社に入ったら、出世したいと願うのは人の_____である。

    (A) たね

    (B) つね

    (C) はら

    (D) ふだ

(62) 風邪を引いてしまい、喉が痛くて話そうにも_____。

    (A) 話さない

    (B) 話せない

    (C) 話したくない

    (D) 話そうとしない

(63) 「ここに駐車する_____」と書いてあるのに、もう車でいっぱいである。

    (A) べき

    (B) べく

    (C) べからず

    (D) べからざる

(64) 今日は色々な漢字を習って、頭の中が_____になってしまった。

    (A) すくすく

    (B) びしびし

    (C) へらへら

    (D) ごちゃごちゃ

(65) 今回の事故は＿＿＿＿＿＿の原因が重なって起きたという。

    (A) もろもろ

    (B) ちりちり

    (C) くたくた

    (D) もじゃもじゃ

(66) 東京市場は一日の間に株価下落から急上昇に転じる＿＿＿＿＿＿値動きだった。

    (A) めぼしい

    (B) はしたない

    (C) しんどい

    (D) めまぐるしい

(67) 欧州の政府債務危機は世界経済の＿＿＿＿＿＿となった。

    (A) 足場

    (B) 足取り

    (C) 足並み

    (D) 足かせ

(68) 与野党の対決構図で、暮らしに関わる重要な法案は＿＿＿＿＿＿にされている。

    (A) 下馬評

    (B) 下拵え

    (C) 置き去り

    (D) 立ち合い

(69) 暇だろうと思っていたが、朝から客で溢れて＿＿＿＿＿＿だった。

    (A) 巻き添え

    (B) 選りすぐり

    (C) 見よう見まね

    (D) てんてこ舞い

(70) 惨敗した都議選からの＿＿＿＿＿＿を狙っている野党の公約は、政権と似通った政策が多かった。

    (A) 巻き取り

    (B) 巻き込み

    (C) 巻き返し

    (D) 巻き戻し

VIII. 下の文を読んで、後の問いにもっとも適当な答えを (A) から (D) の中で一つ選びなさい。

(71 〜 74)

> 今の私の夢は中学校の体育の先生になることです。なぜかというと、体を動かすことが好きだからです。特に、サッカーや水泳や50メートル走などが得意だからです。母の子供の時の夢は看護婦になることだったそうです。しかし、母は看護婦にはなりませんでした。途中で夢が変わって心理学の勉強がしたくなったそうです。弟の夢はテニスの選手になることです。でも、母が「大学の先生になって」と言ったので、今迷っているそうです。私の夢を実現させるためには何をすればいいのでしょうか。私は今テニスと水泳をやっています。それに、私は月曜日と木曜日に約3キロメートル走っています。例えば、これらのスポーツを止めないで続けるなら、いつか夢が実現できると思います。夢というものは人間にとって目標となるものです。目標あれば人間は努力することができます。私も目標があるから、努力をして夢を達成させようと思います。

(71) この人が中学校の体育の先生になりたいと思った理由は何ですか。

    (A) 体を動かすことが好きだから

    (B) 昔からずっと母に言われてきたから

    (C) 生徒たちとたくさん話すことができるから

    (D) 他の科目より授業の準備が少ないから

(72) この人の母はどうして看護婦になれませんでしたか。

    (A) 両親に反対されたから

    (B) 到底できないとわかったから

    (C) 大きな怪我をしてしまったから

    (D) 途中で夢が変わってしまったから

(73) この人の弟が今迷っている理由は何ですか。

    (A) 自分の夢がまだ決まっていないから

    (B) 運動を止めて勉強に集中したいから

    (C) テニスの練習をするのがいやになったから

    (D) 母に大学の先生になってほしいと言われたから

(74) この人が自分の夢を実現するための条件として言っていることは何ですか。

    (A) 周りの人に色々と助けられること

    (B) 親と十分に相談してから夢を決めること

    (C) 今やっているスポーツを止めないで続けること

    (D) どんなことがあっても最初の気持ちを忘れないこと

(75 ～ 77)

この間、狭い路地を歩いていた時、私の後ろからじりじりと車が近付く気配があった。一応、私は歩道として確保されているところを歩いていたので、その気配を敢えて無視したのだ。歩道を歩いている以上、避ける義務はない。すぐに車に酔ってしまう私にとって自動車というのは(1)＿＿＿＿であり、あまり好きなものではないのだ。それで、そのまま無視して歩いていたのだった。数分が経った。どういうつもりだ。後ろの車からは何の反応もない。どうやら私の歩幅に合わせて徐行しているようだった。私にぶつけなければ通り抜けられないスペースしかないのだから、それは確かに交通法規に照らせば間違ってはいないのだろう。だが、私の真後ろから聞こえる同じペースでタイヤが砂利を噛む音が次第に不気味に思えてきた。私はそろりと後ろを見てみた。白い乗用車が視界の隅に入る。いや、白ではない。もう一度ちらりと見てみた。黒のラインが入っている。振り向いた私はこちらを見据えながら運転しているパトカー内の警官と見事に目線を合わせていたのだ。(2)いや、勿論避けましたでした。はい。

(75) 本文の内容から見て、(1)＿＿＿＿に入る最も適当な文章はどれですか。

    (A) 何かぐるぐるする存在
    (B) 何かきらきらする存在
    (C) 何かわくわくする存在
    (D) 何かからからする存在

(76) この人の後ろにある車が徐行していた理由は何ですか。

    (A) 路地に人通りが多かったから
    (B) この人の歩幅に合わせたかったから
    (C) この人が歩道として確保されているところを歩いていたから
    (D) この人にぶつけなければ通り抜けられないスペースしかなかったから

(77) (2)いや、勿論避けましたでした。はい。に表われているこの人の感情として正しいものはどれですか。

    (A) とても慌てている。
    (B) ちょっと喜んでいる。
    (C) 大変悔しがっている。
    (D) かなり面白がっている。

452

(78 〜 80)

　　JR関連のニュースにはあまり良いニュースがないが、珍しくこの間良いニュースが流れた。それは京葉線での出来事であった。千葉市内の公立高校の入試を受けるため、電車に乗った女子中学生が間違って京葉線上り通勤快速に乗ってしまった。彼女が目的とする駅は通過し、試験には遅れることになる。泣き出しそうな中学生に周囲の人が事情を聞き、満員の乗客の間を縫うようにして中学生を最後部車両まで連れて行った。この話を聞いた車掌は「若者の将来がかかっているのだから」と車内放送を流し、電車を途中の駅で止めた。この後、通勤快速は速度を上げて走り、ダイヤに乱れはなかったという。

　　この車掌の一連の行動を果たして電車の運用管理部が了解していたのかどうかはニュースになかった。もしも個人の責任で判断したとしたら、その勇気を称えたい。電車という巨大システムは今や緻密なダイヤが組まれ、一本の遅れは上り、下り、連絡の電車全てに大きく影響を与える。この影響を考えると、個人がこのような重要な判断はできないし、上司に聞けば恐らく「(1)＿＿＿＿＿」と言われるだろう。もしかしたらニュースにならなかったら、この車掌は首か左遷になっているかもしれない。それを敢えて実行した車掌は素晴らしい。これで女子中学生は遅刻しなかったようであるが、試験も受かってもらいたいものである。

(78) この人は車掌の一連の行動についてどう思っていますか。

(A) 勝手な行動をしたから、首にするべきである。
(B) 勇気のある判断を下したから、褒めてあげたい。
(C) ダイヤが乱れてしまったから、責任を取るべきである。
(D) 乗っている乗客を無視した行動だったから、許せない。

(79) 本文の内容から見て、(1)＿＿＿＿＿に入る最も適当な文章はどれですか。

(A) 駄目だ！
(B) よくやった！
(C) 仕方がないなあ
(D) 勝手にしなさい！

(80) 本文の内容と合っていないものはどれですか。

(A) 女子中学生は公立高校の試験に受かった。
(B) 女子中学生は公立高校の入試に間に合った。
(C) JR関連のニュースにはあまり良いニュースがない。
(D) 電車一本の遅れは上り、下り、連絡の電車全てに大きく影響を与える。

(81 ～ 84)

　　道路に描かれているダイヤのマークをご存じだろうか。兵庫県警がこのマークの意味について ドライバーにアンケートをした結果、約半数がわからないと答えたという。この結果について県警は、「基本ルールの再認識を」と呼び掛けているというが、これは(1)＿＿＿＿＿ではないのか。どうしてこのひし形マークが「横断歩道が近い」という意味であることを知らないのか、その理由まで掘り下げて分析するべきである。このひし形マークは運転席から見ればたぶん四角に見えるだろう。果たしてこのマークから横断歩道をどうやって連想することができるだろうか。横断歩道そのものは道にかけられた白い橋のイメージがあり、人が渡ることを容易に連想できる。しかし、このひし形はどう見ても横断歩道と何の関連もない。(2)このように何の関連のないもの同士を関連付けて覚えるということは人間は苦手である。県警が行ったアンケートの結果を(3)＿＿＿＿＿、ひし形マークが「横断歩道が近い」というイメージとして相応しくないと結論し、何か別のマークを考えるのが本来の改善である。でも、役人は最初にルールありきで、どうも頭が固い。横断歩道が近いのであるから、人の形や小さな横断歩道の形など、何か横断歩道を容易に連想させるシンボルに変えることが、ドライバーも容易に認識することができ、心理的にも妥当ではないだろうか。

(81) 本文の内容から見て、(1)＿＿＿＿＿に入る最も適当な表現はどれですか。

　　(A) 的外れ　　　　　　　　　　　　(B) 臨機応変
　　(C) 負けず嫌い　　　　　　　　　　(D) 食わず嫌い

(82) (2)このように何の関連のないもの同士が指しているものはどれですか。

　　(A) 横断歩道と白い橋
　　(B) 四角とひし形のマーク
　　(C) 横断歩道とひし形のマーク
　　(D) 横断歩道と人の形のマーク

(83) 本文の内容から見て、(3)＿＿＿＿＿に入る最も適当な言葉はどれですか。

　　(A) 備え
　　(B) 踏まえ
　　(C) 押し切り
　　(D) 踏み切り

(84) この人が一番言いたいことは何ですか。

　　(A) 運転者たちは基本ルールを再認識してほしい。
　　(B) 横断歩道のマークから人の形は容易に連想できる。
　　(C) ひし形マークは運転席からは四角に見えるので、横断歩道のイメージは連想できない。
　　(D) 役人たちは古いルールにこだわらずに、直すべきルールはどんどん直していってほしい。

(85 〜 88)

日米の子育てを20年(1)＿＿＿＿＿比較・研究してきた結果がある。アメリカの子育ては子供が独立した思考によって選択・主張することを重んじるのに対し、日本の子育ては社会における役割を受け入れることを重視するという。国際比較調査に「私は…」に続いて自己記述を書かせるものがある。「私は会社員である」「私は母親である」といった社会的な役割を記述する割合は、アメリカ人よりアジア系の被験者が(2)＿＿＿＿＿。逆に「親切である」などの抽象的な記述はアメリカ人で6割近くあるのに対し、日本人は2割弱であった。ところが、質問を「家庭で私は…」のように限定した状況にすると、日本人は抽象的な記述をする割合が倍増し、アメリカ人は半減する。要するに、日本人は周囲との関係があって初めて「親切」といった内的属性が認識されるのに対し、アメリカ人にとっては周囲の状況はむしろ(3)＿＿＿＿＿なのである。これはどちらが優れているという問題ではない。アメリカ人が日本人よりアイデンティティーの確立を重視するとすれば、それはそういう教育なり社会環境なりがあるからであり、そういう意味で個人が文化との相互作用によって成立するという点に違いはない。自分というのはただ一つの個人ではなく、文化と呼吸し合って成立してきたダイナミックな何かなのである。私たちが誰かと付き合うということは、その人が生きてきた歴史や文化と向き合っているということでもあるのである。

(85) 本文の内容から見て、(1)＿＿＿＿＿に入る最も適当な表現はどれですか。

    (A) によって   (B) にとって

    (C) にわたって   (D) にしたがって

(86) 本文の内容から見て、(2)＿＿＿＿＿に入る最も適当な文章はどれですか。

    (A) 高くなる

    (B) 低くなる

    (C) ほぼ同じである

    (D) 低かったり高かったりする

(87) 本文の内容から見て、(3)＿＿＿＿＿に入る最も適当な言葉はどれですか。

    (A) 比例要因   (B) 限定要因

    (C) 急増要因   (D) 不特定要因

(88) 本文の内容と合っているものはどれですか。

    (A) 日本人はアメリカ人よりアイデンティティーの確立を重視する傾向がある。

    (B) 日本の子育ては子供が独立した思考によって選択・主張することを重んじる。

    (C) 日本人は周囲との関係が全くなくても「親切」といった内的属性が認識される場合が多い。

    (D) 自己記述の質問を限定した状況にすると、日本人は抽象的な記述をする割合が倍増する。

トマトは日本に鑑賞植物として入ってきたのが最初であり、当時の北欧やアメリカでも食用は(1)_____されていた。毒があるとされていたからで、安全性が信じられるようになったのは、1820年、ある軍人が一かごのトマトを食べたのに気分が悪くなることも、高血圧や癌になることもなかったのがきっかけになったと言われる。裁判とトマトと言えば、野菜か果物かで訴えられたことも有名である。1883年、野菜になると税金が高くなることを嫌った輸入業者が最高裁で争ったのである。結論は野菜で、その理由は野菜畑で作られるし、デザートにもならないためであった。

現在の日本でもトマトは野菜扱いしている。農林水産省では多年生で木になるものを果物、毎年育てて草の葉や実などを食べるものを野菜としている。この定義ではメロンやイチゴ、スイカなども野菜に含まれる。これらは卸し市場や店頭では果物扱いであるため、(2)_____というわけである。野菜という言葉は本来は名前の通り野生のものを指したが、江戸時代半ばから現在の意味での野菜として使われるようになり、野生のものは山菜など別の名称で呼ばれるようになった。呼び名は視点や時代(3)_____変わるものである。

---

(89) 本文の内容から見て、(1)_____に入る最も適当な言葉はどれですか。

(A) 敬遠
(B) 尊敬
(C) 迷惑
(D) 嗜好

(90) 本文の内容から見て、(2)_____に入る最も適当な文章はどれですか。

(A) 生産的視点や消費の視点から果物に分類される
(B) 生産的視点や消費の視点から野菜に分類される
(C) 生産的視点からは果物、消費の視点からは野菜に分類される
(D) 生産的視点からは野菜、消費の視点からは果物に分類される

(91) 本文の内容から見て、(3)_____に入る最も適当な表現はどれですか。

(A) に応じて
(B) をおいて
(C) を皮切りに
(D) はもちろんのこと

(92) 本文の内容と合っていないものはどれですか。

(A) トマトは日本には最初鑑賞植物として入ってきた。
(B) 現在、日本では農林水産省の定義に従ってトマトを果物扱いしている。
(C) 江戸時代以前は、野菜と言えば現在の意味での山菜を指すものであった。
(D) トマトの安全性が信じられるようになったのは1820年の出来事がきっかけである。

(93 〜 96)

　　心臓は20分停止していても蘇生する可能性があるが、脳は血流が止まると、5分前後でダメージを受け始める。脳の損傷を遅らせることができれば、救命率も上がる。
　　アメリカの国立衛生研究所で研究が進められている「アイス・スラリー」という製品がある。冷却材スラリーを肺に注入し、胸部を圧迫する製品である。送り出された冷えた血液が脳の温度を下げ、脳細胞の壊死を遅らせる。この時、体温は2度から6度まで下がるという。患者が病院に搬送される頃には、ねばっとした液体であったスラリーは無害な塩水になっているため、吸引で肺から出すことができる。血液そのものを媒介として冷やす新たなアプローチになると(1)_____、私はトナカイを思い出した。胴体は毛皮に覆われているのに、脚は寒そうである。改めて考えると不思議であるが、トナカイが氷の上にも立つことを思うと、よくできていると気付く。脚まで温かかったら、体温で氷が溶けてその場に凍り付いてしまう。脚は冷えていた方がいい。(2)_____。だからトナカイでは、胴体と脚の間にある動脈と静脈がすぐそばを通るようになっている。脚からの冷えた血液は、そこで動脈を通る胴体からの温かい血液で温められた上で、胴体に返る。動脈と静脈で熱を交換し、熱の損失が少ないようにしているわけである。

(93) 本文に出ている「アイス・スラリー」とはどんな製品ですか。

(A) 心臓の停止を防ぐ製品
(B) 自動的に心臓をマッサージできる製品
(C) 血液を温めて脳の損傷を遅らせる製品
(D) 冷却材で胸部を圧迫し、脳の損傷を遅らせる製品

(94) 本文の内容から見て、(1)_____に入る最も適当な文章はどれですか。

(A) 思いつつ　　　　　　　　　　　(B) 思って初めて
(C) 思ったばかりに　　　　　　　　(D) 思わんがために

(95) 本文の内容から見て、(2)_____に入る最も適当な文章はどれですか。

(A) でも、いつも冷えているのがいいとは限らない
(B) それに、胴体も冷えていたら、もっと効果的である
(C) もし冷えていないと、体温が下がってしまうので、困る
(D) ただし、冷えた血液が胴体に回って体温を下げてはいけない

(96) 本文の内容から見て、トナカイの脚が冷えている理由は何ですか。

(A) 胴体が毛皮に覆われているから
(B) 脚が温かいと、熱の損失が少ないから
(C) 脚が温かいと、氷の上に立てなくなるから
(D) 胴体と脚の間にある動脈と静脈がすぐそばを通るから

(97 ～ 100)

---

　　(1)＿＿＿＿＿＿。開幕したばかりのプロ野球で、打率5割のバッターがいるとする。春先は打席数が少ないから、統計的に大きなぶれがあるのは仕方なく、打席を重ねるごとに3割並みといった平均的な打率に落ち着く。しかし、新人王を取った次の年は成績が落ちるといういわゆる「2年目のジンクス」の原因を尋ねられるとどうだろうか。プレッシャーや慢心といった答えをしがちであるが、実際は多くの選手の中でとびきり成績がよかったから新人王に選ばれただけであり、そんな成績が2年も続く方が珍しい。

　　トゥベルスキーとカーネマンが(2)＿＿＿＿＿＿も示唆的である。1000人に1人の割合で感染する病気があるとする。検査薬を使えば、感染していれば0.98の確率で陽性反応が出たとして、その人が感染している可能性はどれだけなのか。多くの人は、0.98と考えて絶望的な気持ちになる。でも、実際には感染する確率がそもそも0.001なのだから、総合的に考えると(3)＿＿＿＿＿＿と、まだまだ非感染の可能性が高い。手軽に済ませようとすると、真実を掴まえ損ねるのである。

---

(97) 本文の内容から見て、(1)＿＿＿＿＿＿に入る最も適当な文章はどれですか。

　(A) 考え方は人によって様々である

　(B) 何でも最初に考えたことが正しい場合が多い

　(C) 日常的な考え方が自分を縛ることがしばしばある

　(D) 自分の考え方に信念を持つのは非常に大切である

(98) 本文の内容から見て、(2)＿＿＿＿＿＿に入る最も適当な文章はどれですか。

　(A) 統計の重要性を示す問題

　(B) 事前確率を無視する傾向として出した問題

　(C) 確率の無意味さを表す象徴として主張した理論

　(D) 自分なりの意見がいかに大切かを主張した理論

(99) 本文の内容から見て、(3)＿＿＿＿＿＿に入る最も適当な文章はどれですか。

　(A) 感染の可能性は 0.98、非感染が 0.001

　(B) 感染の可能性は 0.911、非感染が 0.001

　(C) 感染の可能性は 0.089、非感染が 0.001

　(D) 感染の可能性は 0.089、非感染が 0.911

(100) この人の考えと合っているものはどれですか。

　(A) 常識的な考え方は正しい場合が多い。

　(B) 複雑な問題は深く考えずに手軽に済ませよう。

　(C) 決して自分の考え方に信念を持ってはいけない。

　(D) 日常的な考え方に縛られていると、真実は見えにくい。

□ 面倒を見る 돌보다

□ 猫の額 아주 좁음

□ 世話を焼く 보살피다

□ そっぽを向く 외면하다

□ 顔が広い 발이 넓다

□ 猫を被る 내숭을 떨다

□ ご馳走する 대접하다

□ 鼻を折る 콧대를 꺾다

□ 声をかける 말을 걸다

□ 口に乗る 속아 넘어가다

□ 馬が合う 호흡이 맞다

□ 目の上のこぶ 눈엣가시

□ 口に出す 입 밖에 내다

□ 恥をかく 창피를 당하다

□ 恩に着る 은혜를 입다

□ 喧嘩を売る 싸움을 걸다

□ 気前がいい 통이 크다

□ よそ見をする 한눈을 팔다

□ 一杯やる 술을 한잔하다

□ 理屈を付ける 핑계를 대다

□ 口を出す 말참견을 하다

□ 機嫌を取る 비위를 맞추다

□ 腹を割る 속을 털어놓다

□ 話の腰を折る 말허리를 끊다

□ 恨みを晴らす 원한을 풀다

□ 足下を見る 약점을 간파하다

□ 言い訳をする 변명을 하다

□ 涼しい顔をする 시치미를 떼다

□ 相談に乗る 상담에 응하다

□ 顔から火が出る 너무 창피하다

□ 大目に見る 너그럽게 보다

□ ありがた迷惑 달갑지 않은 친절

□ 相槌を打つ 맞장구를 치다

□ 愛想が尽きる 정나미가 떨어지다

□ 最善を尽くす 최선을 다하다

□ ひどい目に遭う 험한 꼴을 당하다

□ 一目置く 고수임을 인정하다

□ 顔に泥を塗る 얼굴에 먹칠을 하다

□ 話に花が咲く 이야기꽃이 피다

□ 後ろ指を指される 손가락질을 받다

□ 名残を惜しむ 작별을 아쉬워하다

□ 大目玉を食らう 심한 꾸지람을 듣다

□ 待ち合わせをする 만날 약속을 하다

□ お節介を焼く 쓸데없는 참견을 하다

Ⅴ. 下の線の言葉の正しい表現、または同じ意味のはたらきをしている言葉を (A) から (D) の中で 一つ選びなさい。

(1) 台風の影響で朝から<u>大雨</u>が降っている。

   (A) だいあめ
   (B) だいう
   (C) おおあめ
   (D) おおう

(2) 机の上に厚い本が<u>三冊</u>置いてあります。

   (A) さんまい
   (B) さんだい
   (C) さんさつ
   (D) さんそく

(3) ネットワークを<u>構築</u>するのはそれほど難しくないそうだ。

   (A) くうちょく
   (B) こうちく
   (C) くうちく
   (D) こうちょく

(4) 貸出図書は明日までに<u>返却</u>してください。

   (A) へんきゃく
   (B) へんかく
   (C) はんきゃく
   (D) はんかく

(5) 日本の教育は、しばしば受験戦争の<u>弊害</u>という形で語られる。

   (A) はいがい
   (B) へいがい
   (C) しょうがい
   (D) じょうがい

(6) 合成農薬で害虫を<u>撲滅</u>しようとするのは大変危険だ。

   (A) ぼくめつ
   (B) ばくめつ
   (C) ばくげん
   (D) ぼくげん

(7) 私はいつも先生の教えを<u>金科玉条</u>として生活しています。

   (A) きんかおくじょう
   (B) かねかぎょくじょう
   (C) きんかぎょくじょう
   (D) かなかごくじょう

(8) 独自のスタイルを獲得してから完全な<u>ちゅうしょう</u>に至ることができる。

   (A) 抽象
   (B) 軸象
   (C) 抽像
   (D) 軸像

(9) 人間は考える動物であるから、頭脳には<u>たえず</u>材料をインプットする必要がある。

   (A) 絶えず
   (B) 耐えず
   (C) 堪えず
   (D) 切えず

(10) 何があってもこの事業で成功したいというその<u>いちず</u>な思いが実を結んだ。

   (A) 一図
   (B) 一道
   (C) 一途
   (D) 一徒

(11) あの建物は病院で、隣の青いのが郵便局です。

    (A) 建物

    (B) 売店

    (C) 会社

    (D) 部屋

(12) 今考えてみても、昨日は本当についてない一日だった。

    (A) 疲れた

    (B) 嬉しい

    (C) 上機嫌な

    (D) 幸運に恵まれていない

(13) みんな頑張って作ったお弁当は今一の味だった。

    (A) すごく美味しかった

    (B) 期待通りの味ではなかった

    (C) 決して美味しいとは言えない味だった

    (D) 美味しいはずのない味だった

(14) 不意にそんな顔で聞かれて、私は思わず言葉に詰まってしまった。

    (A) とつぜん

    (B) もっぱら

    (C) おもむろに

    (D) いっさい

(15) 輸入品目を拡大して貿易収支の釣り合いを取る必要があると思います。

    (A) イデオロギー

    (B) バランス

    (C) プレッシャー

    (D) キャラクター

(16) 昨日、耳を揃えて彼に立て替えてもらったお金を払った。

    (A) 注意深く

    (B) お金を借りて

    (C) 充分考えてから

    (D) 金銭を正確に取り揃えて

(17) 担当者に会ってはみたが、結局駄目でした。

    (A) 田中さんは今貿易会社に勤めています。

    (B) この商品は思ったより高くはなかったです。

    (C) 魚は好きですが、肉はあまり好きではありません。

    (D) 日本は行ったことがありますが、アメリカは今度が初めてです。

(18) 初めて舞台に立ったので、ついあがってしまった。

    (A) 遠慮なさらずにどうぞおあがりください。

    (B) 来月から交通料金が10%あがるという。

    (C) あがったあまり、ろくに答案が書けなかった。

    (D) 新しい機械を導入してから仕事の能率があがった。

(19) 雨天では今日の試合は延期になるだろう。

    (A) では、あなたの意見をおっしゃってください。

    (B) この店では日本の家庭料理が食べられる。

    (C) うちの子ときたら、学校では大人しいが、家に帰ると腕白になる。

    (D) いらっしゃるところがわからないでは、私としてもお迎えに行くことができません。

(20) 昨日終わっていたのでは、もう諦めるよりほかない。

    (A) これより品質のいい商品はいくらでもある。

    (B) 昨日の雪により、電車の遅れが目立っている。

    (C) 次回はより多くの人が入れるよう、広い会場を探そう。

    (D) 満点の人がたくさんいるから、面接で決めるより仕方がない。

Ⅵ. 下の＿＿＿＿線のA, B, C, Dの中で正しくない言葉を一つ選びなさい。

(21) 珍しいお酒もたくさんありますから、是非一度飲みに来ってください。
　　　(A)　　　　(B)　　　　　　　　　　(C)　　(D)

(22) 家の近くで大きなデパートができた おかげで、とても便利になった。
　　　　(A)　　　　　　　　　(B)　(C)　　　　(D)

(23) ここは全国的にお菓子の美味しい町として 知らせています。
　　　　　(A)　　　　(B)　　　(C)　(D)

(24) それは単なる言い訳に過ぎないわ。いくら忙しくても電話1通ぐらいできるんじゃない。
　　　　(A)　　(B)　　　　(C)　　　　　　　(D)

(25) 彼は毎日土曜日に友達と映画を見に行くそうです。
　　　(A)　　(B)　　　(C)　　(D)

(26) 医者に薬より体を動いて 痩せなさいと言われてしまった。
　　(A)　　　　　(B)　(C)　　(D)

(27) これからの社会に対して自分自身の理想としているビジョンを描き、それを向かって努力を
　　　　　　　　(A)　　　　　　　　　　　　(B)　　　　　　(C)
惜しまないでほしい。
　　　(D)

(28) 早く取りに行くと次回使える割引券がもらえるので、土砂降りの中、クリーニングに預かった
　　　　　　　　　　　　(A)　　　　　(B)　　　　　　(C)
コート2着を取りに行った。
　　(D)

(29) 人生の最後の日に後悔しないためにも、毎日一生懸命住んでいくしかない。
　　　　　　(A)　　(B)　　　　　　(C)　　(D)

(30) これは質問にうそをした時の生理的変化を調べる機械です。
　　　　(A)　(B)　(C)　　(D)

(31) 我がの社は皆様の信頼にお応えする長年の実績をほこりに思っております。
　　 (A)　　　　　　　　　　 (B)　　　　　 (C)　　　　　 (D)

(32) 明後日が試験の発表だから、まさか明日東京に行くかもしれない。
　　　　　　　　 (A)　　　 (B)　　　 (C)　　　 (D)

(33) いくら都市の騒音公害に慣れている私たちであって、たまには静かに過ごしたい時もあるわけだ。
　　　　　　 (A)　　　　　　　　　　　 (B)　　　　　　　　 (C)　　　　　　 (D)

(34) 交通事故で両親をなくした その子供の話を聞いて、涙を禁じなかった。
　　　　 (A)　　 (B)　 (C)　　　　　　　　　　　　　 (D)

(35) 若い人は味が薄くてもよく感じ取れるが、高齢になるにつれて濃くしないとなかなか感じられない
　　　　　　　　 (A)　　　　 (B)　　　　　　　　 (C)

　　 ことだ。
　　 (D)

(36) 昨日の会議には、田中さんが先生を会場までご案内になられたのですか。
　　　　　 (A)　 (B)　　　　　　　　　 (C)　　 (D)

(37) くらくら輝く太陽が水平線に沈むと、みるみる空の色彩が変わっていきます。
　　 (A)　　　　　　　　 (B)　　　 (C)　　　　　 (D)

(38) 選手たちは18日に公式練習を行い、強い雨が時折降り注ぐ中だったが、試合に狙って汗を流して
　　　　　　　　　　 (A)　　　　　　 (B)　　　　　　 (C)　 (D)
　　 いた。

(39) 西欧と肩を並べる国家形成を目指して以来、外国文化の排出は近代日本の課題であった。
　　　　 (A)　　　　　　 (B)　　　　　 (C)　　　　 (D)

(40) 一度製造過程の疑念が指摘されれば、世界一安全に敏感な日本の消費者はその製品ばかりに、
　　　　　　 (A)　　　　　　 (B)　　　　　　　　　　　　　 (C)
　　 その企業の製品全てを敬遠してしまう可能性がある。
　　　　　　 (D)

Ⅶ. 下の_____線に入る適当な言葉を (A) から (D) の中で一つ選びなさい。

(41) こんな簡単な問題は子供_____解けると思う。

   (A) をも
   (B) でも
   (C) へも
   (D) とも

(42) 孫ができて私も_____になった。

   (A) おとうさん
   (B) おかあさん
   (C) おねえさん
   (D) おじいさん

(43) 彼は 100 メートルを 10 秒で_____そうです。

   (A) 走って
   (B) 走れる
   (C) 走れ
   (D) 走ろう

(44) 夏になってだんだん_____。

   (A) 暑かった
   (B) 暑いそうだ
   (C) 暑くなってきた
   (D) 暑くなってしまった

(45) 今まで海外には一度も行った_____がない。

   (A) こと
   (B) もの
   (C) わけ
   (D) はず

(46) この本を_____感想を話してください。

   (A) 読んで
   (B) 読む
   (C) 読んだり
   (D) 読まない

(47) あの角を右に＿＿＿＿＿と、大きい銀行があります。

    (A) まがる

    (B) まげる

    (C) まわる

    (D) とおる

(48) となりの家から赤ちゃんの泣き声が＿＿＿＿＿。

    (A) する

    (B) なる

    (C) くる

    (D) おる

(49) 答えを＿＿＿＿＿場合はどうすればいいですか。

    (A) 被った

    (B) 補った

    (C) 占めた

    (D) 間違えた

(50) 電気がついているところを見ると、研究室には誰か＿＿＿＿＿。

    (A) いるようだ

    (B) いるそうだ

    (C) いるしかない

    (D) いないはずだ

(51) 彼は＿＿＿＿＿英語は話せるが、それほど上手ではない。

    (A) 一応

    (B) 一散に

    (C) 甚だ

    (D) 必ずや

(52) 来年日本へ旅行するために、毎日＿＿＿＿＿をしてお金を貯めている。

    (A) タレント

    (B) ベテラン

    (C) アルバイト

    (D) キャプテン

(53) 3年＿＿＿＿＿会った両親はずいぶんと老けていて何だか涙が出てきた。

    (A) ぶりに

    (B) おきに

    (C) ごとに

    (D) たびに

(54) なぜ男性は愛情が豊かで人の気持ちがよくわかる女性、＿＿＿＿＿＿優しい女性を好むのだろうか。

    (A) そして

    (B) それで

    (C) もしくは

    (D) いわゆる

(55) 先生であれ生徒＿＿＿＿＿、この規則には従わなければならない。

    (A) も

    (B) といい

    (C) にしろ

    (D) であれ

(56) 行きたかった大学に無事に合格したという知らせを聞いて嬉しさ＿＿＿＿＿あまり、泣いてしまった。

    (A) の

    (B) が

    (C) と

    (D) も

(57) 中村さんは英語は＿＿＿＿＿、中国語も話せる。

    (A) どころか

    (B) もとより

    (C) さておいて

    (D) さることながら

(58) 世の中はいつも思った通りにうまく＿＿＿＿＿ものではない。

    (A) する

    (B) くる

    (C) いく

    (D) おる

(59) 彼女の結婚式には首相を＿＿＿＿＿、多くの政治家が出席した。

    (A) もって

    (B) おいて

    (C) はじめ

    (D) きっかけに

(60) 大勢の人が集まってすごい勢いで牛丼を＿＿＿＿＿。

    (A) 食べまくっていた

    (B) 食べていなかった

    (C) 食べようがなかった

    (D) 食べる方がよかった

(61) 世界初、従来＿＿＿＿＿2倍以上の効率性を持つコンピューターが開発された。

    (A) に渡って

    (B) に反して

    (C) に際して

    (D) に比べて

(62) 長女はもう小学校6年生なのに、まだ＿＿＿＿＿少し困っている。

    (A) なだかくて

    (B) ほほえましくて

    (C) はてしなくて

    (D) だらしなくて

(63) 彼も妻が体調を崩したのを＿＿＿＿＿に食事宅配の利用を始めた。

    (A) 下

    (B) 基

    (C) 機

    (D) 再

(64) この化粧品は外気の刺激から肌を守り、ハリのある＿＿＿＿＿肌へ導きます。

    (A) せっかちな

    (B) 気まぐれな

    (C) 滑らかな

    (D) 詳らかな

(65) 省エネ商品は国内はもちろんのこと、国外でも大きな注目を_____いる。

    (A) 差して

    (B) 被って

    (C) 浴びて

    (D) 溜めて

(66) 正直なところ、私にはまだ心を_____ような親しい友達が一人もいない。

    (A) 掛け合える

    (B) 持ち直せる

    (C) 入れ替えられる

    (D) 打ち明けられる

(67) 彼女はとても_____の良い女性だから、男性に人気がある。

    (A) 気質

    (B) 根性

    (C) 性分

    (D) 気立て

(68) 「悪口ほど美味しい酒の肴はない」という言葉のように、人は噂話が_____好きである。

    (A) ことのほか

    (B) とんちんかん

    (C) こじんまり

    (D) うってつけ

(69) 彼には人の顔を_____見る悪い癖がある。

    (A) べろべろ

    (B) ゆるゆる

    (C) ばりばり

    (D) じろじろ

(70) 未だに観光地には韓国人を「_____」と思っている人が多いという。

    (A) かも

    (B) しか

    (C) うさぎ

    (D) うなぎ

Ⅷ. 下の文を読んで、後の問いにもっとも適当な答えを (A) から (D) の中で一つ選びなさい。

(71 ～ 74)

　　月曜日の朝6時、目覚まし時計が鳴り、目が覚めました。起きてみると、母は既に朝ご飯の支度をしていました。母は「おはよう。今日は牛乳とパンがいい？それともご飯？」と元気に聞きました。私は「ご飯がいい」と答えました。ご飯を食べ終わって学校へ行きました。母は私が行った後、洗濯、食べた後の片付け、掃除、買い物などをします。母が今頑張りたいと話しているのは、料理の種類をもっと増やすことです。私たちが料理を残すと、母は「あと少しでいいから食べなさい」と優しく言います。全部食べた時は、とても嬉しそうです。母は買い物で何かを買い忘れた時は、近くに住んでいる友達に少し分けてもらいます。疲れている時や忙しい時は、ご飯を作るのが嫌になることもあると言います。だから、外食に行くととても楽しそうです。夜、寝る前にはいつも色々な本を読んでくれます。私たちが寝た後は、テレビを見ながらゆっくりするのが一日の楽しみだと言っています。

(71) この人の月曜日の朝食は何でしたか。

　　(A) ご飯
　　(B) 牛乳とパン
　　(C) サンドイッチ
　　(D) 何も食べなかった。

(72) この人の母が今頑張りたいことは何ですか。

　　(A) 料理教室に通うこと
　　(B) 定期的に運動をすること
　　(C) 料理の種類をもっと増やすこと
　　(D) 家事を早く終わらせて自由な時間を持つこと

(73) この人の母は買い物で何かを買い忘れた時にどうしますか。

　　(A) この人を買い物に行かせる。
　　(B) もう一度スーパーに買いに行く。
　　(C) 次の買い物の時に買うことにする。
　　(D) 近くに住んでいる友達に少し分けてもらう。

(74) この人が寝る前にこの人の母はいつも何をしますか。

　　(A) 一人で静かに音楽を聞く。
　　(B) この人と一緒にテレビを見る。
　　(C) この人と一緒にその日の日記を付ける。
　　(D) いつもこの人に色々な本を読んでくれる。

(75～77)

> 　小学1年生の頃だったと思うが、私はひどい風邪で病院に入院したことがある。風邪の熱で体の調子はよくなかったが、たくさんの人がお見舞いに来てくれてとても嬉しかった。中には以前からほしかった大きいロボット人形を買ってくれた人もいた。最初は何時間もその人形で遊んだものだが、時が少し過ぎて(1)そんなこともなくなった。なぜなら、新しいものに興味ができて、その人形を捨ててしまったからだ。せっかくのありがたいプレゼントだったのに、ひどい扱いだった。しかし、当時の私はただ要らないから捨てたとだけ思っていた。
> 　高校生になった今、当然その人形はない。でも、(2)改めて当時のプレゼントを心から嬉しく思えるようになった。なぜなら、プレゼントそれ自体よりも、もらう相手が喜ぶと思ってプレゼントを買うその気持ちがありがたいからだ。

(75) この人は風邪で入院した時、何がとても嬉しかったと言っていますか。

　(A) すぐ治る風邪だったこと
　(B) 学校に行かなくてもいいこと
　(C) 学校の宿題をしなくてもいいこと
　(D) たくさんの人がお見舞いに来てくれたこと

(76) (1)そんなこともなくなったの理由として正しいものはどれですか。

　(A) 人形が壊れてしまったから
　(B) 両親に子供っぽいと言われたから
　(C) 人形より友達と遊んだ方が面白かったから
　(D) 新しいものに興味ができて人形を捨ててしまったから

(77) (2)改めて当時のプレゼントを心から嬉しく思えるようになったの理由は何ですか。

　(A) 今は買いたくても買えない高価のプレゼントだったから
　(B) 今となって自分にとても必要なものだと気が付いたから
　(C) 当時のプレゼントのおかげで、楽しく過ごすことができたから
　(D) もらう相手が喜ぶと思ってプレゼントを買うその気持ちがありがたいから

(78 〜 80)

　　2年前に起きた小学校乱入事件の裁判が行われた。常識では考えられない被告の態度を見て憤りを感じた。この態度を見ることすら、被害者の家族は嫌だと思う。自分の子供の命が奪われなければならなかった理由、その理由を探してみても見つからない(1)＿＿＿＿＿、被害者の家族には想像できないぐらいの心の痛みだと思う。

　　一人の人間が心無い悪魔に変わったため、天使のように(2)＿＿＿＿＿な子供たちの命がなくなるのは、どんな弁解の言葉を聞いても許されるものではない。憎んでも憎み切れないかもしれない。心の傷が癒える日が来ることを願うしかない。亡くなった子供たちが幸せを感じられるように供養をすることも必要なことだと思うが、残された家族が生きていく道程の方が遥かに長いし、心の供養は残されている家族に必要なのかもしれない。

(78) 本文の内容から見て、(1)＿＿＿＿＿に入る最も適当な言葉はどれですか。

(A) 歯車
(B) 歯応え
(C) 歯止め
(D) 歯がゆさ

(79) 本文の内容から見て、(2)＿＿＿＿＿に入る最も適当な言葉はどれですか。

(A) 内気
(B) 生意気
(C) 無邪気
(D) 意気地無し

(80) この人は2年前に起きた小学校乱入事件についてどう思っていますか。

(A) 残された家族にも心の供養が必要だ。
(B) もうかなり時間が経ったから、もう忘れるべきだ。
(C) 事件の犯行動機がわからないのも無理ではない。
(D) 犯人にも犯人なりの事情があるから、非難するのはよくない。

(81 ～ 84)

リング状のバスケットにボールをシュートして得点を競うコーフボールは、1902年オランダの体育の先生が考え出したと言われている。オランダでは国技に近い存在で、王室が抱えるクラブチームもあり、コーフボールだけで食べている人もいるという。ちなみに、世界的にオランダ、ベルギー、台湾などが強い。ただ、正式なコートは60m×30mとかなり大きいので、日本ではちょっと普及しづらいのかもしれない。

コーフボールは身長差や運動神経の差、男女の差に関係なくできるスポーツという理念がその(1)＿＿＿＿＿にあり、男性4人と女性4人の計8人が一つのチームを作り、地上3.5mの高さにあるゴールにボールを入れれば得点になる。ただし、バスケットボールと違ってゴールは筒状で底がないし、バックボードもないため、360度からシュートができる。これがバスケットボールと最も違う点であると言える。また、コーフボールがユニークなのは、パスのカットが禁じられていることであり、ドリブルも禁じられているため、(2)＿＿＿＿＿、パスの正確性が何よりも重要になってくる。更に、コートはディフェンディングゾーンとアタックゾーンに分かれており、それぞれのゾーンにいる人は攻撃か守備かどちらしかできないという点である。

(81) 本文の内容から見て、(1)＿＿＿＿＿に入る最も適当な言葉はどれですか。

(A) 源   (B) 根底
(C) 深淵   (D) 横這い

(82) 本文の内容から見て、(2)＿＿＿＿＿に入る最も適当な文章はどれですか。

(A) パス中心のゲーム展開になり
(B) 守備中心のゲーム展開になり
(C) 攻撃中心のゲーム展開になり
(D) 得点中心のゲーム展開になり

(83) コーフボールとバスケットボールの一番大きな違いは何ですか。

(A) コーフボールは360度からシュートができる。
(B) コーフボールはパス中心のゲーム展開になる。
(C) コーフボールは王室が抱えるクラブチームがある。
(D) コーフボールは正式なコートがバスケットボールより広い。

(84) 本文の内容と合っていないものはどれですか。

(A) コーフボールは1902年オランダの体育の先生が考え出したと言われている。
(B) コーフボールのコートはかなり大きいため、日本ではちょっと普及しづらい面がある。
(C) コーフボールはパス中心のゲームであるため、パスの正確性が何よりも重要である。
(D) コーフボールは攻撃と守備の区域が分かれており、その中の人は守備と攻撃両方ともできる。

(85 〜 88)

　　サラリーマンならみんな会議を経験したことがあるだろう。普通の会議の場合、会議の進行の仕方を見ていると、ある程度会議をコントロールすることができる。まず会議に使用する部屋の席の並べ方であるが、自分にとって不利な内容について話す場合や相手に納得してもらう場合などは、この席の配置をなるべく近くにして横や90度になる位置に座るようにする。(1)＿＿＿＿＿＿＿、自分が同じ立場であるような印象を持たれる。さて、それから会議に入る。すると、中には何人かどうしても話好きの人がいたり話の内容によって話がそれていく場合がよくあるが、会議の流れをそのままにしないことが肝要である。特に、目的と手段というポイントを常に念頭に置いておく必要がある。会議では一つの目的のために色々な手段が提案される。しかし、そのうち、これらの手段についての細かい話に陥ってしまうことがよくある。この時、しばらく様子を見た後、話が戻らないようであったら、途中で話を遮り、(2)＿＿＿＿＿＿＿ことで会議の主導権を取ってしまう。司会が別にいたとしても、このように話を的確に掴んで発言することで、実質の司会になり得る。

(85) 本文の内容から見て、(1)＿＿＿＿＿＿に入る最も適当な文章はどれですか。

　　(A) 相手を見ないことにより
　　(B) 相手と遠く離れることにより
　　(C) 相手と向かい合うことにより
　　(D) 相手と同じ方向を向くことにより

(86) 会議で相手に納得してもらうための席の配置はどれですか。

　　(A) 相手のすぐ横に座る。
　　(B) 相手と面と向って座る。
　　(C) 配置はあまり考えなくてもいい。
　　(D) なるべく相手と大きく離れて座る。

(87) 本文の内容から見て、(2)＿＿＿＿＿＿に入る最も適当な文章はどれですか。

　　(A) 面白い冗談を言う
　　(B) 険しい表情で大声を出す
　　(C) その手段について詳しく説明する
　　(D) その会議の目的をメンバーに再認識させる

(88) 本文のタイトルとして最も適当なものはどれですか。

　　(A) 会議の司会になる方法
　　(B) 会議を上手にこなすコツ
　　(C) サラリーマンにとっての会議の意義
　　(D) 一番いい発言のタイミングとはいつか

近年、健康志向がより高まる中で清涼飲料水の多くは、「悪」のように取り扱われることが多くなっている。こういったマイナスイメージを払拭するために今、各社で「フレーバーウォーター」への取り組みが高まっている。こういった飲み物は、甘さやカロリーが控えめで見た目もお水のように透明である。「ちょっとジュースが飲みたいけど、ジュースじゃ体に良くないし」という(1)＿＿＿＿＿をあまり感じずに飲める、手軽な清涼飲料水である。強いて短所を言うなら、ジュース類より値段がちょっと高めなところだろうか。

　もともと色が付いているはずの果汁やお茶から色を抜くには、化学薬品などが入っているわけではない。学生時代理科の実験で蒸留の実験をしたことがあると思う。あの実験と同様に、加熱された水が蒸気に果実や茶葉の香り、風味などを吸収させ、これを(2)＿＿＿＿＿＿透明にするという。薬品などを使っていないということであればひとまず安全であるが、ネット掲示板などでは「何でもかんでも無色透明にしてるけど、不自然で怖い」という意見などもあるようである。確かに、透明でお水のような感覚で軽く飲めるのは事実であるが、どの「フレーバーウォーター」にも糖類は含まれている。お水やお茶のように、足りない水分を補うために日常いつも飲んでいると、糖分の取りすぎや虫歯の原因にもなるため、注意が必要である。

(89) 本文の内容から見て、(1)＿＿＿＿＿に入る最も適当な言葉はどれですか。

    (A) 違和感   (B) 罪悪感

    (C) 親近感   (D) 責任感

(90)「フレーバーウォーター」についての説明の中で、正しくないものはどれですか。

    (A) ジュース類より値段が安い。

    (B) 甘さやカロリーが控えめである。

    (C) 見た目はお水のように透明である。

    (D) 清涼飲料水のマイナスイメージを払拭するために登場した飲み物である。

(91) 本文の内容から見て、(2)＿＿＿＿＿に入る最も適当な文章はどれですか。

    (A) 凝固させて

    (B) 気体に変えて

    (C) もっと高い温度で加熱して

    (D) 冷やすことで液体に戻して

(92)「フレーバーウォーター」の注意点として本文に出ているものは何ですか。

    (A) 温かくして飲まないこと

    (B) 常温に置いておかないこと

    (C) 水分補給として常飲しないこと

    (D) 他の飲み物と混ぜて飲まないこと

(93 ～ 96)

　　400年の歴史を誇り、外国人観光客が殺到している京都の「錦市場」。人気の一方で伝統を守るのか、観光地化するのか、難しい問題を突き付けられている。京都の4条通りの北側に390メートル続く狭い通りに、様々な商品を扱う130店舗あまりが(1)＿＿＿＿＿いる。鮮魚や惣菜など、端から端まで歩けば食卓が整う。「京の台所」として400年、地元の人が毎日通う場所であったが、数年前から外国人観光客が急増し、「錦市場」に大きな変化が起きた。

　　「錦市場」を訪れる多くの外国人が持っているのは串焼き。外国人にとって「錦市場」は「食べ歩きスポット」になっていたのである。この外国人の食べ歩きについて「行儀が悪い」と思う地元の人たちが多いが、串焼きを販売している店に聞いてみると、そこにはわけがあった。もともと魚を扱っている鮮魚店であった店がなぜ串焼きを販売するようになったのだろうか。それは日本人の客が減り、鮮魚店の命である生の魚が売れなくなったためであるという。要するに、商売を続けるには外国人観光客の購買力に頼らざるを得ない状況になってしまったのである。しかし、串焼き店が増えたことで、串のポイ捨ても問題になっているという。伝統を守るのか、外国人向けにシフトするのか、400年の歴史がある京の台所が変わろうとしている。

(93) 本文の内容から見て、(1)＿＿＿＿＿に入る最も適当な表現はどれですか。

(A) 先を争って　　　　　　　　　　　(B) 軒を連ねて
(C) 口火を切って　　　　　　　　　　(D) 先制を取って

(94) 「錦市場」についての説明の中で、正しくないものはどれですか。

(A) 最近、外国人観光客が急増している。
(B) 現在、130店舗あまりが営業をしている。
(C) 京都にあり、400年の歴史を誇っている。
(D) 地元の人にはあまり人気がない市場であった。

(95) 「錦市場」の鮮魚店が串焼きを販売する店に変わった理由は何ですか。

(A) 鮮魚店が多すぎて商売にならなかったから
(B) 何年か前から串焼きの需要が急増したから
(C) 日本人の客が減り、生の魚が売れなくなったから
(D) 串焼き専門店に変えることで、国から補助金がもらえるから

(96) 本文の内容と合っていないものはどれですか。

(A) 「錦市場」は「京の台所」と呼ばれるほど多彩な食材を売っている。
(B) 今、外国人にとって「錦市場」は「食べ歩きスポット」になっている。
(C) 「錦市場」での外国人の食べ歩きを礼儀正しくないと思う地元の人たちが多い。
(D) 「錦市場」を訪れる外国人観光客の人数に比べて購買力はそれほど大きくない。

(97 ～ 100)

　　最近の日本語の調査で、慣用句の使い方を間違っている人が増えているという。例えば「流れに棹さす」という慣用句の場合、正しい意味は傾向に乗ってある事柄の勢いを増すような行為をすることである。これを聞いて驚いてしまった。流れの勢いを止めるような印象があるため、私は逆の意味に捉えていた。流れを(1)＿＿＿＿＿＿ような行為のことであると思っていた。「確信犯」も政治的・宗教的な信念に基づいて正しいと信じてなされる犯罪またはその行為を行う人というのが正しいそうであるが、これも最初に覚えた時から悪いと知っていながらその行為をやってしまうという違う意味で覚えていた。「閑話休題」は話を本筋に戻す時、あるいは本題に入る時の「さて」程度の意味であるという。私は話をそらす時に使うと思っていた。「一生懸命」という言葉がある。私が使用しているワープロでも一発で変換できる。この言葉ももともとは中国の戦争に関わる故事から来た言葉であるという。その場所を守るのに命をかけるという意味で、本来の漢字は「一所懸命」である。この言葉でもワープロは変換してくれる。つまり、このワープロは「(2)＿＿＿＿＿＿」である。このように言葉が時代と共に変化するのも仕方のないことであろう。それが国民に定着すれば、(3)勝てば官軍負ければ賊軍ということであろう。

(97) 本文の内容から見て、(1)＿＿＿＿＿＿に入る最も適当な言葉はどれですか。

(A) 掴む　　　　　　　　　　　　　　(B) 維持する
(C) 失わせる　　　　　　　　　　　　(D) リードする

(98) 本文の内容から見て、(2)＿＿＿＿＿＿に入る最も適当な表現はどれですか。

(A) 確信犯
(B) 閑話休題
(C) 一所懸命
(D) 流れに棹さす

(99) (3)勝てば官軍負ければ賊軍とはどういう意味ですか。

(A) 互いに優劣がなく、同じ程度である。
(B) 道理がどうであろうと、勝った者が正義になる。
(C) 勝ったと言っても、心を引き締めてことに当たれ。
(D) 一時的に相手に勝ちを譲ることが結局は勝つことになる。

(100) 本文でこの人が一番言いたいことは何だと思いますか。

(A) 言葉が時代と共に変化するということを認める必要がある。
(B) 学校で正しい慣用句の使い方を学生たちに教えるべきである。
(C) 日本人の中で、慣用句の使い方を間違っている人が増えている。
(D) 政府はもっと積極的に言葉の誤用についての対策を立てるべきである。

□ 例を挙げる 예를 들다

□ 目に付く 눈에 띄다

□ 油を搾る 문책을 하다

□ 肩を持つ 편을 들다

□ ひびが入る 금이 가다

□ 膝を崩す 편히 앉다

□ 役に立つ 도움이 되다

□ 骨を折る 애쓰다

□ 間に合う 시간에 맞추다

□ 小耳に挟む 언뜻 듣다

□ 身に付ける 몸에 익히다

□ 口を添える 조언을 하다

□ 目を通す 대충 훑어보다

□ 念頭に置く 염두에 두다

□ 腕を揮う 솜씨를 발휘하다

□ 目が届く 눈길이 미치다

□ 腰を下ろす 걸터앉다, 앉다

□ 首を長くする 학수고대하다

□ 人目を引く 남의 이목을 끌다

□ 目を細める 미소를 띄우다

□ 拍車をかける 박차를 가하다

□ 耳を澄ます 귀를 기울이다

□ 待ちぼうけを食う 바람을 맞다

□ 脚光を浴びる 각광을 받다

□ 余計なお世話 쓸데없는 참견

□ 注目を浴びる 주목을 받다

□ 気が付く 깨닫다, 알아차리다

□ 是非を正す 시비를 가리다

□ 手を出す 새로이 일을 시작하다

□ 本音を吐く 본심을 털어놓다

□ 舌が回る 막힘없이 잘 말하다

□ 手が込む 정교하다, 치밀하다

□ 気を取り直す 기운을 다시 내다

□ 足を洗う 손을 씻다, 발을 빼다

□ 長い目で見る 긴 안목으로 보다

□ 軍配が上がる 승부에서 이기다

□ お辞儀をする 공손하게 인사하다

□ 本腰を入れる 모든 정신을 쏟다

□ 明らかになる 밝혀지다, 드러나다

□ 肩を並べる 어깨를 나란히 하다

□ 舌を巻く 혀를 내두르다, 감탄하다

□ 胸を撫で下ろす 가슴을 쓸어내리다

□ 仲間外れにされる 따돌림을 당하다

□ 目を覚ます 정신을 차리다, 잠을 깨다

Ⅴ. 下の線の言葉の正しい表現、または同じ意味のはたらきをしている言葉を (A) から (D) の中で
一つ選びなさい。

(1) 今村先生は思ったほど厳しい先生ではなか
った。
(A) やさしい
(B) かなしい
(C) うれしい
(D) きびしい

(2) 今日は彼女と高級レストランで食事をする
ことにした。
(A) しょくじ
(B) しょくごと
(C) のみもの
(D) たべもの

(3) 成績は努力すればするほど上がる。
(A) とりょく
(B) どりょく
(C) とりき
(D) どりき

(4) あそこでバスに乗り換え、中村高校前で
下車してください。
(A) げしゃ
(B) かしゃ
(C) したぐるま
(D) かぐるま

(5) 日本はいつも台風によって大きな被害を被る。
(A) こうむる
(B) やぶる
(C) いろどる
(D) かぶる

(6) この旗は両国間の平和と友情の印です。
(A) いん
(B) あかし
(C) しるし
(D) ためし

(7) 身を粉にして働いていた彼は、結局過労死
してしまった。
(A) こ
(B) こな
(C) あみ
(D) ほこり

(8) 何かを指示する時は、文章をかんけつにま
とめて伝えることを常に意識しなければな
らない。
(A) 簡結
(B) 間結
(C) 簡潔
(D) 間潔

(9) 事態がこうなってしまった以上は、積極的
な姿勢でのぞむしかない。
(A) 望む
(B) 処む
(C) 臨む
(D) 組む

(10) もうやらないと何度も言っていたのに、ま
た同じあやまちを犯してしまった。
(A) 謝ち
(B) 誤ち
(C) 違ち
(D) 過ち

(11) 部屋がとても汚れているから、掃除しなさい。

    (A) せまいから

    (B) あついから

    (C) きたないから

    (D) きれいだから

(12) 二度とあんな人に仕事を頼むものか。

    (A) 頼むまい

    (B) 頼んでもいい

    (C) 頼むとは限らない

    (D) 頼むしかない

(13) 映画での彼女の演技は圧巻だった。

    (A) 賛成だった

    (B) 最高だった

    (C) 反対だった

    (D) 同感だった

(14) あの真面目な山田君が休むとは、よくよくのことだ。

    (A) よほどのことだ

    (B) しばしばあることだ

    (C) めったにないことだ

    (D) ささいなことだ

(15) 長引いている不景気のせいで、退職を余儀なくされた。

    (A) 退職しようと思った

    (B) 退職せざるを得なかった

    (C) 退職するわけにはいかなかった

    (D) 退職せずにはすまなかった

(16) 簡単そうに見えるかもしれないが、家事をなおざりにしてはいけない。

    (A) おごそか

    (B) すみやか

    (C) おろそか

    (D) うららか

(17) この本は昨日本屋で買ったばかりです。

    (A) 彼は日本語ばかりではなくドイツ語もできます。

    (B) 手術しても彼女の病気は悪くなるばかりでした。

    (C) この店は美味しいばかりか、値段も本当に安いです。

    (D) 日本に来たばかりの頃は日本語がよくわかりませんでした。

(18) いい薬さえあれば、彼女は助かったものを。

    (A) この問題の答えは子供さえ知っていると思う。

    (B) 今度の試験は時間さえあれば全部解けたのに。

    (C) 漢字で自分の名前さえ書けない大学生が増えている。

    (D) 台風が近付いてきて大雨ばかりか、強風さえ吹き出した。

(19) ちょっときついですね。もう少し大きいのはありませんか。

    (A) スカートがきつくていけません。

    (B) 買い物をしすぎて生活がきつい。

    (C) きついことを言って彼女を傷付けてしまった。

    (D) 彼女は性格がきつくて友達があまりいない。

(20) もうすぐ着くと言ったから、席を一つあけておいてください。

    (A) 夜のあけないうちにさっさと帰りましょう。

    (B) 他の人が通りやすいように、道をあけておいた。

    (C) 目をあけたら、雪景が目の前に広がっていた。

    (D) ふたをあけてみると、美味しそうなキャンディーがたくさん入っていた。

Ⅵ. 下の＿＿＿＿＿線の A, B, C, D の中で正しくない言葉を一つ選びなさい。

(21) 毎朝学校へは、田中君を会って一緒に行きます。
 　　(A)　　　(B)　　　　(C)　　　　(D)

(22) 昨夜は頭が痛かった から、何もしてすぐ寝た。
 　　　　(A)　　　　(B)　(C)　　　(D)

(23) 教科書を持った背に高い人が教室に入ってきて、生徒たちに挨拶をした。
 　　　　　(A)　(B)　　　　　　　　(C)　　　　　　　　(D)

(24) 自己自身の人生に対する責任感のない人は、決して肯定的な自己主張ができない。
 　　(A)　　　　　　(B)　　　　　　　(C)　　　　(D)

(25) 最近発表する研究によれば、子供の時の IQ は年齢と共に高くなるものだそうだ。
 　　　　(A)　　　(B)　　　　　　　　　　(C)　　　　　　(D)

(26) 彼女が事件の真相を言わない以上、私が先に言うわけではない。
 　　　　　　　　(A)　　　(B)　(C)　　(D)

(27) 大規格な工場を建設することにより、ソーラー発電設備の販売価格を化石燃料より安くすることが
 　　(A)　　　　　　　　　(B)　　　　　　　　　　　(C)
　　　可能になります。
 　　(D)

(28) 彼女の歩んできた道のりはとても輝かしいように見えるが、これまでに積み重ねてきた努力は想像
 　　　　　　(A)　　　　　　(B)　　　　　　　　　　(C)
　　　を超えるわけがあった。
 　　　　(D)

(29) いくら不景気になったとはいえ、長年会社に貢献していった人でさえ首になるのはひどいと思う。
 　　　　　　　　(A)　　　　　　　　(B)　(C)　　(D)

(30) 不況で再就職が難しいが、さて 4 年間もぶらぶらしているのはちょっと情けない。
 　　(A)　　　　　　(B)　　(C)　　　　　　　　　(D)

480

(31) 最近、仕事と育児で忙しくてよく行った映画館にも滅多に足を移さなくなった。
　　　　　　　 (A)　　　　　 (B)　　　　　　　　　　　　 (C)　　　 (D)

(32) 旅に出ている間にファンからのプレゼントが着いたようだが、返送されてしまった。
　　　　　　 (A)　　　　　　　　 (B)　　　 (C)　　　　　 (D)

(33) この小説は緻密なストーリー展開と誰も真似できない独特きわめない構成で、高い評価を受けて
　　　　　　 (A)　　　　　　　　　　　　　 (B)　　　　　 (C)　　　　　　　　 (D)
いる。

(34) 高校生ともすれば、きちんとしたあいさつが出来なくては困るのではないだろうか。
　　　　 (A)　　　　 (B)　　　　　　　　 (C)　　　　　　 (D)

(35) 明るい色が好きだと言っていた彼女は、今日珍しく 黒いっぽい服を着ていた。
　　 (A)　　　　　　　　 (B)　　　　　　　 (C)　　 (D)

(36) 待ちに待つ冬がやってきたのに、捻挫してしまい、スキーをすることができない。
　　 (A)　　　　 (B)　　　　 (C)　　　　　　　 (D)

(37) ちょっと油断したすきに荷物が無くなったり、財布を落としたりしたら、せっかくの旅行が土壇場
　　　　　　　　 (A)　　　　　　　　　　　 (B)　　　　　　 (C)　　　 (D)
になってしまう。

(38) 彼ときたら、自分に不利な話になると、いつも話を逸れてばかりいる。
　　 (A)　　　　 (B)　 (C)　　　　　 (D)

(39) 手を洗うとは仏教からの言葉で、卑しい職業の世界から抜け出すことを意味している。
(A)　　　　　　 (B)　　　 (C)　　　　　　 (D)

(40) 冷戦が終了し、金科玉条に世界が一つになっていくと夢見ていた人々は、アメリカ同時多発テロで
　　　　　 (A)　　　　　　　　　　　　 (B)
強烈な仕打ちを受けて幻想を打ち砕かれた。
　　 (C)　　　　　　 (D)

Ⅶ. 下の＿＿＿＿＿線に入る適当な言葉を (A) から (D) の中で一つ選びなさい。

(41) 初めまして。会計担当の鈴木＿＿＿＿＿申します。

　　(A) の
　　(B) と
　　(C) に
　　(D) で

(42) すみませんが、トイレを＿＿＿＿＿いいでしょうか。

　　(A) 行っても
　　(B) 使っても
　　(C) 買っても
　　(D) 取っても

(43) 昨日は誰とも＿＿＿＿＿。

　　(A) 会った
　　(B) 会っている
　　(C) 会わない
　　(D) 会わなかった

(44) テーブルの上にきれいな花が＿＿＿＿＿あります。

　　(A) 咲いて
　　(B) 飾って
　　(C) 増えて
　　(D) 使って

(45) 1年前、友達の＿＿＿＿＿で、今の妻と初めて会いました。

　　(A) 規則
　　(B) 理由
　　(C) 紹介
　　(D) 相談

(46) さっきから眠くて＿＿＿＿＿が止まらない。

　　(A) 咳
　　(B) 熱
　　(C) あくび
　　(D) ひび

(47) この小説は世界中の人々に＿＿＿＿＿いる。

    （A）読んで

    （B）読んであげて

    （C）読まれて

    （D）読みたがって

(48) 新しい社長を＿＿＿＿＿食事会を開いた。

    （A）向けて

    （B）広げて

    （C）囲んで

    （D）奪って

(49) 彼の小説は読＿＿＿＿＿の間で話題になっている。

    （A）側

    （B）氏

    （C）者

    （D）方

(50) この道を女性が夜一人で歩くのはちょっと＿＿＿＿＿なので、気を付けてください。

    （A）迷惑

    （B）邪魔

    （C）危険

    （D）安全

(51) ＿＿＿＿＿担当者がおりませんので、後ほどこちらから電話させていただきます。

    （A）さっそく

    （B）あいにく

    （C）いきなり

    （D）たまに

(52) 何度も引っ越しをしたせいで、うちの家具はあっちこっちが傷＿＿＿＿＿だ。

    （A）だらけ

    （B）っぽい

    （C）ぎみ

    （D）がち

(53) 彼はまだ取引_____からの連絡がなくていらいらしている。

    (A) 先

    (B) 所

    (C) 場

    (D) 室

(54) 今の大学が平年_____の学生数を維持するのは難しいだろう。

    (A) 並み

    (B) 割れ

    (C) 切れ

    (D) 以内

(55) 大きいトラックが_____坂を上ってくる。

    (A) 穏やかな

    (B) 華やかな

    (C) 緩やかな

    (D) 大まかな

(56) 今日はお客が少ないだろうと思って店に行ってみると、_____空席だらけだった。

    (A) 案の定

    (B) さも

    (C) 時折

    (D) いざ

(57) 初めての料理_____とても美味しいね。

    (A) によっては

    (B) にしたがっては

    (C) においては

    (D) にしては

(58) _____ついた嘘のせいで、みんなに大変迷惑をかけてしまった。

    (A) とっさに

    (B) 別けて

    (C) 押し並べて

    (D) おおざっぱに

(59) 君に出会う前は、「人なんか信じる_____」と思っていた。

    (A) ものを

    (B) ものか

    (C) ことを

    (D) ことか

(60) 今の総理が_____が言うまいが、戦前の日本は天皇を中心とした国家であった。

    (A) 言う

    (B) 言おう

    (C) 言える

    (D) 言わない

(61) _____そんなことをしても、死んだ人間が生き返るわけではないだろう。

    (A) 殊更

    (B) 尚更

    (C) 今更

    (D) 満更

(62) 今日は首になるやら交通事故に遭うやら、本当に泣き面に_____だね。

    (A) 態

    (B) 蚊

    (C) 猫

    (D) 蜂

(63) 昔、彼とは_____手紙をやりとりしたものだが、今は電話番号すら知らない。

    (A) 大概

    (B) よほど

    (C) 一挙に

    (D) 頻りに

(64) この分野_____、彼の右に出る者がないと思う。

    (A) につれては

    (B) はともかく

    (C) にわたって

    (D) にかけては

(65) 転んで机に頭をぶつけてしまい、_____から火が出るほど痛かった。

    (A) 顔

    (B) 目

    (C) 額

    (D) 腰

(66) 事態がこうなってしまった以上、交渉を_____しかないだろう。

    (A) 込み合う

    (B) 打ち切る

    (C) 崩れ落ちる

    (D) 潜り抜ける

(67) その説には_____点がいくつかあった。

    (A) もどかしい

    (B) いぶかしい

    (C) かんばしい

    (D) まちどおしい

(68) 彼らの前には険しい山が_____いた。

    (A) たちはだかって

    (B) ぶらついて

    (C) もちなおして

    (D) あけくれて

(69) 彼の主張が_____間違いであるとは言い切れない。

    (A) 強ち

    (B) 徐に

    (C) とっくに

    (D) 予て

(70) 政治家の発言を比較してみようと思ったが、_____が並べられて区別が付かなかった。

    (A) 挙げ句

    (B) 常套句

    (C) 五節句

    (D) 慣用句

Ⅷ. 下の文を読んで、後の問いにもっとも適当な答えを (A) から (D) の中で一つ選びなさい。

(71 ～ 74)

　　私の学校では、秋に大きな行事があります。それは文化祭です。私の学校の文化祭では、各クラスが店を開いてそれを他のクラスの学生に売ります。私のクラスは何をやるかで迷いましたが、「作ってもらう場所」ということで木の実の人形やペーパークラフト、紙飛行機などをやることになりました。私の係は木の実の人形です。まだ商品の見本は一つも作っていませんが、開く店の規模や参加するメンバーも決まったし、文化祭が楽しみです。文化祭では、もう一つの楽しみがあります。それは他のクラスを回ることです。まだ行くところは決まっていませんが、私は人生ゲームをやっているところに行ってみたいです。私の家には人生ゲームがありませんが、ずっと「やりたいな」と思っていました。前に一度、友達の家で人生ゲームをやったことがありますが、まるで本当の人生の出来事をゲームにしているようでとても楽しかったです。

(71) この人の学校の文化祭はどんな形式ですか。
　　(A) 各クラスが隠し芸を見せてくれる形式
　　(B) 使わなくなった物をお互いに交換する形式
　　(C) 各クラスが決まったテーマに合わせて店を開く形式
　　(D) 各クラスごとに店を開き、それを他のクラスの学生に売る形式

(72) この人のクラスが開く店で、まだ決まっていないことは何ですか。
　　(A) 商品の見本
　　(B) 開く店の規模
　　(C) 売る商品の内容
　　(D) 参加するメンバー

(73) この人は文化祭のもう一つの楽しみは何だと言っていますか。
　　(A) 他のクラスを回ること
　　(B) 新しい友達ができること
　　(C) 最も人気のある店に選ばれること
　　(D) 参加した人たちで集合写真を撮ること

(74) この人は友達の家で人生ゲームをやってみてどう思いましたか。
　　(A) 思ったより面白くないと思った。
　　(B) 難しくてこれからはあまりやりたくないと思った。
　　(C) とても簡単で、面白さが全くわからないと思った。
　　(D) まるで本当の人生の出来事をゲームにしているようだと思った。

(75 〜 78)

　　今日、私は和夫君の誕生日パーティーに行きました。和夫君は幕張に住んでいて、学校まで私と同じ電車で通学している友達です。朝、母は幕張までの電車の料金などを考えて私に2千円を渡しました。しかし、それは全部要らなくなりました。なぜなら、和夫君のお母さんが車で迎えに来てくれたからです。ピンクのマンションの7階だったので、エレベーターに乗って行きました。中に入ると、和夫君のお祖父さんとお祖母さんが温かく迎えてくれました。そしてチョコクッキーやポッキー、フルーツなどをご馳走になりました。ご馳走を食べ終わってからビンゴをやりました。私は何と1等を当ててしまいました。でも、私はそれを吉田君の2等と交換しました。なぜそうしたかというと、1等は時計で2等はかわいい犬のぬいぐるみでしたが、時計は家にたくさんあったからです。5時になって、和夫君のお母さんが車で駅まで送ってくれました。電車で帰る時、「今度のようにまた楽しいパーティーに行ける機会があったらいいな」と思いました。

(75) この人と和夫君はどんな友達ですか。

　　(A) 気が合う友達
　　(B) 同じクラスの友達
　　(C) 週末によく遊ぶ友達
　　(D) 学校まで同じ電車で通学している友達

(76) この人の母がくれた2千円が要らなくなった理由は何ですか。

　　(A) もともと持っているお金があったから
　　(B) 和夫君の家まで歩いていくことにしたから
　　(C) 和夫君のお母さんが車で迎えに来てくれたから
　　(D) 和夫君の家まで他の友達と自転車で行くことにしたから

(77) 和夫君についての説明の中で、正しくないものはどれですか。

　　(A) 幕張という所に住んでいる。
　　(B) 広い一戸建てに住んでいる。
　　(C) ピンクのマンションの7階に住んでいる。
　　(D) お祖父さんやお祖母さんと一緒に住んでいる。

(78) この人がビンゴの1等を2等と交換した理由は何ですか。

　　(A) 時計は家にたくさんあったから
　　(B) 吉田君に交換してほしいと言われたから
　　(C) 犬のぬいぐるみはあまり好きではないから
　　(D) 吉田君が犬のぬいぐるみをほしがっていたから

(79 〜 81)

　「あ〜！今日、放送だった！」この台詞は水曜日の定番だ。私は放送委員なので、毎週水曜日は朝の8時20分から朝の放送を始めなくてはいけないのだが、そのことを忘れていて時々学校に来てから思い出すのだ。「あ〜！今日、放送だった！！」そう言った後は、まずランドセルを自分の机に置いて2階にある職員室まで全速力で走り、慌ただしく鍵を借りて放送室に行く。それはそうと、私の友達で学校にいつも遅刻ぎりぎりにやってくる人がいる。理由を聞いてみると、6時からピアノに行って、終わったらプールに行って帰ってくるのが10時なのだそうだ。しかもプールは週に何と5回も行っていて、かなり過酷な毎日を送っているらしい。寝るのも12時は当たり前だという。しかも、宿題なんかもあるから大変だろう。そして、その子が朝起きるのは8時だから、遅刻しそうになってもおかしくはない。しかし、私は人間にとって「(1)＿＿＿＿＿」という言葉は忘れてはいけないと思う。朝寝坊して人に迷惑をかけたりしたらいけないからだ。私もこれからは、「あ〜！今日、放送だった！」とならないように、努力していきたいと思っている。

---

(79) この人は毎週水曜日の朝、何をしますか。

    (A) 朝の放送を始める。

    (B) 早起きして勉強をする。

    (C) 近くの公園を散歩する。

    (D) テレビのニュースを見る。

(80) この人の友達が学校にいつも遅刻ぎりぎりにやってくる理由は何ですか。

    (A) かなり過酷な毎日を送っているから

    (B) 朝寝坊する習慣が付いてしまったから

    (C) 学校から遠く離れたところに住んでいるから

    (D) 毎日きちんと朝ご飯を食べて学校に来るから

(81) 本文の内容から見て、(1)＿＿＿＿＿に入る最も適当な表現はどれですか。

    (A) 急がば回れ

    (B) 仏の顔も三度

    (C) 早起きは三文の得

    (D) 一寸の虫にも五分の魂

(82 ～ 84)

　　埼玉県のある女子大で高校の進路指導担当者を対象に来年度の入学説明会を開いた際、出席した先生たちに食事やお菓子、金券を振る舞っていたという。同大学の事務局長は、「少子化が進む中、学生を確保するために飲食や土産付きの説明会を開くのはどこの大学でも行っている」と主張している。

　　さて、大学というのは何かを学ぶところである。従って、「うちの大学はこういうメリットがあります」というので人を呼ぶならもっともであるが、餌で釣るようなことは(1)_____である。いささか理論的ではなるが、(2)いい場所にはいい人間たちが集まるものである。大学も生き残りと経営のため、色々やるのは仕方ないが、高校の先生はあくまで教育者である。だから、餌をもらったからではなく、本当に本人のためを考えた進路指導をしてほしいものである。いつの世であれ、しようもないものは淘汰されていく。大学側は小手先だけのテクニックだけでなく、真に見せるものを用意してほしいものである。

(82) 本文の内容から見て、(1)_____ に入る最も適当な言葉はどれですか。

　　(A) 前倒し
　　(B) 勘違い
　　(C) たらい回し
　　(D) 意気地無し

(83) 本文の内容からみて、(2)いい場所にはいい人間たちが集まるとはどんな意味ですか。

　　(A) いい家は誰もが住みたがる。
　　(B) いい店はいつもお客が多い。
　　(C) いい大学にはいい学生が集まる。
　　(D) いい建物はいい値段で売ることができる。

(84) この人の主張として正しいものはどれですか。

　　(A) 高校との頻繁な交流をもっと増やすべきである。
　　(B) 飲食や土産付きの説明会は、少子化のせいで仕方ない。
　　(C) 高校の先生が付き合いで多少の飲食を受けるのは別に問題ではない。
　　(D) 大学側はテクニックでなく、生徒が魅力を感じられるものをアピールしてほしい。

(85 〜 88)

　　人間誰にでも幸福な時というのはあるもので、それは人にとって様々である。寝ている時、食べている時、中には勉強している時という人もいるかもしれない。ちなみに私はサッカーをしている時が一番幸福である。しかし、どれにしても自分の一番好きなことをしている時がやはり幸福と感じるのである。では、それを実現するにはどうすればいいのだろうか。それにはまず本当に何が好きなのかを見つけ出すことが大切である。私は中学からサッカーを始めたが、はじめはうまくいかなくて辞めたくなることもたくさんあった。しかし、そんな時テレビでやっているＪリーグや五輪のサッカーを見てやはりサッカーが好きなことに気付いた。このように、テレビなどで他人がしているのを見ると、自分が好きなことが見えてくる。自分の好きなことがわかれば、次はそれに没頭してみることが大切である。没頭することで、好きであるという実感が湧いてきて幸福に感じる。確かに長い人生の中ではいやなこともやらなければならない。だからこそ、「人生は辛いものでなく、楽しむものである」というように、一度きりの人生なのだから、自分の好きなことに没頭して幸福になるべきである。

(85) この人は何をしている時が一番幸福だと言っていますか。

(A) 寝ている時
(B) 食べている時
(C) 勉強している時
(D) サッカーをしている時

(86) この人は幸福だと感じるのを実現するためには、まず何が大切だと言っていますか。

(A) 自分の現状を冷静に考えてみること
(B) 本当に何が好きなのかを見つけ出すこと
(C) 幼い時から嫌いだったのは全くやらないこと
(D) 自分の長所と短所をはっきり認識しておくこと

(87) この人はどうやってサッカーが好きなことに気付きましたか。

(A) サッカーの試合に参加してみてサッカーが好きなことに気付いた。
(B) 憧れていたサッカー選手に会ってサッカーが好きなことに気付いた。
(C) 周りの人から才能があると言われてサッカーが好きなことに気付いた。
(D) テレビでやっているＪリーグや五輪のサッカーを見てサッカーが好きなことに気付いた。

(88) この人は好きなことに没頭することで、何がわかると言っていますか。

(A) 自分の才能の有無
(B) 好きであるという実感
(C) 上達した時の達成感
(D) 好きなことを続けられる自信

(89 ～ 92)

　　「自己効力感」というのは自分の力で周りの手本を参考にしながら手に入れていくものである。そして、それは子供の頃に多く獲得していく。しかし、子供だからこそ、(1)＿＿＿＿。また、賞罰を必要以上に使うことも多い。私は子供がやろうとしていることは助けていくべきであると思う。子供の「自己効力感」は失敗や間違いを許された時に自然に生まれてくる。私は幼稚園が終わるまでは三輪車に乗っていて、小学校に入って自転車を買ってもらった。そして練習したのだが、はじめはこけてばかりで何度も泣いた覚えがある。それでも母は「今日は止めといて。もう危ないから」などとは言わずに、「男の子だし、大丈夫。頑張れ」と強気で励ましてくれた。今思うと、そのおかげで運動音痴であった私が1週間で自転車に乗れるようになったと思う。また、できるだけ自分の力でやらせることも大切である。誰でも失敗は嫌だし、危ないことは止めてしまいそうになる。だが、「(2)＿＿＿＿」という言葉のように、失敗しても自分の力でやっていけば、いつかは成功する。つまり、「自己効力感」が得られるのである。

(89) 本文の内容から見て、(1)＿＿＿＿に入る最も適当な文章はどれですか。

(A) 親はつい干渉するのを止めてしまう
(B) 親は子供に全てを任せてしまいかねない
(C) 親は何も手伝わずにただ見ているだけである
(D) 親は危ないなどの理由でブレーキをかけてしまいがちである

(90) 子供の「自己効力感」はどんな時に生まれてきますか。

(A) 成功の経験が重なった時
(B) 周囲の人々に助けられた時
(C) 失敗や間違いを許された時
(D) 様々なことに挑戦してみた時

(91) 本文の内容から見て、(2)＿＿＿＿に入る最も適当な表現はどれですか。

(A) 灯台もと暗し
(B) 同じ穴のむじな
(C) 失敗は成功のもと
(D) 安物買いの銭失い

(92) この人の考えと合っていないものはどれですか。

(A)「自己効力感」は子供の頃に多く獲得していく。
(B) 子供がやろうとしていることは助けていくべきである。
(C)「自己効力感」を養うためには、できるだけ自分の力でやらせることも大切である。
(D) 失敗の経験は「自己効力感」の低下に繋がるから、できるだけ失敗しないようにする。

(93 〜 96)

みなさんは「足を洗う」という言葉の起源をご存じだろうか。「足を洗う」というのは仏教から出た言葉で、しかもインドが起源の言葉なのである。インドではお坊さんは朝になるとみんな托鉢に出て家々を回って朝ご飯の残り物をもらって帰って食事をした。そして、口をすすぎ、手を洗い、足を洗ってから修行に(1)＿＿＿＿のである。その修行の前に身を清める意味で足を洗ったのが「足を洗う」という言葉の起源である。しかし、この行為はただ足を洗っているだけであり、どこにも悪いことを止めるという意味はない。

「足を洗う」という言葉のもともとの意味は、日常の煩わしくつまらないことを払って身を清めるという意味である。お寺や神社に行くと、手を洗うところがある。あれは身を清らかにしてお参りするためのものである。だから、身の垢を落とすという意味が「足を洗う」という言葉にはあるわけである。では、「足を洗う」ではなく、「手を洗う」という言葉でもいいのではと思う人もいるだろう。しかし、やはり「足を洗う」でなければいけない。昔の人はみんな裸足で托鉢に出ていたから、一番汚れているのが足であった。だから、その足を洗うということは(2)＿＿＿＿。

(93) 本文の内容から見て、(1)＿＿＿＿に入る最も適当な言葉はどれですか。

(A) 座り込んだ   (B) 突っ込んだ
(C) 打ち込んだ   (D) 飛び込んだ

(94)「足を洗う」という言葉のもともとの意味として正しいものはどれですか。

(A) 好ましくない生活を止める。
(B) 立ち向かう気持ちをなくす。
(C) 俗世間の煩わしい事柄を払って身を清める。
(D) 予想しなかった意外なことに出会って驚き呆れる。

(95) 本文の内容から見て、(2)＿＿＿＿に入る最も適当な文章はどれですか。

(A) 特別な意味を持たないのである
(B) 効率よく修行できる方法になるのである
(C) 修行に集中するための基本動作になるのである
(D) 身に付いた一番頑固な垢を落とすということになるのである

(96) 本文の内容と合っていないものはどれですか。

(A)「足を洗う」という言葉はインドが起源の言葉である。
(B) 昔のインドのお坊さんは何も履かないで托鉢に出ていた。
(C) お寺や神社には身を清らかにしてお参りするためのところがある。
(D) 現在では「手を洗う」という言葉も「足を洗う」と同じ意味で使われている。

(97 ～ 100)

　　一時は量販店での爆買いが注目された中国からの観光客に、今は美容室やゲームセンターなどの意外な場所が大人気であるという。馴染みのなかった日本文化を積極的に体験するようになってきた中国人観光客、その背景には中国人たちに新たな日本の楽しみ方を伝授している「ワンホン(網紅)」と呼ばれる人たちがいる。その人たちは日本独特の文化にはまり、物珍しいものを見つけては動画を撮影し、中国国内の人に向けて配信を続けている。ワンホンたちの中には、その動画が何万回も再生されるほどの有名人もたくさんいるという。その人気の秘訣は日本の楽しみ方を中国人の(1)_____にうまくはまるように紹介するテクニックにあるという。そのためか、独自の視点で発信する情報がガイドブックよりもためになると中国国内で絶大な人気を誇っている。また、中国の企業への不信感と中国人が日本に抱く(2)_____をすっきり解消してくれるのもこうした動画が人気となっている理由であるという。爆買いが終わった今、ワンホンたちが発信する独特の情報が中国人観光客を日本に呼び込む鍵となりそうである。

(97) 本文に出ている「ワンホン」とはどんな人物ですか。

(A) 中国文化を世界に紹介する人
(B) 中国のインターネット上の有名人
(C) 日本の商品を代理で購入してくれる人
(D) 中国で凄まじい影響力を持っている政治家

(98) 本文の内容から見て、(1)_____に入る最も適当な言葉はどれですか。

(A) みぞ
(B) つぼ
(C) きざし
(D) まなざし

(99) 本文の内容から見て、(2)_____に入る最も適当な言葉はどれですか。

(A) もやもや
(B) ばらばら
(C) ふわふわ
(D) ちょくちょく

(100) 本文の内容と合っていないものはどれですか。

(A) 一時、中国人観光客は一度に大量に買うことで注目された。
(B) ワンホンたちのせいで、中国の企業への不信感は高まりつつある。
(C) 最近、馴染みのなかった日本文化を積極的に体験しようとする中国人観光客が増えている。
(D) ワンホンたちが発信する情報は、中国国内ではガイドブックよりもためになると認識されている。

□ 輪になる 빙 둘러앉다

□ 当てにする 믿다, 의지하다

□ 兜を脱ぐ 항복을 하다

□ 顎を出す 녹초가 되다

□ 首を捻る 고개를 갸웃거리다

□ 口を割る 자백을 하다

□ 汚名を濯ぐ 오명을 씻다

□ 手を切る 관계를 끊다

□ 胡麻をする 아첨을 하다

□ 不意を突く 허를 찌르다

□ 先手を打つ 선수를 치다

□ 欲を張る 욕심을 부리다

□ 口を慎む 말조심을 하다

□ 尻馬に乗る 덩달아 하다

□ 尻が重い 동작이 굼뜨다

□ 尻尾を巻く 두 손을 들다, 꽁무니를 빼다

□ 目がない 아주 좋아하다, 사족을 못 쓰다

□ 文句を言う 불평을 말하다

□ 居眠りをする 꾸벅꾸벅 졸다

□ 後れを取る 남보다 뒤지다

□ けじめを付ける 구분을 짓다, 매듭을 짓다

□ 波紋を呼ぶ 파문을 부르다

□ しのぎを削る 맹렬히 싸우다

□ 見栄を張る 허세를 부리다

□ きびすを返す 발길을 돌리다

□ 意地を張る 고집을 부리다

□ 手も足も出ない 손도 못 대다

□ 尻餅をつく 엉덩방아를 찧다

□ 鼻にかける 뽐내다, 과시하다

□ 大きな顔をする 잘난 체 하다

□ 弱音を吐く 나약한 말을 하다

□ お茶を濁す 어물어물 넘기다

□ 目をつぶる 눈을 감다, 묵인하다

□ 目もくれない 거들떠 보지도 않다

□ 手を加える 손을 보다, 수정하다

□ 後回しにする 뒷전으로 미루다

□ 釘を打つ 못을 박다, 다짐을 해 두다

□ 大風呂敷を広げる 허풍을 떨다

□ 口火を切る 제일 먼저 일을 시작하다

□ 油を売る 시간을 헛되이 보내다

□ 歯止めをかける 제동을 걸다, 억제하다

□ へそを曲げる 심통을 부리다, 농땡이를 치다

□ 身を粉にする 노고를 마다 않고 일하다

□ 開いた口が塞がらない 기가 막혀 말이 안 나오다

Ⅴ. 下の線の言葉の正しい表現、または同じ意味のはたらきをしている言葉を (A) から (D) の中で一つ選びなさい。

(1) 伝統文化を守るのは大切だと思います。

　(A) ふんか
　(B) ぶんか
　(C) ふんけ
　(D) ぶんけ

(2) このことは中村さんに頼んでみましょう。

　(A) よんで
　(B) こんで
　(C) たのんで
　(D) うんで

(3) この機械は使ってみると、あまり便利ではない。

　(A) ふべん
　(B) べんり
　(C) ゆうしゅう
　(D) しんせつ

(4) 課長は問題解決のために、奔走している。

　(A) ふんそう
　(B) ぶんそう
　(C) ほんそう
　(D) ぼんそう

(5) 被告はやつれて青白い顔をし、かつての面影はもうなくなっていた。

　(A) せいしろい
　(B) あおしろい
　(C) せいじろい
　(D) あおじろい

(6) 彼は頻繁に仕事を変える人なので、あまり信用できない。

　(A) ひんばん
　(B) ひんぱん
　(C) はんばん
　(D) はんぱん

(7) 小さな山村で起きた村八分による人権侵害事件が社会的な反響を巻き起こしている。

　(A) そんやっぷん
　(B) そんはっぷん
　(C) むらやぶ
　(D) むらはちぶ

(8) 子供の中で、鬼の存在をうたがう子は誰もいなかった。

　(A) 疑う
　(B) 潤う
　(C) 装う
　(D) 違う

(9) その政治家は疑惑の核心をつく質問には「記憶にございません」とうやむやな受け答えを繰り返した。

　(A) 着く
　(B) 付く
　(C) 突く
　(D) 就く

(10) 少子化が続く中で、大学が平年並みの学生数を将来も維持できるかどうかはみちすうだ。

　(A) 未知数
　(B) 末知数
　(C) 未地数
　(D) 末地数

(11) それでは、明日改めて<u>訪問</u>します。

    (A) もうします

    (B) うかがいます

    (C) いただきます

    (D) さしあげます

(12) 渡辺君とは<u>一昨年</u>会って以来、一度も会っていない。

    (A) 1年前

    (B) 2年前

    (C) 3年前

    (D) 4年前

(13) ご都合がよろしければ、明日<u>映画でも見ませんか</u>。

    (A) 映画は見るでしょう

    (B) 映画は好きですか

    (C) 映画でも見ましょう

    (D) 映画を見ましたか

(14) これを<u>見たとたん</u>、彼女は泣いてしまった。

    (A) 見ながら

    (B) 見ようが見まいが

    (C) 見たからといって

    (D) 見るか見ないかのうちに

(15) 最近、主人は<u>お酒を飲みすぎるきらいがある</u>。

    (A) ほとんどお酒は飲まない

    (B) お酒を飲むのがきらいだ

    (C) お酒を飲みすぎる傾向がある

    (D) 決してお酒を飲みすぎるとは言えない

(16) <u>年甲斐もなく</u>激しい運動をして、怪我をしてしまった。

    (A) 一生懸命に

    (B) 精一杯

    (C) 年に相応しくない

    (D) 考えもなく

(17) 彼女は年老いた親の世話にかかり<u>きり</u>だ。

    (A) 今度のテストに受かった人は一人<u>きり</u>だ。

    (B) 風邪を引いた子供を付き<u>きり</u>で看病した。

    (C) 彼は朝早く出て行った<u>きり</u>、まだ帰ってこない。

    (D) 彼はいすに座った<u>きり</u>、立ち上がろうとしない。

(18) デザインよりは長く<u>持つ</u>靴を買いたいのですが。

    (A) 私も政治にはかなり興味を<u>持っ</u>ている。

    (B) 今度の補修であと10年は<u>持つ</u>はずだ。

    (C) 貴重品をお<u>持ち</u>でしたら、お預かりいたします。

    (D) この間ご馳走になりましたので、今日は私が<u>持ち</u>ます。

(19) 道につばを<u>はく</u>なんて、本当にみっともない。

    (A) ズボンを<u>はい</u>ている方はどなたですか。

    (B) 靴は<u>はい</u>てみてから買った方がいいよ。

    (C) その老人は落ち葉を<u>はい</u>て集めていた。

    (D) お腹の調子でも悪かったのか、息子は食べたものを全部<u>はい</u>てしまった。

(20) <u>だらだら</u>した演説にあくびばかり出た。

    (A) <u>だらだら</u>と下っている坂をトラックが走ってくる。

    (B) 暑いのか、彼は<u>だらだら</u>と汗をかいている。

    (C) 彼女は涙を<u>だらだら</u>流しながら今までの経緯を語った。

    (D) あの映画は<u>だらだら</u>長いだけで、あまり面白くなかった。

VI. 下の_____線の A, B, C, D の中で正しくない言葉を一つ選びなさい。

(21) 昨日子供と電車に乗ってサッカーを見に行きます。
　　　　　(A)　　(B)　　　　　　(C)　　　(D)

(22) この間、鈴木君が教えてもらった内容は本当に役に立った。
　　(A)　　　　　　　　　(B)　　　　(C)　　(D)

(23) ぜったいそんなことをしはずがないと思っていた友人に裏切られてしまった。
　　　　(A)　　　　　　(B)　　　　　(C)　　　　(D)

(24) チーズは牛乳から 作られていることを存じていますか。
　　(A)　　(B)　(C)　　　　　　(D)

(25) 昨夜は猫の鳴く音で目が覚めてしまい、一晩中 眠れませんでした。
　　　　　　(A)　　(B)　　　　　(C)　　(D)

(26) うめぼしは食べないわけにはないが、だからといって好きでもない。
　　　　　(A)　　　　(B)　　　(C)　　　　(D)

(27) この小説は実際にあった事件でもとに書かれたそうです。
　　(A)　　(B)　　　　(C)　　(D)

(28) 彼は怒るっぽい性格のため、損ばかりしていると言っているが、私はそうは思わない。
　　　(A)　　　　(B)　　(C)　　　　　　　　　(D)

(29) 彼女の話を信じたばかりで、まったく ひどい目に遭ってしまった。
　　　　　(A)　　　(B)　　(C)　　(D)

(30) 今日のように禁煙ムードが高まるまでの長い間、たばこが苦手な人たちは黙って嫌な煙に活かし
　　　　(A)　　　　　　(B)　　　　　　　　(C)　　　　　　　(D)
　　続けてきた。

(31) この書類の翻訳はすぐでなくてもかまわないが、明日の午後までには必ずしもやってほしい。
　　　(A)　　　　　　　　　　　　　(B)　　　　　　　　　　　　　　　　　(C)　　　　　　　(D)

(32) 道路が凍っていて滑るやすいので、注意して歩いてください。
　　　　　(A)　　(B)　　　　　(C)　　　　(D)

(33) 私の彼氏は運転がとても乱暴なので、事故でも起こすのではないかと、いつもしとしとします。
　　　　　　(A)　　　　　(B)　　　　　　　(C)　　　　　　　　　　　　　(D)

(34) 彼はお酒を一滴でも飲むなら、すぐ気分が悪くなってふらふらするそうです。
　　　　　　　　　　　(A)　　　　(B)　　　　　　　(C)　　　(D)

(35) たとえ幼い子供であれ、罪を見逃した場合は、きちんと罪を償う努力をすべきである。
　　　　　　　　　(A)　　　　(B)　　　　　　　　　　　(C)　　　(D)

(36) 台風第5号は南の太平洋上で発達し、明日は本州に着陸の見込みです。
　　　　　(A)　　　　　　　　(B)　　　　　　　(C)　(D)

(37) 彼は友人に快さを隠そうともせず、「絶対このままでは済まさない」とぷりぷり怒っていた。
　　　　　　(A)　　　　　　(B)　　　　　　　　　　　(C)　　　(D)

(38) 日本経済は車なしには成立しないため、毎日多数の犠牲者が出ていても、メーカーは何の気障りも
　　　　　　　　　(A)　　　　　　　(B)　　　　　(C)　　　　　　　　　　　　　　(D)
なく車を造り続けているのである。

(39) 景気の低迷や株価の暴露などで落ち込んでいる収益を上げるため、経営陣は奮闘している。
　　　(A)　　　　(B)　　　(C)　　　　　　　　　　　　　　　　　(D)

(40) 私を信用して土地の売却を認めてくれた父や、慎重に行動するようにと忠告してくれた兄に
　　　　(A)　　　　　　　　　　　　　　　　　(B)　　　　(C)
合わせる顔がある。
　　　(D)

VII. 下の_____線に入る適当な言葉を (A) から (D) の中で一つ選びなさい。

(41) すみませんが、この傘は_____傘ですか。

    (A) 何

    (B) どの

    (C) どう

    (D) 誰の

(42) _____危ないところは行きたくありません。

    (A) こう

    (B) ああ

    (C) あんな

    (D) どんな

(43) 今からスーパーに行きますが、何か_____な物はありませんか。

    (A) 正確

    (B) 必要

    (C) 得意

    (D) 親切

(44) 彼は韓国で 2 年間生活した_____があるそうです。

    (A) 経験

    (B) 場合

    (C) 経過

    (D) 予定

(45) 彼女が 30 歳だなんて、そうは_____よ。

    (A) 見える

    (B) 見る

    (C) 見せない

    (D) 見えない

(46) 鈴木先生はお見え_____。

    (A) しましたか

    (B) ありましたか

    (C) になりましたか

    (D) できましたか

(47) 長かった試験が今日、＿＿＿＿＿＿終わった。

(A) まるで
(B) ようやく
(C) ぜんぜん
(D) つねに

(48) 貴重品はホテルのフロントに＿＿＿＿＿＿もらった。

(A) 負けて
(B) 生きて
(C) 破って
(D) 預かって

(49) あの人は、中村さんの＿＿＿＿＿＿ようです。

(A) 弟さん
(B) 弟さんの
(C) 弟さんな
(D) 弟さんだ

(50) その仕事を一人で終えるのは＿＿＿＿＿＿ではないだろう。

(A) 容易
(B) 単独
(C) 大体
(D) 確認

(51) ＿＿＿＿＿＿前の車とぶつかるところだったが、幸い事故は免れた。

(A) わざと
(B) あやうく
(C) ふたたび
(D) おもむろに

(52) 彼がやったという＿＿＿＿＿＿な証拠が揃っているのに、彼は犯行を認めようとしなかった。

(A) 自白
(B) 純白
(C) 明白
(D) 潔白

(53) その店に行ってみた＿＿＿＿＿、あいにく定休日だった。

 （A）こと

 （B）もの

 （C）ところ

 （D）わけ

(54) 企業の価値を決める知的資本の中でも＿＿＿＿＿人材資本は重要です。

 （A）のこらず

 （B）とりわけ

 （C）ちょくちょく

 （D）おのずから

(55) 日本の英語教育は学習期間が長い＿＿＿＿＿英会話能力が伸びないと言われる。

 （A）つつ

 （B）わりに

 （C）に止まらず

 （D）に限らず

(56) 最近、ますます喫煙者の＿＿＿＿＿が狭くなっているような気がする。

 （A）面目

 （B）肩身

 （C）体裁

 （D）得体

(57) 最近、徹夜が続いてちょっと＿＿＿＿＿気味だ。

 （A）疲れ

 （B）疲れる

 （C）疲れた

 （D）疲れよう

(58) 交通事情により、ダイヤが＿＿＿＿＿場合がありますので、ご了承ください。

 （A）乱れる

 （B）揺れる

 （C）遅れる

 （D）倒れる

(59) 勝てると思っていた相手にあっけなく負けてしまい、＿＿＿＿＿＿たまらない。

　　(A) 悔しい

　　(B) 悔しくて

　　(C) 悔しかった

　　(D) 悔しくても

(60) どうして彼がそんな行動をしたのか、＿＿＿＿＿＿も付かない。

　　(A) 見当

　　(B) 理屈

　　(C) 格上げ

　　(D) 場違い

(61) 公園の片隅で＿＿＿＿＿＿いる子犬を見て交番に届けた。

　　(A) 震えて

　　(B) 贈って

　　(C) 急いで

　　(D) 育てて

(62) 当時、若い人にとってスマホは＿＿＿＿＿＿の商品だった。

　　(A) 憧れ

　　(B) 取り締まり

　　(C) 払い戻し

　　(D) 踏み切り

(63) 君たちには＿＿＿＿＿＿未来が待っているから、これからも頑張ってください。

　　(A) 危なっかしい

　　(B) 味気ない

　　(C) 奥ゆかしい

　　(D) 輝かしい

(64) その講演は、話の内容も別につまらなくはない＿＿＿＿＿＿な講演だった。

　　(A) 無心

　　(B) 無理

　　(C) 無難

　　(D) 無事

(65) 友達は教室に入る_____、私の名前を叫んだ。

　　(A) とたん

　　(B) や否や

　　(C) かたがた

　　(D) そばから

(66) この間見た映画は_____長くてちょっと退屈だった。

　　(A) だらだら

　　(B) ぐしょぐしょ

　　(C) がさがさ

　　(D) ぴよぴよ

(67) これからこの地域に駐車場を建設するとしても_____で、根本的な解決は難しいだろう。

　　(A) 猫に小判

　　(B) 河童の川流れ

　　(C) 焼け石に水

　　(D) 仏の顔も三度

(68) 現在の政治を改革する必要があるということは、今更言う_____。

　　(A) に決まっている

　　(B) までもない

　　(C) までのことだ

　　(D) とは限らない

(69) 国際情勢が極度に緊張を加えつつあることは誠に憂慮に_____。

　　(A) たえない

　　(B) そえない

　　(C) ならない

　　(D) たまらない

(70) 講師が入ると、会場は_____を打ったように静かになった。

　　(A) 水

　　(B) 頭

　　(C) 風

　　(D) 息

VIII . 下の文を読んで、後の問いにもっとも適当な答えを (A) から (D) の中で一つ選びなさい。

(71 ～ 73)

> 私は週末になると両親と一緒に家の近くにある公園に行って遊びます。父は小さくて柔らかいボールでキャッチボールをしてくれます。最初はうまくできませんでしたが、今では続けてやることができます。母はラケットと羽でバドミントンをしてくれます。今は20回以上はできるようになりました。
>
> 父は平日仕事であまり遊べません。母も平日は家事で忙しくて遊べません。だから、両親と一緒に遊べるのは休日だけですが、それでも私はとても幸せです。私はキャッチボールやバドミントンがとても苦手でした。でも、父や母と楽しくやってきたので、何だか苦手だったのがだんだん得意になってきました。私は優しい父と母が大好きです。

(71) この人の父は家の近くにある公園でこの人に何をしてくれますか。

(A) サッカーをしてくれる。
(B) バレーボールをしてくれる。
(C) キャッチボールをしてくれる。
(D) バスケットボールをしてくれる。

(72) この人の母は家の近くにある公園でこの人に何をしてくれますか。

(A) テニスをしてくれる。
(B) ストレッチをしてくれる。
(C) ジョギングをしてくれる。
(D) バドミントンをしてくれる。

(73) 今、この人のキャッチボールやバトミントンの実力について正しいものはどれですか。

(A) 両方ともまだ苦手だ。
(B) 両方とも今はある程度はできる。
(C) キャッチボールは上手にできるが、バトミントンはまだ苦手だ。
(D) バトミントンは上手にできるが、キャッチボールはまだ苦手だ。

5月29日、私の学校では運動会がありました。最初、私は体操が終わってから90メートル走をしました。始まった時に私は心の中で少しどきどきしていました。それから、スタートして走っていたら、トラックの周りで来ていた人たちが応援しているのに、聞こえるはずの声が全然聞こえませんでした。きっとそれだけ夢中になって走ったのだと思います。私と一緒に走る人たちはみんな足が速いですが、私はそんなことは考えないで夢中になって走りました。ゴールの直前に右側を見たら、翼君が見えました。ほぼ同時にゴールをしましたが、私は翼君を抜かしたと思いました。でも、審判係りの人が私を5番のところに連れて行きました。私は「えー？私の方が前だったよ。絶対私の方が4位だよ。」と心の中で叫んでいました。今でもあれは(1)＿＿＿＿＿と思っています。一番悔しかったことは、走る前に田中君に「爪先で走ると勝つよ」と言われたのに、できなかったことです。私は爪先で走ろうと思いましたが、靴が固くてうまく曲げられませんでした。もっと柔らかい靴を履いていればよかったかもしれません。

(74) この人は周りで人たちが応援している声が全然聞こえなかった理由は何だと思っていますか。

(A) 夢中になって走ったから
(B) もともと耳が悪かったから
(C) 周りの人たちがトラックから遠く離れていたから
(D) 走るのに邪魔になると思って聞こうとしなかったから

(75) 本文の内容から見て、(1)＿＿＿＿＿に入る最も適当な文章はどれですか。

(A) 私の方が遅かった
(B) 私の方が速かった
(C) 優劣が付けられない
(D) どちらが先に入ってもおかしくない

(76) この人は何が一番悔しかったと思っていますか。

(A) 爪先で走ることができなかったこと
(B) 自分を応援してくれる人がいなかったこと
(C) 1位になることもできたのに、できなかったこと
(D) 4位だと思っていたのに、5位になってしまったこと

(77 〜 80)

　　私はよく問題を解いていたりしてわからない問題が出てきた時、自分で解こうとせずに人に聞いたりしてしまう。私はゆっくりとやっていくことがまだできていないので、「ウサギとカメ」のカメのように、こつこつ積み重ねを繰り返して生きていけるようになりたい。カメはとてもゆっくりだが、こつこつと一生懸命に頑張ってかけっこをしていた。私はこの話を初めて聞いた時に「(1)＿＿＿＿」と思っていた。しかし、結局はウサギが居眠りをしてしまい、カメが勝ってしまう。これは勉強でも同じだと思う。

　　今、私はウサギだと思う。テストがある時だけに一生懸命にやるタイプで少しは覚えているが、しっかり身に付いているわけではないので、テストが終わったらまたすぐに忘れてしまったりするのだ。私はウサギタイプは必ずカメに負けてしまうと思う。ウサギでもカメでも勝つか負けるかはその人によるだろうが、私はもう少し(2)＿＿＿＿になる必要があると思う。今年は受験なので、こつこつ同じ問題や間違えた問題を繰り返してやって最後、受験の時にはカメになってウサギたちに勝てるようになりたい。

(77) 本文の内容から見て、(1)＿＿＿＿に入る最も適当な文章はどれですか。

　　(A) ウサギが勝つとは限らない
　　(B) ウサギが勝つに決まっている
　　(C) どちらが勝ってもおかしくない
　　(D) カメも努力すれば十分に勝てる

(78) この人が今の自分をウサギだと言った理由は何ですか。

　　(A) たまにはゆっくりやることが好きだから
　　(B) 難しい内容でもすぐに覚えられるから
　　(C) テストがある時だけに一生懸命に勉強するから
　　(D) 何でもこつこつと一生懸命に頑張る性格だから

(79) 本文の内容から見て、(2)＿＿＿＿に入る最も適当な言葉はどれですか。

　　(A) カメ
　　(B) ウシ
　　(C) ウマ
　　(D) ウサギ

(80) この人についての説明の中で、正しいものはどれですか。

　　(A) 今年の受験はいくら勉強してももう遅いと思っている。
　　(B) わからない問題が出てきた時、最後まで自分で解こうとする。
　　(C)「ウサギとカメ」の教訓は、勉強には当てはまらないと思っている。
　　(D) これからは「ウサギとカメ」のカメのように何でもこつこつやろうと思っている。

「大きいか小さいかは見ればわかる」と言うかもしれないが、それは(1)＿＿＿＿な大小である。顕微鏡で見たものの大きさは倍率を知らない限り、わからない。私たちはプロ野球を見て「今年のAチームは本当に弱い」とか、「Bチームのリーグ優勝はあり得ない」などとよく言うが、果たしてこんなことを言って良いのだろうか。私たちの野球の技術は、弱いAチームやBチームの選手たちと比べると、(2)＿＿＿＿だろう。

どこの選手でも「お上手ですね。もっと頑張ってください」と言われると、上を目指したくなる。素人から見ると、どんな選手も超名人に見える。最近増えている絶対評価も少し頑張れば評価が上がるから、努力できる。しかし、このシステムには基準が甘くなる傾向が多いようである。その反面、学校教育の場で普通5段階で評価する相対評価は、集団内における個人の能力の相対的な位置を明らかにできる点や、評価の基準が突然変わったり評価に大きな差が出ないという点では良いと思うが、評価の理由を具体的に明示するのが難しいケースも多く、合理性を欠いた評価になるケースもある。このように絶対的な観点と相対的な観点、良い面と悪い面もあるわけである。

(81) 本文の内容から見て、(1)＿＿＿＿に入る最も適当な言葉はどれですか。

(A) 相対的   (B) 絶対的
(C) 創造的   (D) 総合的

(82) 本文の内容から見て、(2)＿＿＿＿に入る最も適当な表現はどれですか。

(A) 屁でもない
(B) 目鼻が付く
(C) 軍配が上がる
(D) 取り付く島がない

(83) 本文に出ている相対評価の長所ではないものはどれですか。

(A) 評価に大きな差が出ない。
(B) 評価の基準が変わりにくい。
(C) 個人の能力の相対的な位置を明らかにできる。
(D) 評価の理由を具体的に明示するのが簡単である。

(84) 本文でこの人が一番言いたいことは何だと思いますか。

(A) 何事も肯定的に考えることが大事である。
(B) 絶対的な観点が一概に悪いとは限らない。
(C) 何事にも最初から恐がらずに、自信を持って挑戦してみよう。
(D) 一つの観点にこだわらずに、様々な観点から物事を判断しよう。

(85 ～ 88)

　　私たちは「他の世界」についてメディアを介して多くのことを知っているつもりになっている。しかし、実際には情報は「擬似」でしかなく、「オリジナル」ではない。なぜなら、情報という擬似現実は、発信者の必要に応じて加工されるものだからである。情報メディアを制する者が多くの人々の世界観を制し、同じ方向へと方向付けているのである。私たちの多くは、すさまじい勢いで目の前を通り過ぎる情報を瞬間的に捉え、取り上げられる事柄一つ一つのほんの一面、もしかしたら一面ですらない部分を知った気になっている。しかし、実際には情報は提供され、私たちはそれに対して完全に(1)_____である。私たちの元へ届けられる過程でどんな手が加えられているか、私たちはわからない。実際、与えられる情報は偏った一つの見方に過ぎない。それでいて一つの情報についてゆっくり考えている間もないために、私たちはよりわかりにくい形で「流れ」の中に紛れてしまう。では、受け身の側として何ができるだろうか。その対策として第一に、与えられた情報を安易に判断に繋げないことである。二つ目の対策は、時間を置いてみるということである。今日流れたニュースの話題はほんの2、3カ月で忘れ去られる。年月を置いて再び見ることで(2)_____。じっくり読める本でさえ、幼い頃読んだ本を数年経って見返すと、新たに得るものがある。

(85) この人が情報をオリジナルではないとみなしている理由は何ですか。

　　(A) 最初の情報はあまり役に立たないから
　　(B) 発信者の必要に応じて加工されるから
　　(C) 類似している情報が次々と出てしまうから
　　(D) 発信者の意図が全く含まれていないから

(86) 本文の内容から見て、(1)_____に入る最も適当な言葉はどれですか。

　　(A) 肩身　　　　　　　　　　　　(B) 中身
　　(C) 受け身　　　　　　　　　　　(D) 等身大

(87) 本文の内容から見て、(2)_____に入る最も適当な文章はどれですか。

　　(A) 新たな見方が必ず見つかる
　　(B) 何もかもわからなくなってしまう
　　(C) 情報の質を上げることができる
　　(D) 自分の見方が正しかったという確信が持てる

(88) 情報に対するこの人の意見として正しいものはどれですか。

　　(A) 与えられた情報を安易に判断に繋げてはいけない。
　　(B) 私たちに与えられる情報が全て偏った見方とは限らない。
　　(C) 情報が私たちの元へ届けられる過程は完全に無視してもかまわない。
　　(D) 時間を置かないで瞬時に判断して行動することもたまには必要である。

最近はネットでニュースを読めるので、新聞を取っていないという家庭も多いだろう。しかし、新聞紙の需要は未だにあるようで、アマゾンで売られている印刷前の更紙の新聞紙が話題になっている。10キロで2480円である印刷前の更紙の商品説明欄では、他の紙に比べて安価でインク移りがないため使用しやすいこと、梱包時に使用しても生活感が出ないことなどが利点として挙げられている。主な用途はペットの飼育や梱包・荷造りの緩衝材などであり、それ以外にも幼児用の落書きペーパーや塗装時のマスキング紙としても使用できる。また災害時にも新聞紙が役に立つといい、料理の保温、腹巻き、焚火などにも使えるとしている。レビュー欄には87件の書き込みがあり、購入者は意外と多いようである。この商品はネットでも話題になり、ツイッターでは「これが顧客が本当に必要だったものなのでは」という声が寄せられた。(1)＿＿＿＿、「情報なしで2480円なら、少し高いのでは」「新聞の1／2サイズの地域コミュニティ紙も含まれており、使い勝手が悪い」という声も上がっている。気になる人は業者を選んだ方がいいかもしれない。とにかく古新聞の需要は予想以上に高いようである。

(89) 印刷前の更紙の新聞紙の利点として本文に出ていないものはどれですか。

    (A) 他の紙に比べて価格が安い。

    (B) 長期間の保存に適している。

    (C) インク移りがないため使用しやすい。

    (D) 梱包時に使用しても生活感が出ない。

(90) 印刷前の更紙の新聞紙の用途として本文に出ていないものはどれですか。

    (A) ペットの飼育や梱包

    (B) 塗装時のマスキング紙

    (C) 食器の油汚れの一拭き

    (D) 幼児用の落書きペーパー

(91) 本文の内容から見て、(1)＿＿＿＿に入る最も適当な言葉はどれですか。

    (A) 即ち   (B) それで

    (C) 一方で   (D) 要するに

(92) 本文の内容と合っているものはどれですか。

    (A) 最近、新聞を取っている家庭は増えつつある。

    (B) 印刷前の新聞紙の購入者は意外と多いようである。

    (C) 印刷前の新聞紙のネットでの評価は好評ばかりである。

    (D) 他の紙に比べて使い勝手が良いのも印刷前の新聞紙の利点の一つである。

(93 〜 96)

　　夫が暗い顔をして「仕事を辞めたい」と言ってきた時、妻はどう対応するべきなのだろうか。先に結論を出してしまうと、(1)これはもう正解はないとしか言いようがない。夫のタイプや状況によりベストな選択は変わってくるからである。共働きなのか、子供の有無、そして実際どの程度夫が追い込まれているのかを考慮し、慎重に答えを出さなければならない。先日、あるサイトでは夫が「仕事を辞めたい」と言ってきて対応に困っているという20代女性の投稿が話題になっていた。「無理をさせない方が良い」という意見が集まっていたが、追加情報で「今までも仕事が3年続いたことがない」ということがわかると(2)＿＿＿＿＿、「お子さんがいないようなので、離婚もありじゃないですか？」という声を筆頭に、「責任感がない」などという(3)夫非難のコメントが集まっていた。どうしても転職頻度があまりに高い人は逃げ癖があると認識されてしまう。辛い現状に立ち向かって改善していく努力が一向に見受けられない場合、妻としては「またか」と落胆するばかりである。ただ、今回のケースには当てはまらないかもしれないが、ずっと真面目に働いてきた人の「辞めたい」の言葉の重みは相当である。よほど深刻に悩んだ上での言葉であるに違いない。その場合、夫が出しているサインに気付き、早めに対処してあげられることが大事であろう。

(93) (1) これはもう正解はないとしか言いようがないの理由は何ですか。

(A) 妻に夫の今の状況はわかりにくいから
(B) 妻がどう対応しても結果は全く変わらないから
(C) 夫のタイプや状況によりベストな選択は変わってくるから
(D) 最初から夫には妻の助言を聞き入れようとする心構えがないから

(94) 本文の内容から見て、(2)＿＿＿＿＿に入る最も適当な文章はどれですか。

(A) 反応は一変し　　　　　　　　　　(B) 何の反応もなく
(C) 夫への応援が殺到し　　　　　　　(D) 支持の声が多く寄せられ

(95) (3) 夫非難のコメントが集まっていたの理由は何ですか。

(A) 転職頻度があまりに高いから
(B) 妻の今の状況を全く考えないから
(C) 辞めたい理由があまりにも明白だから
(D) もうすぐ子供が生まれるかもしれないから

(96) この人はずっと真面目に働いてきた人が辞めたいと言った場合はどう対処すべきだと言っていますか。

(A) 夫婦同士が時間を置いてじっくり話し合うべきだ。
(B) 夫が出しているサインに気付き、早めに対処してあげるべきだ。
(C) 辞める前提で生活を守る方法を考えないといけないと夫に言うべきだ。
(D) 体の異変を感じない限り、今の仕事を続けてほしいと夫に言うべきだ。

NHKは9月3日、文部科学省が近いうちに全国の教育委員会に対し、宿題で使わない教科書などを教室に置いて帰る、(1)＿＿＿＿＿「置き勉」を認めるように通知する方針であると報じた。家庭学習で使わない教科書やリコーダー、書道の道具などを施錠できる教室の机やロッカーに置いて帰ることを認めるよう求めるという。現在「置き勉」について公的なルールはなく、教材を持ち帰るかは各学校の判断とされており、禁止している学校も多い。しかし、近年は教科書が重くなったことなどを受け、子供の登下校時の荷物の重さについて対策を求める声が上がっていた。ある調査では、小学1～3年生の児童20人のランドセルの重さを量ったところ、最も軽いのは5.7キロで、最も重いのは9.7キロであったという。児童が背負う荷物の重さは海外でも問題になっており、米カイロプラティック協会は「体重の10％以下」を推奨しているという。荷物が重いことで体力を消耗しやすくなることや、荷物で両手が塞がれば通学時の事故の危険性も高まると指摘されている。「置き勉」容認についてネット上には様々な意見が寄せられている。賛成する声や「いっそ教科書を貸し出し制か電子化すればいいのでは？」という声があった。一方で、学校側に「置き勉禁止」の理由を尋ねたところ、主な理由として「自宅学習をしない」と「学校に置いたままだと、別の生徒が勝手に使ってしまう」「教科書などにいたずらする可能性がある」などを挙げた。

(97) 本文の内容から見て、(1)＿＿＿＿＿に入る最も適当な言葉はどれですか。

    (A) そこで   (B) いわゆる   (C) よりによって   (D) どちらかと言えば

(98) 本文に出ている「置き勉」とは何ですか。

    (A) 授業が終わった後、学校に残って勉強すること
    (B) 宿題で使わない教科書などを教室に置いて帰ること
    (C) 全ての教科書を学校に置いて学校でだけ勉強すること
    (D) 全ての教科書を家に置いて必要な教科書だけ学校に持ってくること

(99)「置き勉」についての説明の中で、正しいものはどれですか。

    (A) 公的なルールがきちんと決まっている。
    (B) 自宅学習ができないと文句を言う生徒が多い。
    (C) 教材持ち帰りの判断は各学校に委ねられている。
    (D)「置き勉」を禁止している学校はそれほど多くない。

(100) 学校側が「置き勉禁止」をしている理由として本文に出ていないものはどれですか。

    (A) 自宅学習をしない。
    (B) 学校の授業に集中できない。
    (C) 別の生徒が勝手に使う恐れがある。
    (D) 教科書などにいたずらする恐れがある。

□ 歯をきしる 이를 갈다

□ 真に受ける 곧이듣다

□ ほらを吹く 허풍을 떨다

□ 釘を刺す 다짐을 하다, 못을 박다

□ 駄々をこねる 떼를 쓰다

□ 仇を討つ 원수를 갚다

□ 口を挟む 말참견을 하다

□ 虫を殺す 화를 꾹 참다

□ 手をこまぬく 수수방관하다

□ 白を切る 시치미를 떼다

□ 大袈裟に言う 허풍을 떨다, 과장해서 말하다

□ 目当てにする 목표로 삼다, 노리다

□ 口が過ぎる 말이 지나치다

□ 文句を付ける 트집을 잡다

□ 泣きべそをかく 울상을 짓다

□ 常識に欠ける 상식이 부족하다

□ 足が奪われる 발이 묶이다

□ うわき目を振る 한눈을 팔다

□ 鼻であしらう 콧방귀를 뀌다

□ うわ言を言う 헛소리를 하다

□ 愛敬を振り撒く 아양을 떨다

□ 捨て鉢になる 자포자기하다

□ 足が遠退く 발길이 뜸해지다

□ 二枚舌を使う 일구이언하다

□ 足下を見られる 약점을 잡히다

□ 声を上げて泣く 목놓아 울다

□ 目を逸らす 눈을 떼다, 외면하다

□ 赤恥をかく 개망신을 당하다

□ 道草を食う 도중에 딴전을 피우다

□ 踏み台にする 발판으로 하다

□ 二の足を踏む 주저하다, 망설이다

□ 無駄足を踏む 헛걸음을 치다

□ 図に乗る 생각대로 되어 우쭐되다

□ 減らず口を叩く 억지를 부리다

□ 手前味噌を並べる 자랑을 늘어놓다

□ くちばしを入れる 말참견을 하다

□ 声を呑む 놀라서 소리가 안 나오다

□ 愚痴をこぼす 푸념을 늘어놓다

□ 白い目で見る 경멸하는 눈초리로 보다

□ 話が逸れる 이야기가 빗나가다

□ 目から鼻へ抜ける 빈틈없고 약삭빠르다

□ 向きになる 정색을 하고 대들다

□ 地団駄を踏む 분해서 발을 동동 구르다

□ 止めを刺す 결정타를 날리다, 쐐기를 박다

Ⅴ. 下の線の言葉の正しい表現、または同じ意味のはたらきをしている言葉を (A) から (D) の中で 一つ選びなさい。

(1) 山田はお酒に強いです。

(A) つよい
(B) よわい
(C) からい
(D) おもい

(2) いい薬は口に苦いものです。

(A) がく
(B) らく
(C) くぎ
(D) くすり

(3) 年に一度あるビッグセールとあって、店頭 には朝早くから行列ができていた。

(A) こうれつ
(B) ごうれつ
(C) きょうれつ
(D) ぎょうれつ

(4) 彼女は由緒ある家柄の出身である。

(A) ゆしょ
(B) ゆいしょ
(C) じゅしょ
(D) じゅうしょ

(5) 鈴木君は緻密さを重視する几帳面な性格の 持ち主である。

(A) ぼんちょうつら
(B) きちょうつら
(C) はんちょうめん
(D) きちょうめん

(6) 中村さんに仲人を頼まれたが、正直なとこ ろ、あまり気が進まなかった。

(A) なこうど
(B) しろうと
(C) すけっと
(D) くろうと

(7) 毎日の予習を疎かにしてはいけませんよ。 油断大敵という言葉、知っているでしょ？

(A) ゆたんたいてき
(B) ゆうだんたいてき
(C) ゆだんたいてき
(D) ゆうだんだいてき

(8) 法的に資格がないじしょう「専門家」が多 いので、気を付けてください。

(A) 自照
(B) 自称
(C) 自証
(D) 自認

(9) 勤勉なる日本人は、仕事ののうりつを上げ ることに生き甲斐を感じているという。

(A) 能率
(B) 能傘
(C) 態率
(D) 態傘

(10) 事件の真相をあばいたのは、やはり彼だっ た。

(A) 暴いた
(B) 爆いた
(C) 瀑いた
(D) 曝いた

(11) あの店はいつも午前中しか開いていません。

    (A) あの店はいつも昼だけ開いています。

    (B) あの店はいつも朝から晩まで開いています。

    (C) あの店はいつも朝から昼までだけ開いています。

    (D) あの店はいつも昼から夕方までだけ開いています。

(12) こんな行動をするなんて、山田さんらしいですね。

    (A) たぶん山田さんでしょう

    (B) 山田さんがやったそうです

    (C) 山田さんのやりそうなことです

    (D) 山田さんがやったことではありません

(13) 今日の午後までに、必要な書類を揃えて提出しなければなりません。

    (A) 整えて

    (B) 等しくして

    (C) 正式にして

    (D) 確かめて

(14) 今までの彼女との出来事は、紙1枚には書き切れない。

    (A) 全部書けない

    (B) あまり書きたくない

    (C) 書いても意味がない

    (D) 書くに決まっている

(15) ここでは同じような盗難事件が相次いで起きている。

    (A) 次々に

    (B) みじんも

    (C) 常に

    (D) たまに

(16) 長時間にわたった試合も彼のゴールでけりが付いた。

    (A) 決着が付いた

    (B) 目処が立った

    (C) シュートが決まった

    (D) 最終段階に入った

(17) 私は毎日起きるなり、すぐシャワーを浴びます。

    (A) この本は買ったなり、まだ読んでいない。

    (B) 妹はご飯を食べるなり、出かけてしまった。

    (C) 夏休みには海なり山なり、どこかへぜひ行きたい。

    (D) 彼も自分なりに頑張っているから、心配しなくてもいい。

(18) 罪をおかした人には罰を与えるべきだ。

    (A) 救援隊は危険をおかして遭難者を全員救出した。

    (B) いくらマスコミであれ、人権をおかしてはいけない。

    (C) 大人しかった彼がそんな犯行をおかしたとは、信じられない。

    (D) 外国の戦闘機が領空をおかしたのが今外交問題になっている。

(19) その事件の真相をきわめるのは簡単ではなかった。

    (A) その国は長引く戦争で混乱をきわめていた。

    (B) 彼らは5時間以上も登って遂に頂上をきわめた。

    (C) 科学とは、世界のあらゆる真理をきわめる学問である。

    (D) すぐできると思っていたのに、今度の仕事は困難をきわめた。

(20) 回復する兆しが何一つないほど今の経済は暗い。

    (A) 彼にも暗い過去があるそうだ。

    (B) 朝から暗い顔をしているね。何かあったの。

    (C) 今の段階では、見通しが暗いと言わざるを得ない。

    (D) 初めて来たところなので、この辺りの地理には暗いです。

Ⅵ. 下の＿＿＿＿線の A, B, C, D の中で正しくない言葉を一つ選びなさい。

(21) これは昨日、友達と一緒に遊園地に行って写す写真です。
　　　(A)　　　　　　(B)　　　　　　(C)　　　(D)

(22) その女性は、左手に鞄を持って、右手で傘をあけて立っていました。
　　　(A)　　　　　　　　(B)　　　　(C)　　(D)

(23) 母が作った料理は、いつも砂糖を入れてあまり甘くない。
　　　　(A)　　　　　(B)　　　(C)　　　　　(D)

(24) すみませんが、午後 1 時まで、郵便局に行く ことができますか。
　　　　　　　　(A)　　(B)　　　　(C)　(D)

(25) 小学生の時、近くの公園でちっとも遊んだが、中学生になってからはほとんど行かなくなった。
　　　(A)　　　　　　　(B)　　　　　　　　　　(C)　　　　　　(D)

(26) 10 年前に離れた故郷を思うと、懐かしくて涙が溢れていった。
　　　　　　(A)　　　(B)　　(C)　　　　(D)

(27) 彼女は今、台所でお茶を出る準備をしているところです。
　　　(A)　(B)　(C)　　　　　　(D)

(28) 郵便局なら、この道をまったく行って右に曲がると出ます。
　　　(A)　　　　　(B)　　　　(C)　　　(D)

(29) 彼は著者として本を書く一方に、週末にはボランティア活動もしているという。
　　　　　(A)　　　　　(B)　　　(C)　　　(D)

(30) 私が会場に入るに、大勢の人が拍手で迎えてくれました。
　　　　(A)　(B)　　　(C)　　　(D)

516

(31) 候補になるには、過半数を上回るだけならず、圧倒的に優位な数の確保が必須である。
    (A) (B)   (C)   (D)

(32) 君がさえそばにいてくれれば、他にほしいものは何もない。
  (A)   (B) (C) (D)

(33) いつも愚痴を叩いてばかりいる彼女の態度は、どうも気に入らない。
      (A)   (B) (C) (D)

(34) 収集を増やすために、アルバイトをもう一つしようと思っているが、なかなか見つからない。
  (A)   (B)   (C)   (D)

(35) たった1年でその技を心に付けるのは容易なことではないだろう。
  (A)   (B)   (C)   (D)

(36) 説明会には学生にもとどまらず、主婦や会社員なども多く参加して大盛況であった。
    (A) (B)   (C)   (D)

(37) 5月の消費者物価指数は上昇に転じたが、これは暮らしにゆとりができて財布の紐が緩め、商品が
          (A)   (B)   (C)

 売れるようになったからではない。
    (D)

(38) コンクールで優勝したのをいつも鼻をかけている彼女の態度は、みんなの反感を買っている。
      (A)   (B)   (C)   (D)

(39) 今日という日は、明日の、そして未来の自分に向かって大事な一歩目を押し出すためにある。
      (A)   (B)   (C) (D)

(40) 貪欲な人間は最初、自分に欠けているものを様々なメディアを享受することで満足していたが、
  (A)   (B)   (C)

 次第にそれだけでは満足し過ぎなくなってしまった。
      (D)

Ⅶ. 下の＿＿＿＿線に入る適当な言葉を (A) から (D) の中で一つ選びなさい。

(41) すみませんが、今から＿＿＿＿行きますか。

    (A) そちらで

    (B) こちらは

    (C) どちらへ

    (D) あちらで

(42) 彼はとても絵が＿＿＿＿人です。

    (A) 上手

    (B) 上手に

    (C) 上手だ

    (D) 上手な

(43) この廊下＿＿＿＿通って２階へ上がってください。

    (A) に

    (B) で

    (C) へ

    (D) を

(44) 昨日、プールに泳ぎに＿＿＿＿。

    (A) 行きました

    (B) 行きます

    (C) 行くつもりです

    (D) 行くでしょう

(45) 初めて行ったところだったので、道＿＿＿＿迷ってしまった。

    (A) を

    (B) に

    (C) で

    (D) から

(46) 「週末はどこかへ行きましたか。」「いいえ、＿＿＿＿行きませんでした。」

    (A) どれにも

    (B) どちらも

    (C) どこにも

    (D) だれにも

(47) スケジュールを＿＿＿＿して旅行に参加することにした。

(A) 修理
(B) 合理
(C) 調整
(D) 変心

(48) それでは、先生がおっしゃった＿＿＿＿に致します。

(A) 通り
(B) まま
(C) らしく
(D) そうに

(49) お酒は止めようと思いつつも＿＿＿＿。

(A) 飲むことができない
(B) つい飲んでしまう
(C) やっと止めることができた
(D) あまり飲みたくない

(50) 支払いを＿＿＿＿と、君の信用に傷が付くよ。

(A) 怠る
(B) 破る
(C) 湿る
(D) 失う

(51) ほうれん草は冬を＿＿＿＿とする野菜です。

(A) 旬
(B) 中
(C) 軸
(D) 間

(52) 昨日の出来事から考えてみると、＿＿＿＿二人は付き合っているようだ。

(A) どうやら
(B) 互いに
(C) できるだけ
(D) 次々に

(53) 彼の手帳には来週のスケジュールが隙間なく＿＿＿＿＿と書いてあった。

    （A）こっそり

    （B）うっかり

    （C）ぎっしり

    （D）ぽっかり

(54) 彼女は恥ずかし＿＿＿＿＿、なかなか人の前では歌おうとしない。

    （A）がって

    （B）らしく

    （C）ように

    （D）みたいに

(55) 住所も電話番号も知らないのでは、手紙の＿＿＿＿＿ようがない。

    （A）出し

    （B）出せ

    （C）出す

    （D）出せる

(56) それは君が腹を＿＿＿＿＿ようなことではないと思う。

    （A）切らす

    （B）泣かす

    （C）立てる

    （D）起こす

(57) 遅くても８月＿＿＿＿＿９月頃には詳しい日程が出ると思います。

    （A）なお

    （B）すなわち

    （C）いわゆる

    （D）ないし

(58) 彼ってお金に＿＿＿＿＿人なんだから、あまり親しくならない方がいいよ。

    （A）悔しい

    （B）怪しい

    （C）眩しい

    （D）卑しい

(59) 税金は年収＿＿＿＿＿決められる。

    （A）に際して

    （B）に応じて

    （C）に対して

    （D）にかけて

(60) 彼がそんな型に＿＿＿＿＿考え方を持っているとは、意外だったね。

    （A）はまった

    （B）さまよった

    （C）かくした

    （D）つくろった

(61) オリンピックは特別な事情がない＿＿＿＿＿、4年ごとに行われる。

    （A）限り

    （B）にせよ

    （C）にしろ

    （D）にもまして

(62) 一週間分の新聞を＿＿＿＿＿読んでみたが、必要な情報は得られなかった。

    （A）いっさい

    （B）たちどころに

    （C）みじんも

    （D）くまなく

(63) できるものなら、はじめから人生を＿＿＿＿＿。

    （A）やり直したい

    （B）見合いたい

    （C）寄り掛かりたい

    （D）打ち合わせたい

(64) 彼は少しの批判ではへこたれない＿＿＿＿＿な学生である。

    （A）きらびやか

    （B）したたか

    （C）たくみ

    （D）みやびやか

(65) 本日は当店_____の特別価格で販売致します。

    (A) ならでは

    (B) ともかく

    (C) ともすると

    (D) をおいて

(66) 刑事_____者、真っ先に現場に行かなければならない。

    (A) なる

    (B) たる

    (C) おる

    (D) きる

(67) 就職して会社員に_____からというもの、仕事に追われる毎日だ。

    (A) なり

    (B) なって

    (C) なる

    (D) なった

(68) 彼は_____から、困難な状況に遭っても、やっていけると思う。

    (A) たくましい

    (B) のぞましい

    (C) じれったい

    (D) けばけばしい

(69) あのゴールは相手のチームに実力の差を_____ゴールであった。

    (A) 見せ付ける

    (B) 閉じ込める

    (C) ねじ伏せる

    (D) 噛み締める

(70) うちの子ときたら、_____が激しくて見知らぬ人とはなかなか話そうとしない。

    (A) 物知り

    (B) 心知り

    (C) 顔見知り

    (D) 人見知り

Ⅷ. 下の文を読んで、後の問いにもっとも適当な答えを (A) から (D) の中で一つ選びなさい。

(71 ～ 74)

　　私は冬、寒い朝になってからなかなか起きられなくなってしまいました。目覚まし時計を
かけてもすぐ止めて寝てしまいます。やはり寒いことにはなかなか敵いません。夜、眠れな
い時は算数や国語の問題を解いたりします。時々、作文を書いたり絵を描いたりもします。
眠れない時間を無駄にしないで、自分なりにはとても充実した時間を過ごしていると思いま
す。でも、寝る時間が遅すぎて朝なかなか起きられないのは少し残念なことです。これから
はもし勉強をするとしたら、朝きちんと起きられるぐらいの時間に寝たいです。たぶん朝早
く起きて朝ご飯を作る母はとても辛いだろうと思います。もし、私が母だったら、朝ご飯が
とても遅くなるでしょう。私の通っている小学校は、9日から3学期が始まりました。小学
校に行くためには、午前6時30分に起きなければ(1)＿＿＿＿＿＿。母のようにこれから毎日朝早
くから起きて人の役に立ったり勉強をすぐ終わらせてたくさん遊べるようにしたいと心の中
で思いました。

(71) この人が夜、眠れない時にすることではないものはどれですか。

　(A) 絵を描く。
　(B) 作文を書く。
　(C) その日の日記を付ける。
　(D) 算数や国語の問題を解く。

(72) この人は何が残念なことだと言っていますか。

　(A) 朝起きて食欲があまりないこと
　(B) テレビを見すぎて目が悪くなること
　(C) 夜一人でできる遊びが少ないこと
　(D) 寝る時間が遅すぎて朝なかなか起きられないこと

(73) この人はどうして自分の母はとても辛いだろうと思いましたか。

　(A) いつも朝ご飯を食べないで会社に行くから
　(B) 朝早く起きて朝ご飯を作らなければならないから
　(C) 朝早くから出勤の支度をしなければならないから
　(D) なかなか起きられないこの人を起こすのが大変だから

(74) 本文の内容から見て、(1)＿＿＿＿＿＿に入る最も適当な文章はどれですか。

　(A) 間に合いません
　(B) 間に合うでしょう
　(C) 十分間に合います
　(D) 間に合ったことがあります

(75 〜 77)

　授業が終わって家に帰ると、玄関の前に音の鳴る段ボールが置いてあった。その段ボールを私は急いで開けた。その中には虫かごが入っていて、虫かごの中には黒い虫がまるで団扇のような羽を立てて鳴いていた。そう、この虫は鈴虫だ。40匹ほどいる。私が今までもらった誕生日プレゼントの中で、一番嬉しかったプレゼントだ。これは私が祖母に鈴虫がほしいと言ったら、わざわざ見つけてくれ、宅配便で送っても死なないように段ボールで加工をして送ってくれたのだ。勿論、1匹も死んでいなかった。(1)鈴虫がほしかった理由は、前の年に友達から鈴虫をもらったが、その卵が全て雌になったため、鳴く雄がほしかったからだ。祖母からのプレゼントをもらった日から家には鈴虫の鳴き声が響き渡るようになった。祖母のように、これからは人のことをよく考えてプレゼントを渡していきたい。

---

(75) 玄関の前に置いてあった段ボールの中には何がありましたか。

  (A) 音が鳴る鳥のおもちゃ
  (B) きれいな音が鳴る時計
  (C) 音が鳴る大きなぬいぐるみ
  (D) 黒い虫が入っている虫かご

(76) (1)鈴虫がほしかった理由として正しいものはどれですか。

  (A) 鳴く鈴虫がほしかったから
  (B) 一人で遊ぶのが寂しかったから
  (C) 雌の鈴虫が1匹もいなかったから
  (D) 学校の宿題をする時に必要だったから

(77) この人はこれからどうしたいと言っていますか。

  (A) 色々な昆虫を飼ってみたい。
  (B) 一人で鈴虫を探しに行ってみたい。
  (C) 人のことをよく考えてプレゼントを渡していきたい。
  (D) いつも自分のことを考えてくれる家族を大切にしたい。

(78 ~ 80)

　　私は家で様々なあだ名で家族に呼ばれているが、別に嫌ではない。私はあだ名というのは良いと思う。なぜなら、あだ名は相手との距離を縮めてくれるからだ。私も友達の「ポチ」と入学式で初めて会った時、緊張して「秀夫さん」と呼んでいた。しかし、犬が大好きということで「ポチ」というあだ名になってから、「ポチ」と言っただけで「ワン！」と言ってくれる。本当に深い友情というのはこのような会話から生まれてくると思う。新学期が始まってクラスが変わっても、「ポチ」と呼んでもっと仲良くしたいと思う。また、あだ名を使うことで名前の間違いもなくなると思う。小学校の頃に「美智子」という名前の子が二人いた。二人とも「美智子」と呼んだらどちらも振り向いてしまう。そこで、一人の子を「みーちゃん」にした。そうすると、(1)＿＿＿＿＿＿＿。このように同じ名前の人が多いので、あだ名を使うことで便利になることもあると思う。確かにあだ名は嫌な使い方をしてしまうと悪いものだが、あだ名をうまく使うことで、より友達と仲良くなれるのだと思う。だから、私はこれからもあだ名でたくさんの人と仲良くなりたい。

(78) この人があだ名を良いと思っている理由は何ですか。

　(A) 相手との距離を縮めてくれるから
　(B) その人の特徴を覚えやすくなるから
　(C) わざわざ名前を覚えなくてもいいから
　(D) 名前以外の呼び方がたくさんできるから

(79) この人があだ名を良いと思っているもう一つの理由は何ですか。

　(A) 自分もあだ名で呼ばれるようになるから
　(B) 短い時間でたくさんの友達が作れるから
　(C) あだ名を使うことで名前の間違いがなくなるから
　(D) あだ名で呼ばれる人の長所と短所がすぐわかるから

(80) 本文の内容から見て、(1)＿＿＿＿＿＿＿に入る最も適当な文章はどれですか。

　(A) 仲が悪くなってしまった
　(B) とても呼びやすくなった
　(C) 二人に怒られてしまった
　(D) 却って名前の間違いが増えた

(81 ～ 84)

　　日本では多くの家にバスタブ付きのお風呂があるが、海外では家やホテルにはシャワーしかない場合もある。海外へ行った時に戸惑わないように、今回は海外のお風呂事情やバスタブの使い方を紹介する。日本は水が豊富な上、夏の暑さや冬の寒さなどの気候、温泉が多いという土地柄、リラックス効果など様々な理由で、日本人はお風呂好きとして知られている。(1)＿＿＿＿、国によっては水はとても貴重で、飲み水も買うのが当たり前である場合もある。欧米では毎日バスタブに漬かることなく、シャワーで済ませる人も多いようである。そんな欧米では、バスタブがあっても日本とは使い方が異なる。欧米での一般的な入浴の方法は、バスタブにお湯をためて髪と体を洗ってからシャワーですすぐ。その後、バスタオルで体を拭くのが(2)＿＿＿＿である。その他にも海外のお風呂で注意しておきたいことは、バスタブがある部屋か確認し、シャワーは節水しながら使うようにする。また、海外は日本とは違って、部屋の中も土足の場合が多いため、濡れても問題ないビーチサンダルなどを持参しておくと、シャワー時やシャワー後も足の裏が汚れないだろう。最後に、お風呂を出たら、ドアは閉めないことも記憶しておこう。日本人の私たちは開けっぱなしであると気になるが、利用後は少しドアを開けておこう。ホテルでは閉めてほしいと注意が書かれている場合もあるが、ホームステイやファームステイなど一般家庭に泊まる時には、思い出してみてもらいたい。

(81) 日本人がお風呂好きとして知られている理由として、本文に出ていないものはどれですか。

(A) 温泉が多い。
(B) 水が豊富である。
(C) リラックス効果がある。
(D) 冬に比べて夏が長い。

(82) 本文の内容から見て、(1)＿＿＿＿に入る最も適当な言葉はどれですか。

(A) しかも　　　　　　　　　　　(B) それで
(C) ところが　　　　　　　　　　(D) 要するに

(83) 本文の内容から見て、(2)＿＿＿＿に入る最も適当な言葉はどれですか。

(A) 定番　　　　　　　　　　　　(B) 心得
(C) 得体　　　　　　　　　　　　(D) 用心

(84) 海外のお風呂で注意しておきたいこととして、本文に出ていないものはどれですか。

(A) バスタブがある部屋か確認しておく。
(B) シャワーは節水しながら使うようにする。
(C) お風呂を出たら、ドアはきちんと閉める。
(D) 濡れても問題ないビーチサンダルなどを持参しておく。

英語、中国語、フランス語など、世界には本当に数多くの言語がある。日本で言う「方言」に当たるものまで合わせてカウントすると、その数は5,000以上とも言われている。現在、日本語は1億2,500万人以上に話されており、世界の中で話されている言語の中でも10位前後に位置している。では、世界で一番話されている言語は何なのか？世界には数千もの言語があると紹介したが、その中でその言語を母国語として使用している人口が最も多いのは、中国語である。そもそも中国は、国全体の人口がおよそ13億人以上であるから、(1)＿＿＿＿＿。人口が世界一の中国語が世界一使われている言語なら、中国に次ぐおよそ12億5,000万人の人口を誇るインドの母国語が2番目になるはずなのであるが、実はインドは数千の言語が混じり合って使用されているのである。そのため、公用語とされているヒンディー語は2億人以上に使われてはいるが、世界で2番目に使われている言語は英語であり、英語を公用語や準公用語として使用している国が多いことがその理由に挙げられている。更に公用語、準公用語を含めた英語を実用レベルで話している人口は、世界の人口の約25％になり、およそ4人に1人が英語を使用しているとも言われている。

(85) 本文の内容から見て、(1)＿＿＿＿＿に入る最も適当な文章はどれですか。

(A) 非常に驚くべき順位であると言える
(B) トップになるのは当然であると言えるかもしれない
(C) 総人口に対する使用人口はかなり少ないと言える
(D) 世界で一番話されている言語になるのは無理であろう

(86) 中国に次いで人口の多いインドの母国語が2番目にならない理由は何ですか。

(A) 言語の数を正確に数えられないから
(B) 数千の言語が混じり合って使用されているから
(C) 人口に比べて読み書きが苦手な人が多すぎるから
(D) 多民族で構成される国は言語人口の合計に含まれないから

(87) 世界で2番目に使われている言語が英語である理由は何ですか。

(A) 英語に似ている言語が数多く存在するから
(B) 文法体系が易しく、使いやすい言語であるから
(C) 実用レベルで話している人口が意外と少ないから
(D) 英語を公用語や準公用語として使用している国が多いから

(88) 本文の内容と合っていないものはどれですか。

(A) インドのヒンディー語は世界で2番目に使われている言語である。
(B) 母国語として使用している人口が最も多い言語は中国語である。
(C) 英語を実用レベルで話している人口は、世界の人口の約25％になる。
(D) 現在、日本語は世界の中で話されている言語の中で10位前後に位置している。

(89 ～ 92)

　　社会の時間によく「自由と平等」という言葉を聞いたことがある。「自由と平等」と聞く
と、一見平和な感じがするかもしれないが、そんな生活をするのは非常に難しい。私と妹は
晩ご飯を食べる時によくおかずの取り合いをする。これを例に考えてみると、自由になれば
自分のほしい分だけ早い者勝ちで取ってしまい、平等ではなくなってしまう。反対に、平等
になれば自分がほしい量を決められないため、自由ではなくなる。このように、(1)＿＿＿＿＿。
このどちらかの行きすぎのせいで、お互いが足を引っ張り合う横並び社会が生まれるのは問
題ではないか。横並び社会が生まれるのを阻止する対策として考えられるのが平等を保障す
る代わりにそれ相応の努力を要求するというものである。また、「自由と平等」という上辺
の言葉だけで満足するのではなく、その原点に目を向けることも重要であろう。確かに誰も
が「自由と平等」に暮らせることは大切なことである。しかし、世の中そううまくいくもの
ではなく、どちらかに傾けばどちらかは(2)＿＿＿＿＿。要するに、「自由と平等」は重さが釣
り合った天秤ではなく、片方が重い天秤なのである。だから、これからの日本は少しずつ両
方を近付けていき、自由で平等な生活ができるようにするとよいと思う。

(89) 本文の内容から見て、(1)＿＿＿＿＿に入る最も適当な文章はどれですか。

　　(A) 自由と平等の均衡を取るのは意外に簡単である
　　(B) 自由の中に平等という概念が含まれていると言える
　　(C) 自由と平等は私たちの生活に様々な差し支えをもたらす
　　(D) どちらかが優位に立つと、どちらかは劣ってしまうのである

(90) 横並び社会が生まれるのを阻止する対策としてこの人が言っていることは何ですか。

　　(A) 各個人に見合う自由と平等を決めておく。
　　(B) 自由優先の生活を続け、平等にこだわらない。
　　(C) 能力を伸ばすために最大限の自由を保障する。
　　(D) 平等を保障する代わりにそれ相応の努力を要求する。

(91) 本文の内容から見て、(2)＿＿＿＿＿に入る最も適当な表現はどれですか。

　　(A) 宙に浮いてしまう
　　(B) 焼き餅を焼いてしまう
　　(C) 腹に据えかねてしまう
　　(D) 埒が明かなくなってしまう

(92) 自由と平等に対するこの人の考えと合っているものはどれですか。

　　(A) 自由と平等の均衡を取るのは非常に難しい。
　　(B) 平等な生活をするには、自由の制限は欠かせない。
　　(C) 自由と平等は時間が経つと自然に均衡が取れるようになる。
　　(D) 自由優先の生活が守られれば、平等な生活もできるようになる。

(93 ～ 96)

　私たちが当たり前のように食べているものの中には、外国人からすると「とんでもない」というものもある。特に、卵かけご飯やお刺身などの「生物」に抵抗を覚える人が多いようである。どうして日本では生物を食べるようになったのだろうか。卵や魚の生食は世界でも珍しく、日本特有の食文化と言える。一方、海外で生食が普及しなかったのは、生の卵や魚には細菌や寄生虫がいる可能性があるからである。では、(1)＿＿＿＿、日本では生食文化が発展したのだろうか。日本は海に囲まれているため、昔から新鮮な魚が豊富に手に入った。海に囲まれているだけではなく、日本では鮮度が長持ちするよう、殺菌効果のあるわさびやしょうゆが生まれた。また、現在、日本の衛生管理は世界一と評価されているが、そのゆえんは卵の安全管理にあり、海外と比べ食中毒の発生率がとても低いのである。昔から清潔さを重んじる国だったからこそ、卵の衛生管理も世界一になったというわけである。ちなみに、海外にも生物を食べる文化がある。例えば、韓国の「フェ」が代表的である。フェは日本のお刺身に似た食べ物で、朝鮮半島では古くから食べられており、韓国を代表する人気メニューである。日本のお刺身との違いは、必ず生きた魚をさばくことと、白身魚がメインで赤身の魚のお刺身はほとんどないそうである。薬味は「サムジャン」や「チョジャン」と呼ばれる甘辛いソースの他、しょうゆやわさびも使われているそうである。韓国に行ったら、食べ比べしてみるのも面白そうである。

(93) 海外で卵や魚の生食が普及しなかった理由は何ですか。
　　(A) もともと焼いて食べる文化しかなかったから
　　(B) 生食より焼いて食べる調理法が発達していたから
　　(C) 生の卵や魚には細菌や寄生虫がいる可能性があるから
　　(D) 生食より焼いて食べた方が栄養的にいいという認識があったから

(94) 本文の内容から見て、(1)＿＿＿＿に入る最も適当な文章はどれですか。
　　(A) なぜ食中毒のリスクがあるにもかかわらず
　　(B) 毎日日本人が当たり前のように食べているにもかかわらず
　　(C) 食中毒のリスクがほとんどないと言われているにもかかわらず
　　(D) 日本は大陸から離れ、四面海に囲まれた国であるにもかかわらず

(95) 日本で生食文化が発展した理由として、本文に出ていないものはどれですか。
　　(A) 食の保存文化　　　(B) 海に囲まれた島国　　　(C) 幼い時からの教育　　　(D) 世界一の衛生管理

(96) 本文の内容と合っているものはどれですか。
　　(A) 韓国の「フェ」は日本と同様、必ず生きた魚をさばく。
　　(B) 外国人の中には日本の生物に抵抗を覚える人が多いようである。
　　(C) 現在、日本特有の卵や魚の生食文化は、世界中に広まっている。
　　(D) 海外と比べ日本は魚の料理が多いため、食中毒の発生率が高い。

海に流出されるプラスチックごみが世界的に問題となる中で、化学や製紙企業が従来のプラスチックに代わる新素材の製品化に(1)＿＿＿＿＿いる。世界的な飲食店チェーンが相次いでプラ製ストローの削減を表明するなど、「脱プラ」の動きが広がっていることを商機と捉えている。山田ケミカルホールディングスは8月、微生物によって分解されるため海を汚染しない「生分解性プラスチック」製のストローを開発したと明らかにした。固さや透明度を変えて数種類を試作し、飲食店への売り込みを図っている。トウモロコシなど植物が主成分の(2)生分解性プラは、微生物によって完全に消費され、炭酸ガスや水などの自然的副産物のみを生じるものと定義できる。しかし、今までは通常のプラに比べ価格が数倍高めであるため、採用をためらう企業も多かった。だが、今後は環境に優しい取り組みをPRして企業イメージを高めたい飲食店から需要が増えるとみる。素材ベンチャーのSKWは、(3)石灰石を主原料にした新素材を使った商品開発を進めている。石灰石は海で分解されないが、環境に害を与えず、生分解性プラより安いのが特徴であるといい、2014年に特許を取得した。既にこの素材を使った弁当容器やクシの販売を始めた。更に商品を増やしていき、2年後には素材の生産能力を現在の6倍の3万6千トンにする計画であるという。

(97) 本文の内容から見て、(1)＿＿＿＿＿に入る最も適当な表現はどれですか。

(A) 肩を持って
(B) 力を入れて
(C) 焼き餅を焼いて
(D) 終止符を打って

(98) (2)生分解性プラについての説明の中で、正しくないものはどれですか。

(A) 通常のプラに比べ数倍安価である。
(B) トウモロコシなど植物が主成分である。
(C) 完全に消費され、自然的副産物のみを生じるものである。
(D) 企業イメージを高めたい飲食店からの需要は増える見込みである。

(99) (3)石灰石を主原料にした新素材についての説明の中で、正しくないものはどれですか。

(A) 生分解性プラより安いのが特徴である。
(B) 場所を問わず、どこでも簡単に分解される。
(C) 既にこの素材を使った商品が販売されている。
(D) 2年後には素材の生産能力を現在の6倍に増やす計画である。

(100) 本文の内容と合っているものはどれですか。

(A) 最近、脱プラを商機にしている企業が増えている。
(B) 海に流出されるプラスチックごみの量は年々減っている。
(C) 未だに生分解性プラスチック製のストローは開発されていない。
(D) 生分解性プラは最初から多くの企業が先を争って採用しようとしていた。

□ ぞっと 오싹	□ くよくよ 끙끙	□ てきぱき 척척
□ すかすか 척척	□ ずるずる 질질	□ だんだん 점점
□ ねばねば 끈적끈적	□ すらすら 술술	□ じわじわ 서서히
□ こそこそ 소곤소곤	□ げらげら 껄껄	□ ぐらぐら 흔들흔들
□ まごまご 우물쭈물	□ だらだら 줄줄	□ ぐるぐる 빙글빙글
□ ざらざら 까칠까칠	□ うとうと 꾸벅꾸벅	□ ごくごく 벌컥벌컥
□ からから 바싹바싹	□ どやどや 우르르	□ しとしと 부슬부슬
□ うずうず 근질근질	□ くらくら 어질어질	□ もぐもぐ 우물우물
□ びくびく 흠칫흠칫	□ ゆらゆら 흔들흔들	□ うじうじ 우물쭈물
□ ねとねと 끈적끈적	□ はらはら 조마조마	□ もじもじ 머뭇머뭇
□ すくすく 무럭무럭	□ にこにこ 싱글벙글	□ まじまじ 말똥말똥
□ よちよち 아장아장	□ どたばた 쿵쾅쿵쾅	□ こりごり 지긋지긋
□ じりじり 한발 한발	□ のろのろ 느릿느릿	□ ぞくぞく 오싹오싹
□ とぼとぼ 터벅터벅	□ ぴんぴん 팔딱팔딱	□ ぎしぎし 삐걱삐걱
□ でこぼこ 울퉁불퉁	□ むらむら 뭉게뭉게	□ ぶるぶる 부들부들
□ おどおど 흠칫흠칫	□ ひそひそ 소곤소곤	□ どさどさ 털썩털썩
□ くすくす 킥킥, 낄낄	□ てかてか 반들반들	□ ずきずき 욱신욱신
□ うつらうつら 꾸벅꾸벅	□ ほかほか 따끈따끈	□ ぱちぱち 깜박깜박
□ うろうろ 어슬렁어슬렁	□ すやすや 새근새근	□ つやつや 반들반들
□ みすみす 뻔히 알고도	□ ぺらぺら 술술, 줄줄	□ おずおず 머뭇머뭇
□ がたがた 덜커덩덜커덩	□ どろどろ 우르르, 쿵쿵	□ にやにや 히죽히죽
□ するする 스르르, 술술, 척척	□ じめじめ 구질구질, 눅눅히	□ ふわふわ 둥실둥실

Ⅴ. 下の線の言葉の正しい表現、または同じ意味のはたらきをしている言葉を (A) から (D) の中で
一つ選びなさい。

(1) 春の桜の花はとてもきれいです。

　(A) はる
　(B) なつ
　(C) あき
　(D) ふゆ

(2) 最近、どうも彼の行動が怪しい。

　(A) こうどう
　(B) きょうどう
　(C) ごうどう
　(D) ぎょうどう

(3) 今度のことで、自分はまだ修行が足りない
とつくづく感じました。

　(A) しゅぎょう
　(B) じゅぎょう
　(C) しゅうぎょう
　(D) じゅうぎょう

(4) 彼の演説には状況を一切顧慮しない勇まし
い発言もいくつかあった。

　(A) あさましい
　(B) いさましい
　(C) たくましい
　(D) やかましい

(5) これからパソコンで年賀状を刷ろうと思っ
て昨日年賀状ソフトを買った。

　(A) やろう
　(B) そろう
　(C) すろう
　(D) とろう

(6) その国は一新されて、内戦の面影はもう見
られない。

　(A) めんげい
　(B) つらかげ
　(C) おもかげ
　(D) おもてかげ

(7) この小説には当時の実像が如実に反映され
ているという。

　(A) にょうじつ
　(B) じょうじつ
　(C) じょじつ
　(D) にょじつ

(8) お手持ちの中古自動車を売却したい方、こ
うかで買い取りいたします。

　(A) 効果
　(B) 硬貨
　(C) 降下
　(D) 高価

(9) 日本で初めて食べてみた梅干は、体が震え
るほどすっぱかった。

　(A) 酸っぱかった
　(B) 塩っぱかった
　(C) 酢っぱかった
　(D) 辛っぱかった

(10) この果てしない海のかなたには、一体何が
あるのだろうか。

　(A) 彼方
　(B) 個方
　(C) 処方
　(D) 其方

(11) 昨日のテストは<u>思ったほど</u>難しくありませんでした。

  (A) こんなに
  (B) そんなに
  (C) あんなに
  (D) どんなに

(12) 知らない言葉が出たら、<u>メモして</u>ください。

  (A) 書いて
  (B) 読んで
  (C) 切って
  (D) 売って

(13) 彼女はさしみに<u>目がない</u>そうだ。

  (A) とても好きだ
  (B) とてもきらいだ
  (C) あまり食べない
  (D) 食べたことがない

(14) いくら事情を<u>説明したところで</u>、上司が納得してくれるとは思えない。

  (A) 説明したきり
  (B) 説明しまいと
  (C) 説明するまでもなく
  (D) 説明しようが

(15) 次の瞬間、テレビ中継を見ていた国民全員が<u>仰天する</u>ことが起こった。

  (A) 笑う
  (B) 天を仰ぐ
  (C) 非常に驚く
  (D) 途方に暮れる

(16) もし必要でしたら、<u>協力するにやぶさかではありません</u>。

  (A) 協力いたしかねます
  (B) 喜んで協力いたします
  (C) 協力しないわけにはいきません
  (D) 協力するのは致し方がありません

(17) <u>うち</u>の息子ときたら、家に帰るとゲームばかりしている。

  (A) <u>うち</u>では父が一番の甘党です。
  (B) <u>うち</u>の社長は気分にむらがある。
  (C) 本を読んでいる<u>うち</u>に、眠ってしまった。
  (D) 週末は大抵<u>うち</u>でごろごろしています。

(18) 事件について話す彼女の目には涙が<u>あった</u>。

  (A) 幼い時から彼は絵に才能が<u>あった</u>。
  (B) 昨日、ここで交通事故が<u>あった</u>そうだ。
  (C) 鈴木君はいつも<u>あり</u>もしない話を事実のように話す。
  (D) 明日試験が<u>ある</u>から、遊んでいるわけにはいかない。

(19) 彼女は<u>口</u>がおごっているから、こんな物は食べようともしないだろう。

  (A) いかがですか。お<u>口</u>に合いますか。
  (B) <u>口</u>のうまい人には気を付けた方がいいよ。
  (C) その山の美しさは<u>口</u>では表せないほどだった。
  (D) 山田君はいい人だが、時々<u>口</u>が過ぎる場合がある。

(20) 彼は飽き<u>っぽい</u>性格で、何をやっても長続きしない。

  (A) 彼女は黒<u>っぽい</u>服を着ていた。
  (B) 最近、よく忘れ<u>っぽく</u>て困っている。
  (C) このジュースは水<u>っぽく</u>てあまり美味しくない。
  (D) そんなことで怒るなんて、本当に子供<u>っぽい</u>ね。

Ⅵ. 下の_____線の A, B, C, D の中で正しくない言葉を一つ選びなさい。

(21) 昨日は友達と遊んだりレストランに食事をしたりしました。
　　　　　 (A) (B)　　　　　　　(C)　　　　　　　(D)

(22) 何かあったら、あの時には私がすぐ行きますから、心配することはありません。
　　　 (A)　　　　 (B)　　　　　　　(C)　　　　　　　　(D)

(23) 明日、鈴木君の誕生日のパーティーがしますから、プレゼントを持って来てください。
　　　　　　　 (A)　　　　 (B)　 (C)　　　　　　　　　(D)

(24) 私はカラオケには よく行きますが、歌が下手のので、あまり歌いません。
　　　　　　　 (A) (B)　　　　　　　(C)　　 (D)

(25) 天気予報によると、今日は一日中雨が降るそうだ。それとも、傘を持って会社に行くつもりだ。
　　　　　 (A)　　　　　 (B)　　　　　　　(C)　　　　(D)

(26) ここに書いている 通りにやれば、君にも十分できることだと思うから、頑張ってください。
　　　　　　 (A) (B)　　　　 (C)　　　　　　　　(D)

(27) その問題は先生がわかれやすく説明してくださったので、すぐ理解できました。
　　　 (A)　　　　 (B)　　　　 (C)　　　　　　　 (D)

(28) 卒業式の時に、代表として３年間の出来事について話を頼まれて、何を話しようかと悩んでいます。
　　　　　　　　　 (A)　　　 (B)　　 (C)　　　　　 (D)

(29) 御社の事情はよくわかりますが、弊社の提案をもう一度ご検討願いませんか。
　　　 (A)　　　　　　　 (B)　(C)　　　　　　　 (D)

(30) 行くと約束した以上では、何があっても必ず守ってほしいものだ。
　　　 (A)　　　 (B)　　　　　　(C)　　(D)

(31) 流行語は世代によって理解度が大きく異なるため、過敏な使用は情報弱者を生み出しかねない。
       (A)   (B)   (C)   (D)

(32) 最近、新製品の売り行きは落ち込んでいるから、一刻も早く手を打つべきだ。
          (A)   (B)   (C)   (D)

(33) 仕事を引き受けたからして、いくら大変でも途中で止めるわけにはいかないだろう。
            (A)   (B)   (C)   (D)

(34) クラスで一番真面目な彼のことだから、いつも勉強しているとは限らない。
           (A)   (B)   (C)   (D)

(35) 彼は分厚い本を鞄から取り出して ざあざあとめくっていた。
     (A)   (B)   (C)   (D)

(36) 昔乗った時はもっと古ぼけていたような気がするが、ずいぶんきれいな車両が来て意表を刺された
             (A)   (B)   (C)   (D)
気分だった。

(37) 今の若者には自分をさらけ出す勇気がないため、人と深く関わるのを避け、グループの中に結晶
               (A)   (B)   (C)   (D)
しているのだ。

(38) 誰かに自分の話を聞いてほしくてふと話してしまった後、「やっぱり言わなければよかった」と
   (A)   (B)   (C)
後悔することがある。
   (D)

(39) 口から手が出るほどほしいものがあったが、何とか衝動買いせずに済んだ。
  (A)   (B)   (C)   (D)

(40) 今日のような情報化社会では、言葉と映像がものすごく氾濫し、何が本当で何が嘘なのか見かけが
    (A)   (B)   (C)
つかなくなってきた。
     (D)

Ⅶ. 下の＿＿＿＿線に入る適当な言葉を (A) から (D) の中で一つ選びなさい。

(41) 私の休みは月＿＿＿＿4回しかない。

　　(A) に
　　(B) で
　　(C) の
　　(D) は

(42) その鞄の＿＿＿＿ある鞄を見せてください。

　　(A) うしろ
　　(B) うしろの
　　(C) うしろに
　　(D) うしろで

(43) 先生＿＿＿＿荷物を持って差し上げました。

　　(A) を
　　(B) が
　　(C) で
　　(D) の

(44) この店はいつも9時で＿＿＿＿。

　　(A) あけます
　　(B) くれます
　　(C) しまります
　　(D) しまいます

(45) 宿題は＿＿＿＿終わりましたか。

　　(A) もう
　　(B) まだ
　　(C) たとえ
　　(D) ひじょうに

(46) ＿＿＿＿、とても美味しかったです。

　　(A) ただいま
　　(B) いただきます
　　(C) ごちそうさま
　　(D) おかえりなさい

(47) 今日はいつもより＿＿＿＿起きた。

    (A) おそい

    (B) おそく

    (C) おそくて

    (D) おそかったので

(48) 明日の歓迎会、場所はどこだった＿＿＿＿。

    (A) し

    (B) もの

    (C) よね

    (D) っけ

(49) 重い段ボールを動かそうと＿＿＿＿、上から本が落ちてきた。

    (A) したら

    (B) なったら

    (C) きたら

    (D) いたら

(50) いつも＿＿＿＿ばかりおかけして、申し訳ありません。

    (A) 無理

    (B) 心理

    (C) 迷惑

    (D) 歓迎

(51) やってはいけないと思いつつ＿＿＿＿、ついやってしまった。

    (A) も

    (B) が

    (C) のに

    (D) ので

(52) 彼女がそんなことを＿＿＿＿と思う。

    (A) 言うことがない

    (B) 言うものではない

    (C) 言うわけではない

    (D) 言うはずがない

(53) 昔、母に嫌いな野菜を＿＿＿＿＿＿＿食べさせられた。

 (A) いやに

 (B) 無理に

 (C) あんなに

 (D) それほど

(54) 思ったより話し合いが＿＿＿＿＿＿＿に進んでほっとしました。

 (A) ルーズ

 (B) スムーズ

 (C) スマート

 (D) エスカレート

(55) ＿＿＿＿＿＿＿しておりますが、いかがお過ごしでしょうか。

 (A) 挨拶

 (B) ご無沙汰

 (C) 無事

 (D) 便り

(56) 彼女は見てもいない＿＿＿＿＿＿＿、まるで見たかのように映画の話をしている。

 (A) ことに

 (B) くせに

 (C) だけあって

 (D) といえども

(57) 部屋の明かりや温度などを快適に整え、＿＿＿＿＿＿＿眠りたい。

 (A) ぐっすり

 (B) 晴れて

 (C) ともすれば

 (D) 自ら

(58) この薬を塗ったら、傷が治るどころか＿＿＿＿＿＿＿。

 (A) すぐ治ってしまった

 (B) ひどくはならないだろう

 (C) 必ずよくなるだろう

 (D) ひどくなってしまった

(59) 昨日、王子の結婚式が教会で_____行われた。

    （A）厳かに

    （B）婉曲に

    （C）軽やかに

    （D）円やかに

(60) 健康食品は_____商売に利用される場合が多い。

    （A）あくどい

    （B）こいしい

    （C）にくらしい

    （D）なまめかしい

(61) 今日は朝から体の調子がよく、仕事もどんどん_____。

    （A）とだえた

    （B）はかどった

    （C）つぐなった

    （D）ひるがえした

(62) 仕事はできるだけ早めに始めるように_____ください。

    （A）仕上げて

    （B）誘い込んで

    （C）心がけて

    （D）押さえ込んで

(63) 人に関係なく、良い習慣は_____べきだと思う。

    （A）見習う

    （B）言い返す

    （C）持ち上げる

    （D）染み込む

(64) 大統領の軽率な発言で、友好であった両国の関係が_____始めた。

    （A）ひそみ

    （B）はげみ

    （C）きしみ

    （D）つつしみ

(65) うちの秘書はとても＿＿＿＿＿＿＿＿がよくて助かっている。

    (A) 役目

    (B) 手際

    (C) 二枚目

    (D) 役不足

(66) こんな夜中に音楽を聞くなんて、非常識＿＿＿＿＿＿＿＿。

    (A) きわまらない

    (B) きわまりない

    (C) きわまっている

    (D) きわめている

(67) 営業不振で強硬な退職勧奨を受け、退職を＿＿＿＿＿＿＿＿。

    (A) 余儀なくされた

    (B) 余儀なくさせた

    (C) 余儀なくしてしまった

    (D) 余儀なくてはならなかった

(68) 8-0 でリードされていた 9 回、驚異の＿＿＿＿＿＿＿＿で追い付き、逆転までしてしまった。

    (A) 二枚腰

    (B) 肝心要

    (C) 有頂天

    (D) 用心棒

(69) 泥棒を一人で捕まえたとは、お＿＿＿＿＿＿＿＿だね。

    (A) 手柄

    (B) 功績

    (C) 勲章

    (D) 立派

(70) 警察は対策班を設置して事件の解明に当たったが、結局、＿＿＿＿＿＿＿＿に終わってしまった。

    (A) うやむや

    (B) ちやほや

    (C) ぴりぴり

    (D) ぽろぽろ

Ⅷ. 下の文を読んで、後の問いにもっとも適当な答えを (A) から (D) の中で一つ選びなさい。

(71 ～ 74)

昨日、和夫君が私の家に遊びに来ました。どうしてかというと、和夫君の弟が入院していて、和夫君のお母さんが病院に行かなければならなかったからです。ちょうどおやつの時間だったので、母に「お金あげるから、みんなで99円ショップで好きなものを買っておいで」と言われました。和夫君と私の弟は100円ずつもらって私だけ200円をもらいましたが、その理由は母に「ママの分も一つ買ってきてね」と言われたからです。家を出て坂を下りていくと、左側に99円ショップがありました。買ったものは、チョコレートとジュースとベビースターと泡です。泡はラムネのことですが、それを食べると、口の中が泡だらけになって(1)_____蛙の卵のようでした。口を開けて泡をママに見せたら、母は「美味しくなさそう」と言いました。私は「ママはまだ食べたことがないから、味がわからないのだな」と思いました。ママには「チョトス」というチョコレートのお菓子を買ってきてあげました。母は「ありがとう。ママはこれ、大好きなんだ」と言いました。これを聞いて私はいい買い物だったと思いました。

(71) 和夫君がこの人の家に遊びに来た理由は何ですか。

    (A) この人の家に誰もいなかったから

    (B) この人が持っているおもちゃが多かったから

    (C) この人が何度も遊びに来てほしいと頼んだから

    (D) 弟さんが入院していて、お母さんが病院に行かなければならなかったから

(72) この人だけ 200 円をもらった理由は何ですか。

    (A) この人がたくさん食べるから

    (B) この人の母の分も頼まれたから

    (C) 三人分の交通費が含まれていたから

    (D) この人が買いたいものがたくさんあると言ったから

(73) 本文の内容から見て、(1)_____に入る最も適当な言葉はどれですか。

    (A) 少しも   (B) まるで

    (C) しきりに   (D) なかなか

(74) この人がいい買い物だったと思った理由は何ですか。

    (A) 衝動買いをしなかったから

    (B) 気に入ったものを安く買えたから

    (C) 短い時間で買い物ができたから

    (D) 買ったお菓子が母が大好きなお菓子だったから

「今日はね、外でバスケをやったんだ」とぬいぐるみに静かな声で言いました。私には小さい頃から大切にしているぬいぐるみがあります。それは象のぬいぐるみのパオちゃんです。(1)パオちゃんという名前の由来は、象は「パオー」と鳴くので、パオちゃんと名前を付けました。パオちゃんの特徴は耳が大きく、体はねずみ色です。そして、二つのきばが付いていて、触った感じは柔らかいです。大きさは中ぐらいで2歳の子供も抱けるぐらいです。私はいつもパオちゃんと一緒に寝たりお話をしたりします。私はパオちゃんがいると(2)＿＿＿＿＿しますが、いないととてもはらはらして夜もなかなか眠れません。なぜそう思ったかというと、この間家族みんなで北海道に行きました。楽しい時間を過ごして夜になり、寝ようとするとパオちゃんがいなくてなかなか眠れませんでした。いつも一緒に寝ていると、それが当たり前だと思ってしまい、よけい寂しくなってしまいました。なので、家に帰って一緒に寝ると、とても嬉しい気分でいっぱいでした。パオちゃんに出会ったのは、私が5歳ぐらいの時に家族でインテリアショップに行った時に買ってもらいました。インテリアショップでは犬、キリン、コアラなど、色々な動物のぬいぐるみがありました。でも、私はどうしても象にしたかったのです。なぜなら、色々なぬいぐるみを見ている時に象が私を見て「お願い。私を買って」と言うように感じたからです。そのかわいさが気に入り、買ってもらいました。それから私はパオちゃんを大事にしてきました。

(75) (1)パオちゃんについての説明の中で、正しくないものはどれですか。

(A) 象の形をしたぬいぐるみだ。　　　　　(B) 子供は抱けないほど大きい。
(C) 象の鳴き声から名前を付けた。　　　　(D) 耳が大きく、体がねずみ色だ。

(76) 本文の内容から見て、(2)＿＿＿＿＿に入る最も適当な言葉はどれですか。

(A) さっと　　　　　　　　　　　　　　　(B) ほっと
(C) すっと　　　　　　　　　　　　　　　(D) かっと

(77) この人が北海道の旅行でなかなか眠れなかった理由は何ですか。

(A) 見たいテレビ番組がたくさんあったから
(B) 昼寝をしてあまり疲れていなかったから
(C) 久しぶりに家族と一緒に夜遅くまで話をしたから
(D) いつも一緒に寝ていた象のぬいぐるみがなかったから

(78) この人が象のぬいぐるみを買った理由は何ですか。

(A) 象のぬいぐるみが自分を買ってほしいと言うように感じたから
(B) 他の動物のぬいぐるみの中で、気に入るものがなかったから
(C) 持っているぬいぐるみの中に、象のぬいぐるみがなかったから
(D) インテリアショップで売っている物の中で、一番安かったから

(79 ～ 81)

　　私は夏休みにここに転入し、家の近くにある公園で木登りを教えてもらった。それまではあまり木に登ったことがなかった。なぜなら、前の家の近くの公園に木登りができそうな木がなかったからだ。学校から帰ってから私が転入して最初に仲良くなった一郎君と一緒に公園に行った。一郎君に「木登りしよう」と言われたので、私は「あまりやったことないから、たぶんできないよ」と言った。公園にある木に着いたら、一郎君は大きな木の上まで簡単に登った。私も真似をしてやってみたが、なかなかできなかった。何日か経ってもう一度やってみると、できるようになった。ある日、「なな」という子と公園で遊んだ。ななは一郎君とは違う登り方をしていたが、それも教えてもらった。その方法は木から木に捕まっていくという方法だった。普段みんなが登っている木は二本が並んでいて少し遠いが、掴まえるくらいの距離だった。足を擦ったり木に打ったりしたが、何回かやるとできるようになった。「(1)_____」という言葉のように、私は失敗をしたら成功する方法がわかると思った。

(79) この人が転入する前にあまり木に登ったことがなかった理由は何ですか。

　　(A) 前の家の近くに小さい木しかなかったから
　　(B) 木に登るのが怖くてなかなか勇気が出せなかったから
　　(C) 木から落ちてしまい、ひどい怪我をした経験があったから
　　(D) 前の家の近くの公園に木登りができそうな木がなかったから

(80) この人は「なな」という子から何を教わりましたか。

　　(A) 木の正しい育て方
　　(B) ボールを使った遊び
　　(C) 一郎君とは違う木の登り方
　　(D) 学校の授業で苦手だった科目

(81) 本文の内容から見て、(1)_____に入る最も適当な表現はどれですか。

　　(A) 三日坊主
　　(B) 濡れ手で粟
　　(C) 二階から目薬
　　(D) 失敗は成功のもと

(82 ～ 84)

ホール・キッチンスタッフ募集中

店舗：〒 160-0023 東京都新宿区 西新宿 7-5-6 ダイカンプラザ 756 2F

休日：シフト制 (応相談可)

給与：研修期間あり、時給 900 円、深夜 1125 円、土日優遇、祝日手当

時間：17:00~26:00 の間、1 日 2 時間 ～、週 1 日 ~

年齢：年齢、学歴、経験不問、フリーター大歓迎！

待遇：交通費・ガソリン代支給、社会保険完備、食事補助あり (深夜勤務に限る)、雨具貸出

ご応募 & お問い合わせ

店舗：3-6279-1824(15 時以降)

本社：3-6279-1124(10 時以降)

■ お気軽に、お問い合わせください。

---

(82) このアルバイトの給与制度についての説明の中で、正しくないものはどれですか。

    (A) 研修期間がある。

    (B) 1 時間当たり 900 円である。

    (C) 祝日も平日と同じ時給である。

    (D) 深夜の時給は普通の時給より高い。

(83) このアルバイトの時間についての説明の中で、正しくないものはどれですか。

    (C) 週に 1 日以上の勤務である。

    (B) 1 日 2 時間以上の勤務である。

    (A) 土日の勤務には優遇措置がある。

    (D) 1 日の勤務時間は最大 8 時間までである。

(84) このアルバイトの待遇についての説明の中で、正しくないものはどれですか。

    (A) 社会保険が完備されている。

    (B) 雨が降る日に雨具が借りられる。

    (C) 交通費とガソリン代が支給される。

    (D) 全ての時間帯の勤務に食事が提供される。

(85 ～ 88)

　　ある言語がそれまで接触のなかった別の言語と接触するようになると、そこに相互の交流が生じ、双方の言語の中に相手の言語による色々な変化が起きる。このような言語変化を、言語学では「言語干渉」と呼んでいるが、(1)これは主に外来語でよく見られる。私は言語干渉はいいことであると思う。第一の理由に、日本にはないものでも、外来語で表せるからである。例えば、パソコンやペットボトルなどは日本語では表せないのではないだろうか。だから、言語干渉は(2)＿＿＿＿＿と言える。また、言語干渉を通じて外国との友好関係が深まり、外国文化に対する理解度も高まると思う。自分の国の言葉を外国人が使っていたら、きっとその国の人たちにも喜んでもらえるだろう。そんな小さいことからだけでもいいから、友好関係が生まれたらいいと思う。確かに、言語干渉にも悪いことがある。それは何でも外来語を使っていて、日本語の美しさが忘れられていることである。

(85) (1)これが指しているものは何ですか。

　　(A) 言語の変化

　　(B) 言語の普遍性

　　(C) 言語の多様性

　　(D) 言語同士の干渉

(86) 本文の内容から見て、(2)＿＿＿＿＿に入る最も適当な文章はどれですか。

　　(A) 日本人にも役に立っている

　　(B) 日本語が乱れる原因になる

　　(C) 日本人にとっては意味がない

　　(D) 日本人の生活に何の利益ももたらさない

(87) この人が言語干渉の長所として言っていないことは何ですか。

　　(A) 外国との友好関係が深まる。

　　(B) 日本語の語彙が豊富になる。

　　(C) 外国文化に対する理解度が高まる。

　　(D) 日本にはないものを外来語で表せる。

(88) この人が言語干渉の短所として言っていることは何ですか。

　　(A) 外来語が増えすぎること

　　(B) 漢字の使用率が下がること

　　(C) すぐ消えてしまう言葉ができること

　　(D) 日本語の美しさが忘れられていること

テストを受けることは、私たち(1)＿＿＿＿＿とても大切なことであると思う。なぜなら、テストを受けることで、自分がどのくらい勉強ができるのか知ることができるし、たくさんの人数でやる場合には、その人数の中で自分が何番目にできるのかも知ることができるからである。しかし、ただテストを受けるのでは意味がない。テストを受けるということは、自分の位置を知るだけでなく、どこができていて、どこができないのかを知ることもできる。それに、テストを受けるにはしっかりとした準備も必要である。例えば、テスト勉強の計画立てやテストに備えての心の準備などがとても大切である。まず、テスト勉強の計画立ては、自分に無理のないように、自分の勉強のレベルに合わせて計画を立てるべきである。次に、テストに備えての心の準備は、自分に自信を持ってテストに臨む心構えが必要であると言える。テストには、簡単な問題や難しい問題が同じぐらいあり、それぞれに対応できるようにたくさんの問題を練習して色々な問題形式に慣れるべきである。そういう問題をたくさんやれば、テストで緊張しないで集中してテストを受けることができる。人は色々なことを経験して成長していく。だからこそ、その「ものさし」としてテストや試験などがあり、それをやることが大切なことであると思う。

(89) 本文の内容から見て、(1)＿＿＿＿＿に入る最も適当な表現はどれですか。

  (A) にとって   (B) をおいて

  (C) に伴って   (D) にもまして

(90) この人が本文で言っているテストの効用ではないものはどれですか。

  (A) 自分ができない部分を知ることができる。

  (B) テストの結果によっては自己満足感が得られる。

  (C) 自分がどのくらい勉強ができるのかを知ることができる。

  (D) たくさんの人の中で、今の自分の位置を知ることができる。

(91) テストに備えての心の準備として、この人が言っていることは何ですか。

  (A) わからない問題は潔く諦められること

  (B) 自分に自信を持ってテストに臨むこと

  (C) テスト終了まで集中力を維持すること

  (D) テスト本番で緊張しないようにすること

(92) 本文のタイトルとして最も適当なものはどれですか。

  (A) テストの種類とその効果

  (B) テストを受けることの大切さ

  (C) 色々なテストの長所と短所

  (D) 満足度の高いテストを作る方法

(93 〜 96)

明るい部分が明るければ明るいほど、逆に影の部分ははっきりしてくるとよく言われる。明るい部分とは映像や情報の流れている部分であり、暗い部分とは映像が秘匿され、流れてこない部分である。今のような情報化時代の情報戦は、情報を完全にシャットアウトするのではなく、むしろ情報をどんどん流すところに特徴がある。テレビは映像情報に深く関わっているだけに、目に見える部分や光の当たっている部分の情報を伝えることになりやすい。テレビによって見えている部分と見えない部分とを総合的に判断することで初めて真実に近付くことができると思う。私は自分の目で真実を見極められるような人間になりたい。そのような人間になるためには、人づてに聞いた情報やテレビで見た情報に惑わされず、あまり簡単に信じないことが必要であると思う。また、自分だけの意見を持つことも大切であろう。なぜなら、自分の意見を持っていないと、(1)＿＿＿＿＿＿情報にも流されてしまう恐れがあるからである。確かに、映像は分かりやすい上に情報を伝達する効率がよい。しかし、正しい真実はマスコミなどの報道機関によって分かりにくく隠されている。そのような状況の中に置かれている正しい真実を自分の力で探り出すことが現代の社会では必要とされているのではないかと思う。だから私は、正しい真実がどこに隠されているかを見極められるような人間になりたいと思う。

(93) この人が言っている今の情報戦の特徴は何ですか。

(A) うその情報が氾濫するころ
(B) 情報を遮断せずにどんどん流すこと
(C) 情報の質がどんどん高くなっていること
(D) 数えきれないほどの情報が秘匿されること

(94) この人が真実を見極められる人になるために必要なこととして言っていることは何ですか。

(A) 色々な情報を集めておくこと
(B) 自分ならではの意見を持つこと
(C) 情報源が確かな情報は一応信じること
(D) 情報の利点を考えながら受け入れること

(95) 本文の内容から見て、(1)＿＿＿＿＿＿に入る最も適当な表現はどれですか。

(A) きりがない
(B) 根も葉もない
(C) 埒が明かない
(D) 取り付く島がない

(96) この人の考えと合っているものはどれですか。

(A) 積極的に情報を作り出せる人になりたい。
(B) 情報と自分の経験を照合して生きていきたい。
(C) 自分が持っている情報をうまく活用できる人になりたい。
(D) 情報の中に隠れている真実が見極められる人になりたい。

> 　振り込め詐欺からお金を(1)＿＿＿＿＿のは難しいため、家族で事前に対策を話し合っておく必要がある。そもそも振り込め詐欺とは、銀行口座にお金を振り込ませる詐欺のことで、オレオレ詐欺、還付金詐欺、融資保険金詐欺などがある。ちなみに、去年の認知件数は13,605件であり、被害額は373.8億円に上るという。自分たちも詐欺に遭う可能性があると自覚し、振り込め詐欺に遭った際の対処法を家族で話し合っておくことで、万一被害に遭いそうになっても冷静に対応しやすくなる。では、今すぐにできる振り込め詐欺の対策としてはどんなことがあるのだろうか。まず、「自分だけは騙されないだろう」という思い込みを捨て、知らない番号からの電話にはなるべく出ないことが重要であろう。また、電話は留守番電話に設定しておき、絶対に本人だと確証を得ないままお金を振り込むのは止めるべきである。最後に、振り込め詐欺でよく使われる口実を理解しておくことと、ATMの利用限度額を(2)＿＿＿＿＿。もし被害に遭ってしまったら、すぐに警察に通報し、振り込み先の金融機関に連絡をしよう。犯人の口座にまだお金が残っていた場合、「振り込め詐欺救済法」に基づき該当する口座を凍結することができる。被害総額の一部もしくは全部を取り戻せるかもしれないので、できるだけ早く連絡しよう。

(97) 本文の内容から見て、(1)＿＿＿＿＿に入る最も適当な言葉はどれですか。

(A) 取り扱う　　　　　　　　　　　(B) 取り戻す
(C) 取り組む　　　　　　　　　　　(D) 取り入れる

(98) 本文の内容から見て、(2)＿＿＿＿＿に入る最も適当な文章はどれですか。

(A) 時間がある時に上げておくことも必要であると言える
(B) 金融機関に問い合わせてみることも欠かせないと言える
(C) 下げておくことも被害を最小限に抑えられる方法であると言える
(D) 凍結し、口座のお金を全て引き出しておくことも重要であると言える

(99) 振り込め詐欺の対策として本文に出ていないものはどれですか。

(A) 本人に確認をする。
(B) 振り込む前に誰かに相談をする。
(C) 知らない番号からの電話にはなるべく出ない。
(D) 自分だけは大丈夫であるという思い込みを捨てる。

(100) 本文の内容と合っていないものはどれですか。

(A) 去年の振り込め詐欺の認知件数は1万件を超える。
(B) 振り込め詐欺からお金を取り戻すのは容易ではない。
(C) 犯人の口座にまだお金が残っていても、その口座を凍結することは難しい。
(D) 振り込め詐欺にはオレオレ詐欺、還付金詐欺、融資保険金詐欺などがある。

□ 二束三文 헐값

□ 三日坊主 작심삼일

□ 雀の涙 새발의 피

□ 青雲の志 청운의 뜻

□ 高嶺の花 그림의 떡

□ 蛙の子は蛙 부전자전

□ 泣き面に蜂 설상가상

□ 馬耳東風 소 귀에 경읽기

□ 鬼に鉄棒 범에게 날개

□ 花より団子 금강산도 식후경

□ 住めば都 정들면 고향

□ 焼け石に水 언발에 오줌누기

□ 身から出た錆 자업자득

□ 灯台下暗し 등잔 밑이 어둡다

□ 七転び八起き 칠전팔기

□ 寝耳に水 아닌 밤중에 홍두깨

□ 知らぬが仏 모르는 게 약

□ 鶴の一声 권위자의 말 한 마디

□ 猫に小判 돼지 목에 진주

□ 二階から目薬 전혀 효과가 없음

□ あばたもえくぼ 제 눈에 안경

□ 安物買いの銭失い 싼 게 비지떡

□ 備えあれば憂い無し 유비무환

□ 光陰矢の如し 세월은 화살과 같다

□ 井の中の蛙 우물 안 개구리

□ 藪をつついて蛇を出す 긁어 부스럼

□ 月とすっぽん 하늘과 땅 차이

□ のれんに腕押し 아무런 효과가 없음

□ 急がば回れ 급하면 돌아가라

□ 塵も積もれば山となる 티끌 모아 태산

□ 釈迦に説法 아무 소용이 없음, 공자 앞에서 문자 쓴다

□ 仏の顔も三度 참는 데도 한계가 있다

□ どんぐりの背比べ 도토리 키 재기

□ 濡れ手で粟 고생하지 않고 이익을 얻다

□ 後の祭り 소 잃고 외양간 고친다

□ 猿も木から落ちる 원숭이도 나무에서 떨어진다

□ 棚からぼたもち 굴러 들어온 호박

□ 雨垂れ石を穿つ 작은 힘도 계속하면 성공한다

□ 医者の不養生 언행이 일치하지 않다, 중이 제 머리 못 깎는다

□ 飼い犬に手を噛まれる 믿는 도끼에 발등 찍히다

□ 言わぬが花 말하지 않는 것이 약이다

□ 石の上にも三年 참고 해 나가면 보상을 받는다

□ 噂をすれば影がさす 호랑이도 제 말하면 온다

□ 一寸の虫にも五分の魂 지렁이도 밟으면 꿈틀한다

JPT 점수를 확 올려주는

실전

3000 제

Japanese Proficiency Test for 990

정 답

1회

PART 5

1	2	3	4	5	6	7	8	9	10
(A)	(D)	(A)	(A)	(C)	(C)	(C)	(B)	(B)	(A)
11	12	13	14	15	16	17	18	19	20
(C)	(A)	(D)	(D)	(B)	(D)	(A)	(B)	(B)	(C)

PART 6

21	(D) 取りました → 引きました
22	(D) 厳しい → 厳しく
23	(C) 頃 → ぐらい
24	(B) 近い → 近くの
25	(C) それで → それとも
26	(D) くれた → もらった
27	(A) 父 → お父さん
28	(A) うち → 間
29	(B) 並べおいた → 並べておいた
30	(B) くらいだと → くらいなら
31	(C) で → に
32	(B) 自分 → 自己
33	(C) もっぱら → 却って
34	(C) つつする → つつある
35	(C) まねる → 準えられる
36	(C) 前読み → 先読み
37	(C) たりでも → たりとも
38	(D) かたい → かたくない
39	(B) 強腰 → 弱腰
40	(A) 右肩上げ → 右肩上がり

PART 7

41	42	43	44	45	46	47	48	49	50
(B)	(D)	(C)	(C)	(C)	(D)	(D)	(D)	(A)	(D)
51	52	53	54	55	56	57	58	59	60
(A)	(B)	(C)	(A)	(B)	(A)	(A)	(A)	(A)	(D)

61	62	63	64	65	66	67	68	69	70
(C)	(D)	(B)	(A)	(A)	(B)	(A)	(B)	(D)	(A)

PART 8

71	72	73	74	75	76	77	78	79	80
(C)	(B)	(A)	(D)	(A)	(C)	(B)	(B)	(A)	(A)
81	82	83	84	85	86	87	88	89	90
(C)	(D)	(D)	(B)	(A)	(A)	(D)	(B)	(D)	(C)
91	92	93	94	95	96	97	98	99	100
(C)	(A)	(C)	(B)	(A)	(D)	(A)	(D)	(C)	(C)

2회

PART 5

1	2	3	4	5	6	7	8	9	10
(A)	(B)	(A)	(D)	(B)	(D)	(A)	(B)	(D)	(C)
11	12	13	14	15	16	17	18	19	20
(C)	(D)	(B)	(B)	(C)	(A)	(A)	(C)	(D)	(C)

PART 6

21	(D) 便利く → 便利に
22	(D) を → に
23	(D) 食べます → 食べません
24	(D) だけ → しか
25	(C) かどうか → か
26	(B) 5枚 → 5本
27	(D) 待たせた → 待たされた
28	(A) せいで → ために or おかげで
29	(B) 続いた → 続けた
30	(B) にして → にしろ or にせよ
31	(B) 水 → お湯
32	(B) 会った → 会っていない
33	(D) ものだ → ことだ
34	(D) 締めて → 締め

35	(C) どころで → どころか
36	(D) 広い → 大きな
37	(C) 切断 → 断絶
38	(D) 片端 → 片意地
39	(D) 余裕 → 余念
40	(B) 補った → 誉めた

PART 7

41	42	43	44	45	46	47	48	49	50
(C)	(C)	(B)	(C)	(B)	(D)	(C)	(A)	(D)	(B)
51	52	53	54	55	56	57	58	59	60
(C)	(D)	(D)	(D)	(A)	(B)	(B)	(D)	(C)	(A)
61	62	63	64	65	66	67	68	69	70
(A)	(C)	(D)	(C)	(A)	(A)	(A)	(D)	(B)	(D)

PART 8

71	72	73	74	75	76	77	78	79	80
(D)	(C)	(D)	(D)	(B)	(D)	(B)	(C)	(A)	(D)
81	82	83	84	85	86	87	88	89	90
(B)	(D)	(D)	(C)	(C)	(C)	(C)	(D)	(B)	(A)
91	92	93	94	95	96	97	98	99	100
(A)	(C)	(B)	(D)	(C)	(D)	(B)	(D)	(C)	(A)

3회

PART 5

1	2	3	4	5	6	7	8	9	10
(B)	(D)	(C)	(B)	(B)	(C)	(A)	(A)	(B)	(D)
11	12	13	14	15	16	17	18	19	20
(A)	(A)	(B)	(D)	(C)	(A)	(C)	(C)	(B)	(C)

PART 6

21	(B) テブル → テーブル
22	(B) しながら → 歌いながら

23	(C) 天気から → 天気だから
24	(C) 細かく → 狭く
25	(D) 増える → 増やす
26	(D) の → こと
27	(D) お待ちして → お待ち
28	(C) かれこれ → あべこべ
29	(D) 明白 → 自白
30	(C) に → を
31	(B) 空き地 → 空き巣
32	(C) 文字破れ → 文字化け
33	(C) 横着 → 執着
34	(A) であれ → なら
35	(C) やすい → がたい
36	(C) あった得ない → あり得ない
37	(A) がち → 気味
38	(B) 用事 → 都合
39	(A) 不実 → 手抜き
40	(B) 涙もろい → 涙ぐましい

PART 7

41	42	43	44	45	46	47	48	49	50
(A)	(B)	(B)	(C)	(D)	(B)	(B)	(C)	(B)	(D)
51	52	53	54	55	56	57	58	59	60
(A)	(B)	(A)	(C)	(C)	(A)	(C)	(A)	(B)	(B)
61	62	63	64	65	66	67	68	69	70
(A)	(C)	(C)	(A)	(C)	(B)	(C)	(A)	(B)	(B)

PART 8

71	72	73	74	75	76	77	78	79	80
(A)	(B)	(C)	(A)	(C)	(D)	(B)	(C)	(A)	(D)
81	82	83	84	85	86	87	88	89	90
(A)	(D)	(C)	(B)	(A)	(A)	(C)	(D)	(B)	(B)
91	92	93	94	95	96	97	98	99	100
(A)	(D)	(B)	(C)	(D)	(B)	(A)	(A)	(C)	(A)

4회

PART 5

1	2	3	4	5	6	7	8	9	10
(B)	(A)	(D)	(C)	(A)	(B)	(B)	(A)	(A)	(A)

11	12	13	14	15	16	17	18	19	20
(C)	(A)	(C)	(A)	(A)	(C)	(A)	(C)	(A)	(B)

PART 6

21	(C) 近くで → 近くに
22	(D) ない → ありません
23	(D) 激しい → 難しい
24	(B) 見る → 見た
25	(C) が → を
26	(D) 1時半間 → 1時間半
27	(C) について → についての
28	(D) しずに → せずに
29	(A) お見舞い → お祝い
30	(C) 読み終わって → 読み終わったら
31	(D) 行かなくなった → 行けなくなった
32	(A) なる → 入る
33	(C) 出る → 出た
34	(B) そばから → かたわら
35	(C) かねません → かねます
36	(D) ざるを得なかった → 得なかった
37	(A) ちょっとなった → ちょっとした
38	(B) 天気 → 日和
39	(A) ごとく → べく or ため
40	(D) 取り入れて → 取り寄せて

PART 7

41	42	43	44	45	46	47	48	49	50
(C)	(B)	(C)	(B)	(B)	(C)	(A)	(B)	(C)	(B)

51	52	53	54	55	56	57	58	59	60
(C)	(B)	(A)	(A)	(B)	(B)	(C)	(D)	(D)	(B)

61	62	63	64	65	66	67	68	69	70
(A)	(C)	(D)	(A)	(A)	(B)	(C)	(A)	(B)	(A)

PART 8

71	72	73	74	75	76	77	78	79	80
(B)	(D)	(B)	(A)	(A)	(C)	(A)	(D)	(C)	(B)

81	82	83	84	85	86	87	88	89	90
(A)	(C)	(A)	(D)	(A)	(B)	(A)	(D)	(A)	(D)

91	92	93	94	95	96	97	98	99	100
(A)	(C)	(D)	(C)	(B)	(C)	(A)	(B)	(C)	(D)

5회

PART 5

1	2	3	4	5	6	7	8	9	10
(A)	(B)	(D)	(B)	(D)	(A)	(B)	(C)	(B)	(B)

11	12	13	14	15	16	17	18	19	20
(D)	(C)	(C)	(A)	(A)	(D)	(B)	(A)	(C)	(B)

PART 6

21	(A) で → から
22	(C) 焦らなくて → 焦らないで
23	(B) きびしい → きつい
24	(D) 活発します → 活発です
25	(B) おかげ → ため
26	(A) 何とも → 何気なく
27	(C) 壊れて → 壊して
28	(A) みたいな → ような
29	(B) おあるの → おあり
30	(D) 疲れて → 疲れている
31	(C) 究明させる → 究明する
32	(D) 足 → 顔
33	(B) 均等 → 均衡
34	(D) たえません → やみません

35	(A) かわって → かかわらず
36	(A) 乗り換え → 乗り越え
37	(B) に → 삭제
38	(A) ふまえて → 備えて
39	(B) 見渡しながら → 見せ付けながら
40	(C) どこ吹く嵐 → どこ吹く風

PART 7

41	42	43	44	45	46	47	48	49	50
(B)	(A)	(A)	(A)	(A)	(B)	(D)	(D)	(A)	(C)
51	52	53	54	55	56	57	58	59	60
(A)	(B)	(A)	(A)	(D)	(C)	(A)	(A)	(B)	(D)
61	62	63	64	65	66	67	68	69	70
(B)	(B)	(D)	(B)	(A)	(C)	(D)	(A)	(A)	(D)

PART 8

71	72	73	74	75	76	77	78	79	80
(B)	(C)	(D)	(D)	(B)	(B)	(A)	(A)	(D)	(A)
81	82	83	84	85	86	87	88	89	90
(A)	(D)	(D)	(A)	(C)	(A)	(A)	(A)	(B)	(C)
91	92	93	94	95	96	97	98	99	100
(A)	(D)	(D)	(B)	(B)	(B)	(C)	(D)	(A)	(C)

6회

PART 5

1	2	3	4	5	6	7	8	9	10
(A)	(C)	(D)	(A)	(C)	(D)	(A)	(C)	(B)	(C)
11	12	13	14	15	16	17	18	19	20
(D)	(A)	(D)	(C)	(B)	(C)	(D)	(A)	(B)	(D)

PART 6

21	(D) します → 撮ります
22	(C) 開ける → 開けた
23	(D) 壊させて → 壊して
24	(C) あげた → くれた
25	(C) あった → いた
26	(A) 止めろ → 止める
27	(B) 行くと → 行ったら
28	(D) 来るそうだ → 来そうだ
29	(B) わかる → わかり
30	(D) こと → よう
31	(D) 手 → 口
32	(A) のみに → のみならず
33	(A) あり得る → あり得ない
34	(B) ついでに → だけに
35	(C) 限り → からといって
36	(C) ずくめ → だらけ
37	(C) で → のうちに
38	(A) 根も葉もある → 根も葉もない
39	(C) なさぬ → なす
40	(C) あげた → 預けた

PART 7

41	42	43	44	45	46	47	48	49	50
(D)	(B)	(C)	(B)	(A)	(A)	(D)	(C)	(A)	(A)
51	52	53	54	55	56	57	58	59	60
(A)	(D)	(B)	(A)	(A)	(B)	(A)	(A)	(B)	(B)
61	62	63	64	65	66	67	68	69	70
(D)	(A)	(B)	(A)	(C)	(C)	(C)	(B)	(D)	(D)

PART 8

71	72	73	74	75	76	77	78	79	80
(D)	(D)	(D)	(C)	(B)	(D)	(D)	(D)	(D)	(A)
81	82	83	84	85	86	87	88	89	90
(A)	(B)	(A)	(A)	(B)	(C)	(A)	(D)	(D)	(D)
91	92	93	94	95	96	97	98	99	100
(C)	(B)	(A)	(B)	(D)	(B)	(D)	(A)	(B)	(D)

7회

PART 5

1	2	3	4	5	6	7	8	9	10
(A)	(A)	(C)	(D)	(A)	(D)	(B)	(B)	(D)	(C)

11	12	13	14	15	16	17	18	19	20
(C)	(C)	(A)	(C)	(D)	(D)	(D)	(A)	(C)	(C)

PART 6

21	(A) までには → までは
22	(C) で → から
23	(C) 立った → 立てた
24	(C) から → に
25	(B) 行かせる → 行ける
26	(C) 登ったり → したり
27	(A) 広い → 激しい
28	(A) 取っての → 取った
29	(B) もらった → 受けた
30	(A) ある → いる
31	(B) ぎざぎざ → にこにこ
32	(C) だけ → こそ
33	(A) 断絶 → 根絶
34	(C) にとっては → にしては
35	(D) がくんと → ぼうっと
36	(D) やぶさかである → やぶさかでない
37	(A) 一段落させた → 一段落した
38	(A) 身を粉にする → 身を切る
39	(A) 見よう見まね → 見て見ぬ
40	(D) 叩いた → 刺した

PART 7

41	42	43	44	45	46	47	48	49	50
(B)	(B)	(C)	(D)	(B)	(A)	(B)	(C)	(D)	(C)

51	52	53	54	55	56	57	58	59	60
(A)	(A)	(B)	(C)	(B)	(D)	(C)	(A)	(D)	(B)

61	62	63	64	65	66	67	68	69	70
(B)	(A)	(B)	(D)	(A)	(D)	(A)	(C)	(A)	(D)

PART 8

71	72	73	74	75	76	77	78	79	80
(D)	(D)	(D)	(D)	(B)	(D)	(B)	(D)	(A)	(B)

81	82	83	84	85	86	87	88	89	90
(D)	(D)	(B)	(A)	(D)	(B)	(D)	(B)	(A)	(C)

91	92	93	94	95	96	97	98	99	100
(D)	(D)	(B)	(D)	(B)	(D)	(C)	(C)	(C)	(C)

8회

PART 5

1	2	3	4	5	6	7	8	9	10
(C)	(A)	(B)	(A)	(C)	(B)	(B)	(A)	(D)	(A)

11	12	13	14	15	16	17	18	19	20
(D)	(C)	(B)	(C)	(D)	(B)	(B)	(D)	(A)	(D)

PART 6

21	(C) いくつぐらい → どのぐらい
22	(D) 開けなくて → 開けないで
23	(B) で → が
24	(D) 叱る → 叱られる
25	(A) ような → ように
26	(C) いただきます → いたします
27	(B) ことに → ように
28	(A) にそって → にかけて
29	(C) ので → 末
30	(A) 守って → 装って
31	(C) たとえ → なかなか
32	(B) を → に
33	(C) お → ご
34	(D) てっきり → きっと

35	(A) 漏れた → 漏らした
36	(C) 打たれて → 食われて
37	(A) 良識 → 非常識
38	(A) 行き度に → 行く度に
39	(B) を → と
40	(D) 切った → 絶った

PART 7

41	42	43	44	45	46	47	48	49	50
(A)	(D)	(A)	(B)	(C)	(A)	(D)	(A)	(C)	(B)
51	52	53	54	55	56	57	58	59	60
(D)	(D)	(D)	(B)	(D)	(A)	(D)	(A)	(C)	(B)
61	62	63	64	65	66	67	68	69	70
(D)	(B)	(A)	(C)	(D)	(B)	(C)	(D)	(D)	(C)

PART 8

71	72	73	74	75	76	77	78	79	80
(B)	(D)	(A)	(C)	(A)	(C)	(A)	(A)	(D)	(D)
81	82	83	84	85	86	87	88	89	90
(D)	(C)	(B)	(D)	(B)	(A)	(B)	(B)	(C)	(D)
91	92	93	94	95	96	97	98	99	100
(C)	(D)	(C)	(C)	(A)	(D)	(D)	(A)	(D)	(C)

9회

PART 5

1	2	3	4	5	6	7	8	9	10
(D)	(C)	(A)	(C)	(B)	(C)	(A)	(C)	(B)	(D)
11	12	13	14	15	16	17	18	19	20
(A)	(D)	(D)	(B)	(A)	(A)	(A)	(A)	(C)	(A)

PART 6

21	(C) こんなに → そんなに
22	(C) を → に
23	(A) 読む → 読み
24	(A) で → に
25	(A) 多い → 多くの
26	(C) しかも → だから
27	(B) うれしく → たのしく
28	(B) あげた → くれた
29	(C) 寝たり → したり
30	(B) 見晴らし → 見出し
31	(D) して → 삭제
32	(B) において → によって
33	(C) 腰 → 腕
34	(B) のに → もの
35	(D) ほどに → ように
36	(A) 受けたくない → かきたくない
37	(B) 馴染まずに → 馴染めずに
38	(B) どかんと → かちんと
39	(C) 受け持ち → 受け取り
40	(C) 気兼ね → 気構え

PART 7

41	42	43	44	45	46	47	48	49	50
(D)	(A)	(B)	(C)	(A)	(A)	(D)	(A)	(A)	(C)
51	52	53	54	55	56	57	58	59	60
(D)	(D)	(A)	(C)	(C)	(C)	(D)	(C)	(B)	(D)
61	62	63	64	65	66	67	68	69	70
(A)	(C)	(C)	(B)	(C)	(B)	(B)	(A)	(B)	(D)

PART 8

71	72	73	74	75	76	77	78	79	80
(C)	(B)	(A)	(A)	(B)	(A)	(D)	(D)	(C)	(C)
81	82	83	84	85	86	87	88	89	90
(B)	(C)	(C)	(A)	(B)	(B)	(D)	(D)	(A)	(C)
91	92	93	94	95	96	97	98	99	100
(D)	(C)	(A)	(D)	(B)	(C)	(C)	(B)	(C)	(B)

10회

PART 5

1	2	3	4	5	6	7	8	9	10
(B)	(C)	(A)	(B)	(D)	(B)	(D)	(A)	(D)	(C)

11	12	13	14	15	16	17	18	19	20
(B)	(A)	(A)	(A)	(D)	(C)	(D)	(A)	(D)	(A)

PART 6

21	(B) して → 被って
22	(D) 空いて → 込んで
23	(C) 行く → 行った
24	(D) ある → ない
25	(C) ぐらい → 頃
26	(A) 買いたがる → 買いたい
27	(C) 並びに → 並みに
28	(D) 捨てている → 捨ててある
29	(C) お招いて → お招き
30	(C) を代わり → に代わり
31	(C) じっと → ちらっと
32	(A) はきはき → ずきずき
33	(C) ばかりか → どころか
34	(C) 痕跡 → 奇跡
35	(D) して → させて
36	(C) を → に
37	(B) 回す → 振る
38	(C) 押し寄せて → 押し出して
39	(C) 力不足 → 役不足
40	(D) にこっと → 堂々と

PART 7

41	42	43	44	45	46	47	48	49	50
(A)	(B)	(B)	(A)	(B)	(A)	(A)	(C)	(A)	(A)

51	52	53	54	55	56	57	58	59	60
(A)	(A)	(A)	(C)	(B)	(A)	(C)	(A)	(D)	(C)

61	62	63	64	65	66	67	68	69	70
(A)	(A)	(A)	(D)	(B)	(B)	(A)	(D)	(C)	(D)

PART 8

71	72	73	74	75	76	77	78	79	80
(C)	(A)	(B)	(A)	(C)	(D)	(D)	(C)	(D)	(C)

81	82	83	84	85	86	87	88	89	90
(D)	(A)	(C)	(B)	(A)	(A)	(D)	(B)	(B)	(D)

91	92	93	94	95	96	97	98	99	100
(B)	(C)	(A)	(D)	(B)	(B)	(B)	(D)	(B)	(B)

11회

PART 5

1	2	3	4	5	6	7	8	9	10
(B)	(B)	(D)	(A)	(A)	(B)	(D)	(D)	(C)	(A)

11	12	13	14	15	16	17	18	19	20
(D)	(B)	(C)	(B)	(A)	(B)	(D)	(A)	(B)	(A)

PART 6

21	(A) 置かれる → 置かれた
22	(A) きれいし → きれいだし
23	(C) 終えるから → 終えてから
24	(D) 3枚 → 3本
25	(B) に → で
26	(B) お → ご
27	(C) 傾向 → 行方
28	(C) 偶然に → たまに
29	(C) 閉めて → 閉じて
30	(A) 間は → うちは
31	(A) 多かれ小さかれ → 多かれ少なかれ
32	(B) ろくに → 敢えて
33	(D) 合体 → 合併
34	(D) 浸って → 耽って

35	(A) 貸し出し → 貸し渋り
36	(D) した → なった
37	(B) にしては → としても
38	(D) まじきか → まいか
39	(A) ともすると → ともなると
40	(A) 煮え切る → 煮え切らない

PART 7

41	42	43	44	45	46	47	48	49	50
(D)	(B)	(B)	(B)	(B)	(C)	(B)	(C)	(A)	(B)
51	52	53	54	55	56	57	58	59	60
(D)	(C)	(B)	(D)	(B)	(D)	(D)	(D)	(B)	(B)
61	62	63	64	65	66	67	68	69	70
(D)	(D)	(A)	(B)	(C)	(B)	(D)	(A)	(C)	(A)

PART 8

71	72	73	74	75	76	77	78	79	80
(A)	(B)	(B)	(A)	(A)	(D)	(D)	(A)	(A)	(C)
81	82	83	84	85	86	87	88	89	90
(D)	(A)	(B)	(C)	(C)	(A)	(D)	(B)	(A)	(C)
91	92	93	94	95	96	97	98	99	100
(D)	(D)	(B)	(D)	(B)	(A)	(B)	(D)	(A)	(D)

12회

PART 5

1	2	3	4	5	6	7	8	9	10
(A)	(C)	(A)	(D)	(A)	(B)	(D)	(C)	(D)	(A)
11	12	13	14	15	16	17	18	19	20
(D)	(C)	(A)	(A)	(D)	(B)	(D)	(C)	(B)	(B)

PART 6

21	(D) 便利の → 便利な
22	(A) ある → いる
23	(C) に → 삭제
24	(C) 1本 → 1枚
25	(D) 預かり → 預け
26	(C) までに → まで
27	(C) 早退して → 早退させて
28	(B) 間には → うちは
29	(D) いたしました → なさいました
30	(B) に従って → にわたって
31	(B) とたんに → と共に
32	(A) に限らず → にかかわらず
33	(D) 続けさせる → 続けられる
34	(A) かねて → かつて
35	(D) 立ちすくむ → 立ち入る
36	(B) 負えそうではない → 負えそうにない
37	(A) 切り捨てよう → 切り開こう
38	(D) 落ちやすい → 陥りやすい
39	(C) 傾げれば → 傾ければ
40	(D) 落ち葉 → 枝葉

PART 7

41	42	43	44	45	46	47	48	49	50
(A)	(D)	(B)	(D)	(C)	(A)	(D)	(C)	(A)	(C)
51	52	53	54	55	56	57	58	59	60
(A)	(A)	(D)	(C)	(A)	(A)	(A)	(C)	(C)	(B)
61	62	63	64	65	66	67	68	69	70
(B)	(B)	(A)	(B)	(D)	(A)	(B)	(A)	(A)	(D)

PART 8

71	72	73	74	75	76	77	78	79	80
(C)	(C)	(D)	(B)	(C)	(D)	(A)	(D)	(C)	(C)
81	82	83	84	85	86	87	88	89	90
(A)	(C)	(B)	(A)	(A)	(D)	(C)	(D)	(C)	(C)
91	92	93	94	95	96	97	98	99	100
(D)	(D)	(A)	(A)	(D)	(D)	(A)	(C)	(D)	(C)

13회

PART 5

1	2	3	4	5	6	7	8	9	10
(A)	(C)	(B)	(B)	(A)	(D)	(A)	(A)	(C)	(B)

11	12	13	14	15	16	17	18	19	20
(B)	(A)	(A)	(A)	(B)	(C)	(C)	(B)	(A)	(C)

PART 6

21	(D) 恥ずかしいでした → 恥ずかしかったです
22	(C) どこでも → どこにも
23	(C) 上 → 中
24	(C) を → に
25	(A) が → に
26	(A) 優れ → 恵まれ
27	(D) 培う → 培われる
28	(A) させた → された
29	(B) 先に → 前に
30	(A) 空いていると → 空いていたら
31	(C) たまらない → 甚だしい
32	(B) 聞く → 聞いた
33	(B) 場合 → 都合
34	(C) たびに → に
35	(D) なる → する
36	(D) 飲み過ぎた → 飲み込んだ
37	(C) にとって → に対して
38	(C) 明るくならず → 明らかにならず
39	(B) 横着 → せっかち
40	(B) 躍起 → やけくそ

PART 7

41	42	43	44	45	46	47	48	49	50
(D)	(C)	(B)	(D)	(A)	(D)	(B)	(B)	(C)	(C)

51	52	53	54	55	56	57	58	59	60
(A)	(A)	(D)	(D)	(A)	(A)	(D)	(A)	(A)	(C)

61	62	63	64	65	66	67	68	69	70
(D)	(C)	(C)	(A)	(B)	(A)	(C)	(D)	(A)	(A)

PART 8

71	72	73	74	75	76	77	78	79	80
(C)	(D)	(D)	(C)	(D)	(B)	(A)	(D)	(D)	(C)

81	82	83	84	85	86	87	88	89	90
(C)	(D)	(B)	(D)	(A)	(C)	(D)	(C)	(D)	(A)

91	92	93	94	95	96	97	98	99	100
(A)	(D)	(C)	(C)	(A)	(C)	(B)	(C)	(D)	(D)

14회

PART 5

1	2	3	4	5	6	7	8	9	10
(A)	(A)	(C)	(A)	(A)	(B)	(D)	(B)	(D)	(B)

11	12	13	14	15	16	17	18	19	20
(A)	(D)	(B)	(B)	(A)	(C)	(B)	(B)	(C)	(B)

PART 6

21	(A) 洗濯 → 掃除
22	(C) 悪いで → 悪くて
23	(C) なった → なる
24	(C) 用務 → 支度
25	(A) 明日に → 明日
26	(D) 召し上がりました → いただきました
27	(D) 借りて → 貸して
28	(B) それから → それとも
29	(D) なれない → ならない
30	(D) 増える → 増えない
31	(C) 濃い → 多い
32	(B) を通って → を通じて
33	(D) あって → あった
34	(D) 縮めよう → 置こう

35	(B) さて → いざ
36	(D) どころか → どころ
37	(D) よりほかならない → ほかならない
38	(D) 明るみ → 明るさ
39	(B) 歯に衣を着せる → 歯に衣を着せない
40	(A) 居場所 → 居所

PART 7

41	42	43	44	45	46	47	48	49	50
(B)	(C)	(D)	(C)	(A)	(B)	(D)	(D)	(A)	(B)

51	52	53	54	55	56	57	58	59	60
(A)	(D)	(A)	(B)	(D)	(C)	(C)	(B)	(B)	(A)

61	62	63	64	65	66	67	68	69	70
(A)	(B)	(A)	(B)	(A)	(D)	(D)	(D)	(A)	(A)

PART 8

71	72	73	74	75	76	77	78	79	80
(B)	(C)	(D)	(D)	(C)	(D)	(D)	(B)	(C)	(B)

81	82	83	84	85	86	87	88	89	90
(B)	(D)	(A)	(C)	(B)	(C)	(B)	(C)	(D)	(D)

91	92	93	94	95	96	97	98	99	100
(A)	(B)	(A)	(C)	(C)	(D)	(A)	(C)	(D)	(A)

15회

PART 5

1	2	3	4	5	6	7	8	9	10
(A)	(A)	(B)	(C)	(A)	(D)	(A)	(B)	(B)	(A)

11	12	13	14	15	16	17	18	19	20
(A)	(D)	(A)	(D)	(D)	(B)	(C)	(D)	(D)	(A)

PART 6

21	(D) あまり → たくさん
22	(C) だけ → すら

23	(B) 聞く → 聞いた
24	(C) では → でも
25	(A) の → が
26	(A) ちょうど → ちょっと
27	(D) 何 → どれ
28	(B) 進歩 → 進行
29	(D) 見た → 見られた
30	(C) 落ちたり → 陥ったり
31	(C) 確かな → 確かに
32	(C) に対して → について
33	(D) 解明しない → 解明されていない
34	(C) ないし → あるいは
35	(D) だらけ → ずくめ
36	(C) 採取 → 採用
37	(D) 下がった → 上がった
38	(B) 一つ返事 → 二つ返事
39	(C) に → ぞ
40	(B) 押し付け → 付け込み

PART 7

41	42	43	44	45	46	47	48	49	50
(D)	(B)	(C)	(B)	(B)	(A)	(A)	(B)	(C)	(C)

51	52	53	54	55	56	57	58	59	60
(A)	(B)	(A)	(B)	(B)	(D)	(B)	(D)	(B)	(C)

61	62	63	64	65	66	67	68	69	70
(D)	(C)	(D)	(A)	(A)	(B)	(A)	(C)	(D)	(A)

PART 8

71	72	73	74	75	76	77	78	79	80
(C)	(D)	(C)	(D)	(C)	(C)	(B)	(C)	(C)	(D)

81	82	83	84	85	86	87	88	89	90
(A)	(B)	(A)	(B)	(D)	(A)	(D)	(B)	(D)	(D)

91	92	93	94	95	96	97	98	99	100
(B)	(A)	(D)	(D)	(A)	(D)	(A)	(A)	(C)	(D)

16회

PART 5

1	2	3	4	5	6	7	8	9	10
(D)	(D)	(D)	(D)	(D)	(A)	(B)	(A)	(A)	(C)

11	12	13	14	15	16	17	18	19	20
(B)	(A)	(C)	(D)	(A)	(A)	(B)	(D)	(C)	(B)

PART 6

21	(B) 聞くながら → 聞きながら
22	(C) 食べなくて → 食べないで
23	(B) 簡単の → 簡単な
24	(D) 守らなければならない → 守ることだ
25	(A) 食べたいでも → 食べたくても
26	(A) 打った → した
27	(D) 気配り → 気掛かり
28	(D) かけたい → かかりたい
29	(D) 下落 → 上昇
30	(B) かたわらで → かたわら
31	(C) 足 → 手
32	(D) はずを → ものを
33	(D) 起きた → 差した
34	(D) 面目 → 肩身
35	(A) 遠い → 長い
36	(B) 火の粉 → 火種
37	(D) ものか → ことか
38	(D) ぴりぴり → ぷりぷり
39	(D) 離れて → 外して
40	(D) 押し切った → 踏み切った

PART 7

41	42	43	44	45	46	47	48	49	50
(B)	(C)	(C)	(A)	(C)	(A)	(A)	(B)	(B)	(D)

51	52	53	54	55	56	57	58	59	60
(A)	(A)	(A)	(B)	(C)	(C)	(C)	(D)	(A)	(C)

61	62	63	64	65	66	67	68	69	70
(B)	(D)	(C)	(A)	(C)	(A)	(B)	(D)	(D)	(C)

PART 8

71	72	73	74	75	76	77	78	79	80
(B)	(A)	(D)	(C)	(C)	(D)	(C)	(B)	(D)	(A)

81	82	83	84	85	86	87	88	89	90
(A)	(C)	(C)	(A)	(A)	(A)	(D)	(A)	(A)	(A)

91	92	93	94	95	96	97	98	99	100
(C)	(D)	(C)	(A)	(D)	(C)	(A)	(C)	(D)	(D)

17회

PART 5

1	2	3	4	5	6	7	8	9	10
(A)	(A)	(A)	(B)	(A)	(C)	(B)	(C)	(B)	(D)

11	12	13	14	15	16	17	18	19	20
(D)	(A)	(B)	(A)	(A)	(C)	(D)	(D)	(B)	(D)

PART 6

21	(D) 入って → 入れて
22	(D) それでは → それでも
23	(D) 見て → 見に
24	(A) 若いの → 若い
25	(C) 買った → 買う
26	(D) が → に
27	(C) を → に
28	(C) 申しました → おっしゃいました
29	(D) 得る → 得ない
30	(C) 調整 → 調理
31	(C) 集めて → 成して
32	(A) 暴力的に → 暴力的な
33	(D) たまれなく → たまらなく
34	(D) 期待 → 不安

35	(D) 許し → 許す
36	(B) 出した → 出し
37	(C) 方角 → 方針
38	(D) と → に
39	(D) 恩 → 愚
40	(D) こと → もの

PART 7

41	42	43	44	45	46	47	48	49	50
(C)	(D)	(D)	(B)	(B)	(C)	(B)	(A)	(B)	(D)
51	52	53	54	55	56	57	58	59	60
(A)	(C)	(B)	(A)	(D)	(D)	(B)	(D)	(A)	(D)
61	62	63	64	65	66	67	68	69	70
(D)	(A)	(C)	(B)	(C)	(D)	(D)	(A)	(A)	(D)

PART 8

71	72	73	74	75	76	77	78	79	80
(D)	(D)	(C)	(D)	(A)	(B)	(D)	(C)	(D)	(C)
81	82	83	84	85	86	87	88	89	90
(B)	(A)	(B)	(C)	(B)	(D)	(B)	(C)	(C)	(B)
91	92	93	94	95	96	97	98	99	100
(D)	(A)	(B)	(C)	(D)	(B)	(C)	(C)	(B)	(B)

18회

PART 5

1	2	3	4	5	6	7	8	9	10
(A)	(A)	(A)	(B)	(A)	(C)	(D)	(C)	(B)	(D)
11	12	13	14	15	16	17	18	19	20
(A)	(B)	(A)	(A)	(B)	(C)	(A)	(A)	(A)	(A)

PART 6

21	(B) 広いだ → 広い
22	(D) ところ → つもり
23	(C) 似る → 似ている
24	(D) あげた → あげる
25	(D) なっている → している
26	(C) あの → その
27	(D) 話しなければ → 話さなければ
28	(D) いく → くる
29	(D) 拝見して → ご覧
30	(A) 飲む → 飲み
31	(B) 怠けずに → 怠らずに
32	(C) なんで → なんて
33	(B) 大急ぎで → 急激に
34	(C) 要ります → 要りません
35	(C) がらがら → ぶらぶら
36	(B) すっと → ぎゅっと
37	(A) 学業 → 学歴
38	(B) で → に
39	(B) 行く → 行った
40	(B) もさることだが → もさることながら

PART 7

41	42	43	44	45	46	47	48	49	50
(D)	(C)	(B)	(B)	(D)	(A)	(A)	(C)	(B)	(D)
51	52	53	54	55	56	57	58	59	60
(D)	(A)	(A)	(A)	(B)	(C)	(D)	(A)	(A)	(C)
61	62	63	64	65	66	67	68	69	70
(B)	(B)	(C)	(A)	(C)	(B)	(D)	(C)	(C)	(B)

PART 8

71	72	73	74	75	76	77	78	79	80
(B)	(B)	(A)	(C)	(B)	(B)	(A)	(A)	(C)	(B)
81	82	83	84	85	86	87	88	89	90
(A)	(D)	(B)	(B)	(A)	(B)	(D)	(D)	(B)	(D)
91	92	93	94	95	96	97	98	99	100
(A)	(B)	(D)	(B)	(B)	(A)	(D)	(C)	(C)	(D)

19회

PART 5

1	2	3	4	5	6	7	8	9	10
(A)	(D)	(D)	(B)	(A)	(A)	(C)	(C)	(D)	(B)

11	12	13	14	15	16	17	18	19	20
(C)	(A)	(C)	(A)	(C)	(D)	(C)	(C)	(A)	(B)

PART 6

21	(C) 何が → 何か
22	(B) 書いて → 撮って
23	(D) 小さく → 大きく
24	(D) でして → ですら
25	(B) がんばって → がんばっても
26	(C) が → を
27	(B) こと → の
28	(B) 小さい → 細かい
29	(D) 一編 → 一本
30	(A) ように → ために
31	(C) になりたい → したい
32	(A) 人柄 → 間柄
33	(A) 買えば → 買うなら
34	(C) まま → 通り
35	(A) 四季節 → 四季
36	(B) もって → 当たり
37	(C) 抜きつ抜かせつ → 抜きつ抜かれつ
38	(D) 元も子供もない → 元も子もない
39	(B) 気に入る → 気にする
40	(C) 直して → 正して

PART 7

41	42	43	44	45	46	47	48	49	50
(A)	(A)	(D)	(A)	(D)	(B)	(C)	(D)	(A)	(B)

51	52	53	54	55	56	57	58	59	60
(C)	(C)	(B)	(D)	(D)	(C)	(A)	(C)	(B)	(A)

61	62	63	64	65	66	67	68	69	70
(D)	(A)	(A)	(D)	(B)	(B)	(C)	(B)	(B)	(A)

PART 8

71	72	73	74	75	76	77	78	79	80
(B)	(B)	(A)	(A)	(D)	(C)	(A)	(B)	(C)	(A)

81	82	83	84	85	86	87	88	89	90
(A)	(C)	(B)	(A)	(D)	(C)	(D)	(B)	(B)	(C)

91	92	93	94	95	96	97	98	99	100
(B)	(A)	(B)	(A)	(D)	(D)	(B)	(A)	(D)	(C)

20회

PART 5

1	2	3	4	5	6	7	8	9	10
(B)	(B)	(A)	(A)	(D)	(A)	(D)	(C)	(D)	(D)

11	12	13	14	15	16	17	18	19	20
(B)	(D)	(A)	(D)	(B)	(A)	(A)	(D)	(C)	(D)

PART 6

21	(D) やらなくても → やらなければ
22	(B) 寒いだ → 寒い
23	(B) 答えれて → 答えられて
24	(B) 言い → 言った
25	(D) 止めた → 止めて
26	(D) の → こと
27	(D) からかわせて → からかわれて
28	(A) おきる → おける
29	(C) 寒く → 冷たく
30	(C) 終わる → 終わり
31	(B) なる → なった
32	(A) いらっしゃいます → 参ります
33	(B) に限らず → にもかかわらず
34	(B) ご手数 → お手数

35	(D) 人力不足 → 人手不足
36	(A) で → を
37	(B) 際 → うちに
38	(C) すらすら → くらくら
39	(C) 絶滅 → 崩壊
40	(A) ついて → つけて

PART 7

41	42	43	44	45	46	47	48	49	50
(C)	(A)	(C)	(A)	(A)	(C)	(A)	(B)	(A)	(D)
51	52	53	54	55	56	57	58	59	60
(B)	(C)	(A)	(B)	(C)	(D)	(D)	(B)	(A)	(D)
61	62	63	64	65	66	67	68	69	70
(A)	(C)	(C)	(A)	(D)	(B)	(D)	(B)	(A)	(C)

PART 8

71	72	73	74	75	76	77	78	79	80
(B)	(A)	(A)	(D)	(A)	(A)	(A)	(C)	(A)	(B)
81	82	83	84	85	86	87	88	89	90
(A)	(B)	(C)	(B)	(B)	(C)	(D)	(C)	(B)	(C)
91	92	93	94	95	96	97	98	99	100
(C)	(D)	(D)	(A)	(C)	(D)	(C)	(A)	(D)	(C)

21회

PART 5

1	2	3	4	5	6	7	8	9	10
(B)	(A)	(A)	(A)	(D)	(C)	(A)	(C)	(A)	(A)
11	12	13	14	15	16	17	18	19	20
(C)	(A)	(D)	(D)	(D)	(C)	(D)	(C)	(D)	(A)

PART 6

21	(A) で → から
22	(B) どうも → どうぞ

23	(B) 勤めている → 勤めていた
24	(B) 聞きません → 聞こえません
25	(C) 渡って → 渡して
26	(C) 生ビル → 生ビール
27	(A) 向かい → 向け
28	(A) した → して
29	(A) 幸せで → 幸せに
30	(D) 長い目 → 大目
31	(C) 障害 → 被害
32	(B) できません → になれません
33	(A) 下落 → 低迷
34	(C) 手 → 口
35	(A) 筆無精 → 出無精
36	(D) 収まる → 尽きる
37	(B) 向ける → 向く or 赴く
38	(C) いざとなった時 → いざという時
39	(C) 手頃に → 気軽に
40	(C) 否応ことに → 否応なしに

PART 7

41	42	43	44	45	46	47	48	49	50
(D)	(C)	(D)	(C)	(D)	(A)	(C)	(A)	(B)	(D)
51	52	53	54	55	56	57	58	59	60
(A)	(D)	(B)	(A)	(B)	(A)	(D)	(A)	(C)	(C)
61	62	63	64	65	66	67	68	69	70
(A)	(D)	(C)	(C)	(A)	(A)	(A)	(D)	(A)	(A)

PART 8

71	72	73	74	75	76	77	78	79	80
(A)	(A)	(B)	(C)	(A)	(C)	(D)	(B)	(D)	(D)
81	82	83	84	85	86	87	88	89	90
(C)	(C)	(D)	(C)	(C)	(C)	(D)	(D)	(C)	(A)
91	92	93	94	95	96	97	98	99	100
(B)	(C)	(C)	(D)	(D)	(B)	(A)	(C)	(A)	(B)

22회

PART 5

1	2	3	4	5	6	7	8	9	10
(D)	(A)	(D)	(B)	(B)	(B)	(D)	(A)	(D)	(C)

11	12	13	14	15	16	17	18	19	20
(A)	(A)	(D)	(A)	(B)	(D)	(D)	(B)	(B)	(D)

PART 6

21	(D) です → 삭제
22	(A) みんなに → みんなと
23	(D) を → に
24	(A) 休む → 休み
25	(B) 食べるから → 食べてから
26	(B) 高い → 高
27	(D) 言い切れる → 言い切れない
28	(C) 止まって → 止んで
29	(D) になりました → しました
30	(D) 発明 → 発見
31	(C) 読んだ → 読んで
32	(D) 方だ → 一方だ
33	(D) 眠り → 眠る
34	(C) もの → こと
35	(C) 見守り → 見直し
36	(D) 集まって → 集めて
37	(B) において → によって
38	(C) 働かせる → 働かされる
39	(D) 通る → 赴く
40	(B) もってのほか → そっちのけ

PART 7

41	42	43	44	45	46	47	48	49	50
(D)	(A)	(D)	(A)	(A)	(B)	(C)	(A)	(A)	(A)

51	52	53	54	55	56	57	58	59	60
(B)	(A)	(C)	(A)	(B)	(A)	(A)	(D)	(B)	(C)

61	62	63	64	65	66	67	68	69	70
(D)	(C)	(D)	(D)	(C)	(B)	(C)	(C)	(A)	(D)

PART 8

71	72	73	74	75	76	77	78	79	80
(C)	(D)	(D)	(B)	(A)	(A)	(B)	(B)	(A)	(A)

81	82	83	84	85	86	87	88	89	90
(D)	(C)	(A)	(B)	(B)	(C)	(C)	(A)	(C)	(D)

91	92	93	94	95	96	97	98	99	100
(D)	(D)	(D)	(D)	(D)	(D)	(C)	(A)	(D)	(B)

23회

PART 5

1	2	3	4	5	6	7	8	9	10
(D)	(D)	(D)	(C)	(D)	(A)	(C)	(B)	(B)	(C)

11	12	13	14	15	16	17	18	19	20
(B)	(B)	(B)	(B)	(C)	(B)	(D)	(C)	(D)	(B)

PART 6

21	(C) ぜひ → 本当に
22	(C) に → も
23	(D) 履いてから → 脱いでから
24	(D) 寂しい → 寂しく
25	(D) でも → しかも
26	(B) 加えて → 貯めて
27	(C) で → に
28	(B) それでは → もしくは
29	(B) 鳴って → して
30	(A) 全く → 全て
31	(D) お帰りになりました → 帰りました
32	(C) にの → への
33	(D) かける → わたる
34	(C) にたえる → にたえない

35	(D) 絵の餅 → 絵に描いた餅
36	(C) お目にかかる → お目にかける
37	(D) 切って → 削って
38	(B) ぶくぶく → ぐずぐず
39	(B) 見舞う → 見舞われる
40	(A) のに → ことに

PART 7

41	42	43	44	45	46	47	48	49	50
(B)	(A)	(D)	(A)	(B)	(D)	(A)	(B)	(C)	(A)
51	52	53	54	55	56	57	58	59	60
(C)	(B)	(D)	(C)	(C)	(D)	(D)	(D)	(A)	(B)
61	62	63	64	65	66	67	68	69	70
(B)	(D)	(B)	(D)	(A)	(B)	(C)	(C)	(C)	(C)

PART 8

71	72	73	74	75	76	77	78	79	80
(C)	(C)	(D)	(A)	(A)	(D)	(D)	(A)	(C)	(A)
81	82	83	84	85	86	87	88	89	90
(B)	(A)	(B)	(D)	(C)	(C)	(D)	(A)	(A)	(D)
91	92	93	94	95	96	97	98	99	100
(B)	(C)	(D)	(D)	(C)	(B)	(A)	(D)	(A)	(C)

24회

PART 5

1	2	3	4	5	6	7	8	9	10
(D)	(B)	(D)	(A)	(B)	(D)	(B)	(A)	(A)	(A)
11	12	13	14	15	16	17	18	19	20
(D)	(A)	(A)	(B)	(A)	(D)	(B)	(B)	(D)	(A)

PART 6

21	(B) ので → のに
22	(C) 行く → 行った

23	(A) に → から
24	(D) した → しまった
25	(D) あっさり → さっぱり
26	(A) お → ご
27	(D) 吸ってきた → 吸うようになった
28	(B) 抜いて → 抜けて
29	(A) ふと → せっかく
30	(D) 分けて → 分かれて
31	(D) ことだ → ものだ
32	(B) 弱点 → 欠陥
33	(D) がらっと → ぴりっと
34	(C) 分担 → 加担
35	(D) 見積もり → 目処
36	(C) 言う → 言わん
37	(D) 覆した → 呆れた
38	(D) 手持ち無沙汰 → ご無沙汰
39	(A) 弱み → 弱音
40	(B) 裏返し → 裏打ち

PART 7

41	42	43	44	45	46	47	48	49	50
(B)	(D)	(C)	(D)	(C)	(A)	(D)	(C)	(C)	(A)
51	52	53	54	55	56	57	58	59	60
(B)	(B)	(C)	(D)	(D)	(B)	(A)	(A)	(D)	(C)
61	62	63	64	65	66	67	68	69	70
(A)	(B)	(B)	(D)	(A)	(B)	(D)	(B)	(D)	(D)

PART 8

71	72	73	74	75	76	77	78	79	80
(D)	(C)	(A)	(D)	(D)	(A)	(A)	(D)	(D)	(D)
81	82	83	84	85	86	87	88	89	90
(C)	(B)	(A)	(C)	(A)	(D)	(D)	(B)	(A)	(A)
91	92	93	94	95	96	97	98	99	100
(C)	(A)	(C)	(D)	(D)	(B)	(C)	(A)	(B)	(D)

25회

PART 5

1	2	3	4	5	6	7	8	9	10
(A)	(B)	(A)	(A)	(B)	(A)	(C)	(A)	(B)	(A)

11	12	13	14	15	16	17	18	19	20
(D)	(C)	(C)	(C)	(B)	(B)	(B)	(A)	(C)	(A)

PART 6

21	(C) とも → でも
22	(C) 教わって → 教えて
23	(D) 読めたい → 読めるようになりたい
24	(B) に → を
25	(D) が → に
26	(C) 死んだように → 死んだつもりで
27	(C) 内 → 中
28	(D) に → を
29	(A) ものだから → ことだから
30	(C) はじめて → はじめ
31	(C) ありのままの → あらゆる
32	(D) しぶい → しぶとい
33	(A) 頼み → 頼り
34	(C) せっせと → さっさと
35	(D) による → に対する
36	(B) 散らかって → 散らばって
37	(C) 建前 → 本音
38	(D) 壊しやすい → 崩しやすい
39	(C) 源 → 兆し
40	(D) ぼこぼこ → ぎすぎす

PART 7

41	42	43	44	45	46	47	48	49	50
(A)	(A)	(B)	(C)	(C)	(B)	(A)	(C)	(A)	(A)

51	52	53	54	55	56	57	58	59	60
(A)	(B)	(C)	(A)	(D)	(A)	(D)	(B)	(A)	(A)

61	62	63	64	65	66	67	68	69	70
(B)	(B)	(C)	(D)	(A)	(D)	(D)	(C)	(D)	(C)

PART 8

71	72	73	74	75	76	77	78	79	80
(A)	(D)	(D)	(C)	(A)	(D)	(A)	(B)	(A)	(A)

81	82	83	84	85	86	87	88	89	90
(A)	(C)	(B)	(D)	(C)	(A)	(B)	(D)	(A)	(D)

91	92	93	94	95	96	97	98	99	100
(A)	(B)	(D)	(A)	(D)	(C)	(D)	(B)	(D)	(D)

26회

PART 5

1	2	3	4	5	6	7	8	9	10
(C)	(C)	(B)	(A)	(B)	(A)	(C)	(A)	(A)	(C)

11	12	13	14	15	16	17	18	19	20
(A)	(D)	(B)	(A)	(B)	(D)	(B)	(C)	(D)	(D)

PART 6

21	(D) 来って → 来て
22	(A) 近くで → 近くに
23	(D) 知らせて → 知られて
24	(D) 1通 → 1本
25	(A) 毎日 → 毎週
26	(B) 動いて → 動かして
27	(C) を → に
28	(C) 預かった → 預けた
29	(C) 住んで → 暮らして
30	(B) した → ついた
31	(A) 我がの社 → 我が社
32	(B) まさか → ひょっとしたら
33	(B) であって → であれ
34	(D) 禁じなかった → 禁じ得なかった

35	(D) こと → もの
36	(D) になられた → になった
37	(A) くらくら → きらきら
38	(C) 狙って → 向けて
39	(C) 排出 → 吸収
40	(C) ばかりに → ばかりか

PART 7

41	42	43	44	45	46	47	48	49	50
(B)	(D)	(B)	(C)	(A)	(A)	(A)	(A)	(D)	(A)

51	52	53	54	55	56	57	58	59	60
(A)	(C)	(A)	(D)	(D)	(A)	(B)	(C)	(C)	(A)

61	62	63	64	65	66	67	68	69	70
(D)	(D)	(C)	(C)	(C)	(D)	(D)	(A)	(D)	(A)

PART 8

71	72	73	74	75	76	77	78	79	80
(A)	(C)	(D)	(D)	(D)	(D)	(D)	(D)	(C)	(A)

81	82	83	84	85	86	87	88	89	90
(B)	(A)	(A)	(D)	(D)	(A)	(D)	(B)	(B)	(A)

91	92	93	94	95	96	97	98	99	100
(D)	(C)	(B)	(D)	(C)	(D)	(C)	(A)	(B)	(A)

27회

PART 5

1	2	3	4	5	6	7	8	9	10
(D)	(A)	(B)	(A)	(A)	(C)	(A)	(C)	(C)	(D)

11	12	13	14	15	16	17	18	19	20
(C)	(A)	(B)	(A)	(B)	(C)	(D)	(B)	(A)	(B)

PART 6

21	(C) を → に
22	(D) して → しないで
23	(B) に → の
24	(A) 自己自身 → 自分自身
25	(A) 発表する → 発表された
26	(D) わけではない → わけにはいかない
27	(A) 大規格 → 大規模
28	(D) わけ → もの
29	(B) いった → きた
30	(B) さて → それにしても
31	(D) 移さなく → 運ばなく
32	(C) 着いた → 届いた
33	(C) きわめない → きわまりない
34	(A) ともすれば → ともなれば
35	(D) 黒いっぽい → 黒っぽい
36	(A) 待ちに待つ → 待ちに待った
37	(D) 土壇場 → 台無し
38	(D) 逸れて → 逸らして
39	(A) 手 → 足
40	(A) 金科玉条 → 順風満帆

PART 7

41	42	43	44	45	46	47	48	49	50
(B)	(B)	(D)	(B)	(C)	(C)	(C)	(C)	(C)	(C)

51	52	53	54	55	56	57	58	59	60
(B)	(A)	(A)	(A)	(C)	(A)	(D)	(A)	(B)	(B)

61	62	63	64	65	66	67	68	69	70
(C)	(D)	(D)	(D)	(B)	(B)	(B)	(A)	(A)	(B)

PART 8

71	72	73	74	75	76	77	78	79	80
(D)	(A)	(A)	(D)	(D)	(C)	(B)	(A)	(A)	(A)

81	82	83	84	85	86	87	88	89	90
(C)	(B)	(C)	(D)	(D)	(B)	(D)	(B)	(D)	(C)

91	92	93	94	95	96	97	98	99	100
(C)	(D)	(C)	(C)	(D)	(D)	(B)	(B)	(A)	(B)

28회

PART 5

1	2	3	4	5	6	7	8	9	10
(B)	(C)	(B)	(C)	(D)	(B)	(D)	(A)	(C)	(A)

11	12	13	14	15	16	17	18	19	20
(B)	(B)	(C)	(D)	(C)	(C)	(B)	(B)	(D)	(D)

PART 6

21	(D) 行きます → 行きました
22	(B) もらった → くれた
23	(B) し → する
24	(D) 存じていますか → ご存じですか
25	(A) 音 → 声
26	(B) には → では
27	(C) で → を
28	(A) 怒る → 怒り
29	(A) ばかりで → ばかりに
30	(D) 活かし → 耐え
31	(C) 必ずしも → 必ず
32	(B) 滑る → 滑り
33	(D) しとしと → はらはら
34	(A) 飲むなら → 飲むと
35	(B) 見逃した → 犯した
36	(C) 着陸 → 上陸
37	(A) 快さ → 不機嫌
38	(D) 気障り → 気兼ね
39	(B) 暴露 → 暴落
40	(D) 合わせる顔がある → 合わせる顔がない

PART 7

41	42	43	44	45	46	47	48	49	50
(D)	(C)	(B)	(A)	(D)	(C)	(B)	(D)	(B)	(A)

51	52	53	54	55	56	57	58	59	60
(B)	(C)	(C)	(B)	(B)	(B)	(A)	(A)	(B)	(A)

61	62	63	64	65	66	67	68	69	70
(A)	(A)	(D)	(C)	(B)	(A)	(C)	(B)	(A)	(A)

PART 8

71	72	73	74	75	76	77	78	79	80
(C)	(D)	(B)	(A)	(B)	(A)	(B)	(C)	(A)	(D)

81	82	83	84	85	86	87	88	89	90
(A)	(A)	(D)	(D)	(B)	(C)	(A)	(A)	(B)	(C)

91	92	93	94	95	96	97	98	99	100
(C)	(B)	(C)	(A)	(A)	(B)	(B)	(B)	(C)	(B)

29회

PART 5

1	2	3	4	5	6	7	8	9	10
(A)	(D)	(D)	(B)	(D)	(A)	(C)	(B)	(A)	(A)

11	12	13	14	15	16	17	18	19	20
(C)	(C)	(A)	(A)	(A)	(A)	(B)	(C)	(C)	(C)

PART 6

21	(D) 写す → 写した
22	(D) あけて → 差して
23	(C) 入れて → 入れなくて
24	(B) まで → までに
25	(B) ちっとも → よく
26	(D) いった → きた
27	(C) 出る → 出す
28	(B) まったく → まっすぐ
29	(B) 一方に → 一方で
30	(A) に → と
31	(C) だけならず → のみならず
32	(A) が → 삭제
33	(A) 叩いて → こぼして
34	(A) 収集 → 収入

35	(B) 心 → 身
36	(B) にも → に
37	(C) 緩め → 緩み
38	(B) を → に
39	(D) 押し出す → 踏み出す
40	(D) し過ぎなく → し切れなく

PART 7

41	42	43	44	45	46	47	48	49	50
(C)	(D)	(D)	(A)	(B)	(C)	(C)	(A)	(B)	(A)
51	52	53	54	55	56	57	58	59	60
(A)	(A)	(C)	(A)	(A)	(C)	(D)	(D)	(B)	(A)
61	62	63	64	65	66	67	68	69	70
(A)	(D)	(A)	(B)	(A)	(B)	(B)	(A)	(A)	(D)

PART 8

71	72	73	74	75	76	77	78	79	80
(C)	(D)	(B)	(A)	(D)	(A)	(C)	(A)	(C)	(B)
81	82	83	84	85	86	87	88	89	90
(D)	(C)	(A)	(C)	(B)	(B)	(D)	(A)	(D)	(D)
91	92	93	94	95	96	97	98	99	100
(A)	(A)	(C)	(A)	(C)	(B)	(B)	(A)	(B)	(A)

30회

PART 5

1	2	3	4	5	6	7	8	9	10
(A)	(A)	(A)	(B)	(C)	(C)	(D)	(D)	(A)	(A)
11	12	13	14	15	16	17	18	19	20
(B)	(A)	(A)	(D)	(C)	(B)	(B)	(C)	(A)	(B)

PART 6

21	(C) に → で
22	(B) あの → その
23	(C) します → あります
24	(C) のので → なので
25	(C) それとも → それで
26	(A) いる → ある
27	(B) わかれやすく → わかりやすく
28	(D) 話しようか → 話そうか
29	(D) 願いませんか → 願えませんか
30	(B) 以上では → 以上は
31	(C) 過敏な → 過剰な
32	(A) 売り行き → 売れ行き
33	(A) からして → からには
34	(D) とは限らない → に違いない
35	(C) ざあざあ → ぱらぱら
36	(D) 刺された → 突かれた
37	(D) 結晶 → 逃避
38	(B) ふと → つい
39	(A) 口 → 喉
40	(C) 見かけ → 見分け

PART 7

41	42	43	44	45	46	47	48	49	50
(A)	(C)	(D)	(C)	(A)	(C)	(B)	(D)	(A)	(C)
51	52	53	54	55	56	57	58	59	60
(A)	(D)	(B)	(B)	(B)	(B)	(A)	(D)	(A)	(A)
61	62	63	64	65	66	67	68	69	70
(B)	(C)	(A)	(C)	(B)	(B)	(A)	(A)	(A)	(A)

PART 8

71	72	73	74	75	76	77	78	79	80
(D)	(B)	(B)	(D)	(B)	(B)	(D)	(A)	(D)	(C)
81	82	83	84	85	86	87	88	89	90
(D)	(C)	(D)	(D)	(D)	(A)	(B)	(D)	(A)	(B)
91	92	93	94	95	96	97	98	99	100
(B)	(B)	(B)	(B)	(B)	(D)	(B)	(C)	(B)	(C)

점수를 확 올려주는

서경원 JPT 실전 3000제 독해편

초판 발행	2019년 5월 30일
1판 3쇄	2022년 10월 20일

저자	서경원
책임 편집	조은형, 무라야마 토시오, 김성은, 손영은
펴낸이	엄태상
디자인	이건화
콘텐츠 제작	김선웅, 장형진
마케팅	이승욱, 왕성석, 노원준, 조성민, 이선민
경영기획	조성근, 최성훈, 정다운, 김다미, 최수진, 오희연
물류	정종진, 윤덕현, 신승진, 구윤주

펴낸곳	시사일본어사(시사북스)
주소	서울시 종로구 자하문로 300 시사빌딩
주문 및 교재 문의	1588-1582
팩스	0502-989-9592
홈페이지	www.sisabooks.com
이메일	book_japanese@sisadream.com
등록일자	1977년 12월 24일
등록번호	제 300-2014-92호

ISBN 978-89-402-9243-3 13730